KB000713

번역전쟁

번역전쟁

말을 상대로 한 보이지 않는 전쟁,
말과 앎 사이의 무한한 가짜 회로를 파헤친다

이희재 지음

War
on
Words

궁리
KungRee

서문

번역자로 일하면서 나름의 원칙이 있었다면 번역문에서 될수록 외국어의 흔적을 남기지 말자는 것이었다. 외국어가 거북해서도 아니었고 한국어가 자랑스러워서도 아니었다. 문턱이 낮은 번역을 하고 싶었다. 낯선 말은 글의 문턱을 높인다. 외래어는 컴퓨터, 치즈처럼 대체가능한 표현이 없을 때는 생산적이지만, 범죄분석가, 조리법, 표현, 운영 같은 말이 있는데 프로파일러, 레서피, 워딩, 거버넌스를 들이밀면 부담스럽게 느껴지는 부분이 있다. 좋은 글은 사람에게 다가가지만 나쁜 글은 사람을 짓누르고 몰아낸다. 예전에는 한문이, 지금은 영어가 쌓는 신분의 장벽이 자꾸 높아지는 고문턱사회의 담쌓기에 가세하고 싶지 않았다. 글의 진입장벽을 조금이라도 낮추고 싶었다.

하지만 영어 populism을 포퓰리즘이 아니라 굳이 서민주의로 옮기기로 마음먹은 데에는 다른 이유도 있었다. 프로파일러, 레서피, 워딩, 거버넌스는 profiler, recipe, wording, governance와 뜻둘레 곧 외연이 거의 같다. 하지만 populism과 포퓰리즘은 안 그렇다. populism은 19세기 말과 20세기 초에 토지 소유 제한, 철도 국유화, 금융 민주화를 요구하며 미국에서 자작농이 중심이 되어 벌인 정치개혁운동이었다. 자작농들은 Popular Party라는 정당까지 만들었다. 원래 Populism은 대문자 P로 시작되는 고유명사였고 Popular Party 정당이 추구하던 이념을 가리켰다. 하지만 1919년 이 당이 없어진 뒤로 populism은 소문자 p로 시작되는 보통명사로만 주로 쓰였다. 대문자 Populism은 한 정당의 강령을 가리키는 중립적 의미로 쓰였지만 소문자 populism은 유권자의 인기에 영합하는 무책임한 정책을 찍어누르는 낙인이 되었다. 하지만 그런 소문자 populism조차 아직도 학술서에서는 중립적으로 쓸 때가 적지 않기에 한국어에서 부정 일변도로 쓰이는 포퓰리즘만으로는 populism의 뜻을 온전히 담아내지 못한다고 판단했다. 영한사전에는 대중영합주의, 인민주의 같은 풀이도 있지만 대중영합주의는 populism의 어두운 절반만 그린다는 점에서, 인민주의는 정작 미국의 자작농들이 거부감을 품었던 공산주의를 연상시킨다는 점에서, 적절한 풀이어가 아니라고 생각했다. populism의 뜻을 우리말로 제대로 담으려면 서민주의 같은 조어도 필요하다고 생각한 것은 그래서였다.

말을 바꾸니 현실이 달리 보였다. populism을 서민주의로 바꾸니 포퓰리스트라는 장막 뒤에 가려졌던 베네수엘라의 차베스, 리비아의 카다피 같은 서민주의자가 눈에 들어왔다. 재력으로 언론을 장악한 소수가 오염시킨 포퓰리스트라는 말에 현혹당해 다수를 섬기려던 서민주의자들을 영문도 모른 채 비웃었던 지난날이 부끄러워졌다. 돌이켜보니 중요한 말들을 놓고는 늘 치열한 전쟁이 벌어지고 있었다. 소수 기득권자는 privatization이 다수 서민을 고달프게 만드는 사유화임에도 민영화라고 고집했고 뒤에서는 테러집단을 양성하면서 앞에서는 테러집단과 싸운다고 우겼다. war on terror는 테러절멸전이 아니라 테러양산전이었다. 90년대 중반 이후 아프리카 르완다와 콩고에서 벌어진 genocide 곧 집단학살의 주범은 이 지역의 풍부한 광물자원을 노린 서방 국가들과 결탁한 투치족 무장단이었음에도 서방 언론에서는 후투족을 가해자로 그렸다. 피해자가 가해자로 둔갑했고 가해자는 피해자로 변했다. 현실을 어떻게 번역할 것인지를 두고 열띤 싸움이 벌어지고 있었다. 이 책의 제목이 '번역전쟁'인 이유다.

그러나 한편으로 이 책은 '전쟁번역'이기도 하다. 서민주의를 포퓰리즘으로 매도하고 사유화를 민영화로 미화하는 세력은 oligarch다. 권력을 휘두르는 소수집단을 뜻하는 oligarch를 영한사전에서는 과두(寡頭)로 풀이하지만 현실 자본주의 사회에서 권력은 금력에서 나온다는 점에서 번역자는 문장 속에서 겉도는 과두보다는 현실에 밀착된 금벌(金閥)이라는 나름의 조어를 쓰련다.

서민주의를 짓밟은 주역은 미국 금벌이지만 서양 근대사에서 금벌의 원조는 영국이다. 영국의 서점에는 전쟁 관련서가 유독 많다. 그것은 숱한 전쟁을 치른 영국의 역사를 반영한다. 전쟁으로 날을 지새운 나라가 영국만은 아니지만 영국이 남다른 점은 거의 모든 전쟁에서 이겼다는 사실이다. 그 비결이 뭘까. 군자금을 안정되게 조달할 수 있어서였다. 특히 1694년 잉글랜드은행이 설립된 이후 영국은 외국과의 싸움에서 거의 안 졌다. 거의 유일한 예외라면 미국과의 독립전쟁에서 패배한 정도다. 미국이 독립전쟁에서 이긴 중요한 요인도 프랑스의 전폭적 군자금 지원이었다. 그 바람에 미국은 독립했지만 프랑스는 재정

파탄으로 프랑스혁명을 겪는다. 예나 지금이나 전쟁의 승패를 가르는 결정적 요인은 돈이었다.

전에는 여론을 고려하지 않고 왕이 일방적으로 전쟁을 선포하고 백성을 전쟁에 동원했지만 민주주의가 어느 정도 확립된 이후로는 여론의 눈치를 살펴야 한다. 특히 영국처럼 국민의 자유의식이 남다른 곳에서는 여론을 무시했다간 큰코다치기 십상이다. 내 나라는 늘 정의로운 전쟁에 마지못해 나섰다는 신화를 주입시키는 것이 그래서 중요하다. 그리고 내 밖에는 늘 깡패국가가 대기하고 있어야 한다. 내 나라를 위협한다고 설정된 존재를 평소부터 최대한 나쁘게 그려야 한다. 그래야 언제든지 수틀리면 전쟁을 벌여 정의감 넘치는 국민을 동원할 수 있어서다. 국민은 죽어나가도, 나라는 빚더미에 올라도, 금벌은 떼돈을 번다. 재정악화로 인한 국부매각으로 공익자산은 자꾸 사유화된다. 군산복합체는 2차대전 이후 미국에서 처음 생긴 것이 아니라 1차대전이전 이미 영국에 있었다. 전쟁으로 떼돈을 벌 사람들이 정계, 재계, 군부, 언론계에 포진하고 있었다. 1차대전도 2차대전도 독일이 아니라 영미 금벌이 유도한 것이라는 '전쟁의 새로운 번역'을 굳이 소개하고 싶은 이유다.

금벌은 자신의 정체를 숨기는 데에도 일가견이 있다. 90년대 초반 러시아에서 공산주의가 무너진 뒤 영미 언론에서 oligarch라는 말은 압도적으로 러시아 현실을 그리는 데에 쓰였다. oligarch는 러시아에만 존재하는 현상으로 그려졌다. 한국 신문에서는 한때 '러시아 신흥재벌'로 옮기더니 지금은 아예 '올리가르히'라는 러시아 발음으로 풀이한다.

공산주의 붕괴 이후 러시아가 국가재산을 가로채 벼락부자가 된 금벌의 천국이 된 것은 사실이다. 그렇게 금벌에게 먹힌 나라의 중심을 다시 세운 지도자가 푸틴이다. 러시아 금벌과 손잡고 러시아 국부를 헐값에 사들여 재미를 본 주역이 바로 영국과 미국이다. 러시아 국민이 선거 때마다 푸틴을 압도적으로 지지하는 까닭은 푸틴의 독재가 무서워서가 아니라 사익에 짓밟힌 러시아의 국익을 되살린 지도자를 알아봐서 그렇다. 그런데 푸틴의 러시아는 영국과 미국의 언론을 주무르는 영미의 금벌에게 서양 다원주의를 위협하는 위험한 독재자로 그려진다. 세상을 주무르는 진짜 금벌은 영국과 미국에 있는데 러시아에만 있는 것처럼 포장된다. 영어를 한국어로 옮기는 것만 번역이 아니다. 우리가 살아가는 세상을 영어든 한국어든 말로 담아내는 것 자체가 번역이다. populism을 포퓰리즘으로 충실히 따르는 데에 그치지 않고 oligarch를 아예 한 발 더 나아가 '올리가르히'라고 러시아 발음으로 적는 것은 한국인이 얼마나 이 세상을 돈으로 주무르는 사람들의 세상 번역에 맹종하는지를 보여준다.

미국에서 힐러리 클린턴 같은 여성지도자가 나오고 한국에서 민주정부가 들어서면 한반도 문제해결에 서광이 비칠 것으로 기대하는 사람이 적지 않았지만 그것은 미국을 누가 움직이는지에 어두워서 그렇다. 흑인 오바마 민주당 대통령의 당선으로 미국이 근본적으로 달라질 수 있으리라 믿었던 미국의 다수 유권자들은 오바마 밑에서 국무장관으로 있으면서 금벌의 요구대로 리비아, 시리아 침공에 앞장섰던 힐러리를 보면서 민주당 정부에 절망했다. 도널드 트럼프가 대통령에 당선된 결정적 요인은 민주당 힐러리 후보에 대한 환멸 탓이었다. 적잖은 민주당 지지자들에게 힐러리는 킬러리로 불렸다.

번역자로 오래 일하면서 두말사전에 관심이 많았다. 영어라는 점과 한국어라는 점을 잘 잇고 싶었다. 영어와 한국어 사이에는 아직 연결되지 않은 무한한 회로가 있다. 하지만 『번역전쟁』은 말과 말이 아니라 말과 앎을 잘 이으려고 한다. 말과 앎 사이에는 무한한 가짜 회로가 있다는 두려움 탓이다. 다원주의, 극우, 포퓰리즘, 민영화처럼 좋은 뜻에서든 나쁜 뜻에서든 우리가 무심코 쓰는 말은 세상을 돈으로 움직여온 사람들에게 오래전에 점령되고 왜곡되었다는 뒤늦은 깨달음 탓이다. 『번역전쟁』은 오래전부터 말을 점령해온 돈을 상대로 벌이는 싸움이다.

한국은 문치의 전통이 강한 나라다. 무인은 주먹을 믿고 문인은 말을 믿는다. 말을 믿는다는 것은 세상의 보편질서를 믿는다는 뜻이다. 1659년 효종이 승하한 뒤 의붓어머니 자의대비가 상복을 1년 입을 것인가 3년 입을 것인가를 놓고 벌어진 조선의 예송논쟁을 그저 조선을 망국으로 이끈 사대부 집단의 권력다툼으로만 해석하는 것은 일면적이다. 17세기 조선의 예송논쟁은 예에서 조금이라도 어긋난 사람의 행동이 하늘과 땅의 조화로운 질서에 악영향을 미칠까 걱정했던 당대 지식인들의 천인감응에 대한 믿음이 확고했기에 심각하게 달아오른 측면이 있다. '예'라는 말의 보편성에 대한 믿음이 없었으면 예송논쟁은 일어날 수가 없었다. 말에 대한 믿음은 조선 내내 이어졌다. 18세기 말 정약용은 일본 유학자들의 글을 읽고 나서 일본 유학이 이렇게 수준 높은 글을 낳게 되었으니 이제는 일본의 침공을 걱정하지 않아도 되겠다고 안도했다. 그러면서 조선도 아직 문리에 어두웠던 옛날에는 고구려, 고려처럼 외침을 잘 막아낸다며 문약에서 오히려 문명인의 긍지를 찾으려는 모습을 보였다. 정약용은 일본도 조선처럼 학자들이 말로 군주를 설득할 수 있는 나라로 생각한 모양이었지만 정약용과 같은 시대를 살았던 일본인 야마가타 반도는 주자학을 배운 학자였음에도 "무로 나라를 다스리고 대국에게 침략당하지 않은 나라는 영국과 우리 일본뿐"이라며 주먹에 강한 자긍심을 보였고 세상이 어떻게 굴러가는지를 알았다. 야마가타 반도는 무인이 아니었음에도 세상에는 보편적 질서 따위는 없음을 1800년 초에 이미 알았다.

말의 보편성에 대한 믿음은 조선 유학자의 전유물이 아니었다. 러시아혁명 내전기에 붉은군대의 일원으로 연해주를 무대로 반혁명세력이었던 하얀군대와 내전에 개입한 일본군에 맞서 싸웠던 조선인 공산주의자들은 역시 일본군에 맞서 치열하게 싸웠던 조선인 민족주의자들에게 1921년 여름 무장해제를 요구했다가 거부당하자 총격전을 벌여 연해주에서 붉은군대와 손잡고 민족파 독립군을 몰살시켰다. 약소민족 해방과 국제주의를 표방한 러시아 혁명 정부였지만 자국 안의 민족파 무장세력을 공산주의의 단일 기치 아래 통제할 필요성을 느꼈을 것이고 붉은군대 안의 조선인 공산주의자들도 민족독립보다 더 중요한 것은 계급타파라는 공산주의의 보편성을 믿었기에 동족을 무장진압하는 데에 앞장섰을 것이다. 하지만 러시아 볼셰비키들이 조선인 민족주의자들을 제거한 데에는 일본의 요구와 압력이 컸을 가능성이 높다. 러시아 혁명정부는 서부에서 영국, 프랑스를 등에 업은 반혁명세력과 싸우기에도 버거운 입장이었다. 시베리아와 연해주에서는 일본을 지나치게 자극하지 않는 것이 중요했다. 러시아는 불과 15년 전

일본에게 러일전쟁에서 패한 나라였다. 러시아는 일본을 두려워했다. 일본은 일본대로 조선과 맞붙은 연해주에서 조선인 항일무장세력이 뿌리내리는 것을 당연히 두려워했을 것이다.

1921년 같이 항일대오에 나섰던 동족을 죽이면서까지 볼셰비즘 체제에 충성했던 조선인 공산주의자들은 1930년대 중반 일국 사회주의를 표방한 스탈린에게 일본 첩자로 몰려 처형당했다. 예에서 벗어날까봐 1년상을 치를지 3년상을 치를지 고민했던 조선인 유학자와 무산자 국제 공산주의의 원칙에서 벗어날까봐 민족을 앞세운 동족 항일무장단을 공격한 조선인 공산주의자의 거리는 크지 않다. IMF사태는 정직하고 공정한 국제 회계질서를 지키지 않다가 한국이 자초한 화라고 아직도 굳게 믿으면서 불법과 반칙이 횡행하는 사회현실을 바로잡으면 원칙과 상식이 통하는 국제사회의 보편적 민주질서로 한국도 합류할 수 있다고 낙관하는 많은 한국인들도 물론 바깥 세상의 보편적 원칙을 믿었던 조선의 유학자, 붉은군대의 조선인 병사와 크게 다르지 않다. 그러나 세상은 예나 지금이나 보편적 원칙으로 굴러가지 않는다. 보편적 원칙을 그나마 이 세상에 구현할 수 있는 힘은 주먹으로 이 세상을 움직여온 우리 밖의 선진 세상이 아니라 보편적 원칙과 명분을 지키기 위해 때로는 자기 손해도 감수할 줄 알았던 우리 안의 문치 전통에 있는지도 모른다고 글쓴이는 말하고 싶다. 이 세상은 말이 아니라 주먹으로 굴러가지만 이 세상을 주먹이 아니라 말로 굴러가게 만들 수 있는 힘은 우리에게만 있는지도 모른다는 책임감과 절박감을 전하고 싶다.

영국에는 신사가 많다. 17년 가까이 영국에서 살면서 신호 위반하는 차를 새벽 3시 한적한 동네 횡단보도에서 딱 한 번 봤다. 공공장소에서 남을 배려하려는 사람이 많다. 하지만 영국은 선진국이 아니다. 자기 나라를 전범국이 아니라 신사국으로 여기는 영국인이 아직도 너무 많아서다. 돈으로 전쟁을 벌여 돈을 버는 사람들이 예나 지금이나 중심에서 군림하는 썩은 '국제사회'에서 선진국은 없다. 있다면 선진시민이 있을 뿐이다. '선진국' 시민은 선행을 하는 데에 에너지를 많이 안 써도 된다. 하지만 '후진국' 시민은 선한 일을 하는 데에 에너지를 많이 써야 한다. 때로는 목숨까지 걸어야 한다. 위험부담이 너무 크다. 그래서 더욱 값지다. 진정한 선진시민은 영국이나 프랑스의 교양 있는 백인이 아니라 모두가 자포자기하고 체념에 빠져 있을 때 나 혼자라도 정신을 차리려고 노력하는 아프리카 콩고의 판자촌에서 연명하는 흑인이다. 썩은 세상을 바꿀 수 있는 힘은 수많은 죄악을 저질렀고 지금도 저지르는 자기 나라가 선진국이라고 착각하는 '선진국' 시민이 아니라 수없이 짓밟혔어도 절망과 싸우며 희망의 끈을 놓지 않는 '후진국' 시민에게서 나온다.

좋은 글도 문턱이 낮고 좋은 세상도 문턱이 낮다. 문턱이 높은 세상에서 모두가 포기할 때 희망의 끈을 놓지 않고 절망과 싸우는 모든 나라의 선진시민에게 이 책을 바친다.

2017년 11월

이희재

차례

1부

우리가 빠져 있는 오역의 덫

2부

말을 점령한 돈과 싸운다

3부

말과 앎 사이의 무한한 가짜 회로를 벗어나다

1부

우리가 빠져 있는
오역의 덫

War
on
Words

다원주의

2001년 9월 11일 미국 뉴욕에서는 쌍둥이 건물이 무너졌지만 칠레에서는 28년 전 같은 날 살바도르 아옌데 대통령이 피노체트가 군대를 동원하여 일으킨 쿠데타로 죽었습니다.

아옌데는 1908년 칠레의 상류층 집안에서 태어났습니다. 의대를 졸업했지만 일찍부터 정치에 뛰어들었습니다. 아옌데는 민주주의를 신봉했지만 그가 믿은 민주주의는 사회주의였습니다. 빈부 격차가 극심한 남미의 서민에게 민주주의는 사회주의를 뜻했습니다. 1939년 보건장관에 오른 아옌데는 미망인의 연금을 올렸고 초등학생에게 무상급식을 제공했고 여성에게 산전조리 기회를 주었고 작업장의 안전 규제를 실시했습니다.

아옌데는 1952년, 1958년, 1964년 대통령 선거에 나섰다가 패했지만 1970년에는 사회당, 공산당, 사민당, 기민당 좌파를 망라한 범진보진영의 지원을 등에 업고 대통령에 당선되었습니다. 아옌데는 최저임

아엔데의 집권보다 키신저가 더 두려워한 것은 아엔데가 재임에 성공하든 않든 무사히 임기를 마침으로써 칠레에 민주적 헌정 질서가 자리잡는 것이었습니다. 아엔데 모델이 성공할 경우 미국은 중남미를 모두 잃을 가능성이 높았습니다.

금 인상, 교육 보건 연금 예산 확대, 칠레의 핵심산업인 광업의 국유화를 공약으로 내걸었습니다.

미국에게 국유화는 낯설지 않았습니다. 이미 1930년대에 멕시코는 미국의 스탠더드오일 같은 석유회사가 운영하던 유전을 국유화했습니다. 대신 미국은 멕시코 정부로부터 두둑한 보상금을 받아냈습니다. 하지만 아옌데의 칠레 정부는 미국 기업 가치의 12%를 보상금의 상한선으로 정했습니다. 미국 기업에게는 타격이었습니다. 칠레는 또 식민지를 수탈한 제1세계가 제3세계에 진 빚이 크다면서 세계경제가 균형을 이룰 때까지 제1세계가 그 빚을 자본, 기술, 저작권 이양 등을 통해서 제3세계에 갚아야 한다고 강조했습니다. 아옌데는 1972년 그런 내용이 담긴 연설을 유엔에서 한 뒤 기립박수를 받았습니다. 아옌데는 제3세계를 이끄는 지도자로 떠올랐습니다.

칠레의 다원주의

하지만 미국이 더욱 두려워한 것은 아옌데가 사회주의와 다원주의를 동시에 추구한다는 사실이었습니다. 아옌데는 쿠바의 카스트로를 존경했지만 일당제를 추구할 마음은 없었습니다. 아옌데는 진정한 민주주의자였습니다. 시간이 걸리더라도 철저하게 다원주의를 통해서 자신의 뜻을 이루어가려고 했습니다. 카스트로 체제는 아무리 경제발전을 이룬다 하더라도 일당제, 독재라며 비웃을 수 있었지만 아옌데 체제가 성공할 경우 미국은 그렇게 꼬투리를 잡고 비웃을 수가 없었겠지요.

더욱이 아옌데는 카스트로나 체 게바라처럼 '과격'해 보이지 않았습니다. 안경을 쓴 아옌데는 부유한 대지주, 점잖은 신사, 온건한 학자로 보였습니다. 아옌데의 정적들은 폭력을 행사하기 일쑤였지만 아옌데는 자신의 정적들에게 절대로 폭력을 휘두르지 않았습니다. 당시 닉슨 미국 대통령을 보좌하던 키신저 국무장관은 카스트로보다 아옌데를 더 두려워했습니다. 아옌데의 집권보다 키신저가 더 두려워한 것은 아옌데가 재임에 성공하든 않든 무사히 임기를 마침으로써 칠레에 민주적 헌정 질서가 자리잡는 것이었습니다. 아옌데 모델이 성공할 경우 미국은 중남미를 모두 잃을 가능성이 높았습니다.

1970년 아옌데가 대통령이 되자 대지주가 주축을 이룬 칠레의 반아옌데 세력에 미국이 자금지원을 하고 칠레를 경제적으로 압박하면서 아옌데 흔들기에 나선 것은 그래서였습니다. CIA는 칠레 지부에 온갖 수단을 동원하여 쿠데타를 일으키라고 지시했습니다. 칠레가 잔잔한 호수여서는 곤란했습니다. 칠레를 들쑤셔서 칠레를 삼키는 들불을 만들어내야 했습니다. CIA 자금을 받은 아옌데 전복세력은 철도와 발전소를 폭파했습니다. 암살단도 준동했습니다. 브라질의 군사독재정권도 아옌데 무너뜨리기에 앞장섰습니다. 훗날 브라질 대통령이 되는 지우마 호세프도 당시 브라질의 감옥에서 전기고문을 받고 있었습니다. 피노체트의 쿠데타는 그렇게 미국과 브라질의 전폭적 지원 아래 이루어졌습니다.

대통령궁이 폭격을 당한 9월 11일 아침 아옌데는 국민에게 마지막 라디오 연설을 합니다. 자신은 칠레를 믿고 역사를 믿는다면서 "지금은 반역자들이 활개를 치지만 곧 자유로운 사람들이 더 나은 사회를 칠레에 세울 것이며 여러분은 나의 목소리를 못 듣게 되겠지만 여러분을 끝까지 배신하지 않은 나의 기억은 여러분의 머리에 남아 있을 것"이라며 작별을 고했습니다. 그리고 대통령을 지키려고 대통령궁으로 모여든 시민들에게 고맙지만 해산해달라고 요청한 뒤 방으로 돌아가 총으로 자결했습니다. 아옌데가 자결한 이유는 유혈극이 확산되어 많은 시민이 희생되는 것을 원치 않아서였습니다. 쿠바의 카스트로는 군대를 보내 끝까지 함께 싸우겠다고 제안했지만 아옌데는 사양했습니다. 칠레가 내전에 휘말리는 것보다는 자신이 패배하는 것이 낫다고 판단해서였습니다. 아옌데가 자결에 쓴 소총은 카스트로한테 선물로 받은 것인데 거기에는 "다른 수단으로 같은 목표를 이루려는 나의 벗 살바도르에게 피델이"라고 새겨져 있었습니다.

아옌데의 위대함은 혁명의 패배를 눈앞에 두고도 초심을 잃지 않고 유혈극을 막으려고 자신이 물러섰다는 데에 있었습니다. 아옌데는 끝까지 민주주의자였고 원칙주의자였습니다. 하지만 주먹의 힘만을 믿는 세력이 지배하는 세상에서 말의 힘을 믿는 원칙은 살아남기 어렵습니다. 아옌데는 유혈극을 막느라 자결을 택했지만 피노체트는 아옌데를 따르던 수많은 시민을 잔인하게 도륙했습니다.

아옌데의 죽음은 전 세계의 진보세력에게 충격을 주었습니다. 아옌데를 흔들어대던 세력이 강조했던 것은 아옌데가 과반수에 크게 미달하면서 정권을 잡았기에 체제를 뒤바꿀 자격이 없다는 것이었습니다. 내건 공약에서 아옌데와 별로 차이가 없었던 또 한 명의 후보가 얻은 표를 합치면 칠레 진보세력이 얻은 표는 60%가 넘었지만 어쨌든 아옌데 개인이 얻은 표는 3분의 1을 조금 넘는 수준이었으니 아주 틀린 말은 아니었지요. 아옌데가 죽은 뒤로 이탈리아 공산당은 더욱 대중정당을 추구하면서 중도정당과의 정책연대에 나섰습니다.

이탈리아의 다원주의

이탈리아 공산당은 개인의 자유를 억압하는 소련식 공산주의와는 다른 유로코뮤니즘의 길을 걸으면서 이탈리아 유권자의 마음을 얻었습니다. 지방정부도 잘 이끌었습니다. 공산당이 집권한 곳에서는 기차가 칼같이 정확하게 운영되었습니다. 이런 노력이 주효해서 1976년 총선에서는 34.4%의 지지율로 1당이 되었습니다. 하지만 중앙정치에서는 왕따당했습니다. 사민당과 기민당은 늘 자기들끼리만 연정을 이루었습니다. 베를링게르 이탈리아 공산당 당수는 칠레의 비극을 막으려면 좌파와 우파의 역사적 화해가 필요하다며 연정을 제안했고 여기에 유일하게 화답한 정치인이 알도 모로 기민당 당수였습니다. 하지만 총리로 내정된 모로는 새 내각이 출범하는 날 납치되었습니다. 그리고 55일 만에 살해되었습니다.

모로를 납치 살해한 것은 붉은여단이었지만 미국은 유럽에서 이미 60년대부터 글라디오라는 나토 산하의 비밀테러조직을 운영하면서 붉은여단 같은 극좌파조직에 요원을 침투시켜 테러사건을 주도했음이 최근 잇따른 증언과 재판에서 밝혀졌습니다. 모로의 미망인은 미국을 방문했을 때 좌파와의 역사적 화해를 중단하지 않을 경우 목숨을 보전하지 못하리라는 위협을 미국 고위관리로부터 남편이 들었다고 증언했습니다. 알도 모로가 살해된 뒤 이탈리아 좌파와 우파의 역사적 화해도 끝장났습니다. 다당제라는 다원주의를 추구하면서 정권을 잡으려던 베를링게르의 꿈은 물거품이 되었습니다.

베네수엘라에서도 우고 차베스는 합법적 선거를 통해 사회주의의 길을 가려고 했습니다. 1998년 차베스가 민주적 선거를 통해 대통령이 된 뒤로 베네수엘라의 부자들은 아주 온건한 개혁에도 거품을 물면서 거리로 뛰쳐나왔고 자신들이 소유한 방송과 신문을 통해 차베스를 나라를 말아먹으려는 빨갱이로 몰아세웠습니다. 그리고 2002년 4월에는 미국을 등에 업고 쿠데타까지 일으켰습니다. 대통령궁에 갇힌 차베스는 카스트로와 전화통화를 하면서 대의를 위해 죽을 각오가 되어 있다고 말했습니다. 그러자 카스트로는 "아옌데가 했던 것을 하지 말라!"며 살아서 다른 날을 도모하라고 충고했습니다. 베네수엘라의 기득권 세력이 일으킨 쿠데타는 아옌데의 죽음을 기억하면서 거리로 쏟아져나온 베네수엘라 국민의 저항에 밀려 수포로 돌아갔습니다. 그 뒤로도 차베스는 번번이 압도적 지지율로 대통령에 당선되었습니다. 하지만 차베스는 결국 2013년 의문의 암으로 사망했습니다. 차베스라는 구심점이 사라진 뒤 차베스가 추구한 다원주의에 입각한 21세기 사회주의는 시련에 처했습니다.

프랑스 영국 미국의 다원주의

현실적으로 구심점은 이렇게 중요합니다. 1789년의 프랑스혁명이 낳은 풍운아 나폴레옹이 1804년 황제로 등극할 수 있었던 것도 프랑스혁명으로 들어선 공화정을 무너뜨리려는 유럽열강들과 혼자 맞서던 프랑스의 위태로운 상황을 떠나서 생각할 수 없습니다. 피 흘려 세운 공화정을 버리고 다시 제정으로 돌아가려는 조국의 현실에서 느끼는 착잡함 탓이었는지 프랑스 국민의 70퍼센트가 기권했지만 나폴레옹의 황제등극에 찬성표를 던진 프랑스인은 357만 2329명이었습니다. 반대표를 던진 프랑스인은 겨우 2569명에 그쳤습니다. 군주제를 무너뜨리고 공화제를 세운 프랑스 국민이었지만 나라가 위기에 처했을 때는 본능적으로 군주의 강력한 지도력에 기대려는 본능을 그 뒤로도 번번이 보여주었습니다.

1848년 혁명으로 들어선 제3공화국에서 나폴레옹의 조카가 558만 7759표를 얻어서 75퍼센트의 지지율로 대통령에 뽑힌 것도, 몇 해 뒤 집권 연장을 위한 대통령 5년 단임제 개정이 의회의 반대에 부딪혀 좌절되자 그가 스스로를 황제 나폴레옹 3세라고 일방적으로 선언했을 때 프랑스 국민이 국민투표에서 다시 압도적으로 추인해준 것도 나폴레옹이라는 강력한 지도자의 후손에게 기대려는 심리가 있어서였겠지요. 신흥강국 영국에게 자꾸 밀리는 현실이 프랑스인을 불안하게 만들었을 겁니다.

영국도 불안에 떤 적이 있습니다. 재혼허락을 안 해주는 교황에게 반감을 품고 1534년 헨리 8세가 국교회를 만든 뒤로 영국의 가톨릭 신자는 엄청난 탄압을 받았습니다. 성당과 수도원은 재산을 빼앗겼고 수많은 사제와 수도사, 수녀가 목숨을 잃었습니다. 영국은 유럽 최강국이었던 가톨릭 국가 프랑스와 스페인의 침공을 두려워했습니다. 영국 안의 가톨릭 신자는 적국과 언제 내통할지 모르는 첩자로 취급받았습니다. 가톨릭 신자는 부동산을 소유할 수 없었고 특별세금을 물어야 했고 선거권도 없었습니다. 자식을 외국의 가톨릭 학교에 유학 보내는 것도 허용되지 않았습니다. 사제는 툭하면 끌려갔고 가톨릭 신자는 법조인, 정치인, 공직자, 군인, 의사가 될 수 없었습니다. 견디다 못해 수많은 사람이 개종했지요.

영국의 반가톨릭 정서에 변화가 온 것은 18세기 말 프랑스혁명으로 프랑스의 왕족과 귀족이 대거 영국으로 망명을 오면서부터입니다. 구체제를 옹호하던 가톨릭을 혁명파가 탄압하니까 가톨릭에 대한 영국의 불신이 수그러졌습니다. 적의 적은 동지였지요. 1829년에 통과된 가톨릭해방법으로 영국에서 가톨릭 신자는 처음으로 동등한 권리를 누립니다. 하지만 지금도 가톨릭 신자는 영국 왕도 왕비도 될 수가 없습니다. 참 지독한 나라지요. 영국은 관용의 전통을 이어온 나라라는 자부심이 강하지만 그것은 자신이 세계의 패권국이 된 이후에 생긴 자신감을 반영하는 말입니다. 외세의 침공을 두려워하던 약소국 시절에는 이단자를 누구보다도 혹독하게 응징했습니다.

미국도 외세를 두려워했습니다. 불안한 신흥 독립국 미국에서 친영파는 언제 공화국을 무너뜨릴지 모르는 반역자였습니다. 1783년 독립전쟁이 미국의 승리로 끝난 다음에도 친영파는 탄압을 받았습니다. 재산을 몰수당했고 투옥당했고 고문당했고 처형까지 당했습니다. 투표도 할 수 없었고 빚도 못 받았고 의사나 변호사 같은 전문직에도 종사할 수 없었습니다. 감히 영국이 통치하던 시절이 그립다는 말을 했다가는 뼈도 못 추릴 분위기에서 친영파는 급감했습니다. 미국 인구의 15%에 이르렀던 25만 명의 친영파 중에서 캐나다나 영국으로 도피한 사람이 절반에 가까웠습니다. 영국도 미국도 처음부터 다당제와 다원주의를 추구한 것이 아닙니다.

일본의 다원주의

일본도 다원주의를 두려워했습니다. '원로'라는 말은 어떤 분야의 경륜이 있는 전문가라는 뜻으로 조선시대부터 지금까지 거의 비슷한 뜻으로 쓰이고 있지만, 일본어 '겐로'에는 조금 색다른 뜻이 있습니다. 겐로는 메이지유신에 혁혁한 공을 세운 원훈이 중심이 된 일본 군주의 자문집단을 가리킵니다. 겐로는 모두 9명이었는데 왕족인 사이온지 긴모치 한 사람을 제외하고는 모두 메이지유신의 양대 주축세력인 사쓰마번과 조슈번에서 네 사람씩 나왔습니다. 겐로의 가장 큰 역할은 총리지명이었습니다. 명목상으로는 군주의 재가가 있었지만 겐로들이 올린 지명자를 군주가 거부하는 일은 없었으니 나라의 실질적 지도자를 9인의 겐로들이 정한 셈이지요.

9인의 겐로 중에는 귀에 낯설지 않은 이름도 있습니다. 안중근 의사에게 저격당한 이토 히로부미도 겐로였습니다. 조선에 일방적으로 불리한 강화도조약을 관철한 이노우에 가오루도 겐로였습니다. 러일전쟁 승리의 주역 야마가타 아리토모도 겐로였고 조선을 일본에게 사실상 넘겨준 가쓰라-태프트밀약의 주역 가쓰라 타로도 겐로였습니다.

1868년 메이지유신부터 1940년 마지막 겐로 사이온지 긴모치가 죽을 때까지 70여 년 동안 10명도 채 안 되는 사실상의 건국공신들이 일본의 중요한 외교, 군사, 경제 정책을 좌지우지했습니다. 일본은 19세기 말 국권파와 민권파가 충돌을 하면서 다당제의 틀을 일찍부터 세웠지만 중요한 결정은 초헌법기구인 소수의 겐로들이 전담했으니 실은 다당제라고 보기가 어려웠습니다. 일본은 거의 3세대 가까이 무늬만 다당제였지 사실은 일당독재라고 해도 과언이 아니었습니다.

일본도 1854년 페리한테 무릎을 꿇은 이후로 서방 열강들과 잇따라 일방적으로 불리한 불평등조약을 맺었습니다. 그리고 불평등조약을 개정하기 위해서 이 겐로들이 엄청난 노력을 기울였습니다. 가령 이노우에 가오루는 로쿠메이칸이라는 서양인 접대 영빈관을 만들어 파티를 열면서 일본도 서양과 동등한 문화를 즐긴다는 걸 보여주려고 애썼습니다. 심지어 일본 국명도 다르게 불렀습니다. 그전까지는 '니혼'이었지만 너무 약하다고 해서 '니뽄'으로 바꾸었고 '유술'도 '유도'로 바꾸었습니다. 서양은 일본이 1895년 청일전쟁에서 이긴 다음에야 비로소 일본의 불평등조약 개정 요구에 응해주었습니다. 불평등조약을 평등조약으로 고치는 데 무려 40년이 넘게 걸렸습니다.

일본은 국익을 우선으로 생각하는 엘리트가 중심에 버티고 있었습니다. 일본이 처음부터 완전한 다당제로 굴러갔으면 어떻게 되었을까요? 서양 열강들의 이간질로 분열과 반목에 시달렸을 가능성이 높습니다. 외세의 훼방과 간섭이 엄청났을 겁니다. 조선에게는 바로 일본이 그런 외세였습니다. 일본은 정작 자신도 불평등조약으로 고생하면서도 조선과 처음으로 외국과 맺은 조약의 상대국으로서 조선에게 일방적으로 불리한 불평등조약을 강요했고, 조선이 내부 단결을 못 하도록 끝없이 이간질했습니다. 물론 일본만 그렇게 한 것은 아닙니다. 약소국을 내부 분열과 갈등으로 몰아가는 것은 열강의 공통된 전략이었습니다.

에리트레아의 일당제
아프리카에서는 에리트레아가 거의 유일하게 적어도 아직까지는 그런 운명을 면했습니다. 에리트레아는 처음에는 영국 식민지가 되었다가, 에티오피아가 영국으로부터 독립하면서 졸지에 에티오피아 식민지로 편입되는 바람에 30년 동안 무장투쟁을 벌여서 1993년에 독립한 동아프리카의 소국입니다.

독립 당시 무일푼이었던 에리트레아는 외국 자본을 적극 유치해서 빨리 나라를 다시 일으켜 세우겠다는 유혹을 느낄 만했습니다. 에리트레아가 무장항쟁을 벌인 에티오피아도 바로 소련의 지원을 받았던 사회주의 정권이었습니다. 하지만 에리트레아는 외국에 손을 벌리지 않았습니다. 그리고 철도를 포함해서 나라의 중요한 기간시설은 모두 국유화했습니다. 독립운동 중에 에티오피아가 초토화시킨 협궤열차도 국제통화기금(IMF)이나 세계은행에 기대지 않고 시간은 걸렸어도 자력으로 복구했습니다. 덕분에 에리트레아는 외채가 거의 없습니다.

그뿐만 아니라 국토가 10배나 되는 이웃 에티오피아는 기근이 자주 들어 식량값이 폭등하고 아사자가 속출하지만 에리트레아는 독립 직후부터 곳곳에 작은 저수지를 만드는 등 식량안보를 최우선으로 삼은 정책 덕분에 배를 곯는 사람이 없습니다. 돈이 없어서 학교에 못 가는 아이도 없고 거지도 없습니다. 수도 아스마라는 밤이면 이탈리아풍 카페에 앉아 오붓하게 가족 친구와 외식을 즐기는 시민들로 가득합니다. 카페문화는 백인의 전유물이 아님을 에리트레아는 보여줍니다.

하지만 에리트레아는 인권탄압국가로 비난받습니다. 에리트레아는 일당제거든요. 무장독립항쟁을 이끈 이사이아스 아페웨르키가 24년째 대통령 노릇을 합니다. 에리트레아는 일당제를 유지하는 중요한 이유의 하나로 외세의 침공을 듭니다.

실제로 에티오피아는 수시로 에리트레아의 국경선을 침공해서 도발을 감행합니다. 에티오피아는 전쟁을 벌일 만큼 여유 있는 나라가 아닙니다. IMF에 따르면 2016년 7월 현재 한 해 무역적자가 74억 달러에 이릅니다. 에티오피아의 무기는 미국으로부터 옵니다. 에리트레아에는 이렇다 할 자원도 없는데 왜 미국은 에티오피아를 앞세워 에리트레아를 무너뜨리려고 기를 쓰는 것일까요?

서방에게 빚을 얻지 않고 자력으로 번영을 누리는 독립국이 아프리카에서 생기면 자본주의 체제 말고 대안은 없다는 공갈협박이 먹혀들지 않을까봐 두려워서가 아닐까요. 그래서 인권을 거론하면서 변변한 자원 하나 없는 에리트레아에게 경제제재를 가하는 게 아닐까요.

에리트레아 출신 난민이 많은 것은 사실입니다. 그런데 거기에는 두 가지 이유가 있습니다. 첫째, 에리트레아가 미국의 제재를 받으면서 독재국으로 찍힌 상황에서 에리트레아의 인접국 수단, 소말리아, 에티오피아 출신 난민도 에리트레아에서 정치적 박해를 피해 유럽에 왔다고 하면 난민으로 인정받을 가능성이 훨씬 높아지니까 국적을 속이는 사례가 많습니다. 실제로 덴마크 이민국에서는 에리트레아에서 현지 조사를 한 뒤 에리트레아에 경제난민은 있어도 정치난민은 없다고 결론내렸습니다. 스위스의 한 신문도 유럽에서 난민지위를 인정받은 에리트레아 젊은이들이 에리트레아 수도에서 관광객처럼 사진을 찍는 모습을 기사로 내기도 했습니다.

둘째, 에티오피아가 자꾸 도발을 해오면 징병제인 에리트레아에서 복무기간은 18개월이지만 상황에 따라서 조금씩 늘어날 수가 있습니다. 이런 것을 불만스러워하는 젊은이, 특히 남자는 어느 나라에나 있

에리트레아 대통령 이사이아스 아페
웨르키(1946-) ⓒ연합뉴스

지 않을까요. 에리트레아에서는 미래가 없
다고 생각하는 전과자라면 정치적 난민으
로 유럽에서 새로운 미래를 개척하려는 유
혹을 당연히 느낍니다. 가방끈이 긴 에리트
레아 젊은이 중에도 불만을 품은 사람이 있
겠지요. 유럽에 가서 에리트레아 출신 난민
이라고 하면 다 받아준다는데, 그럼 유럽에
서 일 안 해도 떵떵거리고 산다는데 내가 왜
군대에 끌려가서 썩어야 하나 억울해할지도 모릅니다. 실제로《르몽
드》지 보도에 따르면 유럽 각국에서 난민지위를 얻는 데 성공한 비율
이 시리아 출신자는 94%로 가장 높고 그 다음이 에리트레아 출신으로
89.8%라고 합니다. 에리트레아는 여자도 똑같이 군 복무를 해야 하지
만 여자 중에는 이렇게 억울해하고 잔머리를 굴리는 사람이 별로 없
나봅니다.

에리트레아의 군인은 전쟁이 벌어지면 나가서 싸우지만 평시에는
길을 닦고 저수지를 쌓고 주택을 짓습니다. 모두 군인들의 부모, 형제,
친구, 이웃이 누리게 될 국가재산입니다. 하지만 BBC를 비롯한 서방
언론은 젊은 에리트레아 병사들이 땀 흘리며 일하는 모습을 촬영해서
는 강제노동에 신음하는 에리트레아 젊은이의 참혹한 현실이라고 제
목을 달아 전 세계에 퍼뜨리면서 에리트레아 독재자를 규탄합니다.

하지만 일당제 에리트레아에는 다른 모습도 있습니다. 에티오피아
는 자국민을 굶겨가면서 옥토를 사우디, 인도, 미국 같은 외국 농장 경
영업체에 헐값으로 팔아넘기는 나라입니다. 외국 기업이 보유한 대농

장에서는 커피, 콩, 해바라기 같은 수출작물을 주로 심어서 가뭄이 들면 식량을 수입해야 합니다. 에티오피아는 경제성장률이 높게 잡히는 나라지만 거기에는 외국 기업들이 매입한 에티오피아 농지 값도 포함됩니다. 에티오피아 소농을 몰아내는 데 들어간 돈이 에티오피아 경제성장률을 높이는 것으로 잡힙니다. 에티오피아의 경제성장률이 빛 좋은 개살구인 까닭입니다. 에티오피아는 부패한 군인, 정치인이 대접받는 나라입니다. 반면 에리트레아는 독립을 위해 목숨을 걸고 싸운 사람들이 대접받는 나라입니다. 에티오피아에서는 다수 국민이 식수가 없어 흙탕물에 기대어도 외국 생수회사는 번창하지만 에리트레아에서는 강우량이 적은 악조건 속에서도 곳곳에 설치한 저수지 덕분에 농업용수도 식수도 모자라지 않습니다. 대부분의 아프리카 나라에서 외국 광산회사가 정부에 내는 로열티는 4%지만 에리트레아에서는 40%입니다. 에리트레아 대통령은 허름한 집에서 살고 자식들도 모두 군대에 갑니다. 에티오피아가 국토를 팔아 받은 돈은 부패한 에티오피아 특권층의 호주머니로 들어가고 에티오피아 다수 국민은 땅에서 쫓겨나 빈민가에서 쓰레기더미에 파묻혀 죽어가지만 에리트레아 정부가 금광에서 얻은 수익은 고스란히 에리트레아 국민의 미래로 투자됩니다.

다당제는 국민의 정치적 선택범위를 넓혀주는 것으로 서방에서 역사적으로 검증된 제도입니다. 하지만 아프리카의 많은 나라에서 다당제는 자원수탈을 노린 서방 국가들의 침투로 악용된 것도 역사적으로 검증된 사실입니다. 일당제 에리트레아는 정치적으로는 일원성을 강조할지 모르지만 문화적으로는 다원성을 추구합니다. 에리트레아에는 9개 민족이 사는데 아이들은 초등학교 5학년까지 자신의 모국어를 배웁니다. 에리트레아 일당제 국가는 문자가 없는 소수민족에게는 문자까지 만들어주면서 자신의 정체성을 잃지 않도록 배려합니다. 자기 땅에서 일등민 영국인, 이등민 에티오피아인 밑에서 삼등민, 사등민으로 괄시받았던 에리트레아의 소수민족은 없었던 문자까지 안겨주는 에리트레아 정부가 고맙지 않을까요. 그리고 이런 정부가 무너져서 다시 무시당하고 괄시당하는 옛날로 돌아갈까봐 두렵지 않을까요.

시간을 주어야 한다

나폴레옹이 황제로 등극하면서 내건 명분은 만약 선거를 통해 허약한 인물이 공화정을 맡게 되면 폭정을 일삼던 부르봉 왕가가 다시 프랑스를 말아먹는다는 논리였습니다. 대대손손 이루어지는 더 나쁜 대물림을 막으려면 나처럼 검증된 지도자가 대물림되어야 한다는 나폴레옹의 논리를 뿌리치지 못할 만큼 프랑스 국민은 반혁명세력의 복귀를 두려워했습니다. 반혁명 세력에게 짓밟혀 다시 노예로 살아가는 운명을 두려워했습니다. 나폴레옹의 세습을 정당화시킨 것은 부를 대대손손 독점해온 소수의 세습왕조세력에게 다시 권력을 빼앗길지 모른다는 두려움이었습니다.

찰스 다윈은 인간을 움직이는 기본적 감정을 여섯 가지로 보았습니다. 행복, 슬픔, 분노, 혐오, 놀람, 공포였습니다. 이 중에서 사람에게 가장 먼저 생겨났고 또 사람에게 아직도 가장 큰 영향을 미치는 감정은 누가 뭐래도 공포라고 현대의 진화심리학자들의 입을 빌려 스튜어트 월턴은 『인간다움의 조건』에서 말합니다. 원시종교는 공포에서 나왔습니다. 흔히 다신교가 발전한 것이 일신교라고 말하지만 모든 다신교의 뿌리에는 나의 안전을 위협하는 대문자 공포라는 단일한 공포가 있었습니다. 고상한 사람들은 자유 같은 추상적 가치가 인간을 움직이는 근본동력인 것처럼 말하지만 자유는 인간을 움직이는 동심원들의 바깥쪽 언저리에 있습니다. 인간을 움직이는 동심원의 중심에 있는 것은 나의 안전, 내 가족의 안전, 내 나라의 안전이 언제 남의 손에 유린당할지 모른다는 공포입니다. 그리고 외부의 위협이 지속되는 한 자신들을 위해 목숨을 걸고 싸운 검증된 지도자를 중심으로 뭉치려는 인간의 욕망은 사라지지 않습니다.

다원성을 추구하는 다당제가 늘 완벽할 수는 없겠지만 실수를 바로잡을 기회가 언제든지 주어진다는 점에서는 일원성을 추구하는 일당제보다 낫다는 말을 논박하기는 어렵습니다. 하지만 그것은 역사적으로 일방주의를 고수하면서 자신의 중심을 어느 정도 세운 '행복한' 패권 국가들의 경우가 아닐까요. 의로운 정치인이 나타나는 족족 식민지 종주국의 하수인들에 의해 예외 없이 제거되어온 슬픈 역사를 가진 아프리카에다 이런 고상한 기준을 예외 없이 들이밀어야 하는 걸까요. 다른 나라를 쳐들어가는 것도 아니고 의식주가 지난날과는 비교가 될 수 없을 만큼 안정되어서 국민 다수가 크게 불만을 느끼지도 않는다면 일당제라 하더라도 그 나라의 중심이 잡힐 때까지 좀 기다려줄 수는 없을까요.

그런데 에리트레아의 일당제를 규탄하는 서양은 정말로 다원주의를 추구하기는 하는 걸까요. 2차대전이 끝난 뒤 소련은 처음부터 동유럽 점령지역에서 공산정권을 세우려고 기를 쓴 것이 아닙니다. 소련은

반파시즘 좌우연립정권을 도처에서 세우고 싶었습니다. 한반도에서
도 예외가 아니었습니다. 전후에도 영미와의 공존이 이어지기를 소련
은 바랐습니다. 전 국토의 절반이 쑥밭이 되었으니 국제 공산주의 확
산은커녕 제 코가 석 자였습니다. 핵무기를 가진 미국의 눈치도 봐야
했겠지요.

　이탈리아에서는 좌파 게릴라가 반파시즘 투쟁에 앞장섰기에 이탈
리아 국민의 지지가 높았지만 영미 진주군은 좌파를 탄압하고 군부,
대지주, 대기업, 은행, 바티칸 같은 친독 기득권 세력을 중용했습니다.
이탈리아 국민 사이에서는 무솔리니 빠진 파시즘이라는 냉소가 나올
정도였지요. 무솔리니 밑에서 에티오피아 학살을 자행한 군인이 전후
초대 이탈리아 정부 수반을 지냈으니까요. 그런데도 스탈린은 영미와
충돌하지 않으려고 이런 파시스트 정부를 승인하는 바람에 이탈리아
좌파의 반발을 사기도 했습니다. 하지만 그리스에서도 똑같은 일이 벌
어지는 것을 보면서 영미와의 공존은 불가능하다고 스탈린은 판단했
을 겁니다.

　미국이 노골적으로 핵위협을 하는 상황에서 이제 소련은 완충지대
를 넓히는 쪽으로, 다시 말해서 동유럽국가들을 위성국으로 만드는 쪽
으로 돌아섰습니다. 미국의 원폭투하에 맞서려면 폭격기 격추 가능성
을 조금이라도 높이는 것이 중요했습니다. 폭격기가 동유럽에서 뜨는
것보다는 서유럽에서 떠야 폭격기의 격추 가능성이 높아집니다. 그러
자면 동유럽을 소련의 영향권 아래 두어야 했습니다. 소련은 1944년,
45년까지만 해도 헝가리, 루마니아 등 자신이 점령한 지역에서 기존
의 체제를 그대로 두었습니다. 하지만 영미가 이탈리아, 그리스에서

진보세력을 탄압한 뒤로는 동유럽에서 영미와 논의하지 않고 파시스트 세력을 배제하고 인민정부를 수립했습니다. 그러자 영미는 소련의 일방주의를 공격했습니다. 하지만 공조를 무시하고 일방적으로 먼저 상대방을 탄압한 것은 영국과 미국이 아니던가요.

다원주의는 나하고는 달라도 남을 존중하고 인정하는 자세입니다. 국가도 마찬가지입니다. 그 나라가 다른 나라에 폭력을 행사하지 않는 한 그 나라 국민이 선택한 체제를 존중해주어야 합니다. 개인의 선택권이 조금 덜 존중받는 것 같아 안타까운 마음이 들더라도 인내심을 갖고 지켜봐주는 자세가 진정한 다원주의의 길입니다. 아프리카 신생 독립국의 진정한 독립을 물심양면으로 도왔던 스웨덴의 올로프 팔메 총리가 했던 말이 바로 아프리카에게 시간을 주어야 한다는 말이었습니다.

하지만 올로프 팔메는 암살당했습니다. 진정한 다원주의자가 사이비 다원주의자들에게 암살당했습니다. 소련과의 공존이 가능하다고 믿었던 또 한 명의 다원주의자 케네디 대통령도 암살당했습니다. 진정한 다원주의자는 유럽에서도 미국에서도 살아남지 못했습니다. 일당제 에리트레아에게 훈수를 두기 전에 우리는 진정한 다원주의자를 굳건히 지켜내는 다당제를 완성시켰는지 먼저 가슴에 손을 얹고 반성해야 하지 않을까요.

참고 자료

1 · Preventing Cultural Genocide with the Mother Tongue Policy in Eritrea, Thomas Mountain, https://www.blackagendareport.com/eritrea_mother_tongue_policy

2 · 덴마크 이민국 에리트리아 보고서, https://www.nyidanmark.dk/NR/rdonlyres/B28905F5-5C3F-409B-8A22-0DF0DACBDAEF/0/EitreareportEndeligversion.pdf

3 · 유럽 난민 출신국 비교, http://www.lemonde.fr/les-decodeurs/article/2015/09/09/syrie-erythree-afghanistan-l-etat-des-pays-que-fuient-migrants-et-refugies_4750327_4355770.html

4 · 『인간다움의 조건』, 스튜어트 월턴, 사이언스북스, 2012

5 · *The Myth of a Good War*, Jacques Pauwels, 2016

포
퓰
리
즘

유권자의 표를 얻으려고 지속 불가능한 비현실적 공약을 남발하는 무책임한 정치인을 가리키는 populist라는 말은 지금은 전락했지만 원래 몹쓸 말이 아니었습니다. populist는 영국이 아니라 미국에서 19세기 말에 처음 생겨났습니다. populist는 populism을 믿는 사람끼리 서로를 부르는 이름이었고 populism은 그런 사람들이 자기들의 이익을 대변하려고 만든 정당 People's Party가 내건 이념이었습니다.

　19세기 말까지도 미국 국민의 다수는 농민이었고 농민의 다수는 소작농 아니면 영세농이었습니다. 2007년 말 미국에서 부동산 거품이 터지면서 금융위기가 생기고 그 여파로 실업자가 양산된 것처럼 19세기 말에도 미국에서는 무분별한 철도공사로 생겨난 철도거품이 터지면서 금융위기가 생겼고 그 불똥이 농민에게까지 튀었습니다. 미국 농민은 민주당과 공화당은 결국 은행, 철도회사와 한통속이라고 생각하고 자신의 뜻을 대변해줄 정당을 만들어야 한다고 믿고 People's Party를 만들었습니다. 하지만 People's Party는 대선에서 밀었던 민주당 후보가 잇따라 패하자 당세가 약해져서 1908년에는 완전히 사라졌습니다.

대공황이 일어난 1920년대 말에도 미국 국민의 40% 이상은 농민이었습니다. 최근 그리스 경제가 어려워지면서 많은 그리스인이 귀농을 하는 것처럼 미국에서 대공황이 일어났을 때도 도시에서 일자리를 잃은 노동자 중 귀농하려는 사람이 크게 늘었습니다. 하지만 미국 정부는 영세농보다는 규모가 큰 기업농 위주로 농업정책을 폈습니다. 대공황으로 농산물 가격이 떨어지는 원인을 구매력 하락보다는 생산 과잉에서 찾아내고 기업농에게 휴경을 유도하면서 거액의 보조금을 지급했습니다. 기업농은 땅을 매입하여 더욱 규모를 키웠고 정부의 지원을 받으면서 갈수록 덩치를 키워가는 기업농의 저가 농산물 공세에 영세농은 살아남기 힘들었습니다. 루스벨트는 공화당보다 진보적이라는 민주당 출신의 대통령이었지만 영세농보다는 기업농의 손을 들어주었습니다. 만약 People's Party가 건재했다면 미국의 농업정책은 노골적으로 기업농 위주로 흘러가기 어려웠겠지요.

부정적 뉘앙스가 담긴 주홍글씨

미국에서 populism은 보수진영에서도 진보진영에서도 환영을 받지 못했습니다. 보수주의자들은 populism을 표를 얻으려고 유권자에게 선심정책을 남발하는 인기영합주의로 규정지었고 진보주의자들은 populism의 전통주의와 도덕적 보수성을 불신했습니다. populism은 미국보다는 외국의 정치를 수식하는 용어로 차츰 쓰이기 시작했습니다. 미국의 주류언론은 populism은 망국 이념이고 남미, 특히 우고 차베스 같은 populist를 영웅으로 숭배하는 국민이 유권자의 다수를 차지하는 베네수엘라가 표본이라고 강조했습니다.

영어 populism은 한국어에서는 '포퓰리즘'이라고 보통 옮기고 영한사전에 나오는 대로 '대중추수주의'나 '인기영합주의'라는 부정적 뉘앙스가 담긴 말로 씁니다. 한국의 보수언론에서 하도 부정적으로 쓰니까 이제는 한국의 진보언론에서도 좋지 않은 뜻으로 씁니다. 포퓰리즘은 주홍글씨가 되었습니다. 하지만 원래 populism은 People's Party를 만든 사람들이 추구하는 가치를 자기들끼리 이르던 말이었습니다. 자기비하와는 거리가 멀었습니다.

일부 온라인 영한사전에서는 populism을 '인민주의'로 풀이하기도 하지만 인민이라는 말은 20세기 초반에 러시아에서 정권을 잡은 공산주의자들이 세운 정치이념의 주역을 가리키는 말의 번역어로 이미 선점되었습니다. 공산주의 이념의 색채가 짙게 밴 인민이라는 말을 공산주의가 뭔지도 잘 몰랐던 사람들, 아니 공산주의에 대한 거부감이 심했던 사람들의 정치운동을 가리키는 말로 쓰기는 어렵습니다. 미국의 populist는 관료주의를 혐오했으며 집단에 기대기보다 자립을 추구했습니다. 서민주의자는 인민주의자일 수 없습니다. 잘못 붙여진 이름은 현실을 왜곡합니다.

서민주의자는 사민주의자일 수도 없습니다. 예전에 진보정의당의 당명이 정의당으로 결정되자 사민당을 밀었던 당원들이 실망과 분노를 토로했다는 기사를 보았습니다. 유럽의 진보운동을 이끌어온 구심점은 노동조합이었습니다. 노동조합을 사민당으로 결집해서 투쟁과 양보와 타협을 통해 좀더 안전한 사회를 만드는 데 기여했습니다. 한국의 노동조합도 한때 그런 기대를 모았지만 조직력이 탄탄한 한국 대기업 노조는 비정규직 노동자의 권익은 아랑곳하지 않고 철저히 자신의 기득권만을 고집했다는 점에서 19세기 말 서민당을 탄압했던 미국 금권세력과 크게 다를 바가 없습니다. 유럽의 잘나가던 대기업 노동자들은 불이익을 감수하고 산별노조를 결성해서 노동자 전체의 이익을 대변했지만 한국의 대기업 노동자들은 자식들에게 일자리를 세습시키려고 합니다. 나만의 물질적 이익과 풍요에 집착하는 사람은 자본가든 노동자든 금권의 노예입니다.

미국에서 서민주의를 이끌었던 농민은 한국에서도 소수가 되었고 한국도 미국처럼 점점 기업농 체제로 굴러갑니다. 앞날을 생각하는 지도자라면 해외에서까지 농업 노동자를 불러들여서 농사 짓는 부유한 기업농이 아니라 젊은 자영농을 늘리는 데에 초점을 맞춰야 하지 않을까요. 시골 농민만 서민이 아니라 도시 자영업자도 서민입니다. 한국에는 자영업자가 유난히 많습니다. 자영업자는 보수적이고 전통적이며 역사의 진보에 대한 확신이 강하지 않아 서구 사민주의를 숭상하는 한국 진보진영에게는 성에 안 찰지 모르지만 자기 운명을 스스로 책임지려는 독립심이 강하고 자기 고장에 대한 애착이 강합니다. 역사의 진보를 확신하는 나머지 내가 잘못하면 패배할지 모른다는 긴장감으로 현실조건을 꼼꼼히 살피는 더듬이가 퇴화한 진보주의 맹신 집단보다는 낫습니다.

차베스 서민주의 몰아내기

그런데 차베스는 왜 미국한테 찍혔을까요. 미국의 속국이 되기를 거부한 다른 중남미 지도자들도 곤란했지만 특히 베네수엘라의 차베스 대통령을 미국이 용인할 수 없었던 가장 큰 이유는 차베스가 미국의 아킬레스건을 건드려서였습니다. 같은 산유국이라도 사우디는 미국에 기름을 팔고 받은 돈을 다시 미국 은행에 맡겼습니다. 미국 달러가 사우디나 주변 나라로 돌지 않고 다시 미국으로 돌아왔습니다. 차베스는 외국에 기름을 팔아 번 돈을 자국 서민의 교육, 보건, 주택, 복지에 투자했습니다. 또 주변 나라에 몇십억 달러씩 저리로 빌려주면서 다른 나라들도 자국 서민을 위해 투자할 수 있는 길을 터주었습니다. 베네수엘라가 번 달러는 사우디가 번 달러와는 달리 미국 은행으로 돌아오지 않고 남미 안에서 돌면서 남미 경제를 살찌웠습니다.

게다가 차베스는 남미 은행을 세우고 남미 지역 공동화폐까지 만들려고 노력했습니다. 중남미 지역 공동화폐가 자리잡으면 달러는 중남미에서 힘을 못 씁니다. 달러가 힘을 못 쓰면 미국도 힘을 못 씁니다. 미국에게는 악몽입니다. 결국 급환으로 세상을 떴지만 미국이 쿠데타를 부추겨 차베스를 몇 번이나 대통령 자리에서 몰아내려 했던 이유입니다.

2013년 초 영국의 두 일간지 《파이낸셜타임스》와 《가디언》에는 과거 베네수엘라 정부에서 산업통상부 장관을 지낸 모이세스 나임과 기획부 장관을 지낸 리카르도 하우스만의 칼럼이 각각 실렸습니다. 두 사람은 베네수엘라의 인플레가 중남미에서 아이티를 빼놓고 가장 높은 수준이라며 당시 암으로 투병중이었던 차베스가 베네수엘라 경제를 망쳐놓았다고 성토했습니다.

베네수엘라의 인플레가 높았던 것은 사실입니다. 2002년 이후 베

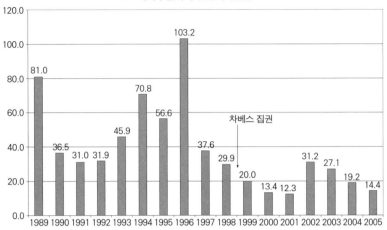

베네수엘라의 인플레이션율

출처: www.oilwars.blogspot.co.uk

네수엘라는 인플레가 연간 25%를 오르내렸습니다. 지금 10만 원으로 밀가루 10킬로그램을 살 수 있다고 하면 1년 뒤에는 7.5킬로그램밖에 못 산다는 뜻이지요. 뒤집어 말하면 지금 10킬로그램에 10만 원인 밀가루 가격이 1년 뒤에는 12만 5천 원으로 오른다는 뜻입니다. 당연히 살기가 고달파집니다.

하지만 차베스의 베네수엘라 서민은 물가가 폭등해도 배를 곯을 일은 없었습니다. 첫째, 물가상승률 이상으로 정부가 최저임금을 6개월에서 1년 단위로 올려주었으니까요. 둘째, 옥수수, 우유, 설탕, 마가린, 식용유, 커피, 밀가루 같은 기본 생필품은 정부가 운영하는 국영슈퍼에서 시세의 2분의 1에서 6분의 1이라는 싼값에 공급했으니까요.

두 장관은 마치 인플레가 차베스의 실정 탓에 생겨난 것처럼 몰아갔지만 우고 차베스가 대통령에 오르기 전에는 인플레가 훨씬 심했습니다. 1994년에 70.8%였던 인플레는 56.6%(1995), 103.2%(1996), 37.6%(1997), 30%(1998)로 고공행진을 이어갔습니다. 차베스가 집권하면서 2000년에는 13.4%, 2001년에는 12.3%로 인플레가 겨우 잡히는가 싶었습니다.

그런데 차베스 대통령이 베네수엘라에서 가장 큰 석유회사를 국유화하니까 여기에 반발한 기득권 세력이 일으킨 총파업으로 베네수엘라 경제는 두 달 동안 마비되었고 2002년 한 해 인플레는 다시 31.2%로 폭등했습니다. 총파업이 실패로 돌아가자 베네수엘라의 기득권 세력은 생필품 공급을 중단해서 베네수엘라 국민을 고통으로 몰아넣으면서 차베스 정부를 원망하게 만드는 전략을 동원했습니다.

국내외의 거대 식품회사와 유통회사, 대형체인은 진열대를 텅텅 비우고 가격이 크게 뛰면 그제야 찔끔 제품을 내놓는 수법으로 국민에게 고통을 안기면서 돈을 벌었습니다. 이들한테서 돈을 받은 부패한 관리들은 식품이 가득 든 컨테이너들이 항구에서 썩어나가도 모른 척했습니다. 차베스를 몰아내느라 혈안이 된 베네수엘라의 부자들은 선거 때만 되면 식품공급을 줄여 국민이 정부에 불만을 갖도록 몰아갔습니다. 차베스가 국영 식품점을 만든 데에는 그런 배경이 있었지요.

베네수엘라는 방대한 영토와 풍부한 자원을 가진 나라지만 소수 상류층이 부를 독점하면서 철저히 자기들 이익 위주로 나라를 이끌어갔습니다. 석유를 팔아서 번 돈은 외국인과 소수 부호가 독식했습니다. 대지주들이 독점한 농지는 비효율적으로 방치되었습니다. 식량 자급에는 관심이 없었고 그나마 생산된 농산물도 가공하기보다는 외국으로 수출하는 것이 더 남는 장사라는 판단이 들면 그렇게 했습니다. 그냥 외국에서 싼값에 식량과 식품을 수입하는 것으로 만족했습니다.

자국 산업을 일으키고 자국민을 위한다는 발상은 없었습니다. 비백인 원주민과 혼혈은 이등국민 취급을 받았습니다. 농업을 방치하다보니 1960년대에 벌써 농촌인구 비율이 35%로 떨어졌고 차베스가 집권한 1990년대 말에는 12%로 줄어들었습니다. 공업국가라서 일자리가 있는 것도 아니다보니 절대 다수의 서민은 카라카스 같은 대도시에서 빈민으로 목숨을 겨우 이어나갔습니다.

실종된 자기책임의 원칙

하지만 차베스가 집권하면서 상황은 달라졌습니다. 전에는 석유를 팔아 번 돈을 백인 상류층이 독식했지만 차베스는 사회에 투자했습니다. 차베스는 수천 개의 병원을 지었고 의사를 열두 배나 늘렸습니다. 태어나서 병원 문턱에도 못 가본 사람들이 처음으로 무상의료 혜택을 받았습니다. 학교도 많이 지어 문맹률을 뚝 떨어뜨렸습니다. 국민 영양 상태도 좋아졌습니다. 1989년 베네수엘라 국민은 평균 2200칼로리를 매일 섭취했지만 2008년에는 2700칼로리로 늘어났습니다. 빈곤율은 1999년 70%였던 것이 20%로 급감했습니다.

정부의 재정지원을 받은 소농들은 대지주한테 유상으로 토지를 매입하여 협동조합을 만들어 농산물 생산량을 늘려나갔습니다. 2008년 현재 옥수수 생산량은 10년 전보다 132% 늘었고 쌀은 71% 늘었습니다. 옥수수와 쌀은 자급이 가능해졌습니다. 우유 생산량은 무려 900%나 늘었습니다. 그런데도 아직 수요를 충족하기에 부족했지요. 공업국가도 아닌 베네수엘라에서 지난 정권들이 농업을 얼마나 방치했는지를 알 수 있습니다.

국민을 위해 많은 돈을 쓰면서도 차베스 정권은 나라빚도 크게 줄였습니다. 2003년에 국민총생산의 47.5%였던 나라빚이 2008년에는 13.8%로 격감했습니다. 그 뒤 세계 경제불황으로 공공지출을 더 늘리면서 나라빚이 조금 더 늘어났지만 20%를 넘지 않았습니다. 베네수엘라를 눈엣가시로 여기는 영국과 미국의 나라빚은 국민총생산의 100%가 넘습니다. 영국과 미국은 나라빚이 많은데도 경기를 살린다고 돈을 찍어내 풉니다.

하지만 돈을 푼다고 해서 경제가 저절로 살아나는 것은 아닙니다. 미국도 영국도 양적완화라고 해서 돈을 펑펑 찍어냈지만 물가는 별로 오르지 않았습니다. 찍어낸 돈이 국민에게 가지 않고 고스란히 은행에 쌓였습니다. 돈을 찍어내 나라빚이 많아졌다고 더 긴축을 하니까 실업률은 더 높아졌구요. 직장이 없는 사람들에겐 사고 싶은 것 먹고 싶은 것이 많지만 다 그림의 떡입니다. 당연히 수요가 안 늘고 나라 경기는 내리막길을 걷습니다.

반면 베네수엘라 소비자들은 소비력이 있었습니다. 수요가 있었습니다. 차베스 정부가 들어서기 전까지는 다수의 서민은 끼니를 걱정해야 했지만 차베스 집권 뒤로는 그런 걱정은 하지 않고 어떻게 하면 빨리 평면 텔레비전을 장만하고 아이폰을 살까 조바심을 냈습니다. 문제는 이런 공산품 가격이 엄청나게 비싸다는 데에 있었지요.

왜 공산품 가격이 비쌌을까요? 수입업자들이 정부한테서 수입대금으로 쓸 달러를 공식환율로 저렴하게 조달해서 제품을 수입해다가는 암시장 환율을 적용해서 소비자에게 비싸게 파는 경우가 많아서였습니다. 이것도 넓게는 차베스 정부 무너뜨리기 전략의 일환이었습니다. 비싼 아이폰은 인플레 상승에 일조하며, 치솟는 인플레는 정부의 무능한 사회주의 경제정책 때문이라고 부자들을 섬기는 베네수엘라의 민영방송과 신문에서는 차베스를 성토했으니까요.

하지만 영국과 미국도 사실은 사회주의 경제정책을 추구합니다. 영국과 미국의 빚이 더 급증한 것은 2008년 이후 금융권에 거액의 공적자금을 투입하여 은행을 살려서 그렇습니다. 영국 정부는 도산위기에 처한 RBS(로열뱅크오브스코틀랜드)에 450억 파운드의 공적자금을 투입해서 RBS의 지분을 80% 이상 소유했습니다. 사실상 국영은행이 된 셈이지요.

그런데 그 뒤 RBS는 2012년 52억 파운드의 손실을 보았다고 발표했습니다. 영업이익은 34억 파운드를 기록했지만 자체 보유자산의 손실액이 워낙 커서 손해를 보았다고 했습니다. 그런데 이건 세금을 적게 내기 위한 술수였습니다. 한 은행이 채권을 발행해서 다른 은행으로부터 돈을 조달했을 때 신용이 쌓이면 그 채권의 가치가 올라갑니다. 그럼 만기가 되었을 때 돈을 갚기만 하면 될 것을, 가치가 올라간 채권을 다시 사들인 것처럼 장부를 작성해서 마치 손실을 본 것처럼 꾸민 것이지요. 국민의 세금으로 거액의 지원을 받아놓고 내야 할 세금은 안 내면서도 RBS는 7억 8500만 파운드의 보너스를 지급하겠다고 했습니다.

그런데 《파이낸셜타임스》에서는 RBS가 거액의 손실을 보았으니 더 큰 손실을 보기 전에 지금이 RBS를 매각할 적기라는 기사를 슬쩍 실었습니다. 원래 영국 정부는 한 민간은행의 악성채무까지 국민 세

차베스 정부에서 살아가던 가난한 엄마는 사재기와 매점
매석으로 슈퍼에서 우유를 못 살 때도 있고 슈퍼에 우유
가 있어도 값이 워낙 비싸서 살까 말까 망설일 때는 있어
도 줄을 서는 수고만 가끔 감수하면 국영슈퍼에서 싼값에
우유를 사서 아이에게 배불리 먹일 수 있었습니다.

금으로 변제해주는 것은 잘못이라는 지적이 일자 나중에 주가가 오른 다음에 RBS를 팔면 투입한 공적자금을 회수할 수 있다고 주장했습니다. 만약 RBS가 헐값에 다른 민간자본에게 팔릴 경우 영국 국민은 민간은행 RBS가 진 거액의 빚을 대를 이어 갚아나가야 합니다. 민간은행 RBS의 대주주들은 영국 정부의 공적자금 지원으로 주가를 고스란히 인정받아 투자금과 이익금을 고스란히 건지고 빠져나간 다음 RBS의 주가가 헐값이 되었을 때 다시 RBS 주식을 사들이겠지요. 금권자본가들이 금융 사회주의 정부의 지원으로 곱배기로 돈을 버는 동안 영국 국민은 빚더미에 올라앉습니다.

정부가 민간은행의 빚을 대신 갚아주기를 거부한 아이슬란드는 금융위기 이후 소득 하위 10%의 소득이 9% 떨어졌고 상위 10%의 소득은 무려 38%나 떨어졌지만 정부가 민간은행의 돈을 대신 갚아주기로 한 아일랜드는 하위 10%의 소득은 26%나 떨어졌지만 상위 10%의 소득은 외려 8%나 늘었습니다. 아이슬란드에서는 돈 있는 사람들과 은행들이 투기로 돈을 벌려다 손해 본 것을 본인들이 고스란히 감수했지만 아일랜드에서는 투기를 하려던 사람들이 더 돈을 벌었습니다. 투기할 돈조차 없었던 사람들이 허리띠를 졸라매면서 투기로 재미를 보려던 사람들이 볼 뻔한 손해를 대를 이어 갚아줘야 할 판입니다.

자본주의의 가장 중요한 원칙은 자기 책임의 원칙인데 이상하게도 금융 분야에서는 이 원칙이 실종되고 맙니다. 아무리 빚더미에 올랐어도 나라가 망하지 않게 해주리라는 믿음 아래 거액의 보너스 잔치를 벌이는 조직이야말로 영국과 미국의 금융자본가들이 비웃어온 이른바 무책임한 사회주의 정책 아니던가요.

가난한 아기엄마를 섬기는 사회주의

차베스의 사회주의와 영미 금융 사회주의의 차이점은 차베스는 다수 국민이 생존을 걱정하지 않고 살 수 있는 사회를 만들려고 하지만 영미 사회주의는 소수 금융자본이 대를 이어 금권을 세습할 수 있는 사회를 만들려고 한다는 것입니다.

차베스의 사회주의가 성공하면 영미 금융 사회주의의 존립이 위태로워집니다. 금권자본가들만을 섬기지 않고 다수 국민을 섬기는 사회가 나타나면 더 이상 다수 국민을 쥐어짤 명분이 없어지니까요. 영미 금융 사회주의의 눈치를 살피는 데에는 경제지 《파이낸셜타임스》와 진보지 《가디언》의 차이가 없습니다. 그래서 뜬금없이 부패한 전직 베네수엘라 장관의 칼럼을 실으면서 위험한 차베스 사회주의를 까고 헐뜯었지요.

인플레와 함께 반차베스 세력이 차베스 정부의 무능을 공격하는 또 나의 이유는 베네수엘라의 높은 살인율입니다. 빈곤율이 급감하는데 어떻게 살인율은 급증할까요. 베네수엘라에서 살인율이 높은 이유는 마약 보급과 무관하지 않은데 마약의 주된 공급원은 미국의 비호를 받는 인접국 콜롬비아입니다. 콜롬비아의 갱단들은 베네수엘라로 들어와 납치와 유괴와 살인을 일삼습니다. 그리고 미국과 기득권의 하수인 노릇을 오래전부터 해온 부패한 베네수엘라 경찰은 범죄율 상승을 은근히 부추깁니다. 차베스 대통령이 기존의 경찰을 해체하고 국민볼리바르경찰이라는 새로운 조직을 만든 것은 그런 이유에서였습니다.

프랑스혁명을 끝까지 지킨 로베스피에르는 공포정치의 주인공으로 낙인찍혔지만 왕실과 귀족과 대자본가와 외국 왕실의 금권공세에 끝까지 넘어가지 않은 거의 유일한 사람이 로베스피에르였습니다. 로베스피에르가 비운의 죽음을 당한 것은 혁명이 일어났는데도 여전히 빵 때문에 울어야 하는 서민들의 처지를 대변하면서 좀더 과감한 변화를 요구하는 사람들을 그가 영국의 첩자로 오인하면서 자신의 가장 중요한 지지세력에게 실망을 안겨주어서였습니다. 로베스피에르가 첩자 노이로제에 걸려 자신의 지지기반을 실망시켰을 정도로 영국을 필두로 한 외세의 프랑스혁명 와해공작은 집요했습니다. 영국은 프랑스 경제를 무너뜨리려고 집요하게 위조 프랑스 화폐를 찍어댔습니다.

베네수엘라혁명을 무너뜨리려는 외세의 공작은 더욱 집요합니다. 베네수엘라의 전직장관 두 사람이 쓴 칼럼이 성향이 달라 보이는 영국의 두 일간지에 나란히 실린 것을 우연으로 볼 수 있을까요. 세상을 넓게 볼수록 우연은 드물어집니다.

프랑스혁명의 영웅 로베스피에르와 남미 해방의 영웅 볼리바르에게 두루 영향을 미친 사람은 개인이 누려야 할 자유만이 아니라 공동체와 민족이 누려야 할 집단의 자유까지 부르짖은 프랑스의 사상가 루소였습니다. 로베스피에르도 볼리바르도 루소의 아이들이었습니다. 로베스피에르와 볼리바르는 뜻을 이루지 못했습니다. 로베스피에르가 이루려던 프랑스 공화국은 나폴레옹 제국이 되었고 볼리바르가 이루려던 남미 공화국은 군벌의 각축장으로 쪼개졌습니다.

로베스피에르 이후로 프랑스에서 억압받는 사람들을 위해 진정으로 타국과 연대하려는 지도자의 맥은 끊겼습니다. 프랑스의 좌파 대통령 올랑드는 아랍에서 세속주의를 추구하고 기회와 부의 분배를 추구하던 리비아의 카다피를 제거한 데 이어 시리아의 세속주의 정부를 무너뜨리는 데에 앞장섰거든요. 하지만 남미에서는 볼리바르가 차베스로 환생했습니다. 차베스는 중남미 지역의 공동번영을 위해 지역은행과 지역 공동화폐를 만드는 데에 앞장서면서 미국의 미움을 샀고 결국 의문의 암으로 투병하다가 타계했습니다.

차베스를 비판한 전직 베네수엘라 장관들이 현직에 있었을 때 베네수엘라의 가난한 엄마는 우유가 슈퍼에 있어도 우유 살 돈이 없어서 파스타 삶은 물을 아기에게 먹여야 했습니다. 차베스 정부에서 살아가던 가난한 엄마는 사재기와 매점매석으로 슈퍼에서 우유를 못 살 때도 있고 슈퍼에 우유가 있어도 값이 워낙 비싸서 살까 말까 망설일 때는 있어도 줄을 서는 수고만 가끔 감수하면 국영슈퍼에서 싼값에 우유를 사서 아이에게 배불리 먹일 수 있었습니다. 전직 베네수엘라 장관들이 섬긴 것은 소수의 금권자본가들을 섬기는 사회주의였고 차베스가 섬기는 것은 가난한 아기엄마를 섬기는 사회주의였습니다.

상업 언론을 장악한 영미의 금권자본가들은 차베스가 국민 대다수를 고달프게 만들고 자신의 소수 측근들에게만 특혜를 주는 체제를 만들었다고 주장했지만 소수 측근들에게만 특혜를 주고 다수를 고달프게 만드는 체제를 추구하는 것은 차베스가 아니라 영미의 금융 사회주의자들입니다.

다수의 풍요를 추구하는 차베스의 베네수엘라가 잘 되었어야 다수 자국민의 따가운 눈총을 의식하면서 영미의 금융 사회주의자들도 사회주의의 수혜를 자기들만 누려서는 안 되겠다는 중압감을 느꼈을 테지요. 그런 중압감을 안 느끼려고 그들은 언론을 동원하여 의인 차베스를 독불장군으로 또라이로 그려댔습니다. 또라이를 또라이로, 의인을 의인으로 제대로 보는 것도 또라이들에게 언론이 장악당한 또라이 나라에서는 어디에서나 쉽지가 않습니다.

참고 자료

1 · 우고 차베스의 유산: 저성장, 고물가, 위협, 리카르도 아우스만, https://www.theguardian.com/commentisfree/2013/feb/25/hugo-chavez-venezuela-legacy?INTCMP=SRCH
2 · 베네수엘라의 절박한 절하 조치, 모이세스 나임, https://www.ft.com/content/8fd30252-75d5-11e2-9891-00144feabdc0

노벨 경제학상을 받은 미국의 경제학자 폴 크루그먼은 1996년《뉴욕타임스》매거진 창간 100주년을 맞아 2096년의 시점에서 지난 한 세기 동안 경제 분야에서 일어난 변화를 되돌아보는 가상 회고 칼럼을 썼습니다.

원자재 가격이 폭등했고 환경에 조금이라도 악영향을 미치는 모든 품목에 고액의 환경세가 부과되었다는 지극히 상식적인 변화도 있었지만 크루그먼이 예견한 가장 큰 변화는 화이트칼라 직업은 기울고 블루칼라 직업이 각광을 받는다는 것이었습니다. 미래학자들은 디지털 혁명으로 눈에 보이지 않는 추상적 가치를 다루는 정보 직종이 뜰 것이라고 예상했지만 사람들이 현실적으로 바라는 것은 더 좋은 차를 몰고 더 좋은 집에서 살고 더 좋은 음식을 먹는 것이었습니다. 사람은 드라마를 안 봐도 살 수 있고 책을 안 읽어도 살 수 있지만 수도에서 물이 안 나오면 전기가 안 들어오면 꼼짝달싹할 수가 없습니다. 크루그먼은 그래서 배관공이나 수리공 같은 블루칼라 직업이 각광을 받게 되었고 군이 비싼 돈을 들여가면서 대학에 가려는 젊은이도 격감했다고 과거 시제로 예견합니다.

배관공이나 전기공은 크게 보면 육체노동의 범주에 들어가지만 오랜 훈련과 수련이 필요한 기술자입니다. 기술자를 영어로 tradesman이라고 하는데 trade는 '길, 경로, 방식'을 뜻하는 네덜란드어에서 14세기 말에 영어로 들어왔습니다. 무역이라는 뜻은 16세기 중반에야 생겼구요. 그러니까 tradesman은 어떤 기술을 닦으면서 한 길을 걸어온 '전문기술자'라는 뜻이었지요.

그렇게 오래 한 기술을 닦다가 어느 정도 경지에 오른 사람을 master 곧 명장이라고 불렀습니다. tradesman은 장인이었기에 직업에 대한 자부심이 강했습니다. 산업혁명과 함께 본격화한 대량생산으로 수공업이 위기를 맞았을 때 가장 먼저 조직을 결성해서 자신들의 권익을 지키려고 한 것도 이들이었습니다. 노동조합을 trade union이라고 부른 것도 장인들이 노동운동의 주역으로 나섰던 역사적 배경과 무관하지 않습니다.

미래의 전문기술자

크루그먼이 배관공 같은 기술직이 다시 각광을 받으리라고 내다본 것은 화이트칼라 직종의 경우 자기가 몸담았던 직종이 사양산업이 되면 자기가 오랜 세월 익힌 직무경험이 무용지물이 되지만 배관공은 사람이 집에서 사는 한 영원히 없어지지 않는 안정된 직종이라는 점에 주목해서였겠지요.

하지만 배관공이 안정된 직종이라고 해서 너도나도 배관공이 되려고 한다면 경쟁이 치열해지면서 배관공도 고달픈 직종이 될 수 있습니다. 일거리가 없으면 아무리 실력이 출중한 배관공도 생활고에 직면할 수 있습니다. 아무리 경쟁이 치열해도 적어도 끼니를 걱정하지 않고 살 수 있는 직업은 없을까요? 먹을 것을 스스로 생산하는 농부 말고는 없습니다. 농부는 가장 지속 가능하고 안정적인 평생직업입니다. 크루그먼이 이미 자작농은 씨가 마르고 기업농이 주축을 이룬 미국 출신의 경제학자가 아니었다면 아마 농부를 배관공의 자리에 올려놓지 않았을까요.

문제는 다른 분야에서와 마찬가지로 농업도 규모의 경제논리가 관철되면서 대형화와 집중화가 가속화해서 규모가 작은 소농은 살아남기가 힘들다는 것이지요. 농업이 대형산업으로 바뀐 것은 무엇보다도 화석연료 사용의 급증으로 인한 식량가격의 폭락 탓이었습니다. 평균소득 대비 식량가격은 1920년과 1990년 사이에 90%나 떨어졌습니다. 이것은 1990년을 살아가던 농부가 사회의 다른 부문에서 일하는 사람들이 누리는 생활수준을 따라잡기 위해서는 농작물의 생산성을 1920년보다 1000%로 끌어올려야 한다는 뜻입니다. 그러자면 규모로 승부를 걸 수밖에 없습니다.

규모의 경제논리는 미국 농업을 근본적으로 바꾸었습니다. 독립 직후였던 1790년 미국 인구의 90%를 차지했던 농부가 2000년에는 1.4%로 줄었지만 미국은 식량을 자급하거니와 세계 최대의 식량수출국이 되었습니다.

하지만 규모의 경제는 특히 농업에서는 소수만을 이롭게 합니다.

농업도 규모의 경제논리가 관철되면서 대형화와 집중화
가 가속화해서 규모가 작은 소농은 살아남기가 힘들다는
것이지요. 농업이 대형산업으로 바뀐 것은 무엇보다도 화
석연료 사용의 급증으로 인한 식량가격의 폭락 탓이었습
니다.

미국 정부가 지급하는 거액의 농업보조금과 수출지원금도 소수에게 만 돌아갑니다. 영국도 마찬가지입니다. 잉글랜드는 농부가 14만 명 으로 전체 인구의 0.3%를 차지하는데 이들에게 연간 36억 파운드의 농업보조금이 지급됩니다. 이 가운데에는 거액의 농업보조금을 타먹 으려고 형식적으로 농사를 짓는 땅부자나 수도회사도 적지 않습니다. 심지어 영국 무기회사 BAE로부터 커미션으로 10억 파운드를 뇌물로 받은 사우디의 반다르 왕자도 옥스퍼드셔의 농장을 매입해서 매년 27 만 파운드의 보조금을 받습니다. 부유한 나라들의 농업보조금과 수출 지원금은 가난한 나라들의 농업 기반을 무너뜨립니다. 유럽과 미국에 서 들어오는 저가의 농축산물은 아프리카와 남미 농민들의 생존을 위 협합니다.

농업을 수출산업으로 육성하는 것은 위험한 발상일 수 있습니다. 그것은 규모의 경제논리에 날개를 달아주면서 결국 자국의 소농을 죽 이고 타국의 소농을 죽여서 소수의 농업 대자본과 농업을 일확천금의 대상으로만 보는 국제투기자본만을 살찌우는 길로 이어지기 쉽습니 다. 그런데도 유엔과 세계은행은 아프리카 같은 저발전 지역의 농업을 수출농업으로만 키우려 들고 농장의 대형화를 장려합니다.

한국도 미국과 유럽을 비롯하여 세계 여러 지역과 잇따라 자유무역 협정을 맺으면서 농업에서도 규모의 경제를 요구하는 목소리가 높아 질 가능성이 높습니다. 한국처럼 자원이 적고 영토가 작고 인구가 많 으면서 공업화 수준이 높은 나라가 살아남자면 무역개방은 불가피합 니다. 한국 국민이 예전보다 높은 생활수준을 누릴 수 있는 것은 부가 가치가 높은 공산품을 세계시장에서 팔 수 있어서입니다. 남해안과 서

해안의 바다 밑바닥에서 나는 키조개는 80년대까지만 하더라도 고가로 전량 일본으로 수출되었습니다. 하지만 지금은 한국에서도 많이 소비됩니다. 키조개를 사먹을 수 있는 소비력은 부가가치가 높은 공산품의 수출로 확보한 것입니다. 수출로 벌어들인 돈을 어떻게 분배하느냐는 또 다른 차원의 문제입니다. 통상과 분배를 혼동하면 안 됩니다.

2014년 말 집권한 스웨덴의 사민당 정부는 유럽연합이 미국과 추진한 자유무역협정을 지지했습니다. 땅은 넓지만 추위로 농산물 수출을 기대하기 어렵고 한국처럼 자원이 적은 스웨덴이 번영과 풍요를 누리려면 전 세계에서 안정된 시장확보가 중요하다고 주류 좌파도 깨달아서입니다.

소농이 공생하는 공동체

나라마다 번영과 풍요의 조건은 다를 수밖에 없습니다. 풍요를 거부하는 환경주의자가 통상 중심주의에 반기를 드는 것은 당연합니다. 하지만 국내 시장의 열 배가 넘는 공산품을 외국으로 수출하는 제조업체의 노조가 자유무역협정 추진이 진보의 가치를 훼손하는 것이라며 들고 일어나는 것은 자가당착입니다. 하지만 한국에서는 그런 자가당착이 통합니다. 자신의 존재조건을 성찰하는 능력이 부족해서입니다. 보호무역이 성행하면 한국인 대다수는 지금의 생활수준을 누릴 수가 없습니다.

자유무역체제에서 농업이 살아남자면 규모의 대형화로 맞설 것이 아니라 소농을 살리는 쪽으로 나아가야 합니다. 소농이 살아남자면 노인들보다는 젊은이들이 아이를 키우며 걱정 없이 살 수 있도록 국가가 다양한 지원을 아끼지 말아야 합니다. 무엇보다도 자유무역 덕분에 높은 생활수준을 누리는 도시인이 비싸더라도 소농이 생산하는 농산물을 사먹어야 합니다. 귀농은 하고 싶지만 땅이 없어서 농사를 못 짓는 사람을 위해서 필요하다면 내셔널트러스트 같은 것이라도 만들어서 공익 목적으로 농토를 대대적으로 확보하는 운동을 펼치면 어떨까요. 농사를 짓는 사람이 늘어나지 않는 한 4차 산업혁명으로 미화되지만 사람이 자꾸 불필요해지는 자동화 사회에서 실업은 절대로 줄어들지 않습니다.

19세기 말 서양의 진보는 두 갈래가 있었습니다. 마르크스주의를 신봉하던 노동운동가들은 산업화와 대량생산체제는 역사의 필연이고 그 주역은 공장노동자라고 확신했기에 농민과 장인을 프티부르주아라며 경멸했습니다. 하지만 상당수의 농민과 장인은 임금노동을 노예제보다 더 비인간적이고 악질적인 인간관계라며 임금노동제에 반대했습니다. 농민과 장인의 임금노동에 대한 저항은 자본주의 체제 자체의 급소를 겨누었지만, 역사발전의 법칙을 믿었던 노조 지도자들은 결국 자본주의 체제를 인정한 바탕 위에서 더 많은 임금과 더 많은 복리를 요구하고 쟁취했습니다. 그것은 결국 경쟁력이 떨어지는 타기업과 타국의 희생을 전제로 한다는 점에서 진정한 의미의 지속 가능한 진보의 경로가 아니었습니다. 일시적으로는 경쟁에서 이겼어도 언젠가는 더 우수한 경쟁력을 가진 기업과 국가에게 밀릴 수밖에 없으니까요.

한국의 진보는 그동안 대기업 노조를 기반으로 한 공장제 노동자들이 독점하다시피했습니다. 하지만 그들 중에는 자신의 임금인상과 생활수준 향상에만 관심이 있을 뿐 똑같은 일을 하면서 몇 분의 일밖에 월급을 못 받는 비정규직 동료들은 나 몰라라 하는 임금노예 또한 적지 않습니다.

위선적인 임금노예들처럼 진보라는 말을 입에 달고 살지는 않더라도, 역사가 전진한다는 믿음조차 갖지 못했다 하더라도, 정직하게 농산물을 생산하는 소농들이 협동조합을 만들어 공생을 도모하는 지역공동체가 하나둘 생겨날 때 한국은 하나같이 규모를 부르짖던 자본주의 신봉가들과 마르크스주의 신봉가들이 해결하지 못한 역사적 난제를 하나둘 풀어나갈 수 있지 않을까요.

참고 자료

1 · White Collars Turn Blue, Paul Krugman, http://www.nytimes.com/1996/09/29/magazine/white-collars-turn-blue.html

2014년 3월 주민투표에서 압도적 지지로 러시아 합류를 선택한 크리미아 지방정부는 2014년 8월 초 일수회라는 일본 우익단체 대표단의 방문을 받았습니다. 기무라 미쓰히로 일수회 대표는 "일본 정부는 (러시아) 제재에 동참하지 말았어야" 한다며 "일본은 가장 먼저 제재를 철회하고 크리미아에 영사관을 개설하는 나라가 되어야" 한다고 강조해서 푸틴 대통령의 측근인 크리미아 관구 연방전권대표로부터 긍정적 반응을 얻어냈답니다.

일수회는 크리미아 지방정부 고위관리들과 진지한 회담을 가졌지만 정당은 아닙니다. 한 달에 한 번 수요일에 모여 정치인이나 관리, 학자를 초청하여 강연을 들으며 정치를 생각하는 시민들의 모임이지요. 1970년대 초반 일본의 우익 작가 미시마 유키오가 일본 정신을 잃고 미국의 속주가 되어가던 일본 사회를 구해내는 마지막 보루로 자위대의 궐기를 요청하며 할복하는 것을 보고 충격 받은 사람들이 미시마의 뜻을 이으려고 만든 모임이 일수회입니다.

우익 정치 단체니까 천황제를 옹호하고 일본의 전통에서 자부심을 찾으려고 한다는 점에서는 일본의 여느 우익 단체와 비슷하지만 일수회는 한 가지 점이 다릅니다. 일본의 위상이 점점 내려가고 경제적으로도 어려워지면서 많은 일본 우익이 반한, 반북, 반중 노선을 추구하면서 배타적이고 공격적인 구호를 온라인과 거리에서 외치지만 일수회는 이웃나라들과 잘 지내야 한다고 믿습니다. 그것이 일본의 국익을 위하는 길이라고 믿어서지요. 그래서 재특회(재일 특권을 허용하지 않는 시민 모임)처럼 수준 낮은 반한 구호를 내거는 단체를 비판하고 혐오합니다.

일본 우익단체 '일수회'의 문제의식

일수회는 2차대전 패전 이후 일본이 미국의 철저한 속국이 되었다는 사실이 지금 일본이 당면한 문제의 처음이요 끝이라고 생각합니다. 일본의 주류 정당은 물론이거니와 재계, 관계, 언론계, 학계도 미국이 일본의 구세주요 마지막 보루라는 미국산 신화를 떠받들면서 일본을 미국 추종 일변도의 암울한 미래로 몰아가고 있다는 것이 일수회의 문제의식입니다.

일수회가 국제문제에 대한 다수 일본 국민의 이해를 중시하는 것은 그래서입니다. 미국이 주도하는 세계질서를 알아야만 미국이 의도적으로 생산하는 정보에 속지 않고 일본의 미래를 제대로 열어갈 수 있다고 믿는 것이지요.

2014년 8월에는 러시아의 인접국으로서 친미노선을 걷던 조지아

1970년대 초반 일본의 우익 작가 미시마 유키오가 일본 정신을 잃고 미국의 속
주가 되어가던 일본 사회를 구해내는 마지막 보루로 자위대의 궐기를 요청하며
할복하는 것을 보고 충격 받은 사람들이 미시마의 뜻을 이으려고 만든 모임이 일
수회입니다.

에서 분리독립을 선언한 압하지아 공화국의 대통령 선거에 일수회가 참관인으로 참여하기도 했습니다. 러시아 정부는 친미노선으로 일관하는 일본 정부에 불만이 많겠지만 일수회라는 정치단체를 통해 일본에도 말이 통하는 사람들이 있다는 인식을 이어가겠지요.

일수회는 2010년에는 일본에서 세계애국정당대회를 열기도 했습니다. 이 대회에는 프랑스의 국민전선 대표를 역임한 장마리 르펜도 참석했습니다. 프랑스의 국민전선은 프랑스 안에서도 극우로 불리기에 당시 이 대회를 보도한 영국의 진보지《가디언》은 이 대회를 주최한 일본의 일수회도 극우정치단체로 묘사했더랬지요.

하지만 일수회에 극우라는 딱지를 붙이는 것은 부적절합니다. 극우와 우익의 차이는 무엇일까요. 아니, 먼저 우익과 좌익의 차이는 무엇일까요. 우익은 지키려는 쪽이고 좌익은 바꾸려는 쪽, 우익은 본인의 노력이 더 중요하다고 보는 쪽이고 좌익은 환경이 더 중요하다고 생각하는 쪽이라는 대비도 가능하겠지요. 그러나 지향점으로 삼는 대상이 누구냐를 놓고 보았을 때 우익은 자기 나라 국민을 아껴야 한다고 생각하는 쪽이고 좌익은 다른 나라 국민도 아껴야 한다고 생각하는 쪽이라는 대비도 가능하지 않을까요.

자국민, 자민족을 아낀다고 해서 우익이 타국민, 타민족을 증오하는 것은 아닙니다. 하지만 극우는 다릅니다. 극우는 자국민, 자민족을 아끼는 마음이 지나쳐 타국민, 타민족을 증오하는 사람들입니다. 일본에 사는 한국인과 조선인을 증오하는 재특회는 극우라고 불러도 무방하지만 이웃나라와 잘 지내야 한다고 생각하고 재특회를 일본 망신시키는 단체라며 비판하는 일수회를 극우라고 부르는 것은 온당하지 않습니다.

마린 르펜의 문제의식

장마리 르펜이 세웠고 그 뒤를 이어 딸 마린 르펜이 이끄는 프랑스의 국민전선을 극우라고 부르는 것도 재고할 필요가 있습니다. 국민전선은 물론 외국인 이민자가 프랑스에서 늘어나는 데에 반대합니다. 하지만 외국인 이민자가 늘어나는 것을 싫어하고 두려워하고 반대하는 것은 국민전선 지지자만의 성향도 아니고 프랑스에만 국한된 현상도 아닙니다.

유럽연합 탈퇴와 이민반대를 핵심강령으로 삼는 영국독립당 (UKIP)은 2012년 3월만 해도 지지율이 5%였지만 그 뒤 반이민 정서가 높아지면서 사해동포주의 성향의 자유당을 제치고 노동당, 보수당과 함께 영국의 3대 주류정당으로 올라섰습니다. 영국독립당은 처음에는 보수당 지지율만 잠식했지만 나중에는 노동당 지지율도 빼앗아 갔습니다. 영국의 유럽연합 탈퇴 곧 브렉시트가 2016년 국민투표에서 통과된 것과 영국독립당의 지지자 중 백인 노동자가 다수라는 사실은 무관하지 않겠지요.

영국의 저학력 노동자 중에서 영국독립당을 지지하는 사람이 늘어난 것은 노동당을 비롯해서 기존의 정당이 자신의 권익을 지켜주지 못한다고 생각해서입니다. 영국의 저임금 노동자가 외국인 노동자 탓에 자신의 일자리가 줄어들고 임금이 오르지 않는다고 불안해하는 것을 극우로 낙인찍는다면 영국 국민의 절반 가까이는 극우로 보아야겠지요. 2014년 3월의 한 여론조사에서 응답자의 45%는 자격이 덜 되더라도 영국인 노동자가 영국에서는 채용시에 늘 우대받아야 한다고 답변했으니까요.

자기가 태어난 땅에서 좀더 대접받고 안정되게 살고 싶은 욕망을 외국인을 배척하는 인종주의적 자세라고 극우 성향으로 몰아세운다면 반발심에서라도 그 사람은 정말 외국인을 혐오하는 극우 대열에 가담할지도 모릅니다. 못사는 나라의 가난한 노동자에게 세계화는 잘사는 나라에서 일하면서 가난에서 벗어나는 기회가 될 수 있지만 잘사는 나라의 가난한 노동자는 세계화로 국경의 문턱이 낮아져도 갈 곳이 없습니다. 좌파정당도 우파정당도 모두 세계화를 추구하면서 경제성장수치에 목을 매는 정치현실에서 선진국일수록 이른바 '극우' 정당의 지지율이 높아지는 것은 그래서 외국인일수록 오히려 납득이 가는 현상으로 받아들여야 하지 않을까요.

유럽에서 이민자가 늘어나는 중요한 원인의 하나는 전 세계에서 몰려드는 난민이 갈수록 많아져서입니다. 자기 나라가 살기 편하다면야 굳이 괄시를 받아가면서 때로는 목숨을 걸면서까지 외국으로 갈 이유가 없지요. 시에라리온에서, 콩고에서, 르완다에서, 아프가니스탄에서, 이라크에서, 시리아에서, 리비아에서, 과테말라에서, 이집트에서, 튀니지에서 난민이 유럽으로 몰려오는 것은 그 나라가 내전과 침략전쟁으로 풍비박산이 나서 그렇습니다.

이런 나라들을 쑥밭으로 만드는 장본인은 바로 유럽과 미국의 금벌입니다. 금벌은 손쉬운 돈벌이에 걸림돌이 된다고 생각하는 존재는 인권을 앞세워서라도 기어이 제거하려고 합니다. 유고슬라비아나 리비아에서처럼 미국과 유럽의 군사동맹 나토가 직접 나설 때도 있었지만

마린 르펜이 프랑스의 대외전쟁에 반대한 것은 그가 평화
주의자여서도 아니었고 반전주의자여서도 아니었습니다.
마린 르펜이 전쟁에 반대한 것은 프랑스로 쏟아져 들어올
난민을 우려해서였습니다. 그래서 리비아나 시리아를 침공
할 것이 아니라 오히려 프랑스가 원조를 하는 것이 프랑스
의 이민 문제를 해결하는 근본적 처방이라고 역설했지요.
프랑스 국민전선의 장마리 르펜(오른쪽)과 딸 마리 르펜(왼쪽).

대부분은 시리아나 이라크에서처럼 용병을 앞세워 거추장스러운 나라를 혼란으로 몰아넣습니다.

좌파정부도 예외는 아닙니다. 미국의 충복이 되어 이라크 침공을 비롯하여 온갖 전쟁에 영국을 끌어들였던 토니 블레어의 노동당 정부야 말할 나위도 없지요. 프랑스의 프랑수아 올랑드 대통령이 이끌던 사회당 정부도 시리아에서 갖은 만행을 일삼던 사이비 이슬람 용병 조직을 물심양면으로 후원하는 데에 앞장섰습니다. 프랑수아 올랑드는 세금이라든가 부의 분배 같은 국내 정치문제에만 집중하는 협소한 잣대로 보면 좌익정치인일지 모르지만 국제관계의 차원에서는 우익 정치인을 넘어 극우 정치인에 가깝습니다. 우익 정치인이라면 자국에 자부심을 갖는 데에 머무르지 타국을 증오하면서 침공에 앞장설 리가 없지 않겠어요?

프랑스 국내외에서 극우로 지탄받는 마린 르펜이 어쩌면 프랑스의 진정한 우익 지도자인지도 모릅니다. 마린 르펜은 좌파와 우파를 통틀어서 프랑스의 기성 정치인 중에서는 거의 유일하게 나토군의 리비아 침공을 규탄했고 시리아 개입도 강하게 비판했거든요.

마린 르펜이 프랑스의 대외전쟁에 반대한 것은 그가 평화주의자여서도 아니었고 반전주의자여서도 아니었습니다. 마린 르펜이 전쟁에 반대한 것은 프랑스로 쏟아져 들어올 난민을 우려해서였습니다. 그래서 리비아나 시리아를 침공할 것이 아니라 오히려 프랑스가 원조를 하는 것이 프랑스의 이민 문제를 해결하는 근본적 처방이라고 역설했지요. 하지만 좌파건 우파건 금벌을 정조준하는 눈을 잃어버리고 금벌의 대변자가 되어 인권이라는 명분으로 멀쩡한 나라를 짓밟는 '극우'

의 나라가 되어버린 지 오래인 프랑스에서 마린 르펜의 목소리는 묻히고 맙니다. 프랑스에서 정통 우익 정치인은 드골 이후로 찾아보기 힘들게 됐습니다. 프랑스는 러시아 귀속을 압도적으로 지지하는 크리미아 주민투표 결과가 나온 뒤 러시아 제재를 밀어붙이는 미국의 눈치를 보느라 러시아의 주문을 받고 완성한 프랑스제 미스트랄 강습상륙함의 러시아 인도도 거액의 배상금을 물면서 포기하는 나라가 되었습니다.

2017년 봄 프랑스 대선에서 보수당 후보로 나선 프랑수아 피용이 가족을 보좌관으로 채용하는 비리를 저질렀다며 좌우에서 뭇매를 맞으며 어려움을 겪은 일만 해도 그렇습니다. 보좌관 문제는 표면적 이유에 불과합니다. 피용이 프랑스를 움직이는 금벌에 밉보인 결정적 이유는 지지자들 앞에서 시리아 테러분자를 돕는 사우디, 카타르를 밝혀내겠다, 시리아 문제 해결에서 러시아와도 손잡겠다고 선언한 탓이었다고 보는 것이 합리적입니다. 사르코지 밑에서 총리를 지낸 피용이 프랑스를 비롯한 서방과 사우디, 카타르가 시리아 안에서 준동하는 이슬람 극렬 세력의 배후임을 몰랐을 리는 만무하겠지요. 악을 정조준하는 마린 르펜의 지지세가 만만치 않으니까 조금이라도 표를 끌어오려는 마음에서 '무리수'를 두었다가 프랑스 금벌의 노여움을 산 것은 아닐까요.

소녀상이 세워져야 할 자리

다시 극우와 우익 이야기로 돌아가지요. 가까운 일본에서 다시 세계애국파대회가 열린다 하더라도 한국에서는 아마 참가할 정당이 없을 겁니다. 한국에서 나라를 사랑하고 걱정하면서 우익임을 천명하는 정당은 있어도 정말 그런 마음을 실천에 옮기는 정당은 찾아보기 어렵거든요. 하지만 설령 세계극우파대회가 열린다 하더라도 한국의 극우파는 대회 조직위로부터 참가 자격을 박탈당할 겁니다.

극우의 두 가지 조건은 자민족에 대한 애정과 타민족에 대한 혐오인데 일베라는 흔히 극우로 일컬어지는 온라인 동호회에서는 자민족에 대한 애정도, 타민족에 대한 혐오도 찾아보기 어려워서 그렇습니다. 일베는 전라도 사람을 홍어라고 비아냥거리기 일쑤입니다. 일베가 존경하는 서북청년단은 해방 이후 6·25전쟁을 거치면서 제주도를 비롯하여 전국 곳곳에서 민간인을 고문하고 강간하고 학살하는 데에 앞장선 깡패단입니다. 이 깡패단을 비호한 것은 친일파를 중용한 이승만이었고 이승만을 중용한 것은 한국에 진정한 우익정권이 들어서는 것을 혐오한 미국이었습니다.

미국에게 제대로 된 우익정권은 사사건건 국익을 앞세우며 미국의 일방주의에 딴지를 걸었던 프랑스의 드골 하나로 충분했습니다. 미국은 한국에서도, 그리스에서도, 이탈리아에서도 자국의 독립을 위해 싸운 사람들은 우건 좌건 빨갱이로 몰아 몰살시키고 타국을 섬기느라 동족을 죽이고 고문한 세력을 반공세력으로 육성하여 권력을 안겨주었습니다. 한국의 이른바 '극우'가 집회에서 미국 성조기를 흔드는 데에는 이유가 있습니다. 미국은 동족을 죽이고 짓밟은 사람들에게 새 삶을 안겨준 구세주였으니까요. 자민족을 혐오하고 타민족을 숭상하는 세력을 극우라고 부르는 것은 극우라는 말에 대한 모독이 아닐까요.

한국군은 6·25전쟁 당시 미군과 한국군을 위해 군대 안에서 위안소를 운영했습니다. 군대 위안소는 일본군 출신의 한국군 장교들이 만들었겠지요. 일본군은 타민족 처녀를 유린했지만 한국군은 자민족 처녀를 유린했습니다. 어느 쪽이 더 부끄러운 일일까요. 일본은 비록 졌을망정 타국과 싸웠던 세력의 후손이 나라의 중심에 있지만 한국은 일본에서 미국으로 대를 이어 타국을 섬겼던 세력의 후손이 나라의 중심에 있습니다. 일본에는 극우가 존재하지만 한국에는 극우가 존재할 수 없는 역사적 이유입니다.

한국이 분노해야 하는 것은 야스쿠니신사를 참배하는 일본의 정치인이 아닙니다. 모든 식민지 지배는 죄악으로 점철되어 있습니다. 일본만 조선에게 죄악을 저지른 것이 아닙니다. 영국은 식민지 이라크의 석유자원을 독식하면서 거기에 맞서려는 이라크인을 독가스로 진압한 나라지만 그런 만행에 대해 제대로 사과한 적이 없습니다. 프랑스도, 벨기에도, 네덜란드도, 스페인도 마찬가지입니다. 폴란드를 방문하여 나치의 만행에 무릎 꿇고 사죄한 빌리 브란트 서독 총리는 정말로 예외적 존재였습니다.

그런데 사과를 하면 뭐 하죠. 독일은 지금 나토의 일원으로 멀리는 밀로세비치의 유고슬라비아에서 가깝게는 카다피의 리비아까지 멀쩡한 나라를 쳐들어가 지옥으로 만드는 나토를 앞장서서 이끄는 나라가 되었는데요. 서독의 나토 가입에 반대하던 사민당 당론을 일찍이 가입 쪽으로 돌린 주인공이 빌리 브란트이기도 합니다. 빌리 브란트의 사과는 폴란드도, 독일도 근본적으로 바꿔놓지 못했습니다. 아니, 달라진 점이 있긴 합니다. 이제는 두 나라가 사이좋게 나토의 일원이 되어 금벌의 돈벌이에 거슬리는 나라를 공격하는 데에 앞장서는 동지가 되었다는 점입니다. 더 좋은 깡패, 더 나쁜 깡패는 없습니다. 타국을 무단으로 침공하는 나라는 일본이든 영국이든 다 똑같이 깡패일 뿐입니다.

한국이 정말로 슬퍼해야 하는 것은 동족을 괴롭히고 능욕하고 고문하고 학살한 세력이 '우익' 세력으로 군림하고 진보진영으로부터는 '극우' 세력으로 규탄받는 어이없는 현실입니다. 국방의 차원에서 적어도 우익이라는 소리를 들으려면 내 나라를 내 손으로 지키지 못하는 현실을 부끄러워하는 마음이 먼저 있어야 하지 않을까요. 전시작전권 환수에 결사 반대하는 세력이 군대와 정부의 중심에 박힌 나라에는 적어도 정치세력으로서 우익도 극우도 없습니다. 위안부 할머니를 기억하는 소녀상은 주한 일본대사관이 아니라 한국 국방부 앞에 두어야 합니다. 이중의 뜻으로 그렇게 해야 합니다. 다시는 나라를 빼앗기지 않겠다는 각오의 뜻으로, 다시는 피를 나눈 동족 처녀를 함부로 유린하지 않겠다는 다짐의 뜻으로.

미시마 유키오 할복 결행의 이유

작가 최인훈은 1965년 한일협정이 체결되는 것을 보면서 한국이 다시 일본의 식민지로 전락할지 모른다는 위기감에서 〈총독의 소리〉라는 연작 단편을 잇따라 발표했습니다. 패전으로 36년의 식민지 점령 뒤에 물러갔던 일본이 한국의 독재정권을 걸터앉고 한반도를 다시 지배할지도 모르는 현실은 작가에게 악몽이었겠지요.

하지만 비슷한 시기 일본의 우익 작가 미시마 유키오에게도 갈수록 미국의 식민지로 전락하는 일본의 현실은 악몽으로 다가왔습니다. 미시마 유키오는 1970년 헌법 개정을 요구하면서 자위대에서 할복한 작가입니다. 전후의 일본사는 독립국의 역사가 아님을 미시마는 깨달았고 일본 군대와 일본 국민을 각성시키기 위해 극단적 선택을 했습니다.

노벨상 후보로도 거론되던 잘나가는 작가가, 미국의 충견이 되어버린 조국에 대한 우국충정에서 할복을 결행할 만큼 암울했던 나라 일본을 한국의 작가 최인훈이 두려워했던 것은 식민지 통치 36년이 낳은 착시 현상이었습니다.

60년대 일본과 한국, 지금의 일본과 한국은 똑같이 미국의 준식민지입니다. 동아시아를 정말로 위협하는 세력은 중국도 아니고 북한도 아니고 미국입니다. 미시마 유키오의 할복에 충격을 받고 만들어진 일본의 우익단체 일수회는 그 사실을 압니다. 그래서 동아시아 지역 화합을 중시하고 대미 추종 노선 탈피와 주일 미군기지 철수를 요구합니다. 진보세력이 미군 철수를 요구하는 것과 우익세력이 미군 철수를 요구하는 것은 파괴력에서 차원이 다릅니다.

하지만 일수회의 영향력이 아무리 커져도 주일 미군기지가 일본에서 철수할 가능성은 희박합니다. 한국 국민이 일본에 대해서 불안을 느끼는 만큼이나 일본 국민도 한국과 북한, 중국에 대해서 불안을 느껴서지요. 미국과 이념적으로 대립하는 공산주의 체제인 북한과 중국에서 아무리 미군 철수를 외친다 해도 그 함성은 일본 국민을 더욱 불안하게 만듭니다. 한국의 진보세력이 미군 철수를 외쳐도 역시 진보니까 으레 그러는 것이려니 합니다. 하지만 한국의 우익세력에서 미군 철수를 요구하면 이야기가 달라집니다.

한국에 정말로 필요한 것은 미군 철수를 외치는 또 하나의 좌파정치세력이 아니라 미군 철수를 외치는 최초의 우파정치세력입니다. 그

런 진정한 우파정치세력이 만들어져서 일수회 같은 일본의 진정한 우
파정치세력과 공조하고 연대할 때, 돈벌이를 위해 세계를 쑥밭으로 만
드는 세력이 동아시아에서 퇴출되는 꿈같은 일이 벌어지지 말란 법도
없겠지요.

참고 자료

1 · 누가 한국군 위안부로 끌려갔나?, 김귀옥, 프레시안, 2015년 1월 8일,
http://www.pressian.com/news/article.html?no=122981
2 · Francois Fillon on Muslim Brotherhood and ISIL, https://www.youtube.
com/watch?v=u3xdXd3ZdVs
3 · 일수회 공식 사이트, http://www.issuikai.jp/index.html

조지 케넌은 소련 주재 미국 대사관 외교관으로 근무하면서 1946년 소련의 팽창주의에 경종을 울리는 비밀 보고서를 작성했습니다. 이 보고서로 조지 마셜 국무부 장관에게 특급 참모로 발탁됐지만 1949년 12월 국무부 정책기획국장 자리에서 물러납니다. 케넌은 소련의 견제를 역설한 봉쇄론의 입안자였지만 호전주의자는 아니었습니다. 연합군의 무차별 공습으로 수만 명의 민간인이 몰살당한 독일 함부르크의 폭격 현장은 그의 뇌리에 아직도 아로새겨져 있었습니다.

케넌은 경제와 외교를 통해 공산주의를 견제하고 봉쇄할 수 있다고 믿었습니다. 마셜 플랜은 서유럽 경제 지원 정책이었지만 서유럽이 소련의 자장권으로 넘어가는 것을 막으려는 소련 봉쇄 정책이기도 했거든요. 케넌은 동유럽국가들이 마셜 플랜에 동참하는 것을 소련이 막으면 동유럽국가들은 불만을 품을 것이고 소련은 동유럽국가들을 그만큼 더 지원해야 하기에 허리가 휠 것이라고 예상했습니다. 총칼을 들지 않고도 얼마든지 소련을 누를 수 있다고 케넌은 믿었던 거지요.

하지만 조지 케넌은 국무부에서 점점 변방으로 밀려납니다. 1949년 8월 소련이 핵실험에 성공하고 10월에 중국 공산당 정권이 출범하면서 국무부에서는 매파의 목소리가 점점 커졌습니다. 와병 중이던 조지 마셜이 장관에서 물러난 뒤 딘 애치슨이 새로 국무장관이 되자 케넌의 입지는 더욱 줄어들었습니다. 애치슨은 케넌이 사임한 뒤 정책기획국장으로 폴 니츠를 앉혔는데요. 니츠는 스탠더드오일 집안의 사위였고 석유왕 넬슨 록펠러의 측근이었습니다.

냉전구도의 틀

니츠는 미국 냉전정책의 모태가 된 국가안보위원회 68호 문서 작성을 주도하여 1950년 4월 7일 트루먼 대통령에게 보고합니다. 일급기밀문서로 지정되었다가 1975년에야 공개된 이 보고서에서 니츠는 소련의 군사력이 미국을 능가하기 직전에 있다며 미국이 군사적 우위를 유지하려면 국방비를 3배 이상으로 늘려야 한다고 주장했습니다.

미국은 전쟁이 끝나면 국방력을 축소하는 전통이 있었어요. 1840년대에 멕시코와 전쟁을 벌이면서 5만 명에 달했던 병력은 종전 뒤 1만 명으로 급감했습니다. 19세기 말 프랑스군 병력이 50만, 독일은 42만, 러시아는 76만이었지만 미국은 경비대 수준인 2만 5천 명에 불과했구요. 1차대전 때는 병력이 급증했지만 2차대전 발발 전까지 13만5천명 수준을 유지했습니다. 2차대전 당시 한때 1천만 명이 넘었던 병력은 1948년 현재 55만 명 수준으로 줄어든 상태였습니다. 무기 납품 계약도 대거 취소되었지요. 1944년 연간 160억 달러 규모에 달했던

케넌(맨 오른쪽)은 소련의 견제를 역설한 봉쇄론의 입안
자였지만 호전주의자는 아니었습니다. 연합군의 무차별
공습으로 수만 명의 민간인이 몰살당한 독일 함부르크의
폭격 현장은 그의 뇌리에 아직도 아로새겨져 있었습니다.

애치슨(왼쪽)은 미국은 극동 지역에서 다른 나라들처럼
도움을 주고 싶지만 "미국을 원하는 곳에서만, 또 지원의
조건이 합당하고 가능할 때에만" 도울 수 있다고 못박았
습니다.

항공 산업 규모는 미 공군이 계약을 잇따라 취소하면서 1947년에는 12억 달러로 무려 13분의 1로 줄어들었습니다. 해군 예산도 1945년 500억 달러에서 1947년에는 60억 달러로 급감했습니다.

경제는 위축되었고 실업자가 늘어났습니다. 전쟁이 끝나기 전이었던 1944년 11월 국무부 차관보였던 애치슨은 이미 상원 전후경제정책 기획특별위원회에서 전후 불황을 우려한 바 있었는데요. 애치슨이 보기에 문제는 생산이 아니라 시장이었습니다. 생산력은 너무 높아서 오히려 문제였고요. 문제는 늘어난 생산력을 소화할 시장을 어떻게 확보하느냐였습니다.

애치슨은 언급하지 않았지만 사실 미국이 1920년대와 30년대의 대공황을 극복할 수 있었던 것은 뉴딜정책 덕분이 아니라 2차대전 덕분이었습니다. 1950년 4월 보고된 국가안보위원회 문서 68호에는 군사력 팽창을 통해 소련 견제와 시장 확보라는 두 마리 토끼를 한꺼번에 잡겠다는 복안이 깔려 있었습니다.

그러나 그해 1월 딘 애치슨 국무장관이 한 연설에서는 그런 낌새를 잡기 어려웠습니다. 애치슨은 세 가지를 강조합니다. 첫째, 중국에서 국민당 정부가 무너진 것은 미국의 무능이나 오해, 지원 부족 때문도 아니고 공산당이 강해서도 아니고 가난에 찌든 중국인의 인내심이 극에 달했기 때문이다. 둘째, 소련은 중국 북방을 병합하려는 흑심을 품고 있는데 미국은 그런 욕 먹을 어리석은 짓은 절대로 하지 않는다. 셋째, 태평양 지역에서 미국의 방어선은 알래스카 근해의 알루샨 제도에서 일본, 오키나와까지, 그리고 오키나와에서 필리핀까지다. 그 나머지 지역에 대해서는 아무도 군사적 공격으로부터 지켜준다는 보장을 할 수가 없다. 왜냐하면 그런 지역에서 생겨나는 정부 전복 활동은 경험이 부족한 새 정부가 나라 안에서 확고히 자리를 잡지 못하거나 나라 안에서 확실히 받아들여지지 않으며 대단히 심각한 경제 문제에서 비롯되는 경우가 많기 때문이라는 것입니다. 이것은 군사적으로 해결될 문제가 아니라고 애치슨은 강조했습니다.

애치슨의 연설은 결국 미국은 미국의 방어선 안에 있는 나라들을 빼놓고는 자국민의 지지를 얻지 못하는 나라의 정부까지 지켜줄 마음은 없다는 뜻을 분명히 드러낸 것입니다. 애치슨은 미국은 극동 지역에서 다른 나라들처럼 도움을 주고 싶지만 "미국을 원하는 곳에서만, 또 지원의 조건이 합당하고 가능할 때에만" 도울 수 있다고 못박았습니다.

애치슨은 미국의 태평양 방어선을 밝히면서 본심을 숨겼던 것 같은데요. 조지 케넌이 틀을 잡은 전후 냉전구도 속에서 미국이 가장 중시한 것은 양 패전국인 독일과 일본의 산업 기반을 미국의 산업 체제로 끌어들이는 것이었습니다. 그래야 다시 전쟁이 일어나도 미국의 산업 기반을 포함해서 3 대 1로 여유 있게 소련을 제압할 수 있다는 계산이었지요. 따라서 일본은 미국에게 절대적으로 중요했고 일본을 지키기 위해서는 소련과 중국 두 공산 체제와 붙어 있는 한반도를 반드시 사수해야 했습니다. 한때 미국의 식민지였긴 하지만 필리핀은 이미 1946년에 독립한 상태였고 냉전의 전초기지도 아니었습니다. 전후 미국의 냉전구도에서 필리핀은 포기할 수 있어도 한반도는 절대로 포기할 수가 없었습니다. 하지만 애치슨은 그런 내색을 전혀 하지 않았습니다.

냉전의 정당화

애치슨이 한국을 방어선에서 뺀 것은 이승만의 도발 가능성을 우려해서였을 수도 있습니다. 이승만은 1950년 6월 25일 전쟁이 터지기 1주일 전에 한국을 찾은 미국 국무부 고문 앨런 덜레스를 만난 자리에서도 북진통일론을 들고나왔습니다. 그러니 미국의 입장에선 한국이 미국의 방어선 안에 있다는 보장을 주면 이승만의 호전주의를 부추겨 남쪽이 먼저 북쪽을 공격할 가능성도 다분히 있다고 보았겠지요. 이승만은 북쪽은 남쪽의 영토라며 언제나 당당히 북침을 이야기했습니다. 하지만 미국의 입장에서 북침은 곤란했습니다. 유엔을 동원하려면 침략당한 나라를 도와야 한다는 명분이 중요했거든요. 애치슨이 말한 합당하고 가능한 지원의 조건은 바로 선제공격을 하지 않는다는 것을 뜻했는지도 모릅니다.

1953년 프린스턴대에서 열린 세미나에서 애치슨은 국방비를 단숨에 몇 배나 늘리는 국가안보위원회 68호 문서 구상을 관철하는 데에 어려움이 없었느냐는 질문을 받고는 한국이 우리를 살렸다고 답변합니다. 한반도에서 터진 전쟁은 냉전을 정당화시켰고 미국과 일본 경제를 되살렸습니다. 사실 남과 북은 6·25 이전부터 자주 교전을 벌였지요. 1949년 5월 4일 개성에서 일어난 충돌의 경우 미국과 한국 발표에 따르면 남쪽이 먼저 공격한 경우입니다. 나흘 동안의 교전으로 인민군 400명, 한국군 22명, 민간인 100명이 죽었습니다. 만약 이때 북한이 전면 공세로 나왔다면 6·25전쟁은 5·4전쟁으로 명칭이 바뀌었을지도 모르고 전쟁은 북침으로 기록되었을 테지요.

하지만 6·25전쟁이 터지기 전에 이미 남쪽에서는 10만 명에 가까운 민간인이 학살되었습니다. 인구 30만이었던 제주도에서 최소 3만에서 최대 6만이 경찰과 서북청년단 같은 우익 청년 조직에게 학살당했습니다. 미 군정은 미국의 냉전 노선을 조금이라도 위협하는 세력은 좌익이건 우익이건 탄압했습니다. 해방 직후 북쪽과는 무관하게 자생적으로 자치 조직을 세워나갔던 중도 좌파 지도자 여운형도 상해 임정에서 풍찬노숙하면서 일본 고등경찰과 싸웠던 우익 지도자 김구도 암살되었습니다. 미국은 자신이 소련에 맞서 키우려고 했던 일본에게 껄끄러운 반일 정치 세력은 좌파건 우파건 남쪽에서 용납할 수가 없었습니다. 해방 직후 긴장했던 친일 세력은 자신들과는 달리 친일에 적극 가담하지 않아 신망이 두터웠고 자신들의 친일 행각을 잘 아는 우익 인사들까지 싸잡아 빨갱이로 몰아 죽였습니다.

6·25전쟁이 시작되자 한국 군경은 후퇴하면서 인천, 수원, 대전, 청주, 원주, 전주, 광주, 목포, 대구, 마산, 진주, 부산 등지에서 미 군정 치하에서 좌익으로 몰려 형무소에 갇힌 수감자들을 학살합니다. 그리고 인천 상륙 작전으로 서울을 되찾은 다음에는 적에게 부역을 했다는 이유로 민간인을 닥치는 대로 죽입니다. 북쪽 지휘부에서는 보복 차원에서 벌어지는 처단을 금지하는 공문을 수시로 내려보냈고 이런 기록은 미군이 압수한 북쪽 문서에도 나왔는데요. 하지만 전쟁이 끝난 뒤에도 남쪽에서는 공포 분위기에 짓눌려 아무도 억울한 사연을 털어놓지 못했습니다. 아버지를 친일 경찰에게 학살당한 아들도 아버지가 빨갱이 손에 죽었다고 스스로 자기최면을 걸어야 미치지 않고 살아갈 수 있는 나라가 한국이었습니다.

전쟁으로 남과 북은 쑥밭이 되었습니다. 미국이 2차대전 당시 태평양 전역에서 투하한 폭탄은 50만 3천 톤이었지만 6·25전쟁 때 투하한 폭탄은 60만 3500톤이었어요. 뼛속까지 타들어가는 네이팜탄 3만 2557톤은 별개로 하고요. 미국은 전황이 불리할 때마다 원폭 투하를 몇 번이나 심각하게 고려했다가 마지막 순간에 철회했습니다. 미국이 원자탄 투하를 위해 주일 미군기지까지 들여온 원폭을 떨어뜨리지 않은 중요한 이유의 하나는 원폭을 터뜨려 궤멸해야 할 대상이 무자비한 폭격으로 이미 남아 있지 않아서였지 대량 살상을 우려해서가 아니었습니다.

태평양전쟁에서 죽은 일본인은 230만 명이었는데 6·25전쟁에서 죽은 사람은 남과 북을 합해 300만 명이었고 이 중 절반은 민간인이었습니다. 폭탄에 맞거나 총에 맞아 죽은 사람은 그래도 나았죠. 온갖 잔인한 살인 방법과 고문 방법이 총동원되었습니다. 이승만의 총애를 받아 나중에 치안국장에까지 오르는 일본군 하사관 출신의 김종원은 일본도로 '빨갱이'들의 목을 쳐나갔습니다. 아이들도 예외는 아니었는데요. 아내는 남편을 죽인 경찰 간부의 첩이 되어야 했고 어머니는 죽은 아들의 간을 입에 물고 동네를 돌아다녀야 했습니다. 가족이 죽으면 만세를 부르도록 강요받았습니다. 한국 전쟁 전문가 브루스 커밍스에 따르면 학살은 남북 모두에 의해서 자행되었지만 규모와 잔인성에서 남쪽은 차원이 달랐다고 합니다.

해방 직후에 미 공군 소속으로 남쪽에 와서 정보부대를 운영하면서 다양한 비밀 공작을 벌여온 도널드 니콜스는 1950년 7월 수원에서 학살 현장에 있었고 이 당시 상황은 사진 촬영까지 되어 상부에 보고되었습니다. 하지만 이 자료들은 기밀로 지정되었고 1999년에야 공개되었습니다. 미국은 민간인을 상대로 한국의 군경이 저지른 만행을 모두 인민군이 한 일이라고 몰아쳤습니다. 1950년에 만들어진 〈한반도의 범죄〉라는 영화에서 배우 험프리 보가트는 정의로운 목소리로 인민군의 학살극을 규탄했습니다. 그리고 유엔을 통해 이 사건들을 낱낱이 조사하고 따질 것이라고 덧붙였지만 전쟁이 끝난 다음 유엔 차원의 진상 조사는 이루어지지 않았습니다. 누가 잔혹한 학살극의 장본인인지를 미국은 잘 알고 있었던 거지요. 미국은 6·25전쟁 기간 중에 야만적인 작전을 숱하게 벌였습니다. 흰 옷을 입은 사람은 무조건 갈기고 보라는 명령이 전투기 조종사에게 하달되기 일쑤였다고 합니다.

조지 케넌은 폴 니츠의 군사주의에 불만을 품었을지 모르지만 6·25전쟁은 두 사람의 구상을 단숨에 이루어주었습니다. 케넌의 의도대로 일본은 전쟁 특수로 일거에 첨단 공업국으로 부활했고 미국의 국방비는 니츠의 소망대로 4배로 늘어났습니다. 늘어난 국방비는 그 뒤 두 번 다시 줄어들지 않습니다. 일본은 자기 돈을 들여가면서 미국의 군사기지를 대거 받아들였으니 미국은 일석이조였구요.

군사주의보다 외교주의를 선호한 조지 케넌은 50년대 이후 미국 외교의 핵심부에서 밀려나 변방에서 외교평론가로서 활동한 반면 폴 니츠는 장관직에 오르지는 않았어도 40년 동안 지미 카터 대통령만 빼고 무려 9명의 대통령을 줄곧 보좌하면서 냉전기 미국 대외 전략을 주도했습니다. 폴 니츠는 중국과의 국교 수립 이후 70년대 중반부터 해빙 무드가 고조되자 소련의 군사적 위협론을 다시 들고나온 주역이었는데요. 폴 니츠는 아무리 조사해도 소련의 첨단무기 보유설이 근거 없는 것으로 드러나자 그것은 그만큼 기존의 과학을 뛰어넘는 가공할

미지의 무기 때문이라는 궤변을 내놓으면서 결국 국방비 대폭 증액을 관철시켰고 냉전은 유지되었습니다. 전후 냉전구도를 완성하면서 6·25전쟁에서 어린이를 비롯하여 수많은 양민을 죽음으로 몰아간 조지 케넌과 폴 니츠는 모두 100살 안팎까지 천수를 누렸습니다.

냉전의 종식 위기

1990년대 초 소련이 결국 무너진 중요한 원인의 하나는 과중한 군사비 부담 때문이었으니 폴 니츠의 미국식 '선군정치'는 결국 성공했는지도 모릅니다. 하지만 공산권이 무너지자 이른바 자유 진영으로 불리던 자본주의 체제에서 살아가는 대다수 사람의 삶은 더욱 고달파졌습니다. 공산주의라는 대안 체제가 살아 있던 시절에는 자본주의 체제의 정부도 기업도 무작정 노동자를 쥐어짤 수가 없었거든요. 교육, 의료, 연금 등 다양한 영역에서 국민의 복지를 어느 정도 챙겨야 했습니다. 그런데 공산주의 체제가 사라지니까 금권세력은 눈치를 볼 이유가 없어진 거지요. 소수가 부를 독점하는 양극화가 국경을 넘어 모든 나라에서 관철되었습니다.

냉전 종식은 하지만 미국의 금벌에게도 위기였습니다. 무기를 팔아먹기 어려워진 거지요. 실제 2차대전 이후 무기 주문 급감으로 미국 군수산업이 직면했던 현실이었습니다. 6·25전쟁이 미국을 살려준 것처럼 테러와의 전쟁은 미국의 금벌이 군사력이 약한 나라를 마음놓고 쳐들어가면서 군수산업과 보안산업의 덩치를 불려서 돈벌이를 하는 길을 열어주었습니다.

2차대전 이후 미국은 금벌에게 완전히 말아먹힌 전쟁지상주의 국가가 되었습니다. 그리고 케네디 형제처럼 거기에 반발하는 모습을 보인 정치인은 바로 제거되었습니다. 또 닉슨처럼 금벌의 농단에 점점 혐오감을 품었던 정치인은 매장당했습니다. 양차 대전 사이만 하더라도 미국은 국제 분쟁에 섣불리 개입하지 않는 고립주의를 미덕으로 아는 전통이 완전히 사라지지는 않았는데요. 이제는 고립주의를 거론하는 정치인의 씨가 말라버렸습니다.

미국의 희망

미국의 문제는 미국이 전쟁을 벌이는 이유가 미국의 국익을 위해서도 아니라는 데에 있습니다. 미국이 전쟁을 벌이는 까닭은 다수 미국인의 안전을 위해서가 아니라 소수 금벌의 안전을 위해서인 거지요. 전쟁을 벌이면서 세상을 어지럽게 만들어야 무기산업과 보안산업으로 돈을 벌 수 있고 테러의 위협을 들먹이면서 다수 세계인과 다수 미국인을 쥐어짤 수 있어서입니다. 미국을 비판하는 사람은 반미주의자가 아니라 소수 미국인의 횡포에 분노하고 핍박받는 다수 미국인을 염려하는 친미주의자가 아닐까요.

미국인은 젊을수록 자국 정부의 호전주의에 문제의식을 품고 있습니다. 갤럽이 2013년 말에 발표한 여론조사에 따르면 18~24세의 미국 젊은이 22%가 미국이 세계 평화를 가장 위협한다고 응답했습니다. 자국이 제일 호전적인 나라라고 답변한 국민은 세계를 통틀어 미국의 젊은 층 말고는 없었는데요. 보수와 진보를 막론하고 금벌에게 주류 언론이 모두 장악당한 미국 현실에서 이것은 사소하게 볼 일이 아닙니다.

반면 한국 국민은 북한이 세계 평화를 가장 위협한다고 응답한 비율이 압도적으로 높았습니다. 한국의 18~24세 젊은이는 61%가 북한을 세계 평화의 가장 큰 위협국으로 꼽았고 미국이 세계 평화를 가장 위협한다고 응답한 한국 젊은이는 8%였습니다. 일본 젊은이는 중국을 1위(26%), 북한을 2위(25%)로, 미국을 3위(10%)로 위험한 나라로 꼽았습니다. 미국이 가장 위험한 나라라고 응답한 미국 젊은이가 22%였는데 미국을 가장 위험한 나라로 지목한 한국 젊은이는 그 3분의 1 수준에 그친 셈입니다.

한국 젊은이는 한반도에서 무력 충돌이 빚어지면 당장 총을 들고 나가서 싸워야 할 당사자입니다. 일본 젊은이도 납치 문제와 핵 위협 등으로 이웃나라 북한이 자국의 안전을 위협한다고 생각할 만합니다. 하지만 미국의 젊은이를 비롯하여 절대 다수의 세계인은 세계 평화를 가장 위협하는 나라로 미국을 꼽았습니다. 세계 도처에서 평화를 위협하는 존재로 찍힌 미국이 유독 동아시아에서만 평화를 수호한다고 믿어야 할까요.

미국 민주당과 공화당은 국내 정책에서는 몰라도 대외정책에서는 차이가 거의 없습니다. 전후 세계를 냉전 구조로 몰아간 것은 민주당의 트루먼 대통령이었고 1994년 북폭을 심각하게 고려한 것도 민주당의 클린턴 대통령이었습니다. 국내 정책을 결정하는 것도 투표권을 가진 유권자의 뜻이 아니라 금권세력의 뜻에 따라 움직입니다. 미국 스탠포드대학의 마틴 길렌스와 벤저민 페이지 두 연구자의 분석에 따르면 미국 국민의 여론이 미국 정부의 정책에 영향을 미치는 확률은 제로에 가깝다고 합니다. 국민 여론이 어떤 정책을 0% 지지하든 100%

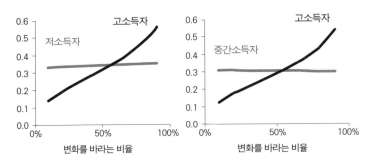

미국민 여론과 정책 변화 가능성

출처: www.themonkeycage.com

지지하든 그 정책이 채택될 확률은 일관되게 30%에 머물렀습니다.

반면 소수 경제 엘리트와 기업 단체는 막대한 영향을 미쳤습니다. 이들이 한사코 반대하는 정책은 채택률이 0%였고 이들이 결사적으로 추진하는 정책은 채택률이 70%였습니다. 미국에서 정책 관철의 성공도를 높이는 것은 국민이 어떤 당적을 가진 대통령을 뽑느냐가 아니라 소수 금벌에게 대통령이 얼마나 잘 보이느냐에 달려 있다는 뜻이겠지요. 오바마 대통령이 부시 대통령이 임명했던 공화당 당적의 로버트 게이츠를 국방장관에 유임시켰던 것도 미국의 군산복합체를 움직이는 금권세력을 안심시키기 위해서였을 것입니다.

한국 대선에서 지역 평화를 중시하는 대통령이 당선된다 하더라도 이런 상황은 크게 달라질 것은 없습니다. 오바마 정부 때 민주당 당적의 존 케리 국무장관은 우크라이나 국민이 선택한 대통령을 폭력으로 몰아낸 세력을 비호하면서 여기에 반발하여 투표로 자치를 선언한 동부 우크라이나 주민들을 공습과 폭격으로 학살하는 새 정부를 비호한

바 있습니다.

일본이 독도가 자기 땅이라고 주장하도록 길을 터준 것도 사실은 미국이었습니다. 일본은 1951년 샌프란시스코조약으로 48개 교전국들과 평화협정을 맺었습니다. 그런데 미국의 조약 초안을 보면 영토 획정이 아주 분명했습니다. 가령 1949년에 마련된 조약 초안에는 일본의 국경선은 위도 경도까지 명기되었고 독도도 분명히 한국의 땅으로 규정되어 있었거든요. 그런데 1951년의 최종안에서는 그런 내용이 삭제되었습니다. 한국의 영토만 모호하게 처리된 것이 아니었어요. 일본이 중국을 상대로 영유권을 주장하는 댜오위다이도, 일본이 러시아를 상대로 영유권을 주장하는 쿠릴 열도도 조약 초안에는 모두 중국과 러시아의 영토로 명확히 표시되어 있었다가 나중에 삭제되었습니다. 냉전구도를 정착시키려는 의도에서 뻔히 어느 나라 땅인지 알았으면서도 타국의 영토를 사실상 탈취한 것입니다.

일본은 1955년 소련과 별도로 평화조약을 맺고 사할린 남쪽의 시코탄, 하보마이 두 섬을 돌려받기로 합의했습니다. 그러자 미국은 섬 네 개를 모두 돌려받으라며 일본에 압력을 넣고 만약 여기에 따르지 않으면 오키나와도 돌려주지 않을 것이라고 협박했습니다. 결국 소련과 일본의 협상은 결렬되었지요. 미국이 개입한 것은 소련과 일본의 관계 개선을 막기 위해서였습니다. 소련과 일본 사이에 긴장이 사라지면 오키나와의 미군기지 철수 여론이 일본에서 일어날까봐 두려웠던 것이지요.

지역평화는 결국 등을 맞대고 사는 나라들이 화해하고 가깝게 지내야만 가능합니다. 그런데 영토분쟁이 있으면 이것이 쉽지 않겠지요.

중국, 남북한, 일본 등 동아시아 국가들은 영토분쟁으로 갈등을 빚을 때마다 상대국을 성토하기에 앞서 어느 나라가 이 분쟁의 씨앗을 뿌려놓았는지를 되돌아보아야 합니다. 한국은 특히 봉건제 속에서 일정한 국민의식도 없고 영토의식도 희박했던 서양이나 일본과는 다릅니다. 한국인에게는 천 년 이상 국경선이 분명했고 하나의 중앙정부 밑에서 국가를 이루고 살다가 패전국이자 전범국인 일본을 대신하여 분단과 내전이라는 지옥의 구렁텅이로 떨어져야 했던 역사를 지니고 있지요. 그러니 한국인은 지역평화를 해치는 장본인을 정조준할 수 있어야 합니다. 동아시아에서 진정한 평화정책의 첫걸음은 동아시아에서 미국이 어떤 속셈을 지니고 있는지 분명히 아는 데서 시작합니다. 미국 젊은이들이 자국이 이 세계의 안전을 가장 위협하는 나라라고 생각하는 의로움의 절반만큼이라도 똑똑히 깨닫는 데에서 시작됩니다.

참고 자료

1 · *The Korean War: A History*, Bruce Cumings, 2012.

2 · 『終わらない 占領』, 孫崎享, 2013.

3 · *Target North Korea*, Gavan McCormack, 2004.

4 · 딘 애치슨 연설, http://teachingamericanhistory.org/library/document/speech-on-the-far-east

5 · Testing Theories of American Politics: Elites, Interest Groups, and Average Citizens, Martin Gilens and Benjamin I. Page, 2014.

6 · 2013년에 실시된 갤럽여론조사, http://www.wingia.com/en/services/end_of_year_survey/country_results/7/37

7 · The San Francisco Peace Treaty and Frontier Problems in the Regional Order in East Asia: A Sixty Year Perspective, Kimie HARA, www. http://japanfocus.org/-Kimie-Hara/3739

8 · NSC-68: The Blueprint for Cold War Militarization, http://www.historyonthenet.com/nsc-68/

음모론

2014년 2월 우크라이나 수도 키예프에서 일어난 반정부 시위는 경찰의 무차별 발포로 많은 사상자가 생기면서 거센 국민적 저항에 부딪친 야누코비치 대통령이 러시아로 망명하면서 친서방 정부 집권으로 일단 해결의 가닥이 잡힌 것으로 보였습니다. 그런데 진상 조사를 위해 2월 25일 키예프를 찾은 우르마스 파에트 에스토니아 외무장관이 현장을 지킨 의사의 증언을 전하며 사망한 시위대와 경찰의 시신에 모두 같은 총알이 박힌 것으로 보아 저격 배후에는 쫓겨난 야누코비치 대통령이 아니라 아무래도 새로 들어선 정부가 있는 것 같다고 캐서린 애쉬턴 유럽연합 외무장관과 통화한 내용이 우크라이나 정보부에게 도청되어 공개되었습니다. 애쉬턴은 통화에서 금시초문이라며 조사할 필요가 있겠다고 응답했습니다. 하지만 그 뒤로 조사는 이루어지지 않았고 사건은 흐지부지되었습니다.

키예프 학살을 증언한 여의사 올가 보고몰레츠는 친러시아 성향이 아니었습니다. 보고몰레츠는 6대째 의사 가업을 이어온 우크라이나의 명문 귀족이었지만 우크라이나 민요 가수로서 더 유명했습니다. 합법적인 야누코비치 정부가 무너진 데에 반발하는 동부 우크라이나 지도자를 체포하라고 요구할 정도로 우크라이나를 중심에 놓고 생각하는 사람이었습니다. 불순한 정치적 의도가 있어 새 정부에 불리하게 증언했다고 보기 어려운 인물이었습니다.

미국이 짜놓은 시나리오

나토는 우크라이나를 러시아에서 떼어놓으려고 오래전부터 에스토니아, 폴란드 같은 인접국에서 우크라이나인에게 군사훈련을 시키고 조지아, 오세티아 같은 러시아 안의 분쟁지에 용병으로 보냈습니다. 자작극을 꾸민 뒤 러시아인에게 뒤집어씌우는 데에 러시아인과 발음이 비슷한 우크라이나인을 이용하기도 했습니다. 우크라이나 시위 현장에서는 용병이 아니라 저격수로 시위대와 경찰에 동시에 발포하여 시위를 폭력으로 몰아간 장본인은 그들이었습니다.

우크라이나 출신으로 캐나다 오타와대에서 정치학을 가르치는 이반 카차노브스키 교수는 다국어로 된 1500개의 동영상, 녹음, 100명의 취재 기자가 쓴 기사와 트위터, 5천 장의 사진, 저격범 및 우크라이나 보안대의 무선 교신 자료, 총알의 궤적, 재판 기록과 다양한 진영의 목격자 증언을 분석해서 키예프 학살은 당시 정권을 무너뜨리기 위한 현 정권의 자작극이라고 결론짓는 논문을 2015년 9월 미국 정치학회에서 발표했습니다. 고분고분하지 않은 우크라이나 정부를 무너뜨리려고 미국이 우크라이나의 반정부 무장 조직을 오래전부터 지원했을 개연성이 높다는 것은 미국 국무부 유럽담당 차관보 빅토리아 눌런드가 야누코비치 정권을 무너뜨린 뒤 "그동안 미국이 지난 20년 동안 우크라이나에 50억 달러를 쓴 보람이 있다"고 기염을 토한 데에서도 짐작할 수 있습니다.

그런데 영국을 대표하는 진보지 《가디언》은 두 외무장관의 통화 내용이 도청으로 공개되었다는 사실을 보도하면서 당시 기사 제목을 "우크라이나 위기: 도청된 통화에서 키예프 저격수 관련 음모론 드러나"로 뽑았습니다. 시위대에 발포한 주체가 누구인지는 우크라이나 정권을 무너뜨릴 만큼 심각한 문제였습니다. 만일 우크라이나 의사의 증언이 사실이라면 거기에는 해명되어야 할 중대한 의혹이나 음모가 있었다고 보는 게 자연스럽지 않을까요. 하지만 '론'을 덧붙여 음모론이라 규정하면 그것은 어디까지나 하나의 설일 뿐이니 규명되어야 마땅하다는 독자의 기대 수준도 자연히 낮아지겠지요. 아니나 다를까 우크라이나 의사 증언의 진위를 확인하려는 후속 보도는 《데일리메일》 같은 통속지에서는 물론 《가디언》 같은 진보지, BBC 같은 공영방송 등 영국의 어떤 언론에서도 그 뒤로 찾아보기 어려웠습니다. 그리고 유럽연합과 미국의 지지를 등에 업고 우크라이나 새 정부는 권력의 입지를 굳혔습니다.

미국이 소련 공산체제가 무너지면서 우크라이나가 독립한 1991년부터 지금까지 우크라이나를 반소 친미 국가로 만들기 위해 거액의 돈을 쏟아부었다는 빅토리아 눌런드의 말은 뒤집어 말하면 미국이 오래전부터 우크라이나를 나름대로 관리해왔다는 소리지요. 우크라이나 안에서 우크라이나인끼리 벌이는 충돌처럼 보이지만 그 배후에는 음모라고 부르든 작전이라 부르든 계획이라 부르든 미국이 짜놓은 시나리오가 있다는 뜻입니다.

자기 이익을 중심에 두는 시나리오에 따라 주변 세상을 만들어가려는 의도를 갖는 것은 개인이든 나라든 자연스러운 태도입니다. 그런데 타국 안에 분쟁을 유발하고서 자신이 마치 구세주인 것처럼 마치 피치 못해 개입하는 정의의 사도인 것처럼 꾸미는 분장술에서는 미국이 탁월합니다. 그런 사례가 빈발하다 보니 이제 상당수는 미국의 자작극이라고 믿는 사람이 늘어났습니다. 미국이 정의를 위해 국제 분쟁에 개입한다고 생각하는 사람은 미국 안에서도 많지 않습니다. 하지만 미국보다 한발 앞서 훨씬 세련되게 타국을 유린했으면서도 지금까지 좋은 이미지를 유지해온 나라가 있습니다. 바로, '신사의 나라' 영국이지요.

영국의 교묘한 도발책

보어전쟁이라고 들어보셨나요. 지금의 남아프리카 땅을 놓고 네덜란드 출신 정착민 보어인과 영국이 벌인 전쟁입니다. 포르투갈에 이어 아시아 교역로를 장악한 네덜란드는 그 중간 기착지였던 남아프리카에도 일찍 터를 잡았습니다. 아프리카에서 네덜란드인은 주로 농사를 지었습니다. '보어'는 네덜란드어로 '농부'란 뜻입니다. 나중에 합류한 독일인도 네덜란드인과 함께 보어인으로 불렸습니다. 보어인은 인종주의자이긴 했지만 무지막지하진 않았습니다. 신앙심이 깊었습니다. 하지만 영국에 밀려 1830년대와 40년대에 내륙으로 들어가 오렌지자유국, 트란스발 같은 공화국을 만들었습니다. 그런데 1886년 트란스발에서 어마어마한 양의 금이 발견되었습니다. 이때부터 보어인의 고난이 시작되었습니다.

일확천금을 노리고 트란스발로 몰려든 영국인이 많았습니다. 트란스발에 사는 영국인은 순식간에 보어인의 곱으로 늘었습니다. 트란스발 정부는 14년을 넘게 산 외국인에게만 시민권을 부여했습니다. 영국은 이것을 빌미로 보어인이 영국인을 탄압하는 것처럼 남아프리카와 영국의 여론을 몰아갔습니다. 하지만 대다수 영국인은 금으로 한몫 잡으면 남아프리카를 뜨려고 했지 눌러살 마음은 없었기에 시민권을 따는 데에는 별 관심이 없었습니다. 보어인한테 차별받는 처지도 아니었습니다. 그래서 1895년 영국이 현지 영국인을 부추겨 일으키려던 전쟁은 실패했습니다.

영국은 이제 확실한 도발책을 강구했습니다. 케임브리지대학 출신의 보어인 법률가 얀 스무츠는 원래 친영파였는데 갑자기 반영파로 돌아섰습니다. 그러자 트란스발공화국의 파울 크루거 대통령은 스무츠를 검찰총장으로 발탁했습니다. 공직에 앉자 스무츠는 외지인을 거칠게 다루었습니다. 외지인을 총격 살해한 경관에게는 경미한 보석금을 매긴 반면 여기에 항의하는 집회에 나섰다가 체포된 외지인에게는 무거운 보석금을 매겨서 영국인을 격분시켰습니다. 크루거 대통령은 세금도 낮추고 외지인에게도 5년 이상 거주하면 투표권을 주겠다면서 유화적으로 나갔지만 스무츠 검찰총장은 반보어 성향 신문 편집자들을 자꾸 잡아들였습니다.

충돌과 갈등을 꺼리던 대다수 보어인은 외지인을 더 통합하자고, 영국을 자극하지 말자고 건의했지만 스무츠는 위대한 보어 제국을 건설하자고 부르짖었습니다. 남아프리카 안팎의 영국인은 격분했고 영

영국은 보어인의 끈질긴 항쟁에 고전하다가 농가를 불태
우고 가축을 몰살하고 노약자와 부녀자를 수용소에 가두
는 무차별 토벌전으로 겨우 승리했습니다. 강제수용소에
서 모두 2만 8천 명의 부녀자와 아이가 병이나 영양실조
로 죽었습니다.

국은 대규모 병력을 남아프리카로 보냈습니다. 스무츠는 영국에 최후 통첩을 보내는 데에도 앞장섰고 결국 보어인은 전쟁에 말려들었습니다. 영국은 보어인의 끈질긴 항쟁에 고전하다가 농가를 불태우고 가축을 몰살하고 노약자와 부녀자를 수용소에 가두는 무차별 토벌전으로 겨우 승리했습니다. 강제수용소에서 모두 2만 8천 명의 부녀자와 아이가 병이나 영양실조로 죽었습니다. 전쟁이 끝난 뒤 얀 스무츠는 영국에게 중용되었습니다. 남아공의 보어계 백인은 지금도 스무츠를 영국이 심어놓은 첩자로 여깁니다.

보어전쟁은 우발전이 아니었습니다. 전쟁을 모의하고 주도한 것은 아프리카에서 영국 식민지를 확대하는 데 앞장선 세실 로즈 그룹이었습니다. 세실 로즈는 1891년 영국 왕실 관계자, 언론인과 회동해서 영국 제국주의를 확대하고 수호하기 위한 비선 실세 조직을 만들었습니다. 로즈 그룹은 왕실, 언론, 학계, 정계, 관계에 핵심 회원들을 박아놓고 자기들 나름의 제국 수호 시나리오를 관철했습니다. 영국과 미국을 움직인 비선 실세 엘리트의 실체는 캐롤 퀴글리(1910~1977)라는 역사가가 『영미 권부(The Anglo-American Establishment)』라는 책에서 밝혔습니다. 퀴글리는 하버드, 프린스턴을 거쳐 조지타운대에서 오랫동안 문명사를 강의했고 미국 국방부의 정책 자문도 했던 이른바 주류에 속했던 지식인이었습니다. 그런데도 『영미 권부』는 1949년에 원고가 완성되었음에도 미국과 영국에서는 책으로 내주려는 출판사가 없어서 사장될 뻔하다가 1981년에야 겨우 독립 출판사에서 나왔습니다.

로즈 그룹이 다음에 노린 것은 독일이었습니다. 19세기 초 이후 유럽에서 영국의 경쟁자는 프랑스, 러시아 정도였습니다. 하지만 프랑스는 나폴레옹 전쟁에서 진 뒤 다시 1871년 독일에게 지면서 독자적으로 전쟁을 벌일 수 있다는 자신감을 잃고 영국의 눈치를 살피는 나라가 되었습니다. 러시아는 터키를 놓고 19세기 중반에 영국과 한번 붙었다가 곤욕을 치른 뒤 1905년 러일전쟁에서 패배한 뒤 역시 자신감을 잃었습니다. 러일전쟁은 시베리아 철도를 앞세워 무섭게 영토를 팽창하던 러시아의 기세를 꺾으려고 영국이 일본을 부추겨 벌인 전쟁이었습니다. 영국은 일본에게 최신 군함을 만들어주었고 전비의 절반을 꿔주었습니다. 러시아 흑해 함대가 극동으로 가는 것도 방해하면서 일본의 승리를 도왔습니다. 러일전쟁의 실속은 영국이 챙겼습니다. 일본은 이겼어도 전쟁배상금을 못 받아 전후 빚더미에 올랐지만 영국은 돈을 한푼도 안 들이고 경쟁국 러시아를 눌렀고 고리의 이자까지 챙겼으니까요.

독일은 1871년 프랑스와 싸워 이기고 통일을 한 뒤 19세기 말이면 유럽의 신흥 강국으로 무섭게 부상했습니다. 1890년이면 독일은 프랑스는 물론 영국도 산업과 과학에서 모두 추월세를 보였습니다. 당시 국력의 상징은 석탄과 철강이었습니다. 독일의 석탄 생산량은 1871년부터 1906년까지 4배로 늘었고 철강 생산량은 1871년 50만 톤에서 1907년이면 1200만 톤으로 무려 24배나 늘었습니다. 영국 제품의 시장이었던 독일이 영국의 경쟁자로 떠올랐습니다. 영국은 독일 제품의 영국 유입을 막으려고 1887년 원산지표시법을 만들었지만 '독일제'는 영국에서 더욱 날개 돋힌 듯 팔렸습니다. 독일산 철강은 호주, 남미, 중국 시장에서 영국산 철강을 위협했습니다. 심지어 영국까지 유입되었습니다. 후발주자 독일은 화학, 전기 분야에서도 영국을 추월했습니다다. 독일제는 싸고 좋고 혁신적이라는 인식이 영국 소비자에게도 뿌리 내렸습니다. 하지만 영국을 가장 불편하게 만든 것은 독일이 영국보다 크고 빠른 배를 만드는 조선 강국으로 떠올랐다는 사실이었습니다. 제해권에 자부심을 품었던 영국은 독일을 그냥 둘 수 없었습니다.

보어전쟁에서도 드러났지만 영국은 자신이 정의를 지키느라 불가피하게 전쟁에 나섰다는 이미지를 만들려고 합니다. 그래야 국내의 반전 여론을 잠재울 수 있거든요. 그러자면 직접 독일과 충돌하기보다는 자신은 중재자인 척하면서 겉으로 안 나서고, 독일과 맞붙을 역량을 가진 러시아, 프랑스 같은 나라의 대독 적개심을 부추길 필요가 있었습니다. 1차대전으로 독일을 끌어들이는 과정에서 영국의 충실한 도우미 노릇을 한 것은 러시아의 외교관들과 프랑스의 정치인들이었습니다. 대표적 인물이 1차대전 직전 프랑스 주재 러시아 대사로 있던 알렉산드르 이즈볼스키와 프랑스 대통령 레몽 푸앙카레였습니다. 이즈볼스키는 그전에 러시아 외무장관으로 있던 시절부터 영국에 매수된 인물이었습니다. 푸앙카레도 영국이 자금력으로 프랑스 언론을 매수하여 키워낸 정치인이었습니다. 푸앙카레는 독일에게 빼앗긴 알사스로렌을 되찾아야 한다는 수복주의자여서 대독 적개심을 부추기기에 안성맞춤인 인물이었습니다.

전쟁을 도발하는 이유

흔히 1차대전은 오스트리아 제국의 후계자 프란츠 페르디난트 대공이 사라예보에서 세르비아 민족주의자 청년에게 암살되면서 오스트리아가 세르비아에게 전쟁을 선포하자 독일은 오스트리아 편에 서고 세르비아와 가까웠던 러시아가 끼어들고 러시아와 동맹 관계에 있던 프랑스도 개입하고 영국은 독일이 프랑스를 공격하면서 중립국 벨기에의 영토를 침해했다며 정의롭게 참전해서 벌어진 전쟁으로 그려집니다. 그런데 세르비아는 왜 오스트리아에게 적개심을 품었을까요? 세르비아는 수백 년 동안 오토만제국의 지배를 받았기 때문에 터키에게는 적대감이 강했습니다. 하지만 터키에 비하면 오스트리아에 대한 세르비아의 반감은 약한 편이었습니다. 세르비아에서 오스트리아에 대한 적대감이 폭발한 것은 1908년 오스트리아가 보스니아를 합병해서였습니다.

보스니아는 세르비아처럼 수백 년 동안 오토만제국의 통치를 받았습니다. 그런데 러시아가 흑해에서 지중해로 통하는 길목을 차지하려고 오토만제국과 전쟁을 벌인 뒤 열강의 중재로 맺어진 1878년의 베를린회의에서 보스니아는 오토만제국의 영토로 두되 관리는 지역 열강 오스트리아가 맡게 되었습니다. 보스니아에는 오토만제국과 함께 들어온 이슬람계도 많았지만 가톨릭을 믿는 크로아티아인도 많았고 그리스도정교를 믿는 세르비아인도 인구의 42%나 차지했습니다. 오스트리아는 보스니아를 근대화 모델로 키운다며 도로, 학교, 병원에 투자를 많이 했습니다.

그런데 오스트리아는 왜 보스니아를 합병했을까요? 당시 러시아 외무장관이었던 이즈볼스키가 오스트리아 외무장관과 만나 만일 오스트리아가 흑해에서 지중해로 통하는 보스포루스 해협과 콘스탄티노플에 대한 러시아의 이권을 지지해줄 경우 오스트리아의 보스니아 합병을 러시아는 묵인해주기로 밀약했습니다. 오스트리아는 외무장관을 비롯해서 여러 명의 관료가 협의 장소에 나왔지만 이즈볼스키는 혼자였습니다. 이즈볼스키는 러시아 정부와 상의 없이 혼자서 그런 결정을 내렸습니다. 보스포루스 해협은 힘이 약해졌다곤 하지만 오토만 제국의 영해였고 러시아의 남진 정책을 허용하고 불허하는 것은 항구 하나 없는 내륙국 오스트리아가 아니라 해양 패권국 영국임을 이즈볼스키가 모를 리 없었습니다. 독일 포위를 위해 영국이 러시아에게 유화적으로 나가고 있었다곤 하지만 해상 패권을 무엇보다 중시한 영국이 러시아 해군의 지중해 진출을 허용할 리 없다는 사실도 이즈볼스키는 잘 알았을 겁니다. 이즈볼스키가 오스트리아의 보스니아 병합을 부추긴 것은 러시아의 이익을 노려서라기보다 독일과의 전쟁을 바라는 영국 비선 실세의 뜻을 충실히 따른 결과였습니다. 낭비벽으로 파산 위기에 몰렸던 외교관 이즈볼스키는 영국에게 매수된 지 오래였습니다. 세르비아는 동원령을 내리고 오스트리아를 성토했지만 러일전쟁 패전의 후유증에서 벗어나지 못한 러시아가 군사 지원에 난색을 보이자 물러섰습니다. 하지만 이제 오스트리아는 세르비아 민족주의 진영에게 주적으로 떠올랐습니다.

발칸반도에는 세르비아뿐 아니라 마케도니아, 불가리아, 그리스가 있었고 이들은 모두 사이가 안 좋았습니다. 발칸의 여러 민족을 반오스트리아 전선으로 결집시키려면 이들을 동맹체로 묶어내야 했습니다. 이 발칸 동맹을 만들어내는 데에는 세르비아에서 20년 가까이 살면서 인맥을 구축한 영국 《더타임스》지 주재원 데이비드 바우처의 역할이 컸습니다. 바우처는 영국 정부의 비공식 첩보원이었습니다. 발칸 동맹은 오토만 제국을 상대로 1912년 10월 전쟁을 벌여 유럽 쪽에 있던 오토만 제국의 땅을 대부분 빼았습니다. 발칸 동맹의 전쟁자금은 외무장관으로 있다가 프랑스 주재 러시아 대사로 가 있던 이즈볼스키의 주선으로 프랑스 금융권에서 조달했습니다. 발칸 전쟁의 주목적은 오토만 제국 타도라기보다는 오스트리아, 독일을 전쟁으로 끌어들이는 것이었습니다. 전쟁이 터지기 2주 전 영국 국왕 조지 5세는 러시아가 독일과 전쟁할 경우 영국이 러시아의 동맹국인 프랑스를 육해군 차원에서 돕겠다는 뜻을 러시아 쪽에 밝혔습니다. 물론 그전에 프랑스 쪽에도 똑같은 뜻을 전했습니다. 러시아가 발칸 동맹에게 안심하고 전쟁을 벌이라고 한 것도, 프랑스가 러시아를 돕겠다고 한 것도 든든한 맏형 영국이 밀어주겠다고 약속했기 때문이었습니다. 발칸 전쟁이 세계대전으로 비화하지 않은 것은 영국과의 충돌을 피하려던 독일이 오스트리아를 극구 자제시켜서였습니다. 미끼를 안 무는 독일을 전쟁으로 끌어들이려면 좀더 직접적인 도발이 필요했습니다.

1914년 6월 28일 보스니아의 사라예보를 방문한 프란츠 페르디난트 대공을 암살한 것은 세르비아 청년 조직이었지만 그 배후에는 세르비아 정보부가 있었습니다. 물론 점조직을 통한 연막 지원이었기에 민족주의를 넘어 사회주의를 추구하던 젊은 세르비아 이상주의자들은 자신들의 배후에 극우세력이 있는 줄은 꿈에도 몰랐겠지요. 황위 계승자가 죽자 오스트리아를 동정하는 여론이 크게 일었습니다. 영국 주류 언론은 세르비아를 성토했습니다. 오스트리아가 선전포고를 하면 박수를 칠 듯한 기세였습니다. 하지만 오스트리아는 먼저 진상조사를 요구했습니다. 보스니아에 파견된 오스트리아 측 조사관은 7월 13일 현재로서는 세르비아 정부가 암살에 관여했거나 암살 계획을 알고 있었다는 결정적 증거가 없다며 본국에 중간 보고했습니다. 하지만 1차대전이 끝난 뒤 전승국들은 이 신중한 잠정 보고서를 오스트리아가 세르비아의 결백을 알았으면서도 전쟁을 벌였다며 오스트리아와 독일에게 전쟁 책임을 다 뒤집어씌우는 데에 써먹었습니다.

세르비아는 프란츠 대공 암살은 오스트리아 학정의 귀결이라며 오히려 오스트리아를 비난하거나 암살자를 영웅으로 그렸습니다. 오스트리아는 7월 5일 독일 황제에게 단호한 조치가 필요하다며 이해를 구하는 편지를 보내왔고 독일 황제는 오스트리아의 결정은 친구로서 조건 없이 지지한다고 밝혔습니다. 훗날 독일 황제의 이런 반응도 독일이 오스트리아에게 전쟁 '백지 수표'를 써준 것이라며 독일의 호전성을 밝히는 증거로 전승국들에게 이용되었습니다. 하지만 당시만 해도 독일 황제는 러시아가 참전할 줄은 몰랐습니다. 러시아는 세르비아와 동맹을 맺지 않았을 뿐더러 황위 계승자를 죽인 세르비아를 러시아 황제가 지지한다는 것은 독일 황제로서는 꿈에도 생각 못할 일이었습니다. 영국은 독일에게 영국은 유럽 분쟁에 개입할 뜻이 추호도 없다고 거듭 밝히면서 러시아를 통해 세르비아가 강경하게 안 나가도록 설득하겠다고 말했습니다. 발칸에서 충돌이 빚어져도 국지전에 그칠 것이라고 믿을 이유가 독일에게는 있었습니다.

오스트리아는 세르비아의 사과, 반오스트리아 적대 정책 폐기, 오스트리아 경찰의 수사 참여 등을 요구하는 최후통첩을 세르비아에 보내기로 결심했습니다. 영국과 프랑스 외교관은 분쟁이 일어나도 국제전으로 비화하지 않을 거라고 오스트리아를 안심시켰습니다. 오스트리아는 국제 여론은 자기 편이라고 생각했습니다. 열강이 세르비아의 응징을 원한다고 믿었습니다. 그래도 오스트리아는 프랑스의 푸앙카레 대통령이 외무장관을 거느리고 러시아를 방문한다는 소식을 듣고는, 프랑스가 러시아와 협의해서 세르비아의 사과를 받아낼지도 모른다고 기대하면서 최후통첩을 미루었습니다. 하지만 푸앙카레가 7월 20일부터 23일까지 러시아에 간 이유는 러시아가 전쟁을 안 하도록 뜯어말리기 위해서가 아니라 막상 전쟁 가능성이 높아지자 주저하는 러시아 황제에게 프랑스와 영국이 같이 싸울 테니 걱정 말고 독일과 전쟁해서 지중해 진출로를 얻으라면서 전쟁으로 등을 떠밀기 위해서였습니다. 프랑스는 러시아를 지원하겠다는 합의에 서명했습니다. 백지수표를 써준 나라는 독일이 아니라 프랑스였습니다. 물론 그 뒤에는 영국의 재가가 있었습니다.

전운이 감도는 유럽

프랑스 대표단이 러시아를 출발한 7월 23일 저녁 6시 오스트리아는 세르비아에 최후통첩을 보내고 48시간 안에 응답을 요구했습니다. 그런데 최후통첩을 받기 얼마 전 세르비아는 오스트리아와 좋은 관계를 이어가기를 원한다며 갑자기 유화적으로 나왔습니다. 그러면서도 세르비아의 주권을 훼손하는 요구에는 응하기 어렵다고 나왔습니다. 왜 그랬을까요? 영국은 오스트리아의 최후통첩 내용을 암호 해독을 통해 소상히 알고 있었습니다. 세르비아가 돌연 부드러운 외교적 언사를 구사한 것은 영국의 조언에 따라 오스트리아의 최후통첩에 김을 빼기 위해서였습니다. 마치 오스트리아의 불만을 모두 수용하는 듯한 착각을 주었지만 핵심은 빠진 교묘한 말장난이었는데도 독일 황제는 전쟁을

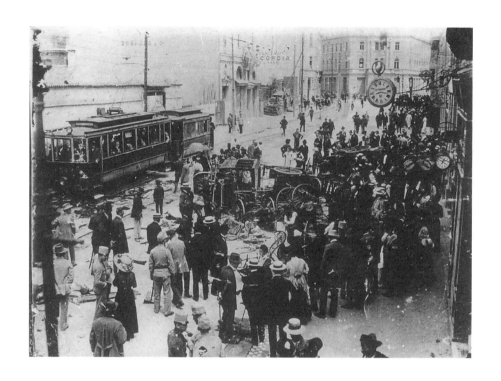

1914년 6월 28일 보스니아의 사라예보를 방문한 프란 츠 페르디난트 대공을 암살한 것은 세르비아 청년 조직이 었지만 그 배후에는 세르비아 정보부가 있었습니다. 물론 점조직을 통한 연막 지원이었기에 민족주의를 넘어 사회 주의를 추구하던 젊은 세르비아 이상주의자들은 자신들 의 배후에 극우세력이 있는 줄은 꿈에도 몰랐겠지요.

피할 수 있게 되었다며 처음에는 기뻐했습니다. 그런데 오스트리아가 최후통첩을 하자 러시아는 물론이고 영국과 프랑스도 표변해서, 약소국 세르비아의 주권을 농락한다며 오스트리아를 규탄했습니다.

독일은 당황해서 영국에 중재를 청했습니다. 영국은 흔쾌히 응하는 척했습니다. 하지만 그것은 러시아와 프랑스에게 병력을 동원할 시간을 주려는 지연 작전이었습니다. 현대 전쟁에서는 하루 이틀 먼저 군대를 동원하는 것이 전쟁의 승패를 좌우합니다. 영국이 중재안을 내고 독일이 동의하면 프랑스와 러시아는 거부했습니다. 독일이 새로운 타협안을 내고 영국이 수용하면 프랑스와 러시아는 다시 거부했습니다. 영국의 조지 5세는 독일 황제의 동생이었던 독일 해군 제독을 초대해서 저녁을 같이 먹으면서 영국은 중립을 지킬 것이라고 말하면서 독일로 하여금 영국의 중재에 더욱 희망을 갖도록 만들었습니다. 하지만 러시아, 프랑스, 세르비아, 영국은 이미 동원령을 내리고 전쟁 준비에 들어간 상태였습니다. 오스트리아도 최후통첩 답변 시한 3시간 반이 지나서 국지전을 위한 부분 동원령을 내렸지만 오스트리아의 적국들은 이미 그전에 동원령을 내렸습니다. 현대전에서 동원령은 곧 선전포고로 간주됩니다. 전쟁을 먼저 일으킨 것은 오스트리아가 아니었습니다.

독일은 뒤늦게 러시아가 동원령을 내린 사실을 알고 동원령을 철회하도록 러시아를 설득해달라고 영국에 애걸했습니다. 전운이 감돌던 7월 28일 독일 정부는 오스트리아를 자제시키려고 연락했지만 오스트리아 정부는 응답하지 않았습니다. 그리고 그날 오스트리아는 세르비아에게 선전포고했습니다. 독일 황제는 러시아 황제에게 동원령을 취소해달라고 직접 매달렸습니다. 마음이 흔들린 러시아 황제는 공식

총동원령에 서명한 지 몇 시간이 지난 7월 29일 밤 9시 30분에 동원령 취소령을 내렸습니다. 하지만 러시아 군부는 막무가내로 동원을 밀어붙였습니다. 독일 군부는 독일이 동원령을 미룰 경우 승산이 희박하다며 황제에게 동원령을 요청했지만 독일 황제는 그래도 재가하지 않았습니다.

독일은 국지전이 국제전으로 비화하는 걸 막으려고 애썼습니다. 오스트리아는 독일의 거듭된 압력에 결국 전쟁에서 이기더라도 세르비아의 영토를 병합하지 않겠다고 약속했습니다. 독일은 영국에게는 프랑스가 참전할 경우 프랑스와 싸우기 위해 중립국 벨기에의 국토를 불가피하게 지나더라도 절대 벨기에의 중립성을 훼손하지 않겠으며 피해는 전후에 고스란히 보상하겠으니 영국만이라도 중립을 지켜달라고 당부했습니다. 독일 황제는 러시아 황제에게도 다시 호소했고 결국 러시아 황제는 독일로 특사를 보내 평화안을 강구하기로 약속했습니다. 그런데 그날 밤 러시아 황제의 특사를 러시아 외무장관이 체포 구금했습니다. 러시아 외무장관은 러시아와 프랑스를 갈라놓으려는 독일의 거짓말에 속지 말라고 러시아 황제를 설득했습니다. 러시아 황제는 거기에 넘어가 다시 총동원령을 내렸습니다.

영국은 끝까지 독일을 기만했습니다. 8월 1일 오후 4시면 세르비아, 오스트리아, 러시아, 프랑스, 영국이 모두 군사 조치에 들어간 상태였고 독일만 아니었습니다. 전쟁을 막을 마지막 방도를 강구하던 독일 황제에게 주영 독일 대사관으로부터 희소식이 날아들었습니다. 영국이 프랑스의 중립을 보장한다는 내용이었습니다. 황제는 샴페인을 마시자고 제안했습니다. 황제는 영국 왕에게 프랑스의 중립을 영국이 보장하면 프랑스를 건드리지 않겠다고 연락했습니다. 하지만 영국 왕은 오해였다고 회신했습니다. 또 한 번의 지연 전술이었습니다. 오후 5시 러시아로부터 연락이 오기를 24시간 기다렸다가 아무 연락이 없자 독일 황제는 마침내 동원령을 내렸습니다. 1시간 뒤에도 러시아 수도 상트페테르부르크에서 독일 대사는 러시아 외무장관에게 동원령 중단 의사가 없는지 3번이나 문의했고 매번 없다는 응답을 받았습니다. 독일 대사는 울면서 선전포고했습니다. 8월 1일 오후 6시였습니다.

독일의 선전포고는 미숙한 대응이었습니다. 러시아, 프랑스, 영국처럼 먼저 동원령을 내려놓고 선전포고는 뒤로 미루었어야 했습니다. 안 그러는 바람에 독일이 전쟁 책임을 모두 뒤집어쓰게 되었으니까요. 반면 다른 나라들은 동원령을 미리 내려놓고 선전포고는 뒤로 미루었습니다. 독일이 공격자인 것처럼 보이게 만들어야 한다는 영국의 시나리오를 충실히 이행한 셈이지요. 운동장에서 한 아이를 실컷 괴롭히고 왕따시키다가 그 아이가 참다못해 용기를 내서 대들면 기다렸다는 듯이 깡패라며 일제히 성토하는 것과 뭐가 다를까요. 영국 외무장관은 내각과 의회에 독일의 벨기에 중립성 보장 제의를 숨겼습니다. 영국 의회가 중립을 원한다는 걸 너무나 잘 알아서였습니다. 1차대전을 일으킨 장본인은 독일이 아니라 영국이었습니다.

독일이 프랑스에 선전포고를 하고 벨기에를 통해 프랑스 전선으로 향하자 영국은 독일이 소국 벨기에의 중립을 침해했다며 참전했습니다. 하지만 벨기에의 중립성은 거짓이었습니다. 이미 1906년부터 벨기에는 영국과 전쟁을 함께 모의했습니다. 1914년 2월이면 벨기에 전선에서 싸우는 영국 군인이 받을 봉급에 적용될 환율까지 결정된 상태였습니다. 1차대전이 시작되기 6개월 전의 일입니다. 독일은 프랑스가 벨기에를 통해 독일을 공격하려 하므로 독일은 벨기에를 통해 프랑스로 가려고 한다, 길을 내주면 전후 모든 피해를 보상하겠다, 하지만 막으면 적으로 간주할 수밖에 없다고 통보하고 12시간 안에 답변을 요구했습니다. 벨기에는 영국의 참전 의지를 확인한 뒤 시한을 넘겼습니다.

영국의 《더타임스》지는 독일이 벨기에를 공갈 협박했다고 대서특필하며 영국은 독일을 응징해야 한다고 다음날 조간에서 부르짖었습니다. 그날 오후 영국 외무장관은 의회 연설에서 독일이 벨기에의 중립성을 훼손했으므로 영국이 참전한다고 통보했습니다. 토론이나 표결은 없었습니다. 독일이 길만 빌려달라면서 벨기에와 영국의 중립성을 지켜달라 요청했다는 사실을 영국 의회가 알았다면 영국 의회는 아마 받아들였을 겁니다. 영국 의원들은 아일랜드 자치 문제, 노동 쟁의 문제 등 국내 문제를 처리하기에도 여력이 없었으니까요. 선례도 있었습니다. 보어전쟁 당시에도 영국군은 전선으로 가기 위해 포르투갈령을 지나간 적이 있었지만 누구도 영국이 포르투갈을 침공했다고 규탄하지 않았습니다.

독일이 프랑스와 싸운다고 해서 영국이 참전할 명분은 없었습니다. 말로 돕겠다는 약속은 했을지언정 영국은 프랑스와 군사 동맹을 맺은 건 아니었으니까요. 하지만 지형적으로 독일과 프랑스는 평야 지대인 벨기에를 통해 싸울 가능성이 높았기에 독일과 프랑스가 전쟁에 돌입하면 영국도 벨기에 중립성 수호를 구실로 참전할 수 있으리라 믿었던 거지요. 하지만 독일이 벨기에를 통하지 않고 악조건을 감수하면서 다른 경로를 통해 진격해서 영국의 참전 명분을 막을 가능성에도 영국은 대비해두었습니다. 그것은 아일랜드 내분을 이용하는 플랜 B였습니다.

당시 영국 국민의 관심은 어디에 붙어 있는지도 모를 발칸반도가 아니라 아일랜드 문제에 쏠려 있었습니다. 아일랜드자치법이 통과될 조짐을 보이자 아일랜드 북부에 살던 잉글랜드인 중심의 신교도는 아일랜드 자치에 반발하고 10만 명 규모의 얼스터자원군을 결성했습니다. 여기에 맞서 아일랜드인 중심의 가톨릭 진영도 17만 명 규모의 민병을 조직했습니다. 그런데 두 진영에 무기를 몰래 대준 것이 바로 영국의 비선 실세로 군림하던 밀너 그룹이었습니다(세실 로즈가 죽은 뒤 영국의 금벌은 알프레드 밀너라는 고위 관료 출신의 전략가를 중심으로 돌아가고 있었습니다). 밀너 그룹은 얼스터 진영에는 2만 4천 정의 최신 소총을, 가톨릭 진영에는 1500정의 노후한 소총을 비밀리에 제공했습니다. 그런데 두 무기 모두 독일에서 똑같은 무기상을 통해 구입했다는 공통점이 있었습니다. 왜 그랬을까요? 독일이 영국을 무너뜨리려고 아일랜드 내전을 부추겼다면서 독일을 응징하는 전쟁을 일으킬 구실로 삼으려고 했던 겁니다. 다행히 독일이 벨기에로 진격하는 바람에 아일랜드 플랜 B는 써먹을 필요가 없었고 언론에서도 크게 다루지 않았던 거지요.

영국은 독일이 영국을 침공하려고 군비 증강에 앞장서고 있다면서 자신의 군비 증강을 정당화했습니다. 하지만 군비 증강에 앞장선 것은 독일이 아니라 영국이었습니다. 1차대전이 터지기 전까지 10년 동안 영국 해군은 3억 5191만 6576파운드를 썼지만 독일 해군은 1억 8520

만 5164파운드를 썼습니다. 1900년 시점에서 독일은 식민지와 해상로 확보를 위해 향후 20년 동안 38척의 전함을 만든다는 계획이었습니다. 1년에 2척도 안 되는 비율이었습니다. 반면 해군장관으로 있던 윈스턴 처칠은 지은 지 얼마 안 되는 전함을 모조리 폐기하고 석탄이 아니라 기름으로 굴러가는 신형 전함으로 교체하는 데 엄청난 돈을 쏟아부었습니다. 1차대전이 시작되기 직전에는 의회의 반대를 무릅쓰고 앵글로페르시아석유회사까지 거액의 나라돈을 들여 사들였습니다. 주도면밀한 전쟁 준비였습니다.

전쟁을 원하는 금벌들

독일은 세르비아 때문에 1차대전에 말려들었다면 2차대전 때는 폴란드 때문에 전쟁에 말려들었습니다. 주류 역사가들은 독일이 1933년 1월 30일 나치 집권 뒤 1935년 3월 자를란트 귀속, 1936년 3월 라인란트 진주, 1938년 오스트리아 병합, 1938년 9월 체코 주데텐 점령에 이어 1939년 9월 1일 폴란드가 단치히 반환 요구에 불응하자 폴란드를 침공하면서 호전주의의 마각을 드러낼 때까지 영국과 프랑스가 유화책으로 일관하다가 2차대전이라는 된서리를 맞게 되었다고 쓰지만 그렇지 않습니다. 자를란트부터 단치히까지 모두 독일이 1차대전 패전으로 외국군에 점령당한 독일 땅이었거나 인위적으로 그어진 국경선으로 인해 타국 영토가 되었지만 절대 다수의 주민이 독일인이 있던 곳이었습니다. 오스트리아는 1차대전에서 진 뒤 국민투표로 독일과의 통일을 결정했지만 전승국들이 불허했습니다. 오스트리아 독재 정권은 여론의 압력에 밀려 독일과의 통일 여부를 묻는 국민투표를 실시하겠다고 밝혔지만 비밀투표 원칙을 훼손하는 공포 분위기 속에서 선거를 치르려고 했습니다. 독일은 공정 선거를 안 할 경우 군사력을 동원하겠다며 압박했고 오스트리아 정부가 응하지 않자 결국 군대를 보냈습니다. 이듬해 봄 치러진 국민투표에서 독일과의 통일은 압도적 찬성을 받았습니다. 인구의 3분의 1이 실업자였던 오스트리아는 독일과 하나가 된 뒤 실업률이 1년 만에 1.2%로 급감했습니다.

타국에서 소수민으로 차별을 받고 물리적 폭력까지 자행되던 상황에서 독일과 오스트리아 경제가 눈부시게 발전하자 재외 독일인들은 독일 귀속을 염원했습니다. 체코 실업자의 60% 이상은 주데텐 거주 독일인이었습니다. 사망률은 치솟고 혼인율, 출산율은 추락했습니다. 하지만 1938년 독일 귀속 이후 주데텐의 혼인 건수는 독일 평균의 30%를 넘었습니다. 1940년의 출산율은 1937년보다 60% 많았습니다.

히틀러는 소련 공산주의 확산을 우려하는 영국이 자신의 집권을 반겼음을 익히 알았습니다. 독일이 해외 식민지, 남유럽, 서유럽에서 패권을 추구하지 않는 이상 프랑스, 이탈리아, 폴란드 같은 주변국과 협의하고 영국과도 공조하면서 공산주의 확산을 차단한다는 것이 히틀러의 구상이었습니다. 따라서 폴란드와의 우호는 독일에게 중요했습니다.

단치히는 국제연맹 관리로 넘어갔을 무렵인 1922년 폴란드인 비중이 겨우 2%였고 1939년에도 4%에 불과했습니다. 나머지는 독일인이었습니다. 단치히 말고 드넓은 서프로이센도 독일이 1차대전 때 잃어 폴란드 영토가 된 곳이었습니다. 서프로이센을 두고 나치 이전 바이마르 정부 때도 폴란드와 갈등이 많았습니다. 히틀러는 이 서프로이센을 모두 폴란드 영토로 인정하겠다고까지 양보했습니다. 대신 히틀러가 요구한 것은 폴란드 땅 안에 뚝 떨어져 고립되어 있던 독일 땅 동프로이센과 독일을 잇는 고속도로와 단치히 반환이었습니다. 단치히보다 훨씬 방대한 땅과 인구를 가진 서부 폴란드를 포기하면서까지 단치히에 집착한 것은 단치히의 상징성 때문이었습니다. 단치히는 독일 본토에서보다 나치당이 가장 먼저 집권한 곳이었거든요. 고속도로가 뚫리면 폴란드에게도 나쁠 것은 없었습니다. 그런데도 영국의 압력을 받은 폴란드가 거부하자 나중에는 단치히가 경제적으로는 폴란드와 맞닿아 있고 사회적으로는 독일과 맞닿아 있다는 선까지만 합의하자는 양보안까지 냈습니다. 그런데도 폴란드는 거부했습니다. 독일은 영국에 중재를 요청했지만 영국은 폴란드에게 겉으로는 협상에 응하라고 하고 뒤로는 타협은 불가라는 입장을 보였으니 중재가 될 리 없었지요. 결국 독일은 폴란드가 영국과 프랑스를 등에 업고 독일과의 전쟁을 꾀한다고 결론내리고 소련과 전격적으로 불가침조약을 맺은 뒤 1주일 만에 폴란드를 공격했습니다. 그러자 기다렸다는 듯이 영국과 프랑스도 독일에 선전포고를 했습니다.

소련은 영국과 프랑스의 지원을 등에 업고 폴란드가 오래 버틸 줄 알았습니다. 그런데 영국은 프랑스에 육군을 파병했지만 독일과 본격적으로 싸울 조짐을 안 보였습니다. 독일군 주력 부대는 파죽지세로 폴란드를 누볐고 독일이 폴란드 전토를 차지할까봐 겁이 난 소련도 폴란드를 공격해서 결국 폴란드는 독일과 소련에게 양분되었습니다. 폴란드는 한 달도 못 되어 독일에게 굴복했습니다. 독일과 소련이 밀약을 맺었다는 사실을 알았다면 폴란드는 독일의 파격적인 양보안을

독일군이 폴란드 국경 바리케이드를 치우려 하는 사진.
독일군 주력 부대는 파죽지세로 폴란드를 누볐고 독일이
폴란드 전토를 차지할까봐 겁이 난 소련도 폴란드를 공격
해서 결국 폴란드는 독일과 소련에게 양분되었습니다.

받아들였을 겁니다. 그런데 미국은 독소불가침조약 첩보를 조약 체결 다음날 입수했으면서도 폴란드에게 알리지 않았습니다. 미국도 전쟁을 원했던 거지요. 1차대전이 영국 금벌이 주도해서 일으킨 전쟁이었다면 2차대전은 미국 금벌이 주도해서 일으킨 전쟁이었습니다.

독일은 폴란드 서부를 점령한 뒤 바로 평화안을 내놓았습니다. 단치히, 동프로이센 연결 구역만 빼고 독일인이 많이 살던 서프로이센을 포함해서 나머지 폴란드 점령지에서는 바로 철수하겠다는 내용이었습니다. 하지만 영국과 프랑스는 거부했습니다. 2차대전 동안 독일은 영국에게 스무 번도 넘게 다양한 경로로 평화안을 제시했지만 번번이 거부당했습니다.

영국과 미국은 왜 평화안을 받아들이지 않았을까요. 2차대전에 이르기까지 영국의 외교정책 수립에 깊숙이 관여한 외무성 고위 관료 로버트 반시타트는 1940년에 이미 영국의 적은 나치즘이 아니라 독일이라고 토로했습니다. 독일 자체가 사라져야 한다고 그는 믿었습니다. 영미 금벌은 1차대전 때는 독일의 강력한 공업생산력을 무너뜨려야 했고 2차대전 때는 독일의 실업자를 없애는 독립된 금융체제(〈중앙은행〉 참조)를 무너뜨려야 했습니다. 그래서 카를 프리드리히 괴르델러 같은 반나치주의자, 요제프 괴벨스 같은 나치주의자를 구분하지 않고 독일 쪽의 평화제의는 모조리 거부했던 겁니다.

전쟁 중의 사상자는 빼고라도 독일은 1918년 11월 항복한 다음에도 연합국이 독일에게 모든 전쟁 배상금을 물리는 평화조약에 독일이 서명할 때까지 해상 봉쇄를 계속한 바람에 모두 100만 명이 아사했습니다. 또 1945년 5월의 항복으로 2차대전이 공식적으로 종결된 이후에도 300만 명이 죽었습니다. 100만 명은 연합국이 관리한 포로수용소에서 죽었고 200만 명은 살던 곳에서 추방되어 떠돌다가 죽었습니다. 대부분 아녀자와 노약자였습니다. 그래도 두 전쟁을 모두 일으킨 전범 국가로 낙인 찍힌 탓에 전쟁이 종결된 이후의 독일 민간인 희생자는 거론조차 금기시되었지요.

하지만 1차대전과 2차대전을 일으키는 데에 앞장서거나 적극 동조한 것은 히틀러와 나치즘을 낳은 독일이 아니라 '신사 나라' 영국입니다. 영국에 점잖은 신사가 많은 것은 사실이지만 영국이라는 나라 자체는 신사가 아닙니다. 영국이 신사 나라로 아직도 대접받는 것은 이미지 관리를 잘 해왔기 때문이고 그것은 전쟁을 주모했으면서도 전쟁을 막으려고 애쓴 중재자라는 이미지를 만드는 데에 성공한 영국의 노련함 덕분입니다. 그리고 그 중심부에는 로즈 그룹에서 밀너 그룹으로 이름은 바뀌어도 소수 금벌의 경제적 이익만을 위해 복무하는 비선 실세가 있습니다. 영국의 비선 실세는 타임스처럼 여론을 주도하는 언론, 옥스퍼드의 올솔스 컬리지 같은 엘리트 대학, 왕립국제문제연구소(일명 채덤하우스) 같은 싱크탱크를 통해 전쟁을 정당화하는 정교한 논리를 개발해서 영국이 참여한 두 차례의 세계대전이 강자의 횡포로부터 약자를 지키려는 정의의 전쟁이라는 신화를 퍼뜨리는 데에 성공했습니다. 그런 작업은 지금도 계속되고 있을 가능성이 높습니다.

음모론이 아니라 음모

이라크 침공은 있지도 않았던 대량살상무기를 구실로 벌어진 전쟁이었다는 자성이 영국 언론에서 잠시 있었던 적도 있었지만 그 뒤로 리비아 침공이 있었고 다시 시리아 침공이 있었습니다. 끝없이 전쟁을 벌이고 거기서 돈을 벌고 싶어하는 세력이 지금도 영국에 엄존한다는 뜻입니다. 보어전쟁 때는 영국 혼자서 일을 벌였지만 1차대전 이후로는 미국도 가세했습니다. 그 징검다리 노릇을 하는 것이 1차대전 이후 베르사유조약을 준비하면서 영국과 미국 대표단이 의기투합해서 각각 만든 싱크탱크인 영국의 왕립국제문제연구소와 미국의 외교협회입니다. 영국과 미국의 공조는 주력자와 조력자가 영국-미국에서 미국-영국으로 바뀌었을 뿐 지금도 나토라는 군사 동맹으로 이어지고 있습니다.

군산복합체는 2차대전 이후 미국에서 처음 생긴 게 아닙니다. 군산복합체는 국민 절대 다수는 아직도 가난에 허덕이는데 1차대전을 준비하면서 영국 정부의 무기 발주로 떼돈을 벌었던 무기회사의 대주주에 퇴역 장성은 물론 현직 장성도 다수가 포진했던 영국에서 이미 20세기 초에 생겨났습니다. 영국은 전범 독일을 응징한 나라가 아니라 영국과의 전쟁은 피하려 애썼던 독일을 전쟁으로 몰아간 나라입니다. 나토도 세계 자유 진영의 평화를 위협하는 세력을 응징하는 조직이 아니라 세계를 자꾸 불안하게 만들어 군수산업과 보안산업으로 돈을 버는 소수 금벌의 돈벌이를 위해 테러와 전쟁을 유도하는 조직입니다.

영국 금벌이 1차대전을 일으킨 또 하나의 중요한 동기는 계급 의식에 눈뜬 영국 노동자 계급의 국제연대를 무너뜨리는 것이었습니다. 계급 갈등을 국가 갈등으로 바꿔치기하려는 것이었지요. 에드먼드 모렐 (1873~1924)이라는 언론인은 아버지가 프랑스인, 어머니가 영국인이었습니다. 아버지가 일찍 세상을 뜬 뒤 영국에서 줄곧 살면서 반전 운동에 앞장섰습니다. 일찍부터 독일을 상대로 전쟁을 벌이려는 영국과 프랑스의 전쟁 음모를 비판했습니다. 그가 세운 평화운동 단체 '민주통제연합'은 여러 나라의 민주세력이 연대해서 각자 자국 안의 호전 세력을 통제하고 전쟁의 부작용을 최소화하자는 뜻으로 만들었습니다. 1917년이면 민주통제연합 회원은 영국에서만 65만 명이 넘었습니다. 반전 운동이 거세지자 영국 정부는 국가의 전쟁 수행을 방해한다는 죄목으로 모렐을 감옥에 집어넣었습니다. 모렐은 6개월 만에 풀려났지만 감옥에서 중노동과 부실한 식사로 건강을 크게 상해 몇 년 뒤 51세의 나이로 타계했습니다. 한때 모렐과 평화운동을 같이 벌였던 노동당 정치인 램지 맥도널드는 1924년 총선에서 집권했을 때 국제 정세에 밝았던 에드먼드 모렐을 외무장관으로 발탁하리라던 모두의 예상을 뒤엎고 <u>스스로 외무장관을 겸임</u>했습니다. 램지 맥도널드는 이미 영국 금벌에 매수된 사람이었습니다. 램지 맥도널드의 아들 맬컴 맥도널드는 옥스퍼드 출신으로 밀너 그룹의 일원이었습니다.

이미 한 세기 전부터 영국의 비선 실세는 옥스퍼드에서도 가장 똑똑한 연구자가 많다는 올솔스 칼리지의 인재를 발탁해서 세계 패권을 유지할 방도를 모색했습니다. 음모론이 아니라 음모입니다. 영국은 신사국이 아니라 전쟁 음모로 수많은 사람을 죽였고 지금도 죽이는 파괴국입니다. 평화의 수호자가 아니라 평화의 유린자입니다.

영국인에게 가장 위대한 영웅으로 손꼽히는 윈스턴 처칠은 보어전쟁, 1차대전, 2차대전에 모두 깊숙이 관여했습니다. 보어전쟁 때는 장교로 참전했고 1차대전 때는 해군장관으로 군비 증강에 앞장섰고 2차대전은 총리로서 전쟁을 이끌었습니다. 처칠은 돈벌이를 위해 전쟁이 필요한 영국 금벌의 이익을 가장 충실히 대변한 정치인이었습니다. 그런 윈스턴 처칠도 1922년 총선에서 반전주의자 에드먼드 모렐에게 졌습니다. 하지만 호전주의자 처칠의 이름은 한국의 초등학생도 알지만 반전주의자 에드먼드 모렐의 이름은 영국의 노인조차 모릅니다.

처칠은 영웅이 아니라 전범입니다. 하지만 진짜 전범은 처칠을 앞세워 영국을 전쟁으로 몰아간 금벌입니다. 영국 금벌은 지금도 이라크, 아프간, 리비아, 시리아에서 전쟁으로 돈을 벌면서, 전쟁에 반대하고 나토를 비판하는 노동당 지도자 제러미 코빈을 짓밟습니다. 진보지라는 《가디언》도 공영 언론이라는 BBC도 반전주의자 코빈 죽이기에 가세합니다. 전쟁에 반대하는 진짜 영국 신사는 100년 전의 모렐도 그랬고 지금의 코빈도 그렇고 나라의 중심을 꿰찬 금벌에게 짓밟힌다는 사실을 영국 유권자 다수가 깨닫는 날 영국은 비로소 신사국으로 나아가는 첫걸음을 뗄 겁니다.

참고 자료

1 · 2014년 3월 5일 《가디언》의 우크라이나 도청 사건 보도, https://www. theguardian.com/world/2014/mar/05/ukraine-bugged-call-catherine-ashton-urmas-paet
2 · 우크라이나 마이단 광장에서 일어난 저격수 학살, http://www. voltairenet.org/IMG/pdf/The_Snipers_Massacre_on_the_Maidan_in_Uk-7.pdf
3 · The Anglo-American Establishment, Carroll Quigley, http://www. carrollquigley.net/pdf/the_anglo-american_establishment.pdf
4 · *Hidden History: The Secret Origins of the First World War*, Gerry Docherty & Jim Macgregor, 2013
5 · *The Forced War*, David L. Hoggan, 1989, https://archive.org/details/

TheForcedWar

6 · *Who Started World War II*, Udo Walendy, 2014

7 · The Origins of the Second World War, Georg Franz-Willing, http://www.
ihr.org/jhr/v07/v07p-95_franz-willing.html

1905년 일본에서 의대에 다니던 루쉰이 의사가 되기를 포기하고 중국
으로 돌아와 작가가 된 것은 해부학 수업 때 러일전쟁 중 첩자 혐의를
받은 중국인이 일본군에게 처형당하는 장면을 찍은 사진을 보고 나서
였습니다. 루쉰에게 충격을 준 것은 박수를 치면서 환호하던 일본인
동급생들이 아니라 사진 속에서 무심한 표정으로 구경을 하고 있던
건장한 중국인 동포들이었습니다. 루쉰은 정신이 병든 사람은 아무리
몸이 건강해도 구제 불능이라고 생각하고 병든 중국인의 정신을 해부
하고 치유하기 위해 작가가 되기로 결심했습니다.

　중국인의 국민성은 그 전부터 젊은 루쉰을 사로잡은 문제였습니다.
루쉰이 특히 인상 깊게 읽은 것은 아서 스미스(Arthur Smith)라는 선교
사가 중국에서 선교 활동을 하면서 지켜본 중국인에 대한 인상기 『중
국인의 성격(Chinese Characteristics)』이라는 책이었습니다. 1894년에 나
온 이 책은 청일전쟁이 끝난 뒤인 1896년에 일본어로 번역되었고 루

쉰은 일본에서 유학을 하던 중 이 책을 읽게 되지요. 스미스는 체면, 근면, 시간 관념, 공공 정신, 성실함 등 수십 가지의 주제로 자신이 직접 경험한 중국인들의 성향을 비판적으로 그렸습니다. 가령 무신경한 중국인은 서양인과는 달리 어떤 상황에서도 단잠에 빠져든다면서 "세 개의 손수레를 맞대어놓고 누워 거미와 같은 자세로 머리를 축 늘어뜨리고 입을 쫙 벌리고서 파리 한 마리를 그 안에 둔 채로 잠이 드는 능력으로 시험을 치러 병사를 뽑는다면 아마 중국에서는 십만 아니 백만의 병력도 거뜬히 모을 수 있을 것"이라고 비웃었습니다. "중국은 안으로부터 개혁될 수 있는가?" 스미스 선교사의 결론은 단호했습니다. "중국은 외국의 개입이 필요하며 기독교 문명의 복음이 전파되어 국민의 성격을 뜯어고쳐야 한다"는 것이었습니다.

　루쉰은 스미스의 지적에 전적으로 동의하지는 않았지만 중국이 제대로 일어서려면 중국 국민성이 달라져야 한다고 생각했습니다. 하지만 루쉰은 이광수하고는 달랐습니다. 루쉰도 이광수처럼 자기 나라가 서양 나라들에게 뒤졌음을 인정했고 동양에서는 일본이 그래도 자기 중심을 잃지 않고서 서양 문명을 일찍 받아들인 모범생임을 인정했습니다. 이광수처럼 루쉰이 일본에 유학을 간 것도 그래서였습니다. 하지만 이광수가 유치한 낙천적 계몽주의를 펼치다가 냉엄한 현실의 벽에 부딪치자 금세 비관론으로 돌아서서 자기 민족을 부정하고 내선일체를 부르짖은 것과는 달리 루쉰은 끝까지 자기 민족에 대한 믿음을 잃지 않았고 중국이 스스로의 힘으로 달라질 수 있다는 희망을 버리지 않았습니다. 루쉰은 끝까지 절망하지 않았습니다. 루쉰의 희망은 절망과 싸우는 것이었습니다. 그리고 중국은 루쉰의 희망을 저버리지 않았습니다. 루쉰처럼 절망과 싸운 지식인이 있었던 덕분이 아닐까요.

절망과 싸우는 것이 희망

여러 해 전 중국과 일본이 영유권을 놓고 맞서던 해상에서 일본 해상순시선과 충돌했다가 나포되었던 중국 어선의 선장을 일본 정부는 중국 정부의 거센 항의를 받고 풀어주었지요. 100여 년 전 청일전쟁에서 종이호랑이 중국을 압도했던 일본이지만 이제는 핵무기와 대륙간 탄도탄 같은 첨단무기로 무장한 중국의 군사력이 무서웠을 테지요. 하지만 일본에게 가장 큰 부담이 되는 것은 중국의 막강한 경제력일 겁니다. 중국은 미국을 제치고 일본 최대의 교역국으로 떠오른 지 오래입니다. 중국 경제의 폭발적 성장이 빈사 상태에 빠진 일본 경제에는 단비입니다.

불과 10년 전까지도 경제규모가 일본의 절반에 그쳤던 중국이 이제는 세계 2위의 경제대국으로 올라섰습니다. 돌발변수가 없는 한 앞으로 늦어도 15년 뒤면 미국경제도 추월하고 세계 1위의 경제대국이 되지 않을까요. 지구온난화의 주범으로 낙인찍힐까봐 중국정부가 쉬쉬했지만 에너지 소비에서는 이미 미국을 넘어섰습니다. 새차도 이제는 미국보다 중국에서 더 많이 팔립니다. 미국 노동자는 공장 문을 닫을까봐 임금 삭감도 감수하지만, 중국에 진출한 외국 기업은 중국 정부에 밉보이게 되면 거대한 중국시장에서 퇴출당할까봐 알아서 중국 노동자의 임금을 크게 올려주곤 합니다. 세계를 움직이는 공장 중국이 세계를 움직이는 시장으로 바뀌었습니다. 중국이 세계 최대의 투자국이 될 날도 멀지 않았습니다. 아프리카 곳곳에서도 100만 명에 육박하는 중국인이 경제활동을 하고 있습니다.

달라지는 질문

루쉰이 살아 있다면 아직도 동포의 국민성을 놓고 잠을 못 이룰까요? 그럴 가능성은 희박합니다. "어쩌다가 우리가 이런 처지로 몰렸을까? 우리의 어디가 잘못된 것일까?" 이제 그런 고민은 한 세기 전 루쉰을 어둠으로 몰아넣었던 제국주의 국가의 지식인들이 해야 할지도 모릅니다. 전에는 압도적인 군사력과 경제력으로 일방적으로 밀어붙일 수가 있었지만 이제는 그럴 수가 없습니다. 철저하게 자기 실력으로 겨루는 수밖에 없습니다.

100년 전 미국과 일본은 뜨는 해였습니다. 영국의 식민지였던 미국은 영국을 밀어내고 서양의 맹주로 떠올랐고 일본은 중국과 조선을 누르는 실력을 보이면서 서양 열강과 맺은 불평등조약을 바로잡고 동양의 맹주로 떠올랐습니다. 일본은 어떻게 서양에게 먹히지 않았는가, 일본은 독립국으로 살아남았는데 우리는 왜 먹혔는가가 100년 전 중국 지식인의 고민이었습니다. 하지만 이제 그런 고민은 일본의 몫으로 돌아왔는지도 모릅니다. 왜 이 나라는 오키나와의 미군기지를 없애겠다는 공약을 내걸고 총리에 당선된 하토야마 유키오 같은 의로운 지도자조차도 미국의 협박에 밀려 공약을 지키지 못하고 총리직에서 쫓겨날 만큼 자기 운명을 스스로의 손으로 결정짓지 못하는 속국으로 전락했는지에 대한 고민은 정확히 한 세기 전 중국 지식인 루쉰을 고민에 빠뜨렸던 일본의 몫으로 돌아왔는지도 모릅니다. 답은 분명하지 않을까요. 100년 전 일본은 아무도 나를 돕지 않는다는 절박함에서 제

운명을 제 손으로 만들어나간 독립국이었지만 지금의 일본은 미국에 업혀 살아가는 운명에 만족하는 의존국이 되고 말아서가 아닐까요.

미래가 과거를 규정하는 것이 역사

달라진 현실이 달라진 물음을 낳습니다. 독일어 Sonderweg 곧 독일만의 '남다른 길'은 원래 독일의 보수 세력이 자랑스럽게 쓴 말이었습니다. 똑같이 황제가 다스리는 체제지만 러시아 차르의 전제 정치와는 달리 빌헬름 1세의 독일 제국은 유럽에서 가장 먼저 연금제를 도입하면서 아래로부터의 압력에 떠밀리지 않고도 위에서 먼저 진보적 개혁을 단행했다는 자긍심의 표현이었습니다. "민주주의라는 허울 아래 무질서와 비효율을 방치"하는 영국이나 프랑스와는 달리 효율적으로 부국강병의 목표를 달성했다는 자신감의 표현이었습니다. 하지만 독일이 양차 대전에서 지면서 '남다른 길'은 무엇이 독일을 나치즘이라는 자멸의 길로 몰아넣었는가를 캐는 탐구의 어두운 화두가 되었습니다. 현실이 달라지면 묻는 질문도 달라집니다. 과거가 현재를 규정하는 것이 아니라 현재가 과거를 규정합니다. 100년 전 아서 스미스는 중국이 진 이유를 중국의 과거에서 찾았지만 100년이 지난 지금 아서 스미스의 후예는 중국이 이긴 이유를 중국의 과거에서 찾겠지요. 오늘은 어제입니다. 오늘이 내일을 바꾸고 내일이 어제를 바꿉니다. 달라진 오늘이 달라진 어제를 만듭니다. 오늘이 내일을 만들고 내일이 어제를 만듭니다. 역사에는 끝이 없습니다.

내일도 오늘을 만듭니다. 역사학자 고(故) 이기백 선생의 수필에 만주에 학도병으로 끌려가다가 해방을 맞이하면서 겪은 이야기가 있습니다. 일본군에 몸담았던 군인들은 당시 만주에 진주한 소련군의 포로가 되었는데 소련군은 조선인, 일본인, 중국인, 몽골인을 민족별로 격리 수용했다고 합니다. 그런데 가장 부지런하고 가장 쾌활하고 수용소를 가장 청결하게 관리한 민족은 조선인이고 식민지 치하에 있던 조선인더러 더럽다, 불결하다, 게으르다 욕을 하던 일본인이 가장 게으르게 생활하고 수용소를 돼지우리처럼 방치하면서 지낸다는 이야기를 소련군 장교한테서 들었다고 합니다. 내일의 희망이 조선인을 밝게 만들었고 내일의 절망이 일본인을 어둡게 만들었겠지요. 역사에는 끝이 없습니다. 그래서 루쉰은 절망과 사투했던 겁니다.

지는 해와 뜨는 해

100년 뒤의 중국 지식인은 어떤 물음을 던질까요? 만약 중국이 미국처럼 제 잇속만 챙기면서 타국을 일방적으로 유린하여 유아독존의 길을 걷는다면 중국은 또다시 미국처럼 지는 해가 될 것이고 루쉰의 고민은 반복되지 않을까요. 남을 등쳐먹으면서 타오르는 해는 오래 가지 못합니다. 그것은 지속 가능한 번영이 아닙니다.

남을 해치지 않으면서 제 힘으로 떠오른다는 것은 가시밭길이지만 그런 형극을 헤치고서 뜬 해만이 두 번 다시 지지 않습니다. 패권국은 반드시 무너지고 패권국에 기대는 종속국도 반드시 무너집니다. 남을 짓누르지도 않고 남에게 업히지도 않는 자주국만이 오래 빛납니다. 루쉰이 보았던 어둠을 자기 나라 안팎 어디에도 만들어내지 않고 누리를 밝히는 해가 됩니다.

참고 자료

1 · *Chinese Characteristics*, Arthur Smith, 1894

균형

2009년 6월 영국 법원은 잉글랜드와 웨일스 지역에서는 400년 만에 처음으로 배심원 없이 형사재판을 열 수 있도록 허용했습니다. 2004년 히드로공항에서 175만 파운드 상당의 화물을 탈취한 무장강도범들의 재판에서 피고측이 배심원들을 회유하거나 협박해서였습니다. 법원은 배심원과 그 가족을 경찰력으로 보호하는 데 들어가는 막대한 비용을 생각하면 만부득이한 경우에 배심원 없는 재판을 허용한 형사소송법의 예외조항을 적용하는 것이 합리적이라고 주장했지만, 법률 전문가들은 배심원 없는 재판은 영국 사법제도의 근간을 허무는 우려할 만한 결정이라고 비판했습니다.

한국 재판에는 배심원이 없지만 영미법에서는 배심원이 재판의 핵을 이룹니다. 영국법을 보통 common law라고 부릅니다. 성문법을 가진 프랑스나 독일의 대륙법과는 달리 판례를 중심으로 운영되는 불문법으로 흔히 알려졌지만 common law의 핵심은 유무죄의 판정을 법률

전문가가 아니라 평범한 시민들의 상식에 맡긴다는 데 있습니다. 그래서 보통은 '코먼로'나 '보통법'으로 풀이하지만 '상식법'으로 풀이하는 것이 원뜻을 살린 풀이가 아닐까요. 상식으로 판단하는 배심원 없는 영국의 상식법은 속 빈 강정이라는 비판은 그래서 일리가 있습니다.

상식법 밑에서 피고의 유무죄는 배심원이 토론을 거쳐 합의로 평결하고 판사는 형량을 언도할 뿐입니다. 배심원과 판사는 공정한 심판의 역할에 충실해야 합니다. 민사재판에서는 원고측 변호사와 피고측 변호사가 이 심판들 앞에서 죄과와 결백을 증명하려고 공방을 벌입니다. 형사재판에서는 공권력을 대변하는 검사와 피고가 역시 비슷하게 공방을 벌입니다. 그래서 당사자들의 공방을 통해 유무죄를 가려낸다고 해서 이런 영미법의 재판절차를 흔히 '당사자주의'라고 부르지만 '공방주의'라고 하는 것이 adversarial system이라는 원뜻에 가깝지 않을까요.

공방주의에는 약점이 있습니다. 배심원들이 평범한 시민인 만큼 편견에서 자유롭지 못하다는 것이지요. 실제로 로스앤젤레스 흑인 폭동의 원인도 명백히 흑인을 구타한 백인 경찰이 백인이 다수를 점한 배심원의 평결로 무죄로 석방된 데 대한 반발이었습니다. 그런가 하면 백인 아내를 죽인 정황이 너무도 분명한 미식 축구선수 O. J. 심프슨은 흑인 폭동을 우려한 재판부가 흑인 여성 중심으로 배심원을 구성하는 바람에 무죄로 풀려나왔습니다. 그래도 영미법에서 배심원 제도를 포기하지 않는 까닭은 판사 개인의 판단보다는 상식을 가진 시민들의 판단이 오류의 가능성이 적다고 믿어서겠지요.

하지만 배심원 없는 형사재판을 영국 법원이 용인한 데에서도 알수 있듯이 공방주의 재판원칙에서 가장 중요한 것은 배심원의 유무가 아닙니다. 공방주의에서 가장 중요한 것은 철저하게 재판현장에서 피고측과 원고측의 발언을 통해 나오는 증언과 진술만을 사실판단의 기초가 되는 증거로 받아들인다는 구두주의와 현장주의입니다. 영미법에서는 검사가 피고를 조사하면서 받은 서면 진술서는 증거능력을 갖지 못합니다. 철저하게 배심원과 판사 앞에서 육성으로 나온 발언만을 증거로 삼습니다.

따라서 피고의 인권이 잘 보호된다는 장점이 있습니다. 검사는 피고의 법정진술만이 증거로 채택되니까 조사과정에서 가혹행위를 해서 자백을 받아내도 소용이 없습니다. 하지만 공방주의는 언변이 좋은 유능한 변호사를 쓸 수 있는 부자에게도 유리한 제도입니다. 반면 아무리 결백해도 가난한 사람은 불리합니다. 죄가 없어도 상대가 소송을 건다는 공갈에 지레 겁을 먹고 물러서는 경우가 비일비재합니다. 미국에서 죄인은 죄를 지은 사람이 아니라 돈이 없어서 유죄판결을 받은 사람이라는 우스갯소리가 나오는 것도 그래서겠지요. 특히 국가 공권력을 등에 업은 검찰을 혼자서 상대해야 하는 가난한 피의자에게는 '당사자'주의가 절대적으로 불리합니다. 변호사를 쓸 돈도 없는 가난한 피고에게 법리공방을 하라는 것은 재판을 포기하는 말이나 다를 바 없으니까요. 그래서 미국에서는 더 큰 처벌을 면하려고 피고가 죄를 인정하는 경우가 많습니다. 공방을 통한 진실규명과는 거리가 멀지요.

하지만 프랑스 같은 대륙법은 다릅니다. 1804년 나폴레옹이 기초를 세운 대륙법은 성문법이라는 특징 말고도 재판절차가 영미의 상식법과는 크게 다릅니다. 대륙법에서는 판사는 공정한 심판이 아니라 진실규명의 주체입니다. 그래서 수사판사라는 직위가 있습니다. 강력사건이나 부정부패, 경제범죄의 수사는 검찰이 아니라 수사판사가 맡습니다. 수사판사는 광범위한 증거수집활동과 증인심문을 통해서 사건의 진실을 밝혀나갑니다. 그리고 유죄라는 판단이 들면 그때는 본격재판으로 넘깁니다. 검사는 수사판사의 수사를 돕는 조역이며 기소 여부를 결정할 뿐입니다. 기소 여부까지 수사판사가 결정하는 나라도 있습니다. 수사판사가 중심에 오는 이런 재판절차를 한국에서는 일본을 베껴서 '직권주의'라고 하지만 '규명주의'가 inquisitorial system이라는 원뜻에 더 정확한 풀이가 아닐까요.

수사판사는 정재계 인사들에게는 저승사자입니다. 예전에 프랑스의 사르코지 대통령이 판사 1인의 잘못된 판단으로 억울한 피해자를 낳을 수 있다며 수사판사를 없애겠다고 공언했던 이유도 정치권력의 눈치를 보지 않는 수사판사가 부담스러우니까 법무장관의 지휘를 받는 검찰에 수사권을 넘겨서 사법부를 장악하려는 것이 아니냐는 의심을 받았지요.

이탈리아 언론을 장악했던 이탈리아 전 총리 베를루스코니의 부정부패가 낱낱이 까발려진 것도 이탈리아가 대륙법의 전통을 받아들여서였습니다. 이탈리아는 적체된 소송들과 비효율적인 재판절차를 개선하기 위해 1988년 사법개혁을 통해 수사판사가 쥐고 있던 수사권을 검찰에게 넘기는 등 영미식 재판요소를 대거 도입했습니다. 하지만 이탈리아는 검찰이 행정부 소속이 아니라 사법부 소속이고 검찰과 판사의 보직 이동이 가능할 만큼 판사는 수사의 주체라는 전통적 의식이 강했습니다. 이탈리아 검찰이 정재계의 부패를 사정없이 몰아붙였던 것도 강력한 수사판사의 전통이 이탈리아에 살아 있어서였지요.

한국의 사법제도는 국적불명입니다. 대륙법의 영향을 받은 일본 제도를 그냥 베꼈으니까 판사들조차도 한국 사법제도를 '규명주의/직권주의'로 알고 있지만 규명주의의 핵심은 검찰이 아니라 판사가 수사와 진실규명의 주체라는 점이므로 검사가 수사권을 독점한 한국의 사법제도가 대륙법 전통에 따랐다는 것은 어불성설입니다. 검찰이 수사권을 독점한다는 점에서 한국은 형식적으로는 영미법의 공방주의에 가깝습니다. 하지만 내용을 보면 또 전혀 그렇지가 않습니다. 배심원제도도 없고 수사과정에서 검찰이 가혹행위로 '생산'한 피의자의 서면자백이 증거로 받아들여집니다. 영미법의 핵심이 모두 빠져 있습니다.

왜 이런 국적불명의 제도가 온존되는 것일까요? 국적불명의 사이비가 엘리트를 자처해서입니다. 한국 검찰이 강력한 검찰권력의 표본으로 떠받드는 일본 검찰은 막강한 기소권과 수사권을 갖지만 정치와는 거리를 둡니다. 한국은 검찰 출신 정치인이 특히 보수당에 수두룩하지만 일본은 자민당에서도 검찰 출신을 찾아보기 힘듭니다. 이것은 사무라이의 전통과 무관하지 않을지 모릅니다. 일본 시대극에는 평민과 돈거래를 했다는 이유로 부하의 목을 베는 사무라이의 이야기가 곧잘 나옵니다. 사무라이는 평민의 목숨을 파리처럼 여겼지만 그래도 최소한의 금도는 지켰고 공동체를 사수한다는 최소한의 자긍심은 있는 집단이었습니다. 그런 자긍심이 검찰이라는 관료집단에도 이어지지 않았을까요. 메이지유신이 낳은 일본 사회의 주역은 관료였고 관료는 대부분 사무라이 출신이었습니다.

언론이 살아 있다면 부패한 권력집단과 그 하수인도 막장으로 치닫기 어렵겠지요. 하지만 한국 언론은 공방주의를 즐깁니다. 그래서 한

쪽이 아무리 황당한 주장을 하고 반대쪽이 아무리 사실에 입각해서 반박해도 그저 양쪽이 날선 공방을 벌였다고만 전하고는 끝일 때가 많습니다. 그러면서 언론으로서 한쪽에 치우치지 않으면서 균형을 잘 잡았다고 자위하기도 합니다. 아무리 진보세력이 정권을 잡았어도 언론의 본령은 진영논리에서 벗어나 권력을 감시하면서 균형감각을 잃지 않아야 한다고 훈계하기도 합니다. 하지만 사정을 잘 모르는 보통 사람은 양쪽의 '날선 공방' 앞에서 누구 말이 진실인지를 가늠할 길이 없습니다. 공방과 균형만을 강조하는 언론의 한계입니다. 진실은 공방이나 균형이 아니라 질문 앞에서 드러납니다. 뛰어난 언론인은 균형을 잘 잡는 사람이 아니라 질문을 잘 하는 사람입니다.

탐사 저널리즘이라는 말은 균형이라는 말에 우리가 얼마나 물들어 있는지를 보여줍니다. 학자든 기자든 수사관이든 가장 중요한 것은 줄기차게 질문을 던지는 것입니다. 진실을 밝히려는 사람에게 제일 중요한 것은 균형을 잡는 것이 아니라 질문을 던지는 것입니다. 균형을 잡는다고 해서 진실이 저절로 밝혀지는 것은 아닙니다. 가령 어떤 민간 항공기의 추락을 다루는 시사 프로그램에서 A라는 입장을 가진 사람과 Z라는 정반대의 입장을 가진 사람이 토론자로 나섰다고 합시다. 사회자는 한쪽에 치우치지 않고 발언기회를 골고루 주는 재판관의 역할을 하면서 자신은 언론의 금도를 지켰다고 자위할지 모릅니다. 시청자도 아, 이렇게 입장이 다른 사람들을 불러서 양쪽 의견을 고루 듣는 우리 나라는 역시 민주주의가 살아 있군 하면서 안심하고 잠자리에 들지도 모르지요. 하지만 워낙 입장이 다른 만큼 토론도 '날선' 공방이 아니라 '무딘' 공방으로 끝날 가능성이 높습니다. 토론이 비생산적으로 끝날 가능성이 높습니다. 하지만 굳이 균형을 잡지 않더라도 진실을 기어이 밝혀내려는 의지가 있는 사람은 A와 Z는 물론이고 그 사이에 있는 B부터 Y까지의 질문을 누가 시키지 않아도 알아서 던지게 되어 있습니다. 만일 똑같은 항공기 추락 사건을 방송사가 자체 취재해서 다큐멘터리 형식으로 보도한다고 합시다. 그 프로그램에서도 물론 상반된 입장의 의견은 반영되어 있어야지 안 그러면 시청자한테 외면을 받겠지요. 언론의 생명은 균형이라는 말이 우리 모두의 머리에 깊이 뿌리내렸으니까요. 하지만 그 프로그램이 잘 만든 다큐멘터리라면 진행자는 줄기차게 온갖 각도에서 질문을 던질 겁니다. 그리고 거기에 답할 겁니다. 형식에 그치는 공방보다 내실을 다지는 자문자답이 진실에 더 다가설 수 있는 이유입니다. 언론인은 중간에서 균형을 잡는 데에 만족하는 공방주의 체제의 판사가 아니라 진실을 스스로 파고드는 규명주의 체제의 판사가 되어야 합니다. 바로 탐사 저널리스트지요. 탐사 저널리스트라는 말이 생겼다는 사실 자체가 기존의 언론이 진실을 규명하는 언론의 본령에서 얼마나 멀어졌는지를 역설적으로 보여주는 게 아닐까요.

가짜뉴스라는 말이 얼마 전부터 세계 주요 언론에서 자못 심각하게 다루어집니다. 트위터와 페이스북 등을 통해 출처도 근거도 박약한 뉴스들이 무책임하게 유포되면서 세상을 어지럽힌다는 것이지요. 그리고 그런 가짜뉴스를 체계적이고 조직적으로 유포하는 RT 같은 러시아 언론이 서양 민주주의를 위협한다는 보도가 《뉴욕타임스》, BBC 같은 서방 주류 매체에서 이틀이 멀다 하고 나옵니다. RT는 일체의 광고 없이 러시아 국민의 세금으로 굴러가는 공영방송인 것은 맞지만

RT에서 일하는 언론인 중 상당수는 기존의 영미 주류 언론에서 일하다가 절망감을 느낀 언론인입니다. 《뉴욕타임스》, BBC 같은 영미 주류 언론은 어느 선까지는 질문하는 척하지만 돈으로 세상을 주무르는 금벌을 근본적으로 위협하는 물음은 못 던지게 한다는 것을 뼈저리게 느낀 사람들입니다. RT의 모토는 Question More 곧 '더 묻기'입니다. RT의 간판 토론 프로그램인 〈크로스토크(CrossTalk)〉의 진행자는 미국인인데 출연자들은 아무 사전 각본 없이 어떤 내용이든지 자유롭게 말할 수 있다는 사실에 놀랍니다. RT는 미국인이 가장 많이 보는 5대 국제 언론사 안에 들어갑니다.

RT는 질문만 던지는 것이 아니라 사실적 근거를 밝힙니다. 하지만 영미 주류 언론은 RT가 가짜뉴스의 본산지가 아니라는 RT의 반박은 외면하고 RT가 독재자 푸틴이 군림하는 러시아 돈으로 굴러가는 매체라는 사실만을 강조합니다. 평소에 푸틴과 러시아를 워낙 안 좋게 영미 주류 언론에서 그렸기 때문에 이런 전략은 꽤 먹혀듭니다. 평소에 어떤 개인이나 집단을 줄기차게 공격하면 좋은 점 하나가 나중에는 더이상 설명하지 않아도 된다는 사실이지요. RT는 독재자 푸틴이 키우는 방송이니 안 봐도 뻔한 방송이라며 폄하하는 데에 푸틴의 부정적 이미지를 써먹는 거지요. 그렇게 해서 다시 생긴 RT의 부정적 이미지는 RT에 출연하거나 RT에서 긍정적으로 그리는 자국 정치인이나 지식인은 문제가 있는 사람이라고 몰아가는 데에 다시 이용됩니다.

언론의 사명이 균형 잡기가 아니라 질문 던지기에 있다고 말할 수 있다면 언론의 본령을 지키려는 쪽은 《뉴욕타임스》나 BBC가 아니라 RT입니다. 자꾸 질문을 던지면서 가짜뉴스를 몰아내고 진짜뉴스를 파헤치려는 쪽도 RT입니다. 서구 민주주의를 위협하는 것은 러시아가 아니라, 줄기차게 질문을 던져대는 러시아 언론의 재갈을 묶어 서구인이 그동안 감옥 밖의 감옥에서 살아왔음을 뒤늦게라도 깨닫지 못하게 만들려는 금벌이고 그런 금벌의 충실한 하수인이라는 본령에서 근본적으로 벗어나지 않는 《뉴욕타임스》, 《가디언》, 《르몽드》 같은 서구의 진보지입니다. RT가 위협하는 것은 서양 민주주의가 아니라 서양 금벌입니다. 자꾸자꾸 캐묻는 RT의 언론인들은 서양 민주주의의 파괴자가 아니라 서양 민주주의의 수호자입니다.

평생직장

2004년 10월 베트남을 방문한 노무현 대통령은 하노이 거리를 가득 메운 베트남 사람들의 활기차고 밝은 표정을 보고 뭔가 큰일을 해낼 사람이라며 좋아했습니다. 하지만 현지에 진출한 한국 봉제공장 안에 빼곡히 들어찬 재봉틀과 작업 중인 여공들을 보고 베트남에 있는 동안 줄곧 밝았던 표정이 잠시 어두워졌습니다. 그리고 혼잣말처럼 주위를 둘러보며 말했습니다. "그때 우리처럼 그런 일들은 없겠지?"

노무현은 70년대와 80년대의 한국 봉제공장들을 떠올리고 있었습니다. 값싼 인건비를 보고 투자했다가 어느 날 갑자기 문을 닫고 떠난 외국인 투자가의 우울한 기억이 되살아난 것이지요. 참여정부 시절 노무현 대통령을 지근거리에서 보좌한 윤태영 전 청와대 부속실장이 전하는 일화입니다.

노무현이 우려했던 일은 실제로 일어날 가능성이 높습니다. 2000년대 중반 이후 베트남에서는 외국인 투자 기업에서 파업이 급증했습니다. 2004년에 베트남에서는 124건의 파업이 일어났지만 2011년에는 987건이나 일어났습니다. 파업은 한국과 대만의 기업인이 싼 인건비를 보고 투자한 섬유, 신발 공장에서 주로 일어났습니다.

싼 인건비 따라 국경 넘나드는 기업 생리

잦은 파업으로 조업이 중단되고 거듭되는 임금인상으로 인건비 부담이 커지면 투자 기업도 어렵겠지만 베트남 노동자도 생활이 갈수록 팍팍해집니다. 베트남 노동자의 월 평균 임금은 2000년에 100만 동이었고 4인 가구의 최저 생계비는 150~200만 동이었습니다. 부부 중 한 사람이 전일제로 일하고 한 사람이 시간제로 일하면 빠듯하게 먹고 살 수는 있었습니다. 2007년에는 월 평균 임금 150~250만 동에 4인 가구 최저 생계비는 400~500만 동이었습니다. 부부가 모두 전일제로 일해야 겨우 살 수 있었습니다. 2011년은 평균 임금 350만~450만 동에 최저 생계비는 900~1200만 동으로 부부가 전일제로 일해도 생계를 꾸려가기가 어려운 수준이었습니다.

파업에 불만을 품은 투자 기업은 인건비가 베트남의 절반에 불과한 인접국 캄보디아에서 활로를 찾지만 캄보디아에서도 파업이 늘었습니다. 2014년 초 최저 임금을 올려달라는 봉제공장 노동자들의 파업에 캄보디아 정부가 공수부대를 투입해서 5명이 죽고 수십 명이 다쳤습니다. 캄보디아에 투자한 외국인 투자기업이 결성한 캄보디아봉제협회가 노조를 상대로 거액의 손해배상금 소송을 제기하고 공수부대가 투입된 정부의 강경 대응 배후에는 한국인 사업가들이 있다고 믿는 캄보디아의 노동운동가들이 많습니다. 실제로 진압 현장에서 한국

국기가 박힌 군복을 입은 인물이 비디오에 찍히기도 했답니다. 봉제산업은 캄보디아의 주력 산업이고 한국은 캄보디아 봉제산업의 주투자국입니다.

캄보디아의 임금이 점점 부담스러워지면 인접한 미얀마로 공장을 옮기는 기업도 생겨나겠지요. 미얀마에서도 다시 인건비가 올라가면 아예 중미의 빈국 아이티로 이전하는 공장도 생겨날지 모릅니다. 자본주의 경쟁 체제에서 살아남으려면 생산비를 낮춰야 하기에 인건비가 낮은 나라로 기업이 몰리는 것은 불가피한 측면이 있습니다. 자원이 없는 한국도 봉제공장 여공들이 허리도 못 펴며 일해서 번 돈으로 부가가치가 높은 철강, 전자, 배, 자동차를 만드는 공장을 지어 수출대국으로 올라섰지요. 자본주의 경쟁 체제에서 살아남으려면 생산 원가를 낮춰야 하기에 싼 인건비를 찾아 국경을 넘나드는 기업을 규탄하는 것은 도덕적으로는 정당할지 몰라도 현실적으로는 공허합니다. 필리핀으로 생산 거점을 옮기려는 한진중공업에 맞서 파업을 벌이던 노동자들을 응원하려던 사람들이 파업 현장으로 타고 간 희망 버스는 자본주의 체제에서 근본적 해결책이 못 됩니다.

임금 상승에 따른 기업의 공장 이전에 대한 불안감은 어느 나라에게나 있지만 그런 불안감을 잠재우는 것은 더 양질의 일자리를 제공하는 공장과 기업이 소득 증가에 따라 나타나리라는 낙관주의입니다. 전에는 정말로 그랬습니다.

영국에서는 1875년부터 1975년까지 100년 동안 실질 임금이 3배로 올랐습니다. 기술 혁신이 이루어져서였을까요. 기술 혁신으로 부가가치가 낮은 일자리는 사라지고 부가가치가 높은 일자리가 새로 저절로

파업에 불만을 품은 투자 기업은 인건비가 베트남의 절반
에 불과한 인접국 캄보디아에서 활로를 찾지만 캄보디아
에서도 파업이 늘었습니다. 2014년 초 최저 임금을 올려
달라는 봉제공장 노동자들의 파업에 캄보디아 정부가 공
수부대를 투입해서 5명이 죽고 수십 명이 다쳤습니다.

생겨나서 사람들의 생활수준도 저절로 올라가는 것일까요. 생산성과 임금인상의 역사적 추이를 나타내는 통계를 보면 그렇지가 않습니다.

19세기에 실질 임금이 오른 이유

산업혁명이 활발히 일어나던 1830년과 1860년 사이에 1인당 실질 생산액의 연간 증가율은 1.1% 대였지만 실질 임금 증가율은 0.9%에 못 미쳤습니다. 그 뒤 1860년과 1900년 사이에는 연간 실질 생산액 증가율은 약간 내려갔지만 연간 실질 임금 증가율은 오히려 1.6% 대로 뛰었습니다. 19세기 후반에 노동자의 실질 임금이 크게 오른 것은 노동운동이 활발해지고 노조가 정치세력화한 덕분이었습니다. 1889년 독일에서 보수 정치인 비스마르크가 세계에서 처음으로 연금제를 도입한 것도 무섭게 팽창하던 사민당 지지세에 제동을 걸려던 고육책이었겠지요.

정치세력화한 노동자들이 목소리를 낼 수 있었던 데에는 세계화가 본격화하지 않았다는 시대적 여건도 작용했습니다. 20세기 전반기만 하더라도 자본가가 공장을 해외로 이전한다는 관념이 희박했고 외국에서 노동자를 들여와서 공장을 계속 돌리려고 했지요. 19세기 말에 영국, 프랑스를 중심으로 국제 노동자 연대 조직으로 제1인터내셔널이 만들어진 것도 자본가들의 외국인 노동자 수입을 통한 자국 노동자 무력화 전략에 공동으로 대응하기 위해서였습니다.

하지만 공장의 해외 이전이 일반화한 지금은 사정이 다릅니다. 세계화는 상품거래의 범지구화만이 아니라 공장이전의 범지구화도 뜻합니다. 노동자는 물론이고 진보노선을 추구한다는 정부도 수틀리면

공장을 해외로 옮기겠다는 자본가들의 위협 앞에서 꼬리를 내리기 십 상입니다. 그래도 조금이라도 생산비가 낮은 곳으로 끌리는 제조업체들의 발목을 잡기에는 역부족이었습니다. 영국과 미국을 필두로 대부분의 선진 공업국가에서 제조업의 공동화가 가속화되었습니다.

제조업 비중이 떨어지는 것은 해당국 국민과 정부의 심기를 불편하게 만들지 모르지만 그 자체가 경제적으로 문제인 것은 아니었습니다. 제조업 일자리가 줄어든 만큼 서비스산업 일자리가 늘어났습니다. 2차대전 직후인 1948년 30%에 육박했던 미국 노동시장의 제조업 종사자 비율은 2011년에는 10% 밑으로 떨어졌습니다. 반면 전후 45% 수준이었던 미국의 서비스산업 종사자 비율은 2016년 현재 76%가 넘습니다.

화이트칼라 일자리도 대체로 보수가 괜찮았습니다. 제조업 종사자는 줄어들었어도 중산층은 꾸준히 늘어났습니다. 러시아에 현실로 들어선 공산주의라는 자본주의 대안체제의 존재는 많은 나라에서 정부가 일방적으로 자본가만을 옹호하기 어렵게 만든 부담 요인으로 작용했습니다. 자본주의 국가에서 주택, 의료, 교육 방면에서 다양한 복지시책이 도입한 것은 의료, 교육, 주택이 무상으로 제공되는 공산주의 체제를 의식해서였습니다.

하지만 1990년대 초 공산권이 무너지면서 자본가들은 더 이상 눈치볼 필요가 없어졌습니다. 공생과 협동을 부르짖던 체제가 무너지자 약육강식, 적자생존의 논리가 활개를 폈습니다. 자본가들은 인건비와 세금이 낮은 나라를 찾아 철새처럼 국경을 넘나들었습니다. 필리핀에 대규모 조선소를 지으면서 촉발된 한진중공업의 부산 영도 조선소 노

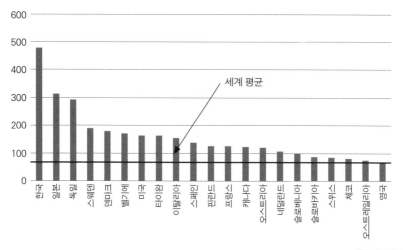

2014년 세계 주요국의 산업용 로봇 도입 현황 평균 도입 대수 66대

세계 평균

출처: World Robotics

사 분규도 비슷한 맥락에서 벌어졌습니다.

하지만 앞으로는 기업들이 아예 공장이전을 하지 않을지도 모릅니다. 노동자를 아예 고용하지 않고 생산자동화와 로봇에 기댈 수 있을 테니까요. 노조가 힘을 쓰는 회사일수록 생산자동화에 유혹을 느끼게 마련입니다. 그렇게 되면 제조업 일자리는 어느 한 나라에서만 줄어드는 것이 아니라 모든 나라에서 줄어드는 것이지요.

필리핀도 베트남도 캄보디아도 미얀마도 봉제공장이라는 작은 철새가 날아가면 철강공장이라는 큰 철새가 날아들고 언젠가는 한국처럼 스스로 철새가 되어 자유롭게 이 나라 저 나라에서 활개를 펼 수 있으리라고 믿겠지만 그런 철새는 앞으로 날아들기 힘들지 않을까요. 로봇은 임금인상을 요구하지 않으니 공장을 옮길 필요가 없으니까요. 세계 유수의 자동차 회사들은 자동화 공정을 경쟁적으로 도입합니다.

한국은 산업용 로봇 도입율에서 부동의 세계 1위입니다. 2014년 현재 노동자 1만 명당 보급된 로봇 대수가 한국은 478대로 로봇 왕국이라는 일본의 314대보다 훨씬 많습니다. 제조업 강국 독일도 292대에 불과합니다. 수출 호조로 무역수지가 기록적인 흑자세를 이어가도 갈수록 좋은 일자리가 줄어드는 한국 현실은 제조업 현장에서 로봇이 세계에서 가장 빠른 속도로 도입되는 한국 현실과 무관할 수 없습니다. 2012년에도 산업용 로봇 도입률 순위는 한국 396대, 일본 332대, 독일 273대로 2014년과 순위가 같았지만 한국은 불과 2년 동안 노동자 1만 명당 로봇이 100대 가까이 늘었지만 일본과 독일에서는 오히려 줄어들었습니다. 자동차 산업, 전자 산업 같은 한국 제조업 현장에서 자동화가 얼마나 빨리 진행되는지 알 수 있지요. 한국 산업용 로봇 시장은 규모에서도 중국 다음으로 큽니다.

운전기사 없는 버스와 화물차도 곧 현실화됩니다. 2004년 프랭크 레비와 리처드 머네인 두 경제학자는 『새로운 분업: 새로운 직업을 창출하는 컴퓨터』라는 책의 '왜 사람이 아직도 중요한가'라는 장에서 혼잡한 도로에서 주행하는 운전은 고려할 변수가 너무 많아 자동화가 불가능하다고 지적했습니다. 6년 뒤인 2010년 구글은 완전히 자동으로 주행하는 도요타 프리우스를 내놓았습니다. 열차와 여객기가 조종사 없이 운행되는 날도 멀지 않았습니다.

자동화에 밀리는 '고용의 미래'

2013년 옥스퍼드대 칼 프레이, 마이클 오스본 두 연구자가 발표한 「고용의 미래」라는 논문에 따르면 앞으로 20년 안에 미국 직업의 47%

가 자동화로 대체될 가능성이 있습니다. 공장 노동자와 운전기사 같은 육체노동 직종은 물론이고 수술, 자료 분석, 세무 회계, 법리 분석, 경영 분석 같은 전통적 중산층 직종까지 위협받습니다.

영국은 제조업이 가장 먼저 공동화된 나라지만 그 빈 자리를 금융으로 채운 나라입니다. 금융업은 영국 젊은이들이 가장 진출하고 싶어 하는 분야입니다. 20대 후반과 30대 후반의 젊은 인력이 고액의 임금을 받으며 주로 하는 일은 시장 분석 보고서를 작성하는 일입니다. 그런데 이미 그런 일도 소프트웨어로 빠르게 물갈이되고 있습니다.

구글 출신의 개발자들이 만든 금융자문 보고서 작성 소프트웨어는 투자의 귀재 워런 버핏을 기리는 뜻에서 〈워런〉이라고 이름 지었는데 워런은 가령 다달이 보고되는 노동 시장의 취업율이 각종 증권 시세에 어떤 영향을 미치는지를 다량의 데이터를 입력하여 분석합니다. 분석만 하는 것이 아니라 의뢰인 질문에 답도 하고 투자 제안까지도 합니다. 〈퀼〉이라는 금융보고서 작성 소프트웨어는 하루에 40건의 정교한 금융 보고서와 기사를 작성합니다. 아무리 유능한 분석가와 연구원도 하루에 1건 이상의 보고서를 작성하기는 어렵습니다. 이런 소프트웨어의 장점은 생산성도 높지만 정확성도 돋보인다는 점입니다.

자동차도 로봇이 만들고 금융분석 보고서도 소프트웨어가 작성하는 세상은 이미 현실입니다. 자본가에게 중요한 것은 이윤이지 생산 주체가 사람이냐 로봇이냐는 부차적입니다. 아니, 군소리 없이 일하는 로봇을 기업은 당연히 선호하겠지요. 생산 자동화가 육체노동과 정신노동을 가리지 않고 전방위적으로 이루어지는 세상에서 안정된 일자리는 줄어들었으면 줄어들었지 절대로 늘어나지 않습니다. 절대 다수의 국민은 풍요와는 점점 거리가 멀어집니다. 풍요는 자본을 가진 소수의 사람이 누리는 사치로 오그라듭니다.

자동화가 가속화해서 인간 노동력에 대한 의존도가 낮아지면 생산성 향상으로 창출된 부도 급격히 자본 소유자에게 집중됩니다. 경제학자 에드 울프(Edward Wolff)에 따르면 1989년과 2009년 사이에 미국에서 새로 창출된 부의 100퍼센트가 상위 20퍼센트 가구에게 돌아갔습니다. 하위 80퍼센트의 가구는 이 기간 동안 실질소득이 감소했습니다. 상위 20퍼센트 안에서도 불평등은 심각한 수준이었어요. 상위 5퍼센트가 부의 80퍼센트를 가져갔고 상위 1퍼센트가 부의 40퍼센트를 가져갔습니다. 자동화로 생산성이 늘어도 창출된 부는 소수에게 집중되고 일자리는 자꾸 줄어드는 악순환이 이어집니다.

화석연료를 삼키며 누리는 현대의 풍요

하지만 다수의 인간이 지금처럼 풍요를 제공하는 좋은 일자리가 더 많아져도 사실은 문제입니다. 환경 악화로 인한 범지구 차원의 재앙이 문제입니다. 인류 다수가 풍요를 누린 것은 역사적으로 오래 되지 않습니다. 옛날 사람은 상상도 못했던 현대인의 물질적 풍요는 석유라는 화석연료에 기인합니다. 석유 1배럴은 150리터입니다. 석유 1배럴로 경운기를 몰면 장정 1인이 1주일에 40시간씩 꼬박 12년을 일해야 하는 만큼의 농사일을 해치웁니다. 석유 1배럴은 2014년 5월 기준으로 약 200파운드입니다. 영국인의 2013년 연간 평균 소득은 2만 7천 파운드였습니다. 12년 동안 장정 1인을 부리려면 32만 4천 파운드의 돈이 듭니다. 석유를 쓴 덕분에 생산성이 1600배나 올라간 셈이지요. 식량값이 내려갈 수밖에 없습니다. 한 세기 전까지만 해도 대부분의 사람은 소득의 거의 전부를 식량 구입에 썼지만 1920년과 1990년 사이에 식량값은 90%나 떨어졌습니다. 식량값이 내려간 만큼 사람들은 여유를 누렸습니다. 자동차도 몰고 여행도 다니고 소비력이 급상승했습니다. 화석연료는 소비를 미덕으로 삼는 자본주의와 궁합이 잘 맞았다고나 할까요.

하지만 석탄, 석유, 천연가스 같은 화석연료는 엄청난 양의 이산화탄소를 배출하면서 지구를 온난화합니다. 얼마 전 유엔 이름으로 발표된 보고서에서 과학자들은 산업혁명 이전기보다 평균 온도가 섭씨 2도 이상을 넘어가면 지구는 돌이킬 수 없는 파국을 맞게 된다면서 늦어도 2050년까지는 이산화탄소 배출량을 최소 40%에서 최대 70%는 줄여야 한다고 경고했습니다. 그렇게 해도 기상이변으로 인한 식량난과 침수 등 최악의 상황을 피할 수 있는 확률이 겨우 절반을 넘는 수준이라고 과학자들은 우려했습니다.

이산화탄소 배출을 줄이려면 결국 화석연료를 덜 써야 하고 그것은 결국 성장지상주의에서 벗어나는 길을 모색해야 한다는 뜻입니다. 하지만 그런 길을 진지하게 모색하는 나라는 잘 안 보입니다. 화석연료 사용을 줄이려고 노력하기보다는 기존의 방식으로는 화석연료를 확보하기가 점점 어려워지자 심해에서도 극지대에서도 뽑아올리고 독성 화학약품을 쏟아부으며 땅밑을 헤집어서 가스를 쥐어짜는 프래킹 방식으로 화석연료를 긁어모으기에 여념이 없습니다.

석탄이라는 화석연료가 없었으면 산업혁명도 없었을 겁니다. 나무라는 재생자원을 연료로 쓰는 증기기관은 생산성을 폭발적으로 늘리지 못합니다. 증기기관도 사실은 땅속 깊이 파묻힌 석탄을 파내는 과정에서 차오르는 지하수를 퍼올리려고 고안한 동력기관이었습니다. 산업혁명의 주역은 증기기관이 아니라 화석연료라는 뜻입니다. 석탄, 석유, 천연가스, 우라늄 같은 화석연료 덕분에 현대인이 누리는 풍요는 노예 220억 명을 공짜로 부리는 것에 버금간다는군요. 아일랜드의 지질학자 콜린 캠벨이 꼬집은 말입니다. 하지만 노예는 자식을 낳으니까 무한히 재생되는 자원일지 몰라도 화석연료는 그렇지 않습니다. 벌써 기존의 방식으로 생산되는 석유의 양은 줄어들고 있습니다. 줄어드는 석유를 벌충하려다 보니 심해나 극지에서 위험한 시추를 벌이고 독극물을 퍼부어 땅속을 헤집는 프래킹이라는 방식으로 가스를 쥐어짭니다. 그래도 화석연료는 조만간 고갈됩니다. 자원을 뜻하는 영어 resource는 봄마다 솟아오르는 것을 뜻하는 말입니다. 하지만 재생이 불가능한 화석연료는 엄밀한 뜻에서 자원이라고 할 수도 없습니다. 화석연료라는 유한한 자원 덕분에 풍요를 누리는 문명은 지속 가능한 문명이 아닙니다.

자동화로 일자리가 줄어들고 화석연료 고갈로 식량값이 폭등하면 가진 것이 없는 절대 다수의 서민은 어떻게 살아야 할까요. 식량을 스스로 조달하는 길 말고는 달리 길이 없습니다. 자기 손으로 자기 먹을 것을 길러서 살아가는 것은 화석연료라는 불로소득에 얹혀 풍요를 누리기 전까지 인류가 수천 년 동안 살아온 생활 방식이었습니다.

네덜란드 역사는 화석연료가 고갈되면 제조업 국가도 다시 농업 국가로 되돌아가야 함을 보여줍니다. 영국에서 산업혁명이 벌어지기 전이었던 17세기에 세계 최대의 제조업 강국은 연간 500척의 대형 선박을 만들던 네덜란드였습니다. 네덜란드 제조업의 원동력은 이탄이라는 화석연료였습니다. 이탄은 표면에 묻혀 있어 채탄이 쉽지만 많이 파내면 땅이 물에 잠긴다는 단점이 있습니다. 그런 문제점으로 네덜란드는 이탄 대신 영국에서 석탄을 수입했지만 영국의 견제로 석탄 가격이 폭등하자 네덜란드 제조업은 붕괴했습니다. 도시 인구 비중은 60퍼센트에서 38퍼센트로 감소했고 그만큼 농업의 비중이 다시 높아졌습니다.

소수 금벌에게 볼모가 된 나라 영국이 좋은 예지만 서양 근대는 '금상공농'의 관철사인지도 모릅니다. 금융업자라는 불로소득자가 으뜸가는 대접을 받았습니다. 유럽의 변방에 있던 영국이 네덜란드와 프랑스를 누르고 패권국으로 떠오른 것은 그저 산업혁명을 먼저 일으켜서만이 아니라 금융업자한테 빌린 돈으로 벌인 전쟁에서 승승장구해서였습니다. 그만큼 금벌의 목소리도 커졌습니다. '금상공농'은 생산자를 홀대하고 만인을 금권의 노예로 만드는 체제입니다. 런던의 금융기관이 집결된 1만 평이 조금 안 되는 '시티' 구역은 런던을 지배하고 런던은 영국을 지배합니다. 주기적으로 거품을 만들고 터뜨리면서 긴축을 빌미로 민영화라는 이름으로 국가를 점점 사유화하는 금벌을 규제해야 한다는 목소리가 나오면 금벌의 하수인으로 전락한 지 오래인 영국 정치인들은 영국이 그나마 버티는 것은 금융산업 덕분인 줄 알라는 금벌의 협박 앞에서 전전긍긍합니다. 영국은 소수 금벌의 볼모가 된 나라입니다.

화석연료가 고갈되면 꼭 자동화 때문이 아니더라도 법률, 회계, 마케팅, 금융은 한물 가게 되겠지요. 대신 목수, 배관공, 각종 기술자, 특히 농부가 다시 각광을 받는 세상이 옵니다. 생산자가 대접받는 체제의 문명성이 재발견되는 날이 옵니다.

사실 금권세력에게 장악된 나라에서는 자영농이 되기도 하늘의 별 따기입니다. 영국에서 농민은 유럽연합 차원에서 지급되는 농업보조금을 연간 1평당 1파운드꼴로 받았습니다. 그 동안은 3천 평 농사를 지으면 농부로 인정받았지요. 그런데 유럽연합이 2014년부터 농사 규모의 기준을 나라마다 최소 3천 평에서 최대 1만 5천 평 사이에서 자율적으로 정하도록 법을 고쳤습니다. 그러자 영국은 기다렸다는 듯이 농부의 문턱을 3천 평에서 1만 5천 평으로 하루 아침에 5배나 높였습니다.

그 바람에 2만 명에 가까운 영국의 소농은 농업보조금을 못 받게 되었습니다. 직장인의 평균 소득이 2만 7천 파운드인 영국에서 1만 5천 파운드에 육박하는 보조금은 생계를 좌우하는 돈입니다. 보조금을 못 받아 생활이 어려워진 농민은 땅을 팔 수밖에 없지요. 금벌을 등에 업은 기업농은 더욱 덩치를 불립니다. 영국 정부는 기업농이라야 농업에도 경제성이 있다며 "취미 활동으로 농사를 짓는" 소농에 대한 보조금 중단으로 1600만 파운드를 절약할 수 있다고 주장했지만 1600만 파운드라는 돈은 영국의 기업농 셋이 받는 거액의 농업보조금과 맞먹습니다. 보조금 없어도 잘 살아갈 땅부자들이 받을 보조금은 지켜주고, 보조금 지급이 절실한 소농들이 받던 보조금은 빼앗아가는 현실은 영국이 '금상공농'의 나라임을, 근본이 잘못된 나라임을 재확인시켜줍니다.

한국에서는 아직도 300평 이상만 농사를 지으면 농민으로 인정받습니다. 300평은 넓지는 않지만 좁지도 않습니다. 300평은 4인 가족이 식량 자급을 할 수 있는 면적입니다. 한국인의 평균 쌀 소비량은

2013년에 67.2킬로그램이었는데요. 200평의 땅에서는 평균 4가마의 쌀이 생산됩니다.

1가마가 80킬로그램이니 200평에 벼를 심으면 쌀은 자급할 수 있습니다. 가을에 벼를 추수한 뒤 이모작으로 보리와 밀을 심어 주곡 생산량이 더 늘어난다고 가정하면 100평에만 농사를 지어도 4인 가족의 1년 식량은 걱정할 필요가 없습니다. 더욱이 농약과 비료를 쓰지 않아 돈과 힘이 훨씬 덜 드는 자연농법에서는 이모작이 필수입니다. 가을에 벼를 베어낸 논에다 바로 보리와 밀 씨앗을 뿌리고 그 위에다 볏짚을 얹어주는 것으로 농사가 끝입니다. 여름에 밀과 보리를 거둬들인 자리에 볍씨를 뿌리고 그 위에다 밀짚과 보리짚을 얹어주면 그만입니다. 남은 200평에 각종 과일나무와 채소를 심으면 철따라 싱싱한 먹거리를 얻을 수 있습니다.

농부야말로 미래의 전문직

미국 캘리포니아의 패서디나에 사는 줄스 더베이스(Jules Devaes)라는 도시 자급농은 지금부터 30년 전 120평의 정원에 각종 야채와 과일을 유기농으로 재배해서 지금은 연간 3톤의 식량을 생산하고 이웃과 식당에 팔아 2만 달러의 수입을 올립니다. 더베이스는 닭과 오리, 메추리를 길러서 알과 퇴비를 얻고 염소를 키워서 우유와 치즈까지 얻습니다. 지붕에 설치한 태양 집광판 덕분에 월 전기료는 12달러에 불과하고 자동차 연료도 식당에서 얻은 식용유를 재활용하여 해결합니다.

베이스의 정원에서는 400종에 가까운 식물이 자랍니다. 다년초도 많아서 그렇게 손이 많이 가는 것도 아닙니다. 설계를 잘 하면 좁은 땅에서도 얼마든지 풍부한 식량을 얻을 수 있음을 더베이스의 도시 농장은 보여줍니다.

한국에서 귀농귀촌 가구가 늘고 있다고 합니다. 하지만 60% 이상의 귀농인이 40대와 50대입니다. 나이 들어서 귀농하는 것이 통념으로 자리잡았지만 귀농한 방송인 김미화 씨의 조언에 따르면 귀농은 젊어서 해야 한답니다. 조금이라도 힘이 넘칠 때 귀농을 해야 자리를 잡기도 좋고 아이들한테도 좋답니다. 나이 들어 기력이 딸리면 오히려 도시로 떠나는 것이 바람직하다는 것이 김미화 씨의 충고입니다.

하지만 좋은 일자리는 어차피 기대하기 어렵고 편의점에서 알바로 연명하느니 차라리 귀농해서 먹을 것이라도 내 손으로 해결하자고 마음 먹었다 해도 대출받은 학자금을 제때 갚지 못해 대학 졸업 전부터 신용불량자로 낙인찍히기 일쑤인 한국 젊은이에게는 귀농도 그림의 떡인지 모릅니다.

농사에 뜻이 있지만 땅이 없는 젊은이를 위해 농지 트러스트 같은 것을 만들어 농사 지망생에게 농토를 마련해주는 운동을 벌이는 것은 어떨까요. 뜻을 같이하는 젊은 농부가 늘어나면 자녀 교육과 농산물의 부가 가치를 높이는 가공 사업 등 혼자서는 풀기 어려운 문제도 차츰 해결해나갈 수 있지 않을까요. 1994년 유기농으로 농촌 공동체를 살리자는 뜻으로 젊은 농부들이 세운 괴산의 '솔뫼 농장' 공동체는 이제 '느티나무통신'이라는 언론협동조합까지 만들어서 지역 언론의 구심점 노릇을 하고 있습니다.

로봇화와 자동화가 도입되면 지금 우리가 전문직이라고 부르는 회

농부는 영원히 살아남을 전문직입니다. 전문직이 뭘까요.
돈을 많이 벌고 사회에서 대접받는 직업이 전문직일까요.
나이를 먹을수록 지혜로운 판단을 내릴 수 있는 직업이
전문직이라고 생각합니다.

계사, 변호사, 의사는 기능적이고 보조적인 지위로 떨어질 가능성이 높습니다. 하지만 농부는 영원히 살아남을 전문직입니다. 전문직이 뭘까요. 돈을 많이 벌고 사회에서 대접받는 직업이 전문직일까요. 나이를 먹을수록 지혜로운 판단을 내릴 수 있는 직업이 전문직이라고 생각합니다. 농사는 땅, 씨앗, 날씨, 파종 시기, 거름 등 고려해야 할 요인이 아주 많습니다. 옛날에 농촌 사회에서 노인이 대접받았던 것은 농사를 잘 지으려면 경험 많은 나이든 농부의 말에 귀기울여야 해서가 아니었을까요. 농약과 화학비료를 쏟아붓는 현대 농업은 농부와 땅을 모두 화석연료의 노예로 만들었습니다. 하지만 농약과 화학비료에 기대지 않는 농업이 되살아나면 농부가 전문직으로 대접받을 날이 오지 않을까요.

좁은 땅에 기존의 방식으로 농사를 지어 수확한 농산물을 팔아서는 생계를 유지하기가 어렵지만 일년초, 다년초, 과실수 등을 섞어서 치밀한 설계를 하면 품은 적게 들면서도 다양한 농산물을 생산할 수 있습니다. 무분별한 소비지상주의 사회의 파국을 우려하는 사람이 늘어나면서 서양에서는 몇십 년 전부터 permaculture(지속농)라고 해서 농사를 중노동처럼 하는 게 아니라 정원을 가꾸듯이 노동력을 적게 들이면서 여유 있게 작물을 재배하는 식량생산법이 뿌리내리고 있습니다.

농사가 얼마나 고된지 겪어보지 않아서 저렇게 배부르고 한가한 소리를 한다고 혀를 차는 소리가 벌써 귀에 들리는 듯합니다. 도시인이 버는 돈의 절반이라도 소득을 올리려면 얼마나 힘들게 농사를 지어야 하는지 알기나 하냐고 타박하는 소리도 들려오는 듯합니다. 돈은 물론 누구에게나 중요합니다. 하지만 돈이 언제나 주인공이었던 건 아닙니다.

《뿌리깊은나무》라는 잡지를 만든 고 한창기 선생이 70년대 중반 전라도 벌교의 장터에서 만난 농부들은 '곡식을 팔러' 장에 가는 게 아니라 "돈을 사러" 장에 나온다고 말했다고 합니다. 넉넉하지는 않아도 벼농사도 짓고 콩하고 옥수수하고 감자도 심고 닭도 치고, 내 식구 입에 들어가는 것은 어찌어찌 내 땅에서 내 손으로 키워낸 것으로 댈 수 있었겠지요. 그래도 옷은 사야 하고 아이들 등록금도 내야 하고 아프면 병원에도 가야 하니 '돈'이 없어서는 곤란했겠지요. 하지만 '돈을 사러' 장에 온다고 말하는 농부의 가슴에서 돈은 갑이 아니라 을입니다. 반면에 '돈을 벌러' 꼭두새벽부터 밤늦도록 도시에서 중노동에 시달리는 젊은이에게 돈은 갑 중의 갑입니다. 돈도 제대로 못 벌면서 돈의 노예가 되어 살아갑니다. 그럴 바에는 '돈을 사러' 장으로 가던 농부의 발길을 한번 따라가보는 것도 좋지 않을까요.

인간에게 남은 유일한 진보의 길

한국인은 타국에게 침탈당하고 유린당한 오욕의 과거를 부끄럽게 여기지만 그것은 역사의 치부가 아니라 역사의 자산입니다. 타국을 침공하지 않았기에 타국의 불신을 사지 않으니까요. 제국주의의 역사를 가진 나라의 민주주의는 국경선을 넘지 못하지만 제국주의의 역사를 갖지 않은 나라의 민주주의는 국경선을 넘을 수 있습니다. 지금은 어렵지만 한국이 미국, 영국, 프랑스보다 더 민주주의의 모범국이 될 수 있는 이유입니다.

하지만 지속 가능하지 않은 화석연료와 싼 식량값에 기반을 둔 풍요에 중독되어 한국도 차츰 제국주의와 비슷한 길로 나아갈까 염려스럽습니다. 100여 년 전 한국을 식민지로 만들기 전부터 일본은 농업회사를 내세워서 조선의 땅을 삼켰습니다. 1930년 총독부가 소유한 전답과 임야는 266억 4천만 평으로 조선 국토의 40%에 달했는데요. 농토를 잃은 조선의 빈농은 연해주, 만주로 떠나거나 공장에서 중노동에 시달렸습니다. 한국의 봉제업체들이 진출한 캄보디아는 독립국임에도 100여 년 전 식민지였던 조선에서와 비슷한 일이 벌어지고 있습니다. 2003년 이후 캄보디아에서는 대대로 살던 공유지에서 쫓겨난 농민이 42만 명에 이릅니다. 면적으로는 자그만치 66억 평입니다.

이 공유지는 외국 기업농에게 거대한 사탕수수 재배농장으로 불하됩니다. 식량의 90%를 수입에 의존하는 한국도 사우디, 중국, 쿠웨이트 등과 함께 아프리카, 동남아시아에서 빈국의 땅을 수탈하려는 나라로 점점 지목되고 있습니다. 한국 봉제공장에서 일하는 캄보디아 직공 중에도 땅을 잃은 농민과 가족이 있겠지요. 식량을 싸게 안정적으로 확보해서 누리는 풍요는 제국주의의 식민지 수탈과 다를 바 없는 약소국 수탈입니다. 식량안보를 떠나서 자국이 소비할 식량을 자국에서 생산하는 것은 문명국이 지켜야 할 최소한의 도리가 아닐까요.

처음에는 자연을 착취하고 다음에는 자국민을 착취하고 다음에는 타국을 착취하고 타국민을 수탈하는 것도 모자라 이제는 빚더미를 물려주면서 후손마저 약탈하고 공간과 시간을 넘나들며 동시다발적으로 수탈하는 체제는 지속 가능한 체제가 아닙니다. 국가의 안전만 보장된다면 그 안에서 땅을 일구며 소박하게 사람이 늘어나는 것이 지구의 착취자인 우리 인간에게 남은 유일한 진보의 길인지도 모릅니다.

개가 주인 말을 잘 듣는 것은 먹이가 주인한테서 나온다는 걸 잘 알아서입니다. 조직 속에서 살아가는 대다수 사람이 자유롭지 못한 것도 목구멍이 포도청임을 알아서입니다. 자기가 먹을 식량을 스스로 생산하는 자급농은 평생직장입니다. 자급농은 풍요는 덜 누려도 자유를 더 누립니다. 지구를 살리는 것은 풍요가 아니라 자유입니다. 공동체를 살리는 것은 풍요를 누리려는 소비자가 아니라 자립을 지키려는 자유인입니다.

참고 자료

1 · *Future of Employment: How Susceptible Are Jobs to Computerisation?*, Carl Benedikt Frey and Michael A. OsbOrne, 2013, http://www. oxfordmartin.ox.ac.uk/downloads/academic/The_Future_of_Employment.pdf

2 · Medieval smokestacks: fossil fuels in pre-industrial times, Krise De Decker, 2011, http://www.lowtechmagazine.com/2011/09/peat-and-coal-fossil-fuels-in-pre-industrial-times.html

3 · Homegrown Revolution, The Urban Homestead, Dervaes, https://www. youtube.com/watch?v=7IbODJiEM5A

중앙은행

2010년 말 헝가리 집권당과 총리는 서방 언론에서 맹공을 당했습니다. 2010년 3분의 2가 넘는 의석을 차지하면서 압승을 거둔 피데스(헝가리시민동맹)가 헝가리중앙은행의 총재를 총리가 임명하고 금리 결정 금리위원회의 위원도 지금보다 2명을 늘리되 늘어난 자리도 총리가 임명하는 법을 통과시켰거든요.

중앙은행을 정치권으로부터 독립시키는 것은 유럽연합의 원칙입니다. 유럽연합과 유럽은행, 국제통화기금은 헝가리의 빅토르 오르반 총리가 중앙은행의 독립성을 훼손하면서 독재자의 길로 나아가고 있다고 성토했습니다. 미국과 유럽 언론도 좌우를 넘어 헝가리 집권당을 비난했지요.

금융기관에 과감하게 금융세 물린 우파 정부

오르반 총리는 국민의 압도적 지지를 받긴 했지만 사실 국제 금융

기관을 상대로 큰소리를 칠 처지는 아니었습니다. 헝가리는 빚이 많았거든요. 빚을 갚느라 200억 유로의 자금을 빌리려면 국제통화기금에 손을 내밀어야 하는 처지였습니다.

그런데 헝가리의 나라빚은 새로 출범한 정부가 진 것은 아니었습니다. 공산주의가 무너진 이후 헝가리에도 민영화를 빙자한 사유화 광풍이 몰아닥쳤고 그 와중에서 연줄을 잘 활용한 공산당 청년 간부 출신들이 벼락부자가 되었습니다. 그런 세력이 주축을 이룬 사민당의 당수는 공산주의가 무너진 뒤 재빨리 서방 금융 기관에서 투자 기법을 배우고 돌아온 사람이었습니다.

헝가리 국민은 급격한 사유화에 불안을 느끼고 사민당을 8년 동안 집권당으로 앉혔지만 사민당이 집권하는 동안 사유화는 더욱 가속화되었고 나라빚은 눈덩이처럼 불어났습니다. 헝가리 국민이 우파에게 압승을 안겨준 것은 오르반이 예뻐서가 아니라 나라를 말아먹은 좌파에 대한 분노의 표현이었지요.

집권 후 오르반은 재정 적자를 줄이려고 부가가치세를 27%로 인상하고 누진세를 없애고 소득세와 법인세를 일률적으로 16%로 통일하면서 다분히 우파다운 모습을 보였습니다. 하지만 오르반은 유럽의 어느 좌파정부도 하지 못한 정책을 관철시켰습니다. 은행과 보험회사에 금융세를 물린 것이지요.

오르반 정부는 고통 분담을 요구하면서 500억 포린트(약 2360억 원) 이상의 자산을 가진 금융기관에게 매년 자산의 0.5%를 세금으로 물렸습니다. 헝가리 최대 은행인 OTP 은행의 경우 350억 포린트의 순익 중에서 20%에 가까운 금액을 세금으로 내야 했습니다. 이렇게 헝가리 정부가 국내외 금융 기관(대다수는 독일, 오스트리아, 스위스 등 외국 기업)으로부터 매년 거둬들이는 금융세는 10억 달러 규모에 달했습니다.

헝가리 정부가 중앙은행에 대한 영향력을 강화하려는 것은 경제 침체에서 벗어나기에는 헝가리의 금리가 너무 높은데도 중앙은행이 고금리를 너무 완강하게 고수한다는 불만에서였습니다. 헝가리의 기준금리는 당시 7%에 이르렀습니다. 미국은 그때나 지금이나 거의 제로금리고 영국도 비슷했습니다. 돈을 찍어내면서 초저금리로 경제를 간신히 유지했다고나 할까요. 헝가리는 유로화를 쓰지 않으므로 당연히 다른 나라가 다 그러듯이 중앙은행을 통해 경제회생책을 도모하고 싶은 유혹을 느꼈겠지요. 그러자면 금리가 낮아야 합니다. 그래야 시중에 돈이 풀리고 투자가 이루어지니까요. 금리가 높으면 돈 없는 사람은 이자 부담으로 허리가 휘고 돈 있는 사람은 앉아서 돈을 법니다.

오르반 정부는 전 세계에 금융위기가 닥쳤을 때 헝가리 은행에 제공했던 공적자금도 칼같이 회수했습니다. 헝가리의 OTP 은행은 정부한테서 지원받은 긴급 지원금의 잔여분 4천억 포린트를 갚은 지 오래입니다. 오르반 정부는 금융권 지원에 거액의 공적자금이 묶이지 않은 상황에서도 금융권을 상대로 거액의 금융세를 받아냈습니다.

반면 영국 금융권은 금융위기가 터진 뒤로 구제 금융과 보증의 형태로 1조 파운드(약 1500조 원)의 정부 지원을 받았습니다. 국유화되었던 노던록 은행은 그 뒤 버진캐피털에 헐값으로 팔렸습니다. 국민의 혈세가 날아간 것이죠.

유럽연합에서는 토빈세(금융거래세)를 놓고 각국의 신경전이 벌어진 적이 있습니다. 당시 프랑스의 사르코지 대통령은 지지율을 끌어올

집권 후 오르반 총리는 재정 적자를 줄이려고 부가가치세를 27%로 인상하고 누진세를 없애고 소득세와 법인세를 일률적으로 16%로 통일하면서 다분히 우파다운 모습을 보였습니다. 하지만 오르반은 유럽의 어느 좌파정부도 하지 못한 정책을 관철시켰습니다. 은행과 보험회사에 금융세를 물린 것이지요.

리려고 토빈세를 서둘러 도입하려고 했지만 독일과 이탈리아는 유럽 연합 회원국 모두의 동의를 얻자는 입장이었고 영국은 유럽연합만이 아니라 전 세계가 금융거래세를 도입해야만 찬성한다는 입장이었습니다. 사실상 반대한 셈이지요.

헝가리 국민과 영국 국민 중에서 누가 더 자국 국민을 챙겨주는 민주적 정부를 갖고 있을까요? 금융권에 국민의 세금을 1조 파운드나 퍼부어주었으면서도 금융권에 조금이라도 손해를 끼칠까봐 전전긍긍하는 정부를 둔 영국 국민이 헝가리 국민보다 더 민주적 정부를 가졌다고 자신하기는 어렵지 않을까요.

헝가리 중앙은행은 2016년 봄 헝가리의 예금금리를 기존의 0.1퍼센트에서 -0.05퍼센트로 내렸습니다. 마이너스 금리는 스위스나 일본처럼 통화 신뢰도가 높은 나라가 외국인 투자자의 스위스프랑화, 엔화 매입을 억제하여 자국 통화 가치 상승으로 인한 수출 타격을 막고 여유 자금을 가진 국내 소비자가 돈을 쓰게 만들어 국내 경기를 살리려고 쓰는 정책 아니던가요. 헝가리의 금리가 낮다는 것은 스위스프랑이나 엔화처럼 기축통화에 버금 가는 공신력을 가진 통화가 아님에도 헝가리 포린트화에 대한 신뢰도가 높아졌다는 뜻이고, 이것은 결국 중앙은행 독립성이라는 신화에 기대지 않고 금융권에 대한 공적자금 회수와 금융세 부과를 통해 헝가리 경제를 건실하게 만든 오르반 정부의 건실한 통화금리정책 덕분이라고 보아야 하지 않을까요.

전후 독일 초인플레와 중앙은행

1차대전 직후 독일에서 상상을 초월하는 인플레가 발생한 것은 정부가 중앙은행을 통해 돈을 마구 찍어내서였다는 것이 정설로 자리잡았습니다만 사실은 그렇지 않습니다. 독일의 통화 공급은 1차대전이 시작된 1914년 12월에 72억 마르크였고 전쟁이 끝난 1918년 11월 7일에는 284억 마르크였습니다. 1인당 통화 공급액이 100에서 430으로 늘었습니다. 도매물가는 1913년을 100으로 잡을 때 1918년 말 234였습니다. 그런데 같은 기간 동안 노동자 평균 임금도 100에서 248로 늘었으니 1차대전이 독일의 통화 체계를 무너뜨렸다고 보긴 어렵습니다.

독일 중앙은행은 원래 정부의 일정한 감독을 받고 있었습니다. 그런데 전승국들은 1922년 5월 26일 이런 감독 장치를 없애고 중앙은행을 정부로부터 완전히 독립시키는 법을 통과시켰습니다. 외국인 투자가들은 독일 마르크를 돈벌이 대상으로 삼았고 독일 중앙은행은 여기에 충실히 부응했습니다. 외국인 투자가들은 독일 은행에서 마르크화를 빌린 뒤 금세 팔았습니다. 그런 일이 반복되면 마르크화 가치는 떨어집니다. 그러면 외국인 투자가가 갚아야 할 마르크화의 부담은 줄어들고 그만큼 돈을 벌게 됩니다. 이런 투기를 막을 아무 제동 장치가 없었기에 독일에서 천문학적 인플레가 생긴 것이었지요. 그런데도 그 책임을 엉뚱하게 아무 권한도 없었던 당시 독일 정부에 떠넘기면서 중앙은행 독립을 신성불가침의 영역으로 만드는 데에 독일의 전후 초인플레를 이용했습니다.

2차대전은 나치 정부가 국민 경제의 필요에 맞게 통화 정책을 독자적으로 효과적으로 운용하자 영미 금권세력의 위기감이 작용한 데 기인한 것이라는 분석도 있습니다. 기존의 영미 주류 역사학에서는 1933년 나치가 정권을 잡고 나서 1939년 2차대전이 터질 때까지의 기간을, 전쟁의 파국을 막으려고 히틀러에게 온건하게 나간 영국 보수 온건 세력이 철퇴를 맞은 실패한 '회유'기로 봅니다. 그런데 독일 안에서도 그렇고 독일 밖에서도 그렇고 당시는 1920년대 말의 대공황 여파로 빈부 격차가 심해지던 상황에서 유일하게 공황에 타격받지 않고 무섭게 성장하던 소련 공산주의 체제에 노동자들이 선망을 품을까봐 두려워하는 자본가들이 많았습니다. 그러니 1차대전 때 공산주의자들이 뒤에서 칼을 꽂는 바람에 독일이 이겨가던 전쟁에서 졌다고 믿고 공산주의를 철천지 원수로 여겼던 히틀러의 나치즘에게 자본가들이 반감을 품을 이유가 없었지요. 히틀러는 포드, GM 같은 외국 기업 유치에도 적극적이었습니다.

독립적 화폐 역할했던 '노동인증서'

히틀러 집권 이후 독일의 실업률은 급감했습니다. 도로, 발전소, 운하, 교량, 항만 같은 대형 국책사업을 벌여서였지요. 그런데 전쟁빚에 허덕이던 독일이 어떻게 이런 대공사를 벌일 수 있었을까요. 두 가지 방법에 기댔습니다. 첫째는 석유, 고무 같은 원자재를 돈으로 사는 것이 아니라 독일에서 만든 기계류로 결제하는 물물교환 방식의 대외무역을 확대했습니다. 둘째는 사업장에서 일한 노동자나 물자를 공급한 사업자에게 노동인증서를 발급했습니다. 그까짓 종이쪼가리가 어떻게 화폐 노릇을 하느냐구요? 달러도 유로도, 엔도 종이쪼가리에 불과합니다. 유럽에서 지폐는 원래 영수증이었습니다. 금화나 은화는 큰 거래에서는 불편하지요. 그래서 은행에 가령 1만 파운드 가치에 해당하는 금 한 덩어리를 맡겨놓은 사람이 은행에서 1만 파운드라고 적힌

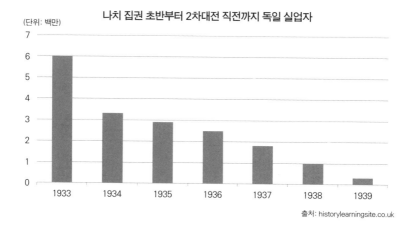

나치 집권 초반부터 2차대전 직전까지 독일 실업자

출처: historylearningsite.co.uk

영수증을 받고 자기한테 1만 파운드 가치에 해당하는 땅을 판 사람에게 지급합니다. 그럼 그 1만 파운드짜리 종이 영수증을 받은 사람이 은행에 가서 영수증을 들이밀면 은행은 1만 파운드 가치에 해당하는 금을 내놓습니다.

이런 과정이 반복되면서 은행에 대한 신용이 쌓입니다. 매번 금을 맡기고 찾고 하는 과정이 번거롭다는 생각이 들면, 나중에는 영수증이 은행으로 돌아오지 않고 계속 화폐처럼 돌아다닙니다. 1년이 지나도 금을 찾으러 오지 않습니다. 이런 식으로 1만 파운드짜리 금 열 덩어리가 은행에 모였다고 합시다. 이제 은행은 머리를 굴립니다. 어차피 1만 파운드짜리 영수증 10장이 한꺼번에 몰려올 확률은 거의 없으니까 지금 있는 금 덩어리들을 바탕으로 종이쪼가리에다 1만 파운드라고 적어넣은 1만 원짜리 영수증을 누군가에게 빌려줍니다. 이자까지 받으니 은행으로서는 곱으로 남는 장사지요. 결국 화폐의 가치는 '신뢰'라는 겁니다. 더구나 막대한 재정 적자에 허덕이던 미국이 1970년대 초반에 금본위제를 포기한 뒤로는 미국 달러라는 기축 통화는 그야말로 미국이라는 나라의 지급 보증 말고는 아무것도 담보랄 것 없이 굴러가는 종이쪼가리에 불과합니다. 종이쪼가리에 불과한 달러를 왜 사람들이 믿고서 물건을 사고 파는 데에 쓸까요? 미국이라는 나라가 틀림없이 그 지폐의 가치를 보증하리라는 믿음이 모두에게 있어서입니다.

나치 정부가 발급한 노동증서도 마찬가지입니다. 독일 국민이 가령 100마르크라고 적힌 종이쪼가리를 들고 시장에 가서 10마르크어치 물건을 산다고 칩시다. 가게 주인이 거스름돈으로 노동인증서가 아니라 90마르크짜리 진짜 마르크 지폐를 지불한다고 칩시다. 그것으로 100마르크짜리 노동인증서는 독일이라는 경제공동체 안에서 화폐의 역할을 수행하는 셈입니다. 물론 노동인증서는 중앙은행에서 마르크로 바꿔준다는 믿음이 있었기에 화폐 노릇을 할 수 있었지요.

독일의 폴란드 침공 이유

스티븐 밋포드 굿선(Stephen Mitford Goodson)의 『중앙은행사(A History of Central Banking)』에 따르면 히틀러에게 이런 영감을 준 사람은 고트프리트 페더(Gottfried Feder)라는 경제학자였습니다. 페더는 돈의 가치는 금이 보증하는 것이 아니라 국가가 보증한다, 노동을 통해 새로운 가치를 창출하지 않고서 돈을 찍으면 인플레가 발생하지만 노동을 통해 생산된 양에 부응하여 돈을 찍으면 인플레가 안 생긴다고 주장했습니다. 나치 집권 후 이루어진 독일 경제 회생은 페더의 이론이 빈말이 아님을 보여주었습니다. 나치가 집권할 무렵이었던 1933년

1월 독일 실업자는 600만 명이었지만 1939년 1월에는 30만 명으로 급감했습니다. 나치 집권 직전이었던 1932년 말 독일의 실업률은 30.1%였지만 2차대전 개전 직전인 1939년 7월에는 거의 제로였습니다.

1933년에 25.2%였던 미국의 실업률도 뉴딜정책의 도입으로 어느 정도 줄어든 것이 사실입니다. 1934년에는 22.0%, 1935년에는 20.3%, 1936년에는 17.0%, 1937년에는 14.3%까지 실업률이 감소했습니다. 하지만 그 뒤로는 다시 실업률이 증가했습니다. 1938년에는 19.1%로 실업률이 늘었습니다. 미국 경제를 살린 것은 전쟁이었습니다. 유럽에서 전쟁이 터지는 1939년부터 미국 실업률은 다시 줄기 시작해서 종전 직전에는 독일에서처럼 거의 바닥을 쳤습니다. 독일과 미국의 차이는 독일은 전쟁에 돌입하기 훨씬 전부터, 아니 재무장에 본격적으로 착수하기도 전에 실업률이 크게 줄었지만 미국은 전쟁에 뛰어들고 나서야 비로소 실업률이 급감했다는 사실입니다. 미국 경제를 살린 것은 뉴딜이 아니라 전쟁이었습니다. 돈으로 세상을 주무르는 금벌에게는 자기들이 빌려주는 돈의 노예가 되지 않고 번영을 누리는 체제가 늘어나는 것은 무서운 재앙이 아니었을까요.

나치 경제가 살아난 것은 재무장을 위해 군수산업에 집중 투자했기 때문이라는 식의 설명도 있지만 그렇게만 보기 어렵습니다. 수정주의 역사가 데이비드 호건에 따르면 나치 독일은 집권 초반 폴란드가 독일 앞바다에서 무력 시위를 벌여도 아무 대응을 못 할 만큼 군사력이 약했습니다. 실제로 독일은 폴란드 침공을 두려워할 정도였습니다. 그렇게 군사력이 형편없었는데도 1933/34년과 1934/35년 독일의 국방비는 국내총생산의 4% 수준이었습니다. 비슷한 시기 프랑스는 8%,

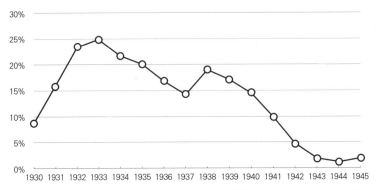

미국의 실업률 추이(1930-1945)

출처: 미국역사통계(Historical Statistics of the United States)

소련은 9%였습니다. 독일이 1933년 10월 국제연맹에서 탈퇴한 이유는 군축협상이 부당하다는 인식에서였습니다. 독일은 무조건 재무장을 주장한 것이 아니라 프랑스와 폴란드를 비롯한 다른 나라들도 함께 군축에 응해야 한다는 입장이었는데 이런 요구가 묵살되었거든요. 그래서 이듬해인 1935/36년은 7%, 1936/37년은 9%, 1937/38년은 11%로 늘다가 전쟁이 불가피해졌다는 정세 판단과 함께 1938/39년에는 22%로 껑충 뛰었지요.

독일은 왜 전쟁이 불가피하다고 판단했을까요. 독일의 잇따른 평화 제의를 폴란드가 무조건 거부해서였습니다. 폴란드는 1차대전 덕분에 독립했을 뿐 아니라 독일인이 많이 살던 땅까지 얻었습니다. 폴란드 안에는 150만 명의 독일인이 살았습니다. 히틀러는 폴란드와의 대립을 피하려고 1차대전 이후 생긴 국경선을 인정하겠다고까지 밝혔습니다. 과거 바이마르 정부도 엄두를 내지 못했을 '매국' 행위였지요. 대신 인구의 97%가 독일인임에도 국제연맹 관할 아래 있던 항구 도시 단치히를 독일한테 돌려주고 폴란드 안에 고립되어 있던 동프로이센을 서프로이센과 잇는 고속도로와 철도를 뚫게 해달라고 요청했습니다. 경제적으로도 폴란드에게 득이 될 만한 제안이었는데 폴란드는 거절했습니다. 전쟁이 벌어지면 영국이 폴란드를 돕겠다면서 무조건 독일의 평화 제의를 거절하라고 뒤에서 압력을 넣어서였습니다. 아니, 그저 거절한 정도가 아니었습니다. 폴란드 안에서는 1939년 봄부터 가을까지 5만 8천 명의 독일인이 폴란드인에게 살해당했습니다. 그 무렵 폴란드에서는 조만간 독일이 폴란드를 침공한다는 유언비어가 나돌고 있었습니다. 이런 공작의 출처는 미국과 영국일 가능성이 높습니다. 1939년 9월 1일 독일이 폴란드를 침공한 것은 자국민 보호의 측면이 강했습니다. 영미 금벌이 독일의 폴란드 침공을 유도한 것은 불의를 응징해서 정의를 바로 세우는 전쟁에 나서는 것이라고 자국민을 설득할 수 있어서였겠지요. 영미 금벌은 독일이 다시 강국으로 올라서는 것을, 그것도 통화 정책을 독립적으로 운용하면서 번영을 누리는 것을 좌시할 수 없었을 겁니다.

돈의 굴레에서 벗어나기 위한 전쟁

일본이 영국과 미국에게 밉보인 이유도 중앙은행은 독립적이어야 한다는 믿음과 결별해서였다고 보입니다. 1931년 말 일본은 금본위제를 포기했고 이듬해부터 일본의 중앙은행 곧 일본은행은 일본 정부의 재정 지출을 적극 뒷받침했습니다. 다른 나라들이 대공황의 후유증으로 몸살을 앓는 동안 일본 경제는 눈부시게 발전했습니다. 실업률과

물가는 뚝 떨어졌고 국민소득과 국내총생산은 폭증했습니다. 해외 금융자본에 기대지 않는 일본의 성장이 대동아공영권으로 확산될 경우 영미 금벌이 받을 타격은 만만치 않았겠지요. 미국은 일본의 해외 자산을 동결하고 석유 같은 원자재 금수 조치를 단행하면서 일본을 계속 자극했습니다. 2차대전에 참전했던 퇴역군인 로버트 스티넷(Robert Stinnett)은 20만 건의 미국 정부 문서를 샅샅이 파헤쳐 쓴 『기만의 날(Day of Deceit)』에서 미국은 암호 해독을 통해 일본의 진주만 공격을 미리 알았으면서도 해군 지휘관들에게 대비책을 하달하지 않았고 그것은 미국을 전쟁으로 끌어들이기 위해서였음을 밝혀냅니다.

흔히 미국에서 독립혁명이 시작된 것은 1765년의 인지법으로 세금 부담이 갑자기 늘어난 탓이었다고 말합니다. 하지만 식민지 주민이 정말로 분개한 것은 식민지 화폐 발행권의 박탈이었습니다. 1763년 영국을 찾은 벤저민 프랭클린은 빈곤이 극에 달한 런던 거리를 보고 경악했습니다. 풍요를 누리던 식민지 미국과는 너무 달랐습니다. 벤저민은 차이를 묻는 질문에 영국 서민과 달리 미국 서민이 잘 사는 이유는 미국에서 자체적으로 돈을 찍어내기 때문이라고 답했습니다. 미국에서는 거래와 산업의 수요에 부응해서 생산물이 생산자로부터 소비자에게 원활히 넘어갈 수 있도록 돈을 찍기에 골고루 구매력을 유지하고 누구도 비싼 이자를 물 필요가 없었습니다.

하지만 이듬해 영국에서 통과된 통화법으로 미국은 영국 중앙은행에 이자를 물고 구입한 영국 화폐로 거래해야 했습니다. 개인 부채와 공공 부채도 영국 돈으로 갚아야 했습니다. 식민지 경제는 직격탄을 맞았습니다. 1년도 못 가서 미국 인구의 절반이 실업자가 되었습니다.

식민지 주민은 빈곤의 나락에서 벗어나려면 영국 돈의 굴레에서 벗어나야 했기에 독립전쟁을 벌였습니다.

1933년 집권한 이후에도 히틀러는 국제 금융통이었던 할마르 샤흐트를 독일 중앙은행 총재로 앉혔습니다. 샤흐트는 영국 중앙은행의 노먼 몬태규 총재와 친분이 두터운 인물이었습니다. 그런데 처음에는 그런 대로 협조적이었던 샤흐트가 시간이 갈수록 비협조적으로 나왔습니다. 영국의 압력이 있었겠지요. 1939년 1월 샤흐트는 30억 마르크 규모의 노동인증서 마르크화 지급 보증을 연장하지 못하겠다고 나왔습니다. 인플레 우려가 있다는 것이었지요. 하지만 나치 집권 기간 독일의 인플레는 연 1%를 넘지 않았습니다. 샤흐트의 인플레 우려는 설득력이 없었던 거지요. 결국 히틀러는 샤흐트를 해임했습니다. 히틀러는 깨닫지 못했을지 몰라도 샤흐트 해임은 중앙은행의 독립성을 되살릴 수 있을지 모른다는 마지막 기대를 결국 영미 금권세력이 접을 수밖에 없게 만든 결정이 아니었을까요. 돈줄을 풀었다 죄었다 금리를 낮췄다 높였다 하면서 소수의 금융자본만을 섬기는 통화금리정책으로 중앙은행의 독립성을 맹신하는 모든 나라에서 다수의 서민 자산을 끝없이 갈취해온 금벌은 독립된 중앙은행을 불신하는 독립 국가가 저주스러웠을 겁니다. 헝가리의 빅토르 오르반 정부가 인권 문제, 언론 문제, 난민 문제로 유럽연합에서 지탄을 받는 근본 원인도 오르반 정부가 중앙은행의 독립성을 불신한다는 사실과 무관하지 않다고 봅니다. 헝가리 중앙은행은 다수 국민에게 이익이 되는 쪽으로 움직였고 미국과 영국의 중앙은행은 은행에게 이익이 되는 쪽으로 움직였습니다. 헝가리가 그럴 수 있는 것은 중앙은행이 정부로부터 독립되지 않아서이고 미국과 영국이 그럴 수 없는 것은 중앙은행이 정부로부터 독립되었지만 소수 금벌에게 종속되어서입니다. 중앙은행은 정부로부터 독립되어야 한다는 것은 돈으로 세상을 주무르는 금벌이 퍼뜨린 가장 위험한 신화입니다. 좋은 정부는 국민을 섬깁니다. 국민을 섬기는 정부를 불신하는 중앙은행의 독립성은 불신받아 마땅합니다. 국민으로부터 독립된 정부가 언어도단이듯이 국민으로부터 독립된 중앙은행도 언어도단입니다.

참고 자료

1 · *A History of Central Banking and the Enslavement of Mankind*, Stephen Mitford Goodson, 2014
2 · *The Forced War*, David Hoggan, 1989, https://archive.org/details/The ForcedWar
3 · 『기만의 날』 저자 로버트 스티넷 인터뷰, http://www.independent.org/issues/article.asp?id=408

고
환
율

물가가 오르는 데는 환율의 영향이 절대적입니다. 환율은 수입되는 제품의 가격을 좌지우지하지요. 가령 한국이 미국에서 100달러어치 밀을 수입합니다. 원/달러 환율이 900원이라면 9만 원이 들지만 원/달러 환율이 1200원이라면 12만 원이 듭니다. 밀로 만드는 라면의 가격도 당연히 영향을 받겠지요. 따라서 원/달러 수치가 내려간다는 것은 원이 달러에 비해 강세라는 뜻이고, 원/달러 수치가 올라간다는 것은 원이 달러에 비해 약세라는 뜻입니다. 원화가 강세면 당연히 한국의 일반 소비자는 이득을 봅니다. 라면도 피자도 싸지니까요.

그러나 한국 언론에서는 환율을 늘 대기업의 수출 경쟁력이라는 관점에서만 보도합니다. 그래서 원/달러 수치가 올라가는 것은, 다시 말해서 원이 약세인 것은, 원화 환율이 강세를 보인다고 보도하고, 원/달러 수치가 내려가는 것은, 다시 말해서 원화가 강세인 것은, 원화 환율이 약세를 보인다고 보도합니다. 듣는 사람은 강세라고 하면 무의식적으로 좋은 것이라고 생각하고 약세라고 하면 자기도 모르게 나쁜 것이라고 생각하게 마련입니다.

원화 환율이 강세를 보이면 이득을 보는 데도 있습니다. 수출을 많이 하는 기업, 곧 대기업이지요. 원화 가치가 떨어지면 수출 경쟁력이 높아지니까요. 그러나 대다수 서민은 불리해집니다. 라면 원료인 밀가루 수입 가격이 오르면 당연히 라면값도 올라서지요. 그런데도 다수 국민은 원화 환율이 강세라는 언론 보도를 접하면 한국 경제에도 좋은 일이려니 막연히 생각합니다.

환율 약세, 원화 강세

한국 언론에서 보도하는 환율 강세는 한국의 대기업이라는 강자에게만 유리한 흐름(원화 약세)이고 한국 언론에서 보도하는 환율 약세는 한국의 소비자라는 약자에게 유리한 흐름(원화 강세)을 뜻합니다. 물론 해외 관광을 즐기는 중산층 이상의 한국인은 환율 약세라는 언론의 보도에 접해도 해외에서 돈을 쓰면서 원화 강세의 이득을 피부로 느끼니까 속으로 쾌재를 부를지 모르지요. 그러나 해외 관광은커녕 국내 관광조차 엄두를 못 내고 당장 저녁 끼니를 걱정해야 하는 어려운 서민은 환율 약세면 수입 원자재 가격이 줄어드니 당장 본인의 생활비 부담이 줄어들 텐데도 그런 생각은 못 하고 이러다 나라가 어떻게 되는 거 아닌가 하고 나라 걱정부터 합니다. 이렇게 착한 국민은 여간해서 찾아보기 어렵습니다. 그리고 이렇게 선량한 국민을 원화 강세는 환율 약세라는 말장난으로 속이는 언론도 여간해서 찾아보기 어렵습니다.

어떤 나라도 자국 통화가 강세면 강세다, 약세면 약세다 하지, 엔에 비해 달러 가치가 떨어진 것을 달러/엔 환율 강세다, 달러에 비해 엔 가치가 높아진 것을 엔/달러 약세다, 이렇게 비틀어 왜곡하지 않습니다. 한번 보실까요.

미국《월스트리트저널》

달러가 상승세를 이어가면서 미국 기업과 유럽 기업의 전략에도 영향을 주고 있다. 미국의 수출 기업들은 어려운 시기를 각오하고 있다. 해외 다수 지역에서 미국 제품은 갑자기 비싸졌고 외국에서 벌어들인 돈은 달러로 환산할 경우 가치가 줄어들었다.

영국《이코노미스트》

8월 11일 달러는 엔화 대비 84.7엔으로 15년래 최저 수준으로 떨어졌다. 달러의 대유로 환율은 1.29달러로 약간 올랐지만 그래도 6월 초 유로가 최악이었을 무렵 도달한 1.19달러에 비하면 아주 약세다.

일본《아사히신문》

일본은행의 금융완화 정책 결정 이후 도쿄 시장에서 1달러=83엔 90전까지 엔저달러고가 진행되었지만 미 연방준비제도이사회도 최근 금융완화에 나설 움직임이 보이면서 바로 엔이 반등하기 시작하여 한때 1달러=82엔대를 기록했다.

독일 《프랑크푸르트알게마이네차이퉁》

지속되는 유럽의 금융위기에도 불구하고 유로화가 미국 달러에 비해서만이 아니라 영국 파운드에 비해서도 강세를 보이고 있다. 어제 유로의 대파운드 환율은 열흘 전의 81.80파운드보다 6% 평가절상되어 83.73파운드를 기록했다.

프랑스 《르몽드》

달러 급등은 어떤 결과를 낳을까? 트럼프가 회복시키려고 하는 미국 산업의 경쟁력을 무너뜨리는 결과로 이어질 가능성이 있다. 유로권에서는 결과가 정반대다. 유로 추락은 수출을 촉진하겠지만 석유처럼 달러로 사야 하는 것은 비싸져서 인플레가 생겨날 것이다.

중국 《인민일보》

중국 상무부는 중국 인민폐 환율이 3~5% 평가절하될 경우 인민폐로 환산한 수출액은 4~6% 증가할 수 있다고 전망했다.

한국 《경향신문》

원/달러 환율이 또다시 급락했다. 1일 서울 외환시장에서 원/달러 환율은 전날보다 9.80원 내린 1130.40원으로 거래를 마쳤다. 지난 5월 13일 1128원 이후 가장 낮은 수준으로 연중 최고치 대비 11.9% 떨어진 것이다. ……최근 환율은 세계 금융시장 불안과 경기 둔화, 미중일 간의 '환율 전쟁'으로 하락세를 보여왔다.

한국의 진보지라는 신문이 이럴진대 여타 언론은 말할 나위도 없겠지요. 한국의 대다수 신문은 환율 보도를 할 때는 어김없이 막판에 수출 경쟁력을 거론합니다. 원화 강세는 대기업 수출에 악영향을 미치므로 원/달러 환율 약세라는 부정적 표현으로 비틀구요. 국민이라는 다수의 소비자가 아니라 소수의 대기업 광고주를 섬깁니다.

원화 가치가 올라가는 것은 원화 강세라고 불러야지 원화 저환율로 불러서 정작 원화 강세로 이득을 볼 국민을 불안하게 만들어서는 안 됩니다. 원화 가치가 내려가는 것은 원화 약세라고 불러야지 원화 고환율로 불러서 정작 손해를 볼 국민을 들뜨게 만들어서는 안 됩니다. 한국 언론에서 원화 강세를 원화 저환율로 부르고 원화 약세를 원화 고환율로 부르는 것은 한국이 자국민의 자유와 안전을 금과옥조로 삼는 국민 자유민주주의 국가가 아니라 대자본의 자유와 안전을 지상과제로 삼는 자본 자유민주주의 국가임을 말해줍니다.

미국 플로리다에 사는 중년 여성 로빈 스퍼로니스가 자립생활에 관심을 갖게 된 것은 남편이 신경퇴행 질환에 걸리면서부터였습니다. 남편의 증세가 악화되고 약도 안 통하자 스퍼로니스는 자연치유법에 마지막 희망을 걸었습니다. 생식을 하고 냉장과 냉방도 피하는 철저한 자연치유를 실천에 옮긴 덕에 남편은 호전되었고 84세까지 장수하다가 몇 년 전 편안히 눈을 감았습니다.

남편은 편안히 세상을 하직했지만 세상에 남은 스퍼로니스는 편안하지 못했지요. 남편의 병수발을 드느라 모아둔 돈이 바닥나서였습니다. 법적 분쟁에 휘말려 공인중개사 자격도 정지되는 바람에 생계가 막연해지자 스퍼로니스는 생활비를 줄이려 전기와 수돗물까지 끊는 '오프더그리드' 곧 자원독립생활을 선택했습니다. 전기는 태양전지판으로 조달했고 물은 빗물을 받아서 썼습니다.

자원 독립의 삶이 불법인 나라

스퍼로니스는 자신의 경험담을 블로그에 올렸고 책까지 냈습니다. 도시에서 홀몸으로 에너지 자급생활을 하는 중년 여성의 이야기는 세인의 관심을 끌었고 나중에는 방송국까지 취재에 나섰습니다. 그런데 인터뷰에 응한 것이 화근이었습니다. 방송사 기자는 스퍼로니스를 인터뷰한 프로그램 말미에 이런 에너지 자급생활은 주민 조례와 법규에 위반되며 만약 적발되면 집에서 강제로 추방당할 수도 있다고 슬쩍 덧붙이더랍니다.

다음날 공무원들은 스퍼로니스의 집으로 들이닥쳤고 그때부터 스퍼로니스는 위생과 안전 기준을 앞세운 공무원들의 꼬투리 잡기에 시달려야 했습니다. 공무원들은 하다하다 안 되니까 나중에는 스퍼로니스가 반려견을 학대했다고 트집을 잡더랍니다. 반려견의 엉덩이 털이 없어진 것은 동물병원의 과실이었지만 스퍼로니스는 한 달이 넘게 유치장에 갇혔습니다.

플로리다에서는 태양집광판을 지붕에 다는 것은 당연히 위법이 아니었습니다. 하지만 집광판에서 생산된 전기는 전기회사의 배전망과 이어져야 했습니다. 전기회사의 부실한 투자로 인해 정전이 일어날 경우, 태양집광판에서 나오는 전기가 많아도 스퍼로니스는 전기 없이 살아야 할 판이었지만 소비하는 전기보다 생산하는 전기가 많아서 전기회사에 전기를 파는 것은 합법이어도 전기회사로부터 독립해서 살아가는 것은 불법이었습니다.

왜 그런 것일까요. 모든 시스템이 상업화되고 민영화된 미국에서는 시스템으로부터 독립해서 살아가려는 시민이 늘어나는 것이 미국의

텍사스 주에서 자립적 삶을 일구고 있는 에덴동산 공동
체. 자국 정부가 독립적으로 살아가려는 사람이 늘어나는
것을 달가워하지 않으며 여러 가지 법규를 앞세워 괴롭힌
다는 인식이 확산되자 소비주의와 거리를 두는 검약의 삶
에 자긍심을 가졌던 사람들은 자신을 드러내기보다는 쉬
쉬 하며 안으로 숨어들고 있습니다.

금벌에게는 재앙이라서 그렇습니다. 물 한 방울 전기 한 등이라도 아껴 쓰려는 중년 여성의 근검절약을 지구온난화 해결의 본보기로서 칭찬하긴커녕 잡아넣으라고 당국에 고자질한 셈이나 다를 바 없었던 방송사는 하루 24시간 1년 365일 소수 1퍼센트의 이익만을 챙기느라 여념이 없는 폭스 방송의 계열사였습니다.

전인미답의 땅에서 개척민으로 누구의 간섭도 받지 않고 자유롭게 살아갔던 서부 개척의 전통도 있겠지만 국민의 안전과 복리보다는 끝없는 전쟁으로 군수산업의 배만 불려주는 정치권에 대한 불신에다가 화석연료 고갈로 식량난, 에너지난이 머지않아 현실화하면 누구도 자신의 안전을 책임져줄 수 없다는 위기의식을 가진 미국인은 의외로 많습니다. 《홈파워》라는 잡지에 따르면 2013년 현재 미국에는 물과 에너지를 자력으로 해결하는 가정이 최소 18만 가구에 이릅니다. 영국의 에너지 자급전문가 닉 로젠에 따르면 그렇게 살아가는 미국인은 100만 명이 넘고 영국인도 10만 명에 육박합니다. 공동체를 이루어 살아가는 사람도 적지 않습니다.

2013년 초 중무장한 미국 경찰특공대의 난입으로 쑥밭이 된 텍사스의 에덴동산도 그런 공동체의 하나였습니다. 4200평의 땅에 자리한 에덴동산에는 어른 14명과 아이 6명이 살았습니다. 스퍼로니스는 전기와 물만 자급하려고 했지만 에덴동산은 식량까지도 자급하려고 했습니다. 에덴동산이 미국 권부에 찍힌 것은 자신들이 경험으로 터득한 식량과 에너지 자급의 노하우를 공짜로 알리고 남아도는 양식을 아낌없이 나누어주는 활동에 나서면서부터였습니다. 경찰은 에덴동산을 마약을 몰래 키우는 또라이 히피 집단으로 몰아가려고 에덴동산 거주자들에게 수갑을 채우고 건물 안팎을 샅샅이 뒤졌지만 마약은 단 한 톨도 나오지 않았습니다.

자국 정부가 독립적으로 살아가려는 사람이 늘어나는 것을 달가워 하지 않으며 여러 가지 법규를 앞세워 괴롭힌다는 인식이 확산되자 소비주의와 거리를 두는 검약의 삶에 자긍심을 가졌던 사람들은 자신 을 드러내기보다는 쉬쉬 하며 안으로 숨어들고 있습니다.

개인의 씨앗 교환을 금지하는 나라

에너지뿐 아니라 식량까지도 스스로 조달하려는 미국인이 늘어나 는 것은 자립생활에 대한 동경이 있어서기도 하고 지구온난화 해결에 기여하려는 마음이 있어서기도 하지만 유전자조작식품에서 해방되고 싶다는 갈망이 워낙 강해서이기도 합니다. 농사 지망생에게 가장 중요 한 것은 좋은 씨앗을 구하는 것이라지요. 종자회사에서 파는 씨앗은 농약과 비료 의존도가 높고 수확한 다음 씨를 거두어 이듬해에 심어 도 발아가 안 되도록 처리가 되어 해마다 구입해야 하므로 자급의 원 칙에서 어긋납니다.

좋은 씨앗에 대한 관심이 늘어나면서 10년 전 10여 개에 불과했던 씨앗 도서관이 미국 전역에 300개로 늘어났습니다. 씨앗 도서관은 미 국의 공공 도서관에 개인들이 씨앗을 기부하면 희망자에게 나누어주 는 방식을 따릅니다. 씨앗 도서관이 늘어나면 시장규모가 연간 120억 달러나 되는 미국의 상업종자시장은 타격을 받겠지요. 아니나 다를까 펜실베이니아주는 씨앗 도서관을 통해 이루어지는 개인들의 씨앗 교 환을 금지시켰습니다. 씨앗은 반드시 발아시험을 거쳐서 허가를 받은 뒤에만 거래하도록 못박은 2004년의 주법에 위배된다는 것이었지요.

펜실베이니아주의 소비자 농업보호 담당 국장은 위험한 작물이 퍼지는 것을 막기 위한 것이라고 둘러댔고 《월스트리트저널》지도 그런 논조로 보도했지만 그것이 미국의 소비자와 지속 가능한 미국 농업의 발전에 도움이 될 리 만무합니다. 1937년 소련 연해주에서 중앙아시아로 강제 이주당한 17만 명의 조선인이 허허벌판에서 몇 년 만에 자립의 기틀을 세우고 다시 일어선 것은 연해주에서 가져온 씨앗 덕분이었습니다. 지금처럼 종자회사에서 해마다 공급하는 유전자조작 씨앗에 의존해야 했다면 17만 명의 조선인은 모두 아사하지 않았을까요.

하지만 어렵게 좋은 씨앗을 구하고 정부의 감시망을 피해 자립의 터전을 일군 미국인도 프래킹 가스 시추공사로 언제 피해를 입을지 모릅니다. 지하 깊숙이 시추공을 뚫고 모래, 물, 정체불명의 화공약품을 쏟아부어 암반 사이에 스민 가스와 기름을 짜내는 프래킹은 지하수 오염과 지진 빈발의 주범으로 지역주민의 원성이 높지만 주류 언론을 장악한 권부의 비호 아래 미국에서 들불처럼 번집니다. 프래킹 시추공이 들어서면 수도에서 가스가 나오고 주민과 가축은 원인불명의 질환으로 시름시름 앓기 일쑤랍니다.

하지만 미국 법원은 미국을 움직이는 권부의 사활이 걸린 판결에서 어김없이 권부의 손을 들어주게 된 지 오래입니다. 심각한 부작용을 보다 못해 펜실베이니아주에서 5년 전부터 프래킹 반대 운동을 벌여온 60대 중반의 베라 스크로긴스 할머니는 프래킹 공사를 벌이는 현지 석유회사가 소유한 2억 4200만 평의 땅에 접근하지 말라는 판결을 받았습니다. 베라 할머니는 후손의 삶을 위협하는 위험한 공사에 반대했다는 이유로 석유회사가 땅주인으로 있는 병원, 슈퍼, 심지어 단골 식당을 가는 데에도 곤란을 겪었습니다. 여론의 반발로 접근금지구역 은 공사장 입구 30미터 밖으로 축소되었지만 정치, 언론, 사법이 모두 상층 1퍼센트의 기득권을 지켜주는 체제로 굴러가는 나라에서 베라 할머니는 외로운 싸움을 벌여야 합니다. 미국에서는 매일 80억 리터 의 유독액이 지하로 퍼부어집니다.

자립적 생태마을 지원하는 나라

러시아에서도 생태공동체에 관심을 가진 사람이 급증한다네요. 하 지만 피해의식에 젖어 될수록 자신을 드러내지 않고 정부를 멀리하려 는 미국인과 달리 대부분의 러시아인은 정부에 도움을 요청하며 정부 도 지원을 아끼지 않습니다.

모스크바에서 남서쪽으로 140킬로미터 떨어진 코브체크는 2001년 허허벌판에 들어선 생태공동체입니다. 코브체크 공동체에는 40가정 (120명)이 상주합니다. 이들은 공유지 말고도 가구당 3천 평의 땅을 받 아 유기농과 양봉, 가축을 치면서 자립적 삶을 추구합니다. 집도 주변 숲에서 나는 목재로 짓지요. 정착민들이 그동안 자력으로 지어놓은 집 은 100채가 넘습니다. 코브체크 공동체는 러시아 정부가 숲을 포함하 여 36만 평의 땅을 49년 동안 무상으로 빌려준 덕분에 첫 삽을 뜰 수 있었습니다. 러시아 정부는 코브체크 주변 1킬로미터를 생태마을 보 호구역으로 지정하여 외지인의 무분별한 수렵과 벌채를 금지했습니 다. 정부가 국민의 자립을 두려워하는 나라가, 정부가 국민의 자립을 도우려는 나라를 민주주의와 인권을 들먹이며 큰소리칠 자격이 있을

가구당 3천 평의 땅을 배정받은 코브체크 공동체. 코브체크 공동체는 러시아 정부가 숲을 포함하여 36만 평의 땅을 49년 동안 무상으로 빌려준 덕분에 첫 삽을 뜰 수 있었습니다. 러시아 정부는 코브체크 주변 1킬로미터를 생태마을 보호구역으로 지정하여 외지인의 무분별한 수렵과 벌채를 금지했습니다.

까요.

갈수록 미국은 민주주의에서 멀어지고 러시아는 민주주의에 다가서고 있다는 것은 정치자금을 보는 두 나라의 입장 차이에서도 알 수 있습니다. 몇 해 전 러시아 의회는 총선에서 3퍼센트 이상의 표를 얻은 정당에게 1표당 약 2200원의 정당보조금을 지급하는 법안을 통과시켰습니다. 지금까지는 5퍼센트 이상의 표를 얻은 정당에게 약 1000원의 정당보조금을 지급했는데요. 개정된 법으로 러시아에서 군소 정당의 의회진출 가능성은 더 높아졌고 금벌이 정치를 좌우할 수 있는 가능성은 더 낮아졌습니다. 정당의 진입장벽을 낮추려는 북유럽과 비슷한 선진정책입니다.

미국은 국가의 정당보조금이라는 개념 자체가 없습니다. 자유라는 이름 아래 부호가 선거 때 정당에 기부하는 돈의 상한선도 묶어두지 않았죠. 자연히 군소 정당은 발붙이기가 힘들고 유력 정당은 금벌의 눈밖에서 벗어나지 않으려고 애씁니다. 회전문으로 들어오고 나가는 것처럼 미국은 금권세력과 집권세력의 차이가 사실상 없어졌습니다. 무기회사의 대주주가 국방장관이 되고 유전자조작 씨앗을 만드는 종자회사의 임원이 농무부 정책 담당자가 되고 월가의 고액 연봉자가 재무부와 백악관에 들어가 금융정책과 재정정책을 좌우합니다.

미국은 작은 정부를 표방하면서 의료부터 철도, 수도, 전기까지 일찍이 민영화를 선도한 나라지만 나라에 기대지 않고 살려는 시민의 삶에 정부가 시시콜콜 간섭한다는 점에서는 큰 정부를 추구하는 셈입니다. 하지만 공산주의 체제나 북유럽 복지국가의 큰 정부와 미국의 큰 정부가 다른 점은 전자가 다수의 이익을 지키려는 체제라면 후자는 소수의 이익을 지키려는 체제라는 것입니다.

사유화된 섬나라

민영화라는 말은 영어 privatisation의 번역어인데 영어 privatisation
은 독일어 Reprivatisierung에서 나왔습니다. 나치가 1930년대 초 집권
한 뒤 추진한 재민영화 정책을 지칭한 말이었습니다. 1920년대 후반
대공황기에 유럽 나라들은 은행은 물론 철도, 철강, 석탄, 조선 산업까
지도 앞다투어 국유화시켰다지요.

전통적으로 유럽에서 군사력을 비교할 때에는 병력이나 무기만큼
이나 철강, 석탄, 철도, 조선 산업의 규모를 중시했습니다. 철강이나 석
탄은 무기생산과 직결되었고 철도, 조선은 수송역량의 잣대였거든요.
2차대전 이후 프랑스가 독일을 유럽석탄철강공동체에 끌어들인 것도
전략물자 생산량을 공동 조율하는 체제를 구축하여 독일이 자력으로
재무장하지 못하도록 만들려는 의도가 깔려 있었습니다.

1930년대에 유럽에서 전운이 감돌면서 각국은 국유화정책을 그대
로 이어갔습니다만 독일만은 예외였습니다. 독일은 철강, 석탄은 물론
조선, 철도 산업까지 모조리 다시 민영화했습니다. 나치가 영국, 프랑
스 같은 경쟁국과 달리 재민영화를 단행한 데에는 두 가지 배경이 있
었습니다.

첫째, 나치 집권을 도운 대기업들에 대한 보상이었습니다. 나치는
국유재산의 민간매각을 통해 나치의 정책은 소련 공산주의와 다르다
는 점을 부각시켜 더 많은 독일 기업과 외국 기업을 우군으로 끌어들
이려고 했습니다. 둘째, 자금조달이었습니다. 나라빚이 많은 상황에서

공공투자와 군수산업투자를 이어가려면 막대한 자금이 필요했습니다. 국유재산매각은 가장 손쉬운 자금조달방법이었습니다.

하지만 민영화를 단행했어도 독일 기업들은 나치 정부의 눈치를 볼 수밖에 없었습니다. 사업은 어차피 독일에서 할 수밖에 없었거든요. 지금은 자본은 물론이거니와 공장까지도 국경선을 자유롭게 넘나들지만 당시는 그렇지 않았습니다. 정부에 밉보이면 기업은 여러모로 고달팠습니다. 민영화된 독일 기업들이 나치의 정책을 충실히 따른 것은 그래서였습니다.

자본과 공장의 국경선이 사라진 지금은 국가권력이 오히려 기업의 눈치를 봅니다. 내세울 것 없는 나라는 법인세를 내려서라도 너도나도 자본을 유치하려고 경쟁하는 판입니다. 과거의 privatisation은 소유권이 사기업으로 넘어갔어도 정부가 사기업 위에 있었으므로 '민영화'라고 볼 수도 있었지만 공장이나 자본을 해외로 옮기겠다는 위협으로 사기업이 정부를 압박하는 지금의 privatisation은 '사유화'일 뿐입니다.

특히 국민 생활에 꼭 필요할 뿐더러 복수의 공급망을 까는 것이 현실적으로 불가능하고 그럴 필요도 없는 수도, 전기, 가스 같은 이른바 망산업은 애당초 경쟁이 이루어질 수 없기에 저절로 독점이 이루어지므로 사기업에 넘기기보다는 반드시 공기업으로 남겨두어야 합니다.

영국의 작가이며 언론인인 제임스 미크(James Meek)는 얼마 전 『Private Island』라는 책을 냈습니다. '사유화된 섬'이라는 뜻입니다. 섬나라 영국에서 지난 20년 동안 철도, 수도, 전력, 가스, 우편, 주택의 민영화가 어떻게 관철되었는지를 짚어낸 책이지요. 영국의 공기업 민영화를 보면 민영화 이후 서비스의 질은 접어두고라도 해당 서비스의 가격이 모두 크게 올랐다는 공통점이 있습니다.

또 하나의 공통점은 이들 산업에 대한 국가의 천문학적 직간접적 재정지원은 여전히 이루어진다는 사실입니다. 철도는 해마다 요금이 껑충껑충 뛰는데도 시설투자를 위한 정부의 자금지원은 여전합니다. 전력도 전기회사들은 거액의 건설비와 폐기물 처리비가 드는 핵발전소는 영국 정부의 지원 없이는 짓지 않으려고 합니다. 마거릿 대처 정권 때 공영주택을 팔아넘긴 뒤 공영주택을 많이 짓지 않은 바람에 공급이 부족해 집값이 크게 뛰었는데요. 민간 주택임대업자가 요구하는 살인적 월세로 등골이 휘는 서민에게 정부가 거액의 주택수당을 보조하다 보니 결국 공영주택을 더 짓는 데에 들어갔어야 할 국민의 세금으로 집장사하는 사기업들의 배만 불려준 꼴이 되고 말았습니다. 공기업 민영화의 중요한 명분은 적자 해소인데 민영화 이후에도 정부재정이 계속 투입된다는 것은 영국의 공기업 매각 본질이 민영화가 아니라 사유화였음을 입증합니다.

제임스 미크는 민간에 매각된 영국 공기업 중에서 유일하게 다시 국유화된 것은 프랑스의 국영 에너지기업 EDF에게 넘어간 핵발전소들이라고 꼬집습니다. 국영기업이라고는 하지만 프랑스 회사 EDF가 영국에서 손해 보는 장사를 할 리가 만무하지요. 영국 정부의 재정지원이 빈약할 경우 EDF가 주도하는 핵발전소의 시공, 운영은

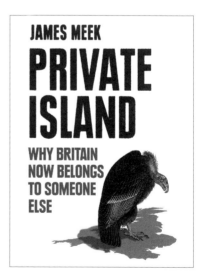

JAMES MEEK

PRIVATE ISLAND

WHY BRITAIN NOW BELONGS TO SOMEONE ELSE

부실해질 가능성이 높고 결국 좁은 섬나라에서 대를 이어 살아가야 할 영국 국민과 후손이 피해를 입습니다. 관리가 소홀할 경우 무서운 핵 참사가 나는 전력산업에서만큼은 영국은 사유도(私有島)가 아니라 공유도(公有島)로 남았어야 합니다.

사유의 사유화

원전 없는 세상에서 살고 싶어서 솔선수범하는 마음으로 상용 전기를 안 썼다가 엉뚱하게 동물학대 혐의로 잡혀들어간 플로리다 여성 스퍼로니스의 반려견은 주인이 감옥에 있는 동안 당국의 방치로 몸 여기저기가 헐었습니다. 그것은 지구를 살리느라 자진해서 검소하게 살아가는 사람이 감옥에서 지내는 동안 사유화된 전기를 쓰는 바람에 지구가 그만큼 더욱 몸살을 앓아야 했던 상황을 상징하는지도 모르지요.

하지만 금벌이 걱정하는 것은 하나뿐인 지구도 아니고 거기서 앞으로 살아야 할 다음 세대가 대대손손 누려야 할 안전한 삶도 아닙니다. 금벌의 유일한 관심은 자신이 살아 있는 동안 누려야 할 안전한 돈벌이입니다. 같은 사유라도 사유지에서 자립생활을 하는 사람이 많아지면 곤란합니다. 그들의 안전한 돈벌이를 가장 위협하는 것은 금권의 노예가 되지 않으려는 사람들이 많아지는 세상입니다. 그들은 사유의 방식까지도 사유화하려고 합니다. 자기들의 돈벌이를 보장해주는 사유화만 합법 사유화지 나머지는 모두가 불법 사유화입니다.

그렇지만 제임스 미크 같은 영국의 진보 지식인들은 사유화를 밀어붙이는 영국의 금벌보다 푸틴의 러시아가 패권주의를 추구한다며 더 성토합니다. 러시아는 시리아를 빼고는 해외에서 전쟁에 끼어든 적이 거의 없고 시리아 내전에 러시아가 개입한 것은 시리아 국민의 압도적 지지로 선출된 아사드 대통령의 지원요청이 있어서였습니다.

소련 공산주의가 무너진 뒤 카지노 자본주의의 하이에나들에게 물어뜯겨 거덜난 러시아의 자원을 푸틴이 다시 국유화하면서 러시아의 중심을 세웠다고 절대 다수의 러시아인은 생각합니다. '푸틴의 패권주의'는 러시아와 맞붙은 우크라이나 사유화를 통한 러시아 재사유화를 관철하려는 패권전략에 걸림돌이 되는 존재인 푸틴에게 영국과 서방의 금벌이 붙인 이름인데도 영국의 진보 지식인들은 거기에 맞장구를 칩니다.

영국과 미국의 금벌이 푸틴을 싫어하는 이유는 푸틴의 러시아가 자기들과는 다른 대안체제를 만들어가는 것 같아서입니다. 제 나라 밖에서 대안체제가 생기면 제 나라 안에서 마음놓고 국민을 쥐어짜고 사유화를 관철시키기 어려워지거든요. 사유화의 어머니였던 영국의 마거릿 대처는 "대안은 없다"고 입버릇처럼 호통쳤다지요.

영국의 진보 지식인 제임스 미크가 꿈꾸는 철도와 에너지 부문의 재국유화는 푸틴의 러시아가 무너지면 더욱 실현 가능성이 희박해집니다. 제임스 미크가 염원하는 사유화 탈출의 첫걸음은 푸틴을 악마로 몰아가는 자국 금벌의 속내를 정확히 꿰뚫어보는 데에서 시작되어야 합니다.

참고 자료

1 · Homeless: City Boots Off-Grid Woman Out Of House, Michael Foust, http://www.offthegridnews.com/current-events/homeless-city-boots-off-grid-woman-out-of-house/

2 · From Russia with Love, Andrew Jones, http://www.ecovillagenews.org/wiki/index.php/From_Russia_with_Love

3 · How We Happened to Sell Off Our Electricity, James Meek, https://www.lrb.co.uk/v34/n17/james-meek/how-we-happened-to-sell-off-our-electricity

4 · From February 1 every Russian citizen can get 1 hectare land at the Far East, https://www.oprf.ru/en/press/news/2017/newsitem/38493

여러 해 전 영국 보수당의 후원금 모금 행사에서는 후원자들에게 인턴 자리를 경매에 붙인 일이 있습니다. 보수당 후원자들은 일류 투자은행, 보수지, 홍보회사 등에서 2주일 경험을 쌓는 인턴십 자리를 300만 원에서 600만 원의 돈을 내고 자식을 위해 사들였습니다.

인턴십은 얼마 전까지만 해도 미국 특유의 취업문화로만 인식되었지만 지금은 영국에서도 일반화되었습니다. 취업기회가 갈수록 줄어들면서 괜찮은 사무직 일자리를 얻는 데에 꼭 필요한 관문으로 인턴십은 젊은 구직자들의 의식에 뿌리내렸습니다. 그만큼 인턴십을 따내려는 경쟁도 치열해졌구요.

경쟁이 치열하다 보니 이제는 무보수로 인턴을 하는 것은 예사고 한 술 더 떠서 돈을 내고 인턴을 하는 풍조도 생겼습니다. 인턴십 자리를 돈을 받고 알선하는 회사, 인턴십 자리를 경매에 붙이는 사이트도 있습니다. 최근 한 인턴십 경매 사이트에서 명품점 베르사체의 인턴

자리는 600만 원에 거래되었고 인터넷 언론사 허핑턴포스트의 임시 블로거 자리는 1억 5천만 원에 팔렸습니다. 또 패션지 보그에서 1주일 동안 직장 경험을 쌓는 인턴십은 무려 5천만 원에 육박하는 고가에 팔려나갔습니다.

인턴의 나라, 연줄의 나라

인턴은 이제 기업이 인건비를 줄이면서 양질의 노동력을 조달하는 수단으로 자리잡았다고나 할까요. 미국 기업은 인턴십 덕분에 연간 수십억 달러의 인건비를 절약합니다. 디즈니랜드는 매년 8천 명의 인턴을 미국은 물론 전 세계 각지에서 채용합니다. 젊은 인턴들은 디즈니랜드에서 최저임금만을 받으면서 모노레일을 몰거나 인형극의 단역으로 나오거나 식당청소를 하면서 최장 7개월을 일합니다. 대부분은 거의 풀타임으로 일하지만 병가도 없습니다.

미국의 한 우익 텔레비전 시사평론가는 수십 년 동안 인턴들을 부려먹으면서 책도 쓰고 자료조사도 하고 프로그램도 만들었다고 합니다. 공익단체라고 해서 인턴을 착취하지 않는 것도 아닙니다. 미국암협회는 수십 명의 인턴을 저임으로 채용하면서 이 단체의 수장에게 14억 원이 넘는 연봉을 준다고 입방아에 오른 일도 있습니다.

하지만 잘 나가는 회사나 조직에 인턴으로 들어간 젊은이는 큰 불만이 없습니다. 대부분 집안이 빵빵해서지요. 미국에서 알짜배기 인턴십을 따낸 젊은이는 보통 메르세데스 아니면 렉서스 같은 고급차를 몰고 다닌다네요. 영국 의회에서도 최저임금 이상을 받는 인턴은 1%에도 못 미치고 과반수는 무보수로 일하지만 대부분은 승마를 즐기고

채용공고게시판

몇 해 전 한 여론조사에서 영국 기업의 5분의 1이 인턴십을 인건비 절감을 위한 항구적 고용 정책으로 이용하고 있다고 실토했습니다. 불황으로 일자리는 줄어들고 노동자들의 임금은 깎여나가지만 기업의 고위 경영자들은 거액의 연봉과 보너스를 꼬박꼬박 챙겨갑니다.

고급 승용차를 몰고 다닙니다. 그리고 대부분 부모의 연줄로 의회 인턴 자리를 따냈다는 공통점이 있습니다. 토니 블레어 전 총리의 아들도 미국의 잘 나가는 상원의원 밑에서 인턴 경험을 쌓은 적이 있지요. 이렇게 끼리끼리 네트워크를 만들어갑니다.

몇 해 전 한 여론조사에서 영국 기업의 5분의 1이 인턴십을 인건비 절감을 위한 항구적 고용 정책으로 이용하고 있다고 실토했습니다. 불황으로 일자리는 줄어들고 노동자들의 임금은 깎여나가지만 기업의 고위 경영자들은 거액의 연봉과 보너스를 꼬박꼬박 챙겨갑니다. 경영진의 임금은 성역으로 두고 인턴을 비롯한 일반 노동자의 임금은 쥐어짤 대로 쥐어짭니다.

별볼일없는 부모 밑에서 태어난 젊은이는 별볼일없는 인턴 자리 하나를 따내려고 치열한 경쟁을 벌여야 하고 또 겨우 인턴 자리를 얻었다 하더라도 먹고 사느라 또 다른 일자리를 구해야 합니다. 어렵사리 구한 인턴도 취업으로 이어지지 않는 경우가 대부분입니다. 반면에 잘 나가는 부모 밑에서 태어난 젊은이는 부모의 도움으로 손쉽게 좋은 인턴 자리를 구하고 부모가 밀어주니 따로 일을 할 필요도 없습니다. 그리고 이런 좋은 인턴 자리는 취업으로 이어질 가능성이 아무래도 높습니다. 인턴은 한정된 양질의 화이트칼라직을 효과적으로 대물림하는 수단인 셈이라고나 할까요.

남을 배제하는 에티켓

예전에 무보수 인턴으로 착취당하는 젊은이들을 위해 정책을 뜯어고치겠다면서 기염을 토했던 영국 자유민주당의 닉 클레그 당시 당수는 톡톡히 망신을 당한 적이 있습니다. 닉 클레그 밑에서 인턴 생활을 한 젊은이가 클레그한테서 한푼도 보수를 받지 못했다고 폭로를 한데다가 닉 클레그 자신도 금융인이었던 아버지의 연줄로 대학을 졸업하자마자 유수의 외국 은행에 취직한 것으로 밝혀져서였지요.

이런 문제를 대대적으로 보도하면서 닉 클레그의 위선을 꼬집은 영국의 신문들도 사실은 닉 클레그 못지않게 위선적이었습니다. 영국에서 기자가 되려면 보통 일이 년은 무보수로 수습 기자 노릇을 하면서 경험을 쌓아야 합니다. 2016년 말 현재 영국 대학 졸업자는 졸업과 동시에 평균 약 6700만 원의 빚을 짊어집니다. 대학 등록금과 생활비 명목으로 정부로부터 융자받은 돈입니다. 영국 언론인의 60% 이상이 사립학교 출신이라는 사실은 무보수 인턴제와 무관하지 않겠지요.

물론 학자금 융자를 받는다고 해서 한국처럼 재학 시절부터 꼬박꼬박 다달이 갚아야 하는 것이 아니라 대학을 졸업한 뒤 취직해서 연봉을 한 3천만 원 넘게 받아야 그때부터 받는 연봉에서 3천만 원을 뺀 금액의 9퍼센트를 매달 갚아나가기 시작합니다. 그래도 빚은 빚입니다. 18세가 넘으면 부모로부터 독립해서 살아가는 것이 정상으로 자리잡은 사회에서 월세를 내고 생활비를 내고 또 앞날에 대비해 조금씩 저축이라도 하고 싶은 마음이 있는 젊은이 처지에서는 6700만 원은 푼돈이 결코 아닙니다. 그러니까 학자금 상환의 부담에 짓눌리는 서민층 자녀는 감히 기자가 될 엄두를 낼 수가 없습니다. 영국에서 기자는 적어도 중산층 이상의 자녀만이 될 수 있는 선망의 화이트칼라 직종으로 자리잡은 지 오래라는 지적을 하는 젊은이가 적지 않은 것은 그래서입니다.

영국은 이른바 진보지에서도 세계 금융위기를 초래한 장본인인 투자은행의 금융전문가들의 연봉과 보너스에 상한선을 두어야 한다는 요구가 나오면, 잘못하면 인재가 다른 나라로 빠져나가 영국 금융산업의 경쟁력이 떨어질 수 있다는 경고의 목소리를 그대로 전할 때가 많습니다. 이것은 기자의 계급 배경과 금융전문가의 계급 배경이 엇비슷하다는 사실을 감안하지 않으면 설명하기 어렵지 않을까요. 엘리트는 결혼도 점점 끼리끼리 합니다. 의사와 간호사가, 사장과 비서가 연애결혼을 하는 일은 점점 드물어집니다. 의사는 의사끼리, 변호사는 변호사끼리 결혼합니다. 두 의사, 두 변호사가 같이 버니까 빈부 격차는 더 벌어집니다. 엘리트가 부를 독점합니다.

인턴은 연줄 없는 젊은이에게 전문직 직무 경험의 기회를 제공하려는 기성 세대의 포용력과 아량에서 나온 것처럼 포장되지만 사실은 연줄 없는 젊은이는 전문직에 진출할 엄두조차 못 내게 만들려는 영악하고 교활한 배제술이라는 지적은 그래서 설득력이 있습니다. 그것은 마치 팁 문화가 훌륭한 봉사를 해준 종업원에게 손님이 고마움을 나타내는 선진문화인 것처럼 보이지만 사실은 제대로 노동의 대가를 치르지 않는 주인의 경제적 부담을 덜어주는 수단으로 작용하는 것과도 비슷하지요. 인턴과 팁은 선진문화와는 거리가 멉니다.

배경 없는 젊은이에게 인턴제를 들이미는 것은 다른 환경에서 살아온 사람에게 에티켓을 들이대면서 망신을 주려는 심리와도 통합니다. 에티켓과 매너는 모두 예의나 예법을 뜻하는 말로 사전에 나오지만 차이가 있습니다. 에티켓은 남을 배제하려는 마음에서 남에게 예법을 들이대는 것이고 매너는 남을 끌어안으려는 마음에서 스스로 예절 바르게 구는 것입니다.

영국에서는 남을 배제하는 에티켓이 일찍부터 발달했습니다. 영국의 문화사가 스튜어트 월튼(Stuart Walton)에 따르면 산업혁명으로 떼돈을 번 족보 없는 부르주아의 급상승에서 위협을 느낀 귀족들은 차를 마시는 법이라든가 사람을 쳐다보는 법이라든가 온갖 교묘한 방식으로 자기들만의 암호를 만들어내서 촌스러운 부르주아를 끼리끼리 대놓고 몰래 비웃었습니다. 부르주아는 경제력이라도 있었기에 대놓고 망신을 주기가 어려웠겠지만 인턴제는 망신당할 기회조차 주어지지 않는다는 점에서 에티켓보다 더 잔인합니다.

자본가가 꿈꾸는 유토피아

언론 종사자가 중산층 이상의 환경에서 자란 기자로 채워지면 적어도 경제적 차원에서는 기자 본인이 살아가는 사회를 상대로 근본적 질문을 던지기 어려워집니다. 그리고 성소수자 문제처럼 돈 문제와 직결되지 않은 문화적 사안이 진보진영의 중심의제로 부상합니다. 그러면서 갈수록 심각해지는 빈부격차 문제는 공산주의 실험이 실패로 끝난 마당에 더이상 대안은 없다는 냉소주의에 파묻혀 제기되기조차 어려워집니다.

여러 해 전 한 독일 젊은이와 이야기를 나눈 적이 있습니다. 젊은이는 군대를 가는 대신 공익근무 형식으로 베네수엘라에서 1~2년 동안 지낸 적이 있었습니다. 베네수엘라 친구도 사귀었습니다. 고인이 된 우고 차베스가 대통령이던 시절입니다. 젊은이는 차베스에 대해 별로 좋은 이야기를 하지 않았습니다. 그래서 제가 대뜸 물었지요. 혹시 사

인턴은 연줄 없는 젊은이에게 전문직 직무 경험의 기회를
제공하려는 기성 세대의 포용력과 아량에서 나온 것처럼
포장되지만 사실은 연줄 없는 젊은이는 전문직에 진출할
엄두조차 못 내게 만들려는 영악하고 교활한 배제술이라
는 지적은 그래서 설득력이 있습니다.

권 친구가 베네수엘라에서 중상류층 이상이 아니었나요? 그랬다고 하더군요. 당시 영국의《가디언》같은 진보지의 베네수엘라 주재기자도 차베스를 인기에 영합하여 무책임하게 국정을 운영하는 독재자로 그리곤 했습니다. 이것도 그 기자가 자라온 집안 환경, 나아가서는《가디언》이 기자를 채용하는 과정과 무관하지 않을 수 없을 겁니다.

반 세기 전만 해도 서양 사회에서는 공짜로 사람을 부려먹는다는 것은 상상도 할 수 없었습니다. 인턴보다는 도제가 일반적이었고 훈련 기간에도 어느 정도 생활을 할 수 있도록 봉급을 지불했어요. 미래를 이끌어갈 다음 세대를 보살피고 길러내야 한다는 최소한의 책임감 같은 것이 있었습니다. 그것은 자본주의 체제를 공산주의 체제보다 낮게 만들어야 한다는, 혹은 나은 것처럼 보이게 만들어야 한다는 최소한의 긴장감이 암암리에 있었기에 가능한 태도였는지도 모릅니다.

하지만 소련과 동유럽의 공산주의가 무너지면서 서양 자본주의는 눈치를 볼 필요가 없어졌습니다. 공공성을 중시하는 공산주의 체제를 의식하여 전처럼 자본주의면서도 공공성을 의식하는 행보를 보일 필요가 이제는 없어졌습니다. 자기 체제의 안위를 걱정할 필요 없이 같은 자본주의 국가끼리 경쟁하면서 이익을 최대한 짜내기만 하면 됩니다. 소수의 상층부는 넘쳐나는 돈을 주체하지 못하는데 다수의 하층부는 실업과 빚더미에 짓눌리는 양극화와 부의 세습이 고착화됩니다. 하지만 이런 임금 쥐어짜기 자본주의는 결국 자기 체제의 토대를 반드시 무너뜨립니다.

무보수로 열심히 일하는 인턴이 늘어나는 사회는 자본가가 꿈꾸는 유토피아인지도 모르지만 그것은 결국 한 세대를 망가뜨립니다. 한 세대가 망가지면 그 다음 세대들도 연이어 망가집니다. 그런 사회는 결국 미래가 없어집니다. 무보수 인턴은 사회의 앞날을 무너뜨리는 자멸의 길입니다.

영국 법관은 흰 가발을 쓰고 재판석에 앉습니다. 영국의 식민 통치를 받은 아프리카 나라의 흑인 법관도 흰 가발을 어김없이 씁니다. 가발은 판사의 권위와 우월한 지위를 과시합니다. 가발을 쓴 사람은 특별한 사람들입니다. 특별한 사람이기에 특별한 자리를 특별한 사람끼리만 공유하려는 의지도 남다릅니다. 그것은 가업의 대물림으로 나타납니다.

영국 전문직의 계층이동성 조사보고서에 따르면 영국에서 가장 닫혀 있는 전문직이 법관입니다. 사립학교 졸업자는 인구의 10%도 채 안 되는데 판사는 4분의 3이 사립학교 출신입니다. 법정변호사는 3분의 2가 사립학교를 나왔습니다. 법관 문호는 비사립학교 출신에게 갈수록 좁아집니다. 1970년대까지만 해도 영국 법조인은 평균 국민소득보다 수입이 40% 많은 가정 출신이었습니다. 그런데 1990년대에는 평균소득보다 64% 많은 가정에서 법관이 주로 나왔습니다. 지금은 웬만한 중산층 자녀도 법관 되기 경쟁에서 상류층 자녀에게 밀려나고 있습니다.

부든 사상이든 소수의 엘리트가 권력을 독점하여 대물림하는 체제는 봉건제에서 멀지 않습니다. 지배 엘리트가 배우자의 경제력과 부모에게 물려받은 가발이라는 성분을 따져서 혼인을 하는 나라는 문명국이 아닙니다. 잘 사는 집, 성분 좋은 집에서 태어나지 못한 것은 개인의 탓이 아니지요. 개인이 어쩌지 못하는 것을 개인의 잘못으로 돌리는 나라는 야만국입니다. 국민소득이 높은 나라가 아니라 아무리 별볼일없는 집안에서 태어났어도 적어도 머리가 굵어지기 전까지는 집안 배경과는 무관하게 공정한 기회를 주려고 노력하는 사회가 선진국 아닐까요.

지구는 유한하지요. 시장도 유한합니다. 부자와 빈자가, 기성 세대와 젊은 세대가, 부국과 빈국이 공존을 모색하지 않는 세상은 시간이 흐르면 결국 모두가 공멸합니다.

참고 자료

1 · 『인간다움의 조건』, 스튜어트 월튼, 사이언스북스, 2012

2부

말을 점령한 돈과 싸운다

War
on
Words

로마제국의 지배를 받던 시절 영국은 브리타니아로 불렸습니다. 브리타니아에 살던 켈트인은 로마인과 앵글로색슨인이 몰려오자 바다 건너 프랑스 북서부 지역으로 밀려났습니다. 프랑스 선주민들은 켈트인 이주민이 모여 사는 곳을 바다 건너 브리타니아에서 온 사람들이 사는 곳이라는 뜻으로 브르타뉴라고 불렀습니다. 그리고 브르타뉴인이 떠나온 원래의 영국은 큰 브르타뉴라는 뜻으로 '그랑 브르타뉴'라고 불렀습니다. 이것이 다시 영어로 들어와서 영국의 지리적 호칭은 그레이트 브리튼으로 정착되었습니다.

　그러니까 그레이트 브리튼이라는 호칭은 영국이 방대한 식민지를 거느린 제국으로 올라서기 한참 전에 이미 쓰였습니다. 해가 지지 않는 대제국을 건설한 다음에도 영국은 Great British Empire라고 스스로를 부르지 않고 그냥 British Empire라고 불렀습니다. 그레이트 브리튼은 그저 지리적 호칭이었습니다.

그런데 일본은 British Empire를 번역하면서 '대영제국'이라고 클 '대'자를 붙여주었습니다. 당시 세계를 호령하던 같은 섬나라 패권국을 선망하면서 잘 보이고 싶은 마음이 있었겠지요. 1868년 메이지유신을 단행하여 봉건체제와 결별한 일본은 서양에서 과학기술을 받아들여 근대적 산업화를 통한 부국강병을 추구하면서도 불평등한 조약을 개정하려고 부단히 노력했습니다. 일본은 미국과 처음으로 불평등조약을 맺었지만 일본이 불평등조약을 개정하려고 공을 들인 나라는 미국이 아니라 영국이었습니다. 19세기 말 세계를 호령하던 패권국은 미국이 아니라 영국이었으니까요. 미국이 패권국으로 슬슬 등장하는 것은 1차대전이 끝나고 빚더미에 오른 유럽국가들에게 미국이 채권국으로 군림하면서부터입니다. 19세기 말 세계경제를 움직이던 기축통화는 미국 달러가 아니라 영국 파운드였습니다.

당시는 금본위제였으므로 나라마다 금을 많이 확보하는 것이 중요했습니다. 일본은 수출로 벌어들인 금과 청일전쟁에서 중국으로부터 배상금으로 받은 금을 자국 은행이 아니라 영국 잉글랜드은행에 맡겼습니다. 영국의 신임을 얻으려고 그랬지요.

일본은 1889년에 제정한 최초의 헌법에서 자국의 정식 호칭도 '대일본제국'으로 삼았습니다. 세계에 대제국을 건설한 영국의 길을 아시아에서는 우리 일본이 따르겠노라는 의지와 각오의 천명이 아니었을까요. 아시아에서 러시아를 견제하려는 영국의 계산도 있었을 테지만 일본의 노력은 결실을 맺어 1894년 일본은 영국을 설득하여 치외법권 철회에 성공했습니다. 패권국 영국으로부터 사법권 행사를 인정받았으니 다른 나라들로부터 인정받는 것은 어렵지 않았습니다. 일본은 미국, 프랑스, 독일로부터도 사법권을 곧 되찾았습니다. 일본은 1911년에는 관세 자주권도 되찾았습니다. 그리고 조선을 타고앉아 본격적인 제국주의의 길을 걸었습니다.

'대한' 그리고 '제국'과 '민국'

하지만 일본의 식민지가 되기 전 '조선'이라는 이름은 이미 국호로서는 존재하지 않았습니다. 1897년 고종은 조선의 국호를 '대한제국'으로 바꾸었거든요. 대영제국을 따르려는 대일본제국처럼 조선도 부국강병의 길을 걷겠다는 의지의 천명이었을 테지요. 제국은 자신의 이익을 위해서라면 전쟁도 불사하겠다는 팽창의지가 담긴 말입니다. 수천 년 동안 평화롭게 살아온 부족이나 민족이나 나라도 제국의 자기확장 의지 앞에서는 길을 내주어야 한다는 호전주의가 배어든 말입니다. '대일본제국'이 '조선'을 삼키는 것은 도덕적으로 규탄할 수 있지만 '대일본제국'이 '대한제국'을 삼키는 것을 도덕적으로 질타하기는 어렵습니다. '제국'이라는 말을 받아들였을 때 이미 도덕과는 무관한 약육강식의 길을 걷겠노라는 선언을 한 셈이니까요. 약자에게도 주먹을 휘두르지 않는 것이 문명인의 논리라면 약자에게만 주먹을 휘두르는 것이 야만인의 논리고 약육강식의 논리입니다. 고종이 국호를 '대한제국'으로 삼았을 때 고종은 조선을 야만의 세계로 끌고 들어간 것입니다.

상해 임정 지도자들은 야만의 과거와 결별하고 국호를 '대한민국'으로 지었습니다. '민국'은 무슨 뜻일까요? 상해 임정은 1912년 신해혁명을 통해 청조를 무너뜨리고 중국에 들어선 '중화민국'에서 영감을 얻지 않았을까요. 중화민국의 영어명칭은 Republic of China입니다. 대한민국의 영어명칭도 Republic of Korea입니다. 민국은 '공화국'이라는 뜻입니다. "대한민국은 민주공화국"이라는 노래가사도 있지 않습니까.

지향점을 '제국'이 아니라 '민국' 곧 '공화국'에서 찾긴 했지만 대한민국이라는 이름이 얼마 전부터 한국이라는 이름보다 많이 쓰이는 것이 불편하게 들릴 때가 있습니다. 영국박물관이라고 부르면 될 것을 대영박물관이라고 부르고 영국도서관이라고 부르면 될 것을 대영도서관이라고 부르는 열등감을 털어내지 못한 상태에서 한국을 대한민국으로 부르는 것은 수긍이 가는 자부심으로 들리기도 하지만 한편으로는 기묘한 우월감으로도 들려 자못 불안합니다. 열등감과 우월감은 통하니까요.

대한민국이라는 말이 불안스럽게 들리는 또 하나의 이유는 한국이 독립국인 것처럼 치장하는 데 이 말이 동원되는 것 같아서입니다. 민국은 공화국이지요. 공화국은 뭘까요. 함께 共(공) 어울릴 和(화), 곧 함께 어울려 사는 나라란 뜻이지요. 나라의 주인이 한 사람인 왕정이나 나라의 주인이 소수인 귀족정이 아니라 나라의 주인이 다수인 공화정이란 뜻입니다. 그런데 공화정은 국방과 떼어놓을 수 없습니다.

공화정을 지키는 것

인류 역사는 왕정과 귀족정 위주로 굴러갔고 공화정은 역사가 짧습니다. 공화정은 안팎으로 불안했습니다. 공화정 하면 프랑스혁명을 연상하지만 이미 영국에서 그보다 150년 전에 올리버 크롬웰이 왕을 죽이고 공화정을 선포했습니다. 하지만 크롬웰이 죽자 잉글랜드는 다시 왕정으로 돌아갔습니다. 유럽은 모두 왕정국가인데 왕이라는 강력한 구심점이 없는 공화정을 잉글랜드 혼자 유지할 엄두가 안 났던 거지요.

프랑스혁명의 주역들도 처음부터 공화정을 할 생각은 없었습니다. 잉글랜드처럼 프랑스도 입헌군주정이 되면 좋겠다고 생각했습니다. 그런데 왕이 자꾸 배신을 했지요. 그리고 나중에는 프랑스를 침공해달라고 유럽의 다른 왕정국가들과 내통했지요. 결국 프랑스는 공화정을 선포하고 온 유럽을 상대로 전쟁을 벌였습니다. 그리고 모두의 예상을 뒤엎고 승승장구했습니다. 조국이 위기에 처했다는 호소에 프랑스 국민이 자원병으로 목숨을 걸고 싸웠거든요. 그전까지 유럽에서 전쟁은 용병으로 치렀습니다. 단두대에서 죽은 루이 16세의 호위병도 스위스 출신의 용병이었습니다. 싸움 실력은 뛰어날지 몰라도 기본적으로 돈으로 움직이는 용병은 제 나라를 지키려고 악착같이 싸우는 국민병을 당해낼 수 없었습니다. 왕이 주인인 나라 군주국가가 국민이 주인인 나라 국민국가가 되는 데에는 국민병의 역할이 절대적이었습니다.

국민병의 절대 다수는 직업군인이 아니었습니다. 상비군이 아니었습니다. 영국을 상대로 독립전쟁을 벌인 미국 건국의 주역들도 상비군을 탐탁지 않게 여겼습니다. 상비군이 생기면 무력으로 자국민을 억누를 가능성이 높다고 보아서였습니다. 미국을 독립국으로 만든 주역은 나라는 군인이 아니라 국민이 지킨다는 의식이 철저한 사람들이었습니다. 전쟁무기가 발달하면서 무기를 전문적으로 다루는 상비군 창설은 불가피해졌지만 공화국의 수호자는 군인의 전투기술이 아니라 국민의 자주국방의식이라는 것이 공화주의자들의 원칙이고 지금도 그런 원칙이 흔들려야 할 이유는 없습니다.

조선시대에는 임금이 궁궐에 있건 밖으로 행차를 나가건
임금이 앉은 자리 뒤에는 반드시 '일월오봉도'라는 병풍
을 둘렀습니다. 일월오봉도는 해와 달이라는 음양, 수성
금성 화성 목성 토성이라는 오행이라는 우주 만물의 질서
를 담아낸 그림이었습니다.

헬조선의 원조로 조롱받는 조선 왕조는 무력이 약했습니다. 그래서 임진왜란처럼 큰 전쟁이 닥치면 중국에 도움을 청했습니다. 조선의 요청을 받고 조선을 도우러 온 중국 지휘관을 '청병장'(請兵長)이라고 합니다. 한자어이긴 하지만 청병장은 중국에도 없고 일본에도 없고 조선에서만 쓰던 말입니다.

조선이 싸움을 잘 못했던 이유는 유교라는 문치를 추구해서 그렇습니다. 유교의 핵심은 주먹이 아니라 말로 세상이 굴러간다는 믿음입니다. 그래서 주먹으로 윽박지르기보다는 말로 타이르고 행동으로 모범을 보여야 한다고 믿었지요. 그 바탕에는 이 세상은 주먹이 아니라 말로 굴러간다는 낙관적 믿음이 있었습니다. 세상이 잘 굴러가려면 이 세상의 이치를 거스르면 안 됩니다. 그리고 그 중심에는 왕이라는 지도자가 있습니다. 한자 王은 하늘, 사람, 땅을 뜻하는 우주만물의 중심이라 할 세 수평선을 꿰뚫으면서 반듯하게 서 있는 임금을 뜻하는 말입니다. 지도자가 바로 서야 나라가 바로 서고 세상이 바로 선다는 믿음이 담긴 글자입니다. 그래서 조선시대에는 임금이 궁궐에 있건 밖으로 행차를 나가건 임금이 앉은 자리 뒤에는 반드시 '일월오봉도'라는 병풍을 둘렀습니다. 일월오봉도는 해와 달이라는 음양, 수성 금성 화성 목성 토성이라는 오행, 즉 우주 만물의 질서를 담아낸 그림이었습니다. 그 중심에 임금이 반듯하게 앉았습니다. 유럽에서는 왕이 가장 편한 자리였지만 조선에서는 임금이 가장 힘든 자리였습니다. 유럽 왕은 빌린 돈으로 싸움 잘 하는 용병만 거느리면 일자무식이라도 아무 문제가 없었지만 조선 임금은 서너 살 때부터 밤낮없이 글을 읽고 행실을 바르게 해야 했습니다. 임금은 학문적으로도 가장 뛰어나야 했습니다. 그래서 이상적 군주를 조선에서는 '군사'(君師)라고 불렀습니다. 스승다운 임금이란 뜻입니다. 청병장처럼 군사도 조선에만 있는 말입니다. 군사와 청병장은 문치를 추구했던 조선의 명암을 상징하는 말입니다.

공화국으로 불릴 자격

밝은 것은 살리고 어두운 것은 버려야 합니다. 그것이 전통 계승의 본뜻입니다. 군사는 이어가야 할 덕목입니다. 한 나라에서 가장 높은 자리에 오른 사람은 나라의 명운을 좌우할 중요한 판단을 내려야 하기에 누구보다 지혜롭고 똑똑해야 합니다. 그런데 아무리 지도자가 지혜롭고 똑똑해도 국민이 호응하지 않으면 소용이 없습니다. 금권이나 이념에 장악된 한국 언론이 지도자와 국민의 소통을 가로막은 일이 많았습니다. 그래도 결국 한국 국민은 폭력에 기대지 않으면서 나라의 운명을 바꾸는 데 여러 번 앞장섰습니다. 이것도 문치의 장구한 전통과 무관하지 않습니다.

반면 청병장은 버려야 할 폐단이지만 아직도 이어지고 있습니다. '주한미군사령관'이라는 직책으로 이어지고 있습니다. 한미연합사령관이라는 말을 들으면 한국군과 미군이 대등한 위치에서 군사적 결정을 내리는 것으로 착각할지도 모르지만 주한미군사령관과 한미연합사령관은 겸직입니다. 대한민국의 국군 최고 통수권자는 대통령이지만 대한민국 대통령에게는 전시작전권이 없습니다. 바다에서 큰 사고가 났을 경우 청병장의 허락 없이 군사훈련기간 중에 사고해역에 구조대가 얼씬거릴 수 있을까요. 나라의 명운을 좌우할 전쟁이라는 절체절명의 위기상황조차 외국 군대 사령관의 처분에 맡기는 나라를 어떻게 공화국이라고 부를 수 있을까요. 어떻게 독립국이라고 부를 수 있을까요.

여력이 안 되었을 때 한시적으로 타국의 군사력에 기댈 수는 있겠지요. 하지만 항구적으로 기대서는 안 됩니다. 그런 의존심에 기대는 사람들이 많은 나라는 공화국으로 불릴 자격이 없습니다. 대한민국으로 불릴 자격은 더더욱 없습니다. 대한민국을 '크디큰 공화국'으로 풀이한다면 말이지요('한'은 지도자를 뜻하는 알타이어계의 '칸'과도 통하지만 '크다'는 뜻도 있습니다).

6·25전쟁 당시 부모 잃은 고아들이 미군을 쫓아다니며 선의의 뜻으로 "미국, 미국" 했을 때 적잖은 미군 병사들은 속으로 배꼽을 잡았을 겁니다. 영한사전에서 gook을 찾으면 "월남전 때 미군이 베트콩을 일컫던 말로 동남아시아인을 심하게 비하하는 말"이라고 나옵니다. gook은 실은 19세기 말 필리핀을 무력침공한 미군이 현지인을 부르던 말입니다. 1893년에 나온 영어속어사전은 gook을 갈보로 풀이합니다. 그러니 한국에 온 미군 귀에는 "미국"이 "나 갈보"라는 소리로 들리지 않았을까요.

미군이라는 존재는 한국이라는 울타리에만 보면 정체가 눈에 들어오지 않습니다. 미군이 필리핀을 왜 침공했는지 베트남을 왜 침략했는지, 소련이 무너지고 냉전이 끝났는데도 왜 또 이라크를 쑤시고 아프간을 헤집고 리비아를 짓밟고 A로 시작되는 앙골라부터 Z로 시작되는 짐바브웨까지 집적거리지 않는 나라가 없는지 넓게 보아야 미군의 역할이 제대로 눈에 들어옵니다. 미군의 역할은 주권을 가진 공화국으로 살아가려는 나라들을 금벌의 노예로 누르는 데에 있습니다. 미국을 움직이는 금벌은 그러면서 전 세계에서 자원을 수탈하고 무기를 팔아 먹지요.

청병장만큼이나 부끄러운 한국어는 '화냥년'입니다. 문헌상의 증거가 남아 있는 것은 아니지만 화냥년의 어원은 이를테면 청나라에 포로로 끌려갔다가 '몸을 버리고' 조선으로 돌아온 처녀나 유부녀가 아닐까요. 처음에는 '환향녀'로 불렀다가 이것이 '화냥년'이라는 멸칭으로 굳어진 게 아닐까요. 힘없는 나라에서 태어난 죄로 이역만리에서 고생하다가 돌아온 처자를 같은 여자가 멸시했어도 문제지만 그 당시 조선 남자 입에서 저런 소리가 튀어나왔다고는 상상도 하기 싫습니다.

하지만 아무래도 적잖은 조선 사내의 입에서 저런 말이 튀어나왔을 것 같습니다. 한국 남자의 입에서도 '된장녀' 내지 '김치녀'라는 이름으로 비슷한 멸칭이 점점 애용되고 있으니까요. 마음에 들지 않는 행동을 하는 여자가 있으면 상대하지 않으면 그만입니다. 그런데 왜 일반화시켜서, 그것도 자국 문화의 상징이라고도 할 수 있는 된장, 김치 같은 말을 붙여서 비속어로 쓰는 걸까요. 청병장은 주한미군사령관으로 이어지고 화냥년은 김치녀, 된장녀로 이어집니다.

1945년 8월 15일을 우리는 일본 식민지 지배에서 벗어난 해방일로 알지만 일본 패망 이후 한국에 진주한 미군 군정청은 각종 포고령에서 "점령군"이라는 표현을 스스로도 썼습니다. 지금은 점령군이 아니라 주둔군이라는 표현을 쓰지만 전시작전권을 미군이 갖고 있는 한 미국은 한국에게 해방군이 아니라 점령군일 뿐입니다.

대한민국은 아직 민주공화국이 아닙니다. 개인이 웬만큼 자유를 누리는 민주국일지는 몰라도 공화국은 아닙니다. 한 공동체 안에서 개인이 누리는 자유는 그 공동체가 자위력을 갖추지 못하는 한 언제 무너져내릴지 모르는 모래성일 뿐입니다. 제 손으로 제 나라를 지키지 못하는 나라는 공화국이 아닙니다. 독립국이 아닙니다. 대한민국이라는 이름을 자랑스러워하는 한국인이 많아질수록 대한민국은 독립국에서 멀어지고 대한민국이라는 이름을 부끄러워하는 한국인이 늘어날수록 대한민국은 독립국으로 다가섭니다.

참고 자료

1 · East Asia's Dollars, R. Taggart Murphy, http://apjjf.org/-R-Taggart-Murphy/2208/article.html

중국《인민일보》의 북한 주재 기자는 2015년 관광객으로 온 지인을
평양에서 만나 창전거리에서 저녁을 함께 먹었습니다. 북한이 처음이
라던 지인은 가로등이 환하게 밝혀진 대로를 따라 끊임없이 흐르는
차량 행렬을 바라보더니 "여기서만 보면 평양의 밤거리는 중국의 대
도시와 다를 바가 없다"며 놀랐답니다.

지인의 말을 듣고 기자도 새삼 평양의 변화상을 실감했습니다. 기
자는 2007년부터 2012년까지 평양에 주재한 뒤 중국으로 돌아갔다가
2014년에 다시 평양으로 왔습니다. 지인의 말마따나 전에 보았던 것
과 평양은 많이 달라져 있었습니다.

손전화를 든 사람이 많아졌습니다. 얼마 전부터는 '옥류'라는 전자
결제시스템으로 온라인으로 상품을 주문하면 집까지 배달해주는 서
비스가 도입되었습니다. 택시도 많이 다닙니다. 2013년 말 현재 평양
에서 운행되는 택시는 1500대입니다. 기본요금은 2킬로미터까지 2달

러고 그 뒤로는 1킬로미터마다 60센트가 추가됩니다. 밤 9시 이후는 요금이 두 배로 뜁니다. 전화로 호텔 앞까지 부를 수도 있습니다.

많이 보도되었지만 평양에서 180킬로미터 떨어진 마식령에는 10개의 슬로프를 가진 대형 스키장이 들어섰습니다. 2013년 10월에 문을 연 미림승마장에서는 170명의 조련사가 120마리의 말을 관리합니다. 가족까지 더하면 하루에 300~400명이 이곳을 찾아 말을 탑니다.

평양 곳곳에 들어서는 고층건물로 보거나 눈에 띄게 좋아진 사람들의 옷차림과 얼굴로 보거나 의식주와 여가 등 다방면에서 소리 없이 북한이 변하고 있다고《인민일보》기자는 전했습니다.

중국《환구시보》에도 단체 여행객으로 북한을 찾은 중국 학자의 방문기가 사진과 함께 신문에 올랐습니다. 8일 동안 체류하면서 북한 국제여행사가 짜놓은 일정대로만 움직인 것은 아니었답니다. 짬이 나면 광장에 나가 시민과도 접촉했습니다. 북한은 물질적으로는 아직 넉넉하지 않고 중국의 80년대 수준으로 보였지만 중국 국내외 매체에서 말하던 아사 직전의 상황과는 거리가 멀었습니다. 어디를 가나 청결했고 건강 녹색식품 일색이었습니다. 평양 남새과학연구소에서는 컴퓨터로 완전 무공해 채소를 키우는 모습을 보기도 했습니다. 북한 음식은 기름기가 적어 현재 중국인이 관심 갖는 건강식에 가까웠습니다.

독일의《프랑크푸르트알게마이네차이퉁》지에도 기자의 평양 방문기가 얼마 전 실렸습니다. 독일 기자에 따르면 개미 새끼 한 마리 없는 넓은 길에서 젊은 여성이 외롭게 교통정리를 하던 시대는 지나갔습니다. 평양 시내는 이제 오가는 차량으로 붐빕니다. 평양을 오랜만에 찾는 외국인은 달라진 모습에 깜짝 놀라며 곳곳에 고층 아파트와 건물

평양 시내는 이제 오가는 차량으로 붐빕니다. 평양을 오
랜만에 찾는 외국인은 달라진 모습에 깜짝 놀라며 곳곳에
고층 아파트와 건물이 들어선 평양을 외국인들은 작은 두
바이라 부른답니다.

이 들어선 평양을 외국인들은 작은 두바이라 부른답니다.

북한의 실상은 외국에 보여주기 위해 꾸며놓은 도시 평양이 아니라 지방과 시골을 가야 제대로 알 수 있다는 믿음을 독일 기자는 여전히 고수합니다. 〈영웅 나라의 굶주림〉이라는 기사 제목에 걸맞게 헐벗은 민둥산과 변변한 트랙터 하나 안 보이는 농촌 현실을 그립니다. 하지만 기자도 밝히지만 헐벗은 산은 고난의 행군 시절 유산입니다. 북한에 최근 관광을 다녀왔다는 한 독일 독자는 댓글에서 북한의 산이 헐벗었지만 조림사업으로 전보다 나무가 많아졌음을 확연히 느낄 수 있다고 전했습니다.

중국 기자와 독일 기자의 방문기에서 느낄 수 있는 점은 전 세계가 2008년의 금융위기로 촉발된 불황과 침체에서 여전히 벗어나지 못하는 상황에서 북한 경제는 겨울잠에서 깨어나 조금씩 기지개를 켜는 듯하다는 사실입니다.

모래성

고층건물은 물론 평양에만 들어선 것이 아닙니다. 스페인의 휴양지에도 들어섰고 두바이에도 들어섰습니다. 그런데 스페인의 고층건물은 밖에서 빚을 끌어다 지은 것이고 두바이의 고층건물은 고유가라는 횡재 덕에 지은 것입니다. 돈줄이 조여지면 스페인의 고층건물은 채권자에게 넘어가게 마련이고 유가가 추락하면 두바이의 고층건물도 언제까지나 소수 토후의 사유물로 남아 있으란 법이 없습니다. 빚과 횡재로 누리는 풍요는 모래성입니다.

평양의 고층 아파트는 후손에게 떠넘기는 빚이나 후손을 위해 아껴야 마땅할 불로소득 자원의 수탈이 아니라 노동자의 땀으로 올라갑니다. 개성공단에서 오랫동안 북쪽 노동자와 생활한 김진향 교수에 따르면 북한 노동자는 돈을 더 준다고 해서 일을 더 많이 하려고 들지는 않는답니다. 그렇지만 납기일을 꼭 맞춰야 한다는 납득할 만한 이유를 제시하면 군말 없이 야근을 한답니다.

장기수 출신의 한학자 고(故) 노촌 이구영 선생은 남과 북의 사회를 모두 겪었으면서도 양쪽 체제에 대해서 왈가왈부하지 않고 말을 아꼈지만 6·25전쟁이 끝나고 자신이 겪었던 이북 사회의 변모를 사회주의의 생산력은 폭발적이라는 표현으로 전했습니다.

중국의 경제적 풍요와 해외여행 경험자가 늘어나면서 특히 중국 젊은이들 사이에서 북한을 경멸하고 비하하는 풍조가 늘어나는 상황이 걱정스러웠는지 최근 중국의 《환구시보》에는 40년 전만 하더라도 북한은 중국, 한국보다 소득수준이 높았고 일본과 어깨를 나란히 하는 아시아의 대표적 공업국가였다는 기사가 올라왔습니다.

6·25전쟁 이후 10년 동안 북한 경제는 연평균 25퍼센트 성장했습니다. 세계에서 가장 높은 성장률이었습니다. 60년대 말에는 농촌까지 모두 전기가 들어왔고 70년대 말에는 식량 자급자족을 달성했습니다. 80년대 초에는 경지의 70%를 관개시설화했고 파종의 95%, 수확의 70%를 기계화했습니다. 1984년 북한은 1천만 톤이 넘는 식량을 생산하여 일부는 수출까지 했습니다.

소련과 동유럽이 무너지면서 북한 경제는 직격탄을 맞았습니다. 서방 금권세력의 노예로 전락한 러시아가 현금결제를 요구하며 석유를 안 주자 제조업도 농업도 무너졌습니다. 홍수까지 겹쳤습니다. 그렇게 북한은 고난의 길로 들어섰습니다. 북한 인민이 게으르고 무능해서가 아니라 하루 아침에 달라진 세상 인심 탓에 북한은 가시밭길을 걸어야 했습니다.

경제제재 속 역동적 변화

똑같은 경제제재 속에서도 김정일의 북한보다 김정은의 북한이 외국 기자들의 눈에도 더 역동적으로 변신해가는 인상을 주는 이유는 무엇일까요. 개성공단 덕분일까요? 김진향 교수에 따르면 북은 당초 개성공단의 노동자 임금으로 월 300달러를 요구했고 남은 200달러면 합의하려고 줄다리기를 했답니다. 그런데 김정일 국방위원장이 그러지 말고 50달러부터 시작하라고 정해주어서 첫 임금이 50달러라는 턱없이 낮은 수준으로 정해졌습니다.

중국이 갑자기 경제지원을 늘려서일까요? 북한의 핵무기를 못마땅하게 여기는 중국이 경제 지원을 할 리가 만무합니다. 북한의 대중 무역규모는 김정일이 살아 있던 2010년과 2011년에 각각 102.6%와 62.4%씩 급증했지만 김정은이 등장한 2012년과 2013년에는 5.4%와 10.4%로 증가폭이 줄었고 2014년에는 무역규모가 2.8% 줄었습니다. 한국개발연구원에 따르면 2015년 1월부터 5월까지 북한과 중국의 무역규모는 전년보다 12.5%나 줄었습니다. 중국과의 무역이 활기를 띠면서 북한 경제가 활력을 찾았다고 설명하기 어려운 이유입니다.

외부와의 교역에서 경제발전의 원인을 찾기 어렵다면 그 이유는 내부에서 찾을 수밖에 없습니다. 지도자를 갑자기 잃은 위기상황에서 북한 인민이 젊은 지도자를 중심으로 뭉쳐 경공업에서 건설, 군수산업에 이르기까지 각 부문에서 생산활동에 박차를 가하면서 예전보다 풍요를 누리게 되었다고 볼 수 있지 않을까요.

김진향 교수의 증언이 사실이라면 북한 사람들은 금전에 눈이 멀거나 강압에 눌려 마음에 안 내키는 일을 할 사람들은 아닙니다. 태풍 피해로 40명이 죽고 수많은 가옥이 파괴된 라선 시에서 북한의 군인들은 1800채의 주택을 한 달 만에 지어냈습니다. 물론 그 집은 수억 원이 있어야 들어갈 수 있는 것도 아니고 주민 개개인이 거액을 들여 재해보험을 평소에 들어놓은 덕분에 굴러들어온 것도 아니지요.

고난의 행군 시절 북한은 홍수가 나도 피해복구는커녕 당장 끼니를 걱정해야 했을 테지만 지금은 단숨에 피해를 복구해서 인민에게 무상으로 집을 다시 지어주는 나라가 되었습니다. 고난의 행군을 뒤로하고 북한은 이제 광물자원만으로도 후손을 먹일 수 있는 나라가 되었습니다. 금값이라는 희토 광물의 최대 생산국 중국에 매장된 희토는 2천만 톤이 채 안 되지만 북한은 정주 한 곳에 매장된 희토가 2억 톤이 넘습니다. 중국의 10배가 넘습니다. 중국 언론에도 보도된 내용입니다.

IMF 사태가 터졌을 때 많은 한국인은 본인의 잘못도 아니었으면서 나라를 위기에서 건지려고 금을 내놓았고 해고도 받아들였습니다. 나라가 위기에서 벗어나고 경제가 좋아지면 자신에게 다시 좋은 시절이 오리라고, 적어도 자식에게라도 다시 좋은 기회가 오리라 믿었겠지요. 하지만 금수저를 물고 태어난 소수를 제외하고는 가난한 집안에서 태어나 자수성가했던 부모가 누렸던 기회를 두 번 다시 누리지 못했습니다. 한국은 앞길이 구만리 같은 청춘 남녀가 결혼은커녕 연애할 엄두조차 못 내고 대학졸업과 동시에 취업은커녕 신용불량자가 되어야 하는 나라가 되었습니다.

OECD 통계에 따르면 2013년 한국인은 인구 10만 명당 29.1명이 자살했습니다. 2위인 헝가리 19.4명, 자살대국이라는 일본 18.7명보다 10명이나 많습니다. 특히 10대에서 30대까지는 사망 원인 중 1위가 자살입니다. 한국은 출산률도 세계에서 가장 낮습니다. 한국은 잘사는 사람에게는 천국이고 못사는 사람에게는 지옥임을 높은 자살률과 낮은 출산율이 말해줍니다.

자기 목숨을 스스로 끊는 행위를 지금은 자살이라고 하지만 예전에는 自盡(자진)이라는 말을 썼습니다. 진이 빠져서 당하는 죽음, 어쩌면 한국인의 자살은 배경 없고 힘 없는 개인에게 참을 수 없는 수치심을 안기면서 극단적 경쟁을 강요하고 소수의 상층부에게는 권력과 금력의 무경쟁 세습을 무한정 허용하는 불공평하고 정의롭지 못한 경쟁 지상주의 사회에서 버틸 대로 버티다가 탈진한 사람들이 마지막으로 택하는 길인지도 모릅니다.

자살자도 살인자도 똑같이 수치심 탓에 나의 목숨을 끊고 남의 목숨을 해칩니다. 힘이 약한 사람은 쓸모없는 존재가 되어버린 듯한 내 모습을 내 기억에서 지우려고 나를 죽이고 힘이 센 사람은 쓸모없는 존재가 되어버린 듯한 내 모습을 남의 기억에서 지우려고 남을 죽입니다. 수치심은 좁게는 가정 안에서 넓게는 사회 속에서 자신이 불필요한 존재가 되었다는 인식에서 비롯되므로 수치심을 부추기는 문화일수록 살인율도 자살률도 똑같이 올라가게 마련입니다.

자살과 살인이라는 폭력치사행위는 결국 수치심을 못 견딘 개인의 자진이고 개인을 그런 수치심으로 몰아간 사회의 살인입니다. 자살은 없습니다. 개인의 자살은 사회의 타살입니다. 한국은 자살공화국이 아니라 타살공화국입니다. 금권과 언권을 장악한 0.1%가 대를 이어 왕처럼 군림하면서 99.9%를 죽음으로 몰아가는 타살왕국입니다.

긴장과 견제력

1881년 비스마르크가 서양에서 처음 연금제도를 도입한 것은 사민당의 상승세에 위협을 느껴서였습니다. 비스마르크는 프로이센을 군사강국으로 만들어 1870년 프랑스와의 전쟁에서 이기고 여세를 몰아 독일 제국을 세웠지만 사민당은 공화제를 요구했습니다.

독일은 입헌군주국이었고 의회도 있었지만 황제는 의회의 견제를 거의 안 받았고 언제든지 의회를 해산할 수 있었습니다. 비스마르크는 군주제 폐지를 요구하는 사민당의 기세에 위기감을 느끼고 1878년 반사회주의법을 만들어서 사민당의 지지기반인 노조를 탄압하고 사민당계 신문을 폐간시켰습니다. 그렇지만 채찍만으로는 국민의 불만을 잠재울 수 없어 연금제라는 당근을 내놓았습니다. 세력을 키운 사민당을 의식해서 독일의 반사민주의 정부는 연금제라는 중요한 사민주의 복지제도를 먼저 받아들였습니다.

스웨덴 같은 북유럽국가에서 사회주의 뺨치는 복지제도가 일찍 정착된 것도 바로 이웃나라인 러시아에서 공산주의 혁명이 일어나 무섭게 성장하던 1920~30년대의 지정학적 상황을 감안해야 온전하게 설명되지 않을까요. 당시 북유럽에는 레닌의 사진을 집안 거실에 두는 노동자가 적지 않았습니다. 러시아혁명 지도자 레닌이 자국 노동자 계급의 우상으로 굳어지는 것을 막으려고 스웨덴 자본가들은 노동조건과 복지에서 상당한 양보를 하지 않았을까요.

1989년 동독에서 유학하다가 한국으로 망명한 전철우 씨와 장영철 씨가 한국에 호감을 품은 것은 한국의 LG, 삼성 같은 제품을 보면서부터였답니다. 두 사람은 한국 제품이 유럽에서 잘 팔리는 것을 보면서 왠지 뿌듯했다지요. 그런데 전철우 씨는 한때 방송활동도 했고 사업도 하면서 한국 사회에 그런 대로 잘 적응했지만 장영철 씨는 북한을 극단적으로 깎아내리는 이들과 북한을 극단적으로 치켜세우는 이들 사이에서 마음고생이 심했답니다. 장영철 씨를 힘들게 만든 것은 개인의 자유를 존중받는 체제에서 살고 싶어서 한국으로 왔는데 상당수의 한국인은 물질적 풍요를 누린다는 우월감에 젖어서 자기들보다 못 사는 북한을 경멸하고 비하하는 세태였습니다.

《인민일보》기자의 말대로 최근 북한 사람들의 옷차림이나 얼굴 표정에서 생활의 여유를 느낄 수 있다면 장영철 씨는 어떤 생각이 들까요. 장영철 씨처럼 물질적 풍요만큼이나 정신적 자유를 중시하는 사람은 오히려 다행스러워할 겁니다. 반면에 북한의 가난을 비아냥거렸던 사람들은 불안에 떨겠지요. 일본이 우리를 근대화시켰다, 일본이 썩은 조선을 무너뜨려준 덕분에 우리가 이 정도라도 사는 거다, 친일을 청산했다는 북한의 꼬락서니를 봐라, 이렇게 말하기가 어려워질 테니까요. 한국의 기득권 세력을 먹여 살린 것은 가난하고 헐벗은 북한이라는 선전이었는데 북한이 잘 살면 이런 선동이 안 먹혀듭니다. 북한의 가난은 한국 부자의 탐욕을 정당화시켰습니다. 북한이 달라져야 한국도 달라집니다.

마찬가지로 한국이 달라져야 북한도 달라집니다. 남쪽에서 박정희의 군사반란이 안 일어나고 4·19혁명으로 순조롭게 민주화가 이루어지고 북쪽을 적대시하는 국가보안법이 폐지되었더라면 북쪽은 권력세습을 정당화할 명분을 찾기 어렵지 않았을까요. 권력세습은 체제를 교란하고 위협하는 적대세력으로부터 고슴도치처럼 오그려 자기를 지키려는 본능과 무관하지 않습니다. 남쪽에서 남과 북의 공존을 추구하는 평화세력이 길게 집권했다면 북쪽도 핏줄과는 무관하게 가장 유능한 사람을 지도자로 뽑는다는 공화국의 정신을 외면하기 어려웠을 겁니다.

진정한 변화는 간접적으로 이루어집니다. 북쪽의 물질적 풍요는 남쪽 기득권 세력의 궤멸을 유발하고 남쪽의 안정된 권력교체는 북쪽을 권력세습의 유혹에서 멀어지게 만듭니다. 북쪽도 남쪽도 스스로를 개선하려고 노력하면 결국은 서로에게 좋은 영향을 줍니다. Made in South Korea는 Made in North Korea에 영감을 주고 Made in North Korea는 Made in South Korea에 자극을 줍니다.

강물이 흘러서 바다에서 만나듯이 산길을 오르면 꼭대기에서 만납니다. 오르고 오르면 결국 봉우리에서 만납니다. 상승하는 것은 수렴합니다.

참고 자료

1 · "개성공단이 北 퍼주기라고요? 우리가 퍼옵니다", http://www.hankookilbo.com/v/fcfbe3e8987645babde2d3ab87f08f08

2 · Hungern im Land der Helden, http://www.faz.net/aktuell/politik/ausland/asien/nordkorea-hungern-im-land-der-helden-13881426.html

3 · 平壤悄悄在变化, http://world.people.com.cn/n/2015/0909/c1002-27559
408.html

중
국

모란봉악단의 2015년 베이징 공연은 중국뿐 아니라 미국과 유럽에서
도 적잖은 관심을 모았습니다. BBC를 비롯해서 주요 서방 언론은 모
란봉악단의 중국 공연을 김정은이 등장한 뒤로 껄끄러워진 조중관계
를 복원하려는 김정은의 의지로 해석하는 경우가 많았습니다.

하지만 12월 12일 공연당일 공연이 전격 취소된 뒤 중국을 비롯하
여 세계 주요 언론은 쥐 죽은 듯 조용했습니다. 그러더니 하루 이틀이
지나면서 이런저런 해석을 내놓았습니다.

모란봉악단의 한 여성 단원이 김정은의 애인이라는 사실을 중국 일
부 언론이 선정적으로 보도하자 '최고 존엄'이 모독당한 데에 분개하
여 북한이 공연을 취소했다는 해석이 있었습니다. 하지만 북쪽 지도자
를 놓고 온갖 유치한 희극의 대상으로 삼는 해외언론의 습성은 어제
오늘 생긴 것이 아닙니다. 사흘 동안의 예정된 공연을 새삼스럽지도
않은 황색언론의 자극에 과민반응하여 전격 취소한다는 것은 좀 억지

스럽습니다.

더 그럴싸한 해석은 공연 며칠 전 김정은이 무기공장을 현지 시찰한 자리에서 수소폭탄이 있다고 밝힌 것이 중국의 심기를 건드려 중국이 공연관람 귀빈등급을 몇 단계 낮추자 북한이 반발하여 공연이 취소되었다는 것입니다.

하지만 이런 분석에는 중요한 전제가 깔립니다. 북한은 중국에게 인정받고 싶어하는 욕구가 있다는 전제이지요. 중국 공산당에서 시진핑급의 최고지도자가 공연을 보러 오면 기뻐하고 나이만 먹었지 별볼일없는 공산당 간부가 공연을 보러 오면 기분이 나빠서 공연을 취소할 만큼 북한은 중국 공산당이 보내주는 관심에 일희일비하는 나라라는 전제입니다.

북한에 대한 중국의 영향력

하지만 이런 해석은 2015년 여름에 있었던 북한 예술단의 러시아 공연과 비교하면 역시 설득력이 떨어집니다. 모란봉악단과 함께 중국 공연을 하기로 되어 있었던 북한의 국가공훈합창단과 교향악단은 모란봉악단처럼 여성 배우로 구성된 청봉악단과 함께 그해 여름에도 러시아에서 세 번 공연을 가졌습니다.

러시아에서 공연을 보러 온 관객은 평범한 러시아 시민, 학생, 퇴역 노병, 고려인처럼 보이는 사람이 대부분이었습니다. 공연이 끝나고 공연소감을 밝힌 유력인사라고 해야 러시아 국방성 중앙군악단 공보관, 러시아 공훈 지휘자, 하바로프스크 음악극장 지배인이었습니다. 가장 지위가 높아 보이는 사람은 하바로프스크 정부 부수상 정도였구요.

북한이 러시아에 공연단을 보낸 이유는 러시아 정부에 공연실력을 인정받거나 러시아 지도부에 끈을 대기 위해서가 아니라 러시아의 예술가들, 북한에 관심을 가진 젊은 학생들, 조상이 조선인이었던 고려인들, 퇴역노병들에게 고난의 행군을 이겨낸 북한의 현재 모습과 북한 예술의 수준을 알리고 싶어서였음을 공연에 초대된 관객들의 모습에서 확인할 수 있었습니다.

공산체제가 무너진 러시아와 공산당이 건재한 중국은 물론 조금은 사정이 다를지 모릅니다. 하지만 그것은 러시아와 북한의 지리적 · 문화적 거리가 중국과 북한의 지리적 · 문화적 거리가 다른 정도의 반영일 뿐이지 본질적으로 큰 차이는 없을 겁니다. 적어도 북한이 나라를 대표하는 공연단을 두 나라에 보낸 이유는 북한에 호감을 품어온 러시아인과 중국인에게 건재함을 보여주려는 데에 있었다고 보는 것이 옳지 않을까요.

그런데 러시아에서는 관객의 열띤 호응을 받으며 치러졌던 공연이 중국에서는 왜 취소되고 말았을까요. 중국이 공연수위를 낮춰달라고 사정했고 북한이 이를 거절했던 것은 아닐까, 아무래도 그런 생각이 듭니다. 북한 예술단은 러시아 공연에서 양국 국가와 민요도 연주하고 불렀지만 절대 다수의 연주곡과 합창곡은 멀리는 제국주의와 싸웠던 전사와 영웅에게 바치는 내용이었고 가깝게는 인공위성과 미사일을 자력으로 쏘아올린 북한의 자위력을 자랑하는 내용이었습니다.

공훈국가합창단의 남성 단원들이 부르는 "죽어도 혁명 신념 버리지 말자"는 가사는 아무리 중국이 자본주의화되었다지만 그래도 혁명으로 정권을 세운 공산당이 건재한 나라인만큼 크게 문제시되지 않

북한이 나라를 대표하는 공연단을 두 나라에 보낸 이유는
북한에 호감을 품어온 러시아인과 중국인에게 건재함을
보여주려는 데에 있었다고 보는 것이 옳지 않을까요.

앉겠지요. 하지만 "우리의 총창 위에 평화가 있다"는 가사는 한반도의 비핵화를 강조해온 중국 공산당 지도부로서는 감내하기 어려웠을 겁니다. "백두의 혁명 혈통을 이어받은" 김정은을 중심으로 똘똘 뭉칠 것을 다짐하는 노래들의 공세는 더욱 견디기 어려웠을 겁니다. 아니, 중국 공산당 지도부의 심기를 헤아리는 중국 쪽 실무자가 그런 판단을 내리고 전전긍긍했겠지요.

하지만 러시아 때와 비슷한 자세로 북한이 공연에 임한다고 가정했을 경우 북한은 중국 공산당 지도부 앞에서 아양을 떨려고 중국에 온 것이 아니므로 공연의 수위를 조정해달라는 중국 쪽의 요구는 받아들일 수 없다고 판단하지 않았을까요.

북한이 중국 공연을 전격 취소하자 하루 이틀 숨죽이던 서방 언론들은 왜 공연이 취소되었는지를 더 깊이 캐들지는 않고 북한의 무책임함이 또다시 입증되었다는 식으로 몰아갔습니다. 그러면서 북한이 유일하게 기댈 언덕인 중국으로부터 밉보였으니 북한의 앞날이 더욱 어려워질 것으로 예상된다는 한국의 북한전문가들 발언을 인용하기도 했습니다. 일부 중국 언론도 중국이 없으면 북한은 끝이라는 한국 언론 논조를 인용하면서 자위했습니다.

하지만 어떤 이유로 이번 공연이 취소되었든 간에 한 가지 분명해진 것은 북한은 중국의 바짓가랑이에 매달리는 나라가 아니라는 사실입니다. 제발 공연만은 취소하지 말아달라며 이번에 북한의 바짓가랑이를 붙잡고 매달린 것은 중국이었는지도 모릅니다. 북한이 전격 공연을 취소할 경우 중국은 북한의 대외정책에 영향을 미칠 수 있는 힘을 갖고 있다는 신화가 거짓임이 들통날 테니까요.

중국의 있지도 않은 북한에 대한 영향력은 미국이 북한과 중국을 벌려놓으려고 열심히 강조하는 허구고, 제 눈으로 세상을 보는 눈이 없고 남들도 자기처럼 종주국의 눈치만 보면서 사는 줄 아는 한국의 언론들은 또 그걸 열심히 받아적고, 덩달아 중국은 그게 아닌 줄 알면서도 짐짓 그런 척 굴다가 나중에는 스스로도 세뇌되어 정말 나한테 대북 영향력이 생겼는지도 모른다며 착각하고 오버하면 이번처럼 망신을 당할 수 있습니다.

나이든 중국인 세대의 추억

중국이 영국, 프랑스, 미국 같은 나라보다 앞날이 밝다면 그 이유는 중심이 아직 아주 썩지는 않은 나라라서 그렇습니다. 영국, 프랑스, 미국은 금벌에게 오래전에 접수당한 나라입니다. 양식 있는 국민은 중국보다 상대적으로 더 많을지 모르지만 서방 주요 국가를 움직이는 정치인들은 자국민이 아니라 금벌의 이익을 우선시합니다. 자국 안에서 테러를 의도적으로 일으키거나 알면서 방치를 하면서라도 금벌의 손쉬운 돈벌이에 걸림돌이 되지 않는 나라를 만들려고 애씁니다. 영국에서 새로 노동당 당수에 오른 제러미 코빈처럼 금벌에 복무하지 않으려는 희귀 정치인은 진보세력이라는 자기 당 안에서도 금벌에게 복무하는 주류로부터 또라이 취급을 받구요. 영국이 중국보다 더 절망적인 나라인 이유입니다.

하지만 중국도 서구물을 먹은 해외 유학파가 급격히 늘어나고 이들이 공산당 상층부를 꿰어차면 앞날이 암울해집니다. 서구식 개인주의에 젖은 유학파 중국 공산당 간부가 촌스럽고 가난한 자국민보다 똑같이 여행을 즐기고 유행에 민감한 타국 상류층에 더 동질감을 느끼는 순간 중국은 미래가 없어집니다. 다민족 국가가 강압에 기대지 않고 유지될 수 있으려면 지도부가 철저한 공익성을 추구해야 하는데 그게 없어지면 중국 같은 나라는 모래성처럼 무너집니다. 중국 대졸자의 평균 초임은 아버지가 공직자일 때 가장 높다고 합니다. 유학파가 공산당 간부의 다수를 점할 때 이런 문제는 더욱 심각해지겠지요. 금수저를 물고 태어난 자식들이 좋은 자리를 모두 꿰어차는 사회로 넘어간 한국의 뒤를 중국도 곧 잇게 됩니다.

중국은 이미 슬슬 모래성의 길로 접어들었는지도 모릅니다. 몇 해전 갤럽이 전 세계인을 상대로 실시한 여론조사에서 중국의 나이 든 세대는 특이한 반응을 보였습니다. 국경선이 없어서 마음대로 외국에 가서 살 수 있다고 가정할 때 모든 나라에서 60대 이상의 나이든 사람들은 자기 나라에서 살고 싶다는 비율이 압도적으로 높았습니다. 가령 국경선이 없어져도 자기 나라에서 살고 싶다고 응답한 비율이 한국의 경우 18~24세에서는 24%, 45~54세에서는 41%로 높아지고 55~64세에서는 56%로 더 높아졌다가 65세 이상에서는 76%로 껑충 뛰었습니다. 일본도 18-24세에서는 43%였다가 그 뒤 연령대에서는 60%, 69%, 71%로 나이가 들수록 자국 거주를 선호하는 양상을 보였습니다.

특히 65세 이상의 연령대에서 자국 거주를 선호하는 것은 어느 나라에서나 나타나는 보편적 현상이었습니다. 하지만 중국만 달랐습니다. 중국 18~24세에서는 16%가 자국 거주를 선호했고 45~54세에서는 이 비율이 38%로 높아졌지만 55~64세에서는 36%로 약간 줄었고 65세 이상에서는 29%로 크게 줄었습니다. 중국에서는 나이든 사람일수록 자국에서 사는 것을 힘들어했습니다. 사회주의의 희생정신을 기억하는 세대에게 중국의 배금주의는 그만큼 견뎌내기가 어려웠을지 모릅니다. 북한이 이번 베이징 공연에 가장 많이 초대하려던 중국인도 바로 조중 연대의 추억을 간직한 이런 사람들이었겠지요. 그리고 공연 무산으로 가장 슬퍼하는 사람도 아마 이들일지 모릅니다.

중국에서 현실에 적응 못하는 노인세대만 사라지면 문제는 해결되는 것일까요. 지구는 하나뿐이고 자원은 유한합니다. 여느 나라와 마찬가지로 중국이 누리는 풍요는 무한팽창에 기대는 것이고 유한한 지구에서 무한팽창은 지속가능하지 않습니다. 언젠가 무한팽창이 벽에 부딪쳐 경제적 어려움이 닥치면 희생정신을 가진 사람의 씨가 마른 나라, 특히 중국 같은 다민족국가는 금세 깨집니다. 하물며 위구르인, 티베트인을 자극하는 미국의 분열공작이 가중되는 상황에서는요. 중국의 외교전문가들은 북한붕괴론을 곧잘 거론하지만 붕괴할 가능성이 더 높은 나라는 중국이지 북한이 아닙니다.

중국 내전과 북한

중국은 6 · 25전쟁 당시 압록강까지 밀렸던 북한군이 중국군의 지원으로 기사회생했다며 이 전쟁을 '항미원조' 전쟁이라고 부릅니다. 그런데 이 말의 원조는 '항장원화' 전쟁입니다. 장개석의 국민당 군대에 맞서 중국 인민군을 돕는 전쟁에 지원군을 보내면서 북한이 쓴 구호입니다. 북한은 1945년 8월 중순 이후 소련의 관리를 받았다고는 하지만 사실상 독립을 달성한 상태였지만 중국은 그 해 9월부터 국민당과 공산당이 다시 내전상태에 돌입했습니다. 공산당이 승리해서 중화인민

공화국 정부가 수립된 것은 1949년 10월의 일입니다. 이 4년 가까운 기간 동안 북한은 중국 인민해방군에게 엄청난 도움을 주었습니다.

식량, 물자, 무기 지원은 물론이었고 전황이 불리해지면 해방군은 수시로 북한으로 넘어와서 전력을 재정비하고 부상병을 치료했습니다. 국민당 군대의 파상공세에 북만주 해방구와 남만주 해방구가 끊겼을 때는 북한을 통해서 남만주와 북만주로 물자와 인원을 옮겼습니다. 당시 인민해방군은 중국 전역에서 국민당 군대와 싸워야 했으므로 만주 쪽에까지 정예병력을 보낼 여력이 없었습니다. 처음에 불리했던 전세를 뒤집는 데에는 북한 의용군들의 희생이 있었습니다.

1947년 중국의 주보중 장군이 집계한 통계에 따르면 중국 동북민주연군 정규군에 편성된 조선 병력은 12만 명, 지방부대에 속한 조선인까지 더하면 25만 명에 이르렀습니다. 조선인 병력은 크게 네 갈래였습니다. 첫째는 소련의 대일 선전포고 이후 만주로 진격한 소련군에 속했던 최광 같은 군인이었습니다. 둘째는 해방이 되어 북한으로 돌아갔다가 다시 지원군으로 파견된 병력이었습니다. 셋째는 연안 등지에서부터 인민군과 함께 싸우다가 만주까지 올라온 조선인이었습니다. 넷째는 만주에 거주하던 조선인이었습니다. 조선인은 자기 나라는 이미 해방되었음에도 아직 해방을 누리지 못한 중국을 위해 목숨을 걸고 싸웠습니다. 중국인보다 더 열심히 싸웠습니다. 일례로 만주 판스현의 인민해방군 대대 3개 중대 중에서 두 중대가 조선인으로 편성되었는데 1946년 5월 말 부대가 후퇴하면서 중국인 중대가 동요하자 중국인 지휘관의 요청으로 북한인 병사들이 중국 병사들을 무장해제시킨 일도 있습니다.

중국인 작가 뤼밍휘와 그의 저서 『북한지원중국동북해방전쟁실록』(2013)

　　이런 사실은 모두 중국인 작가 뤼밍휘(吕明輝)가 2013년에 낸 『북한지원중국동북해방전쟁실록(朝鮮支援中国东北解放战争纪实)』에 나옵니다. 작가에 따르면 중국이 북한을 도운 항미원조 관련 서적은 헤아릴 수 없이 많지만 북한이 중국 내전을 지원한 사실을 다룬 책은 중국에는 단 한 권도 없다고 합니다. 그러면서 작가는 묻습니다. 왜 북한은 그런 사실을 중국에 지적하지 않았느냐고. 왜 자신의 도움을 자랑스럽게 내세우지 않는 거냐고.

　　북한이 국제사회에서 깡패국가로 낙인찍힌 이유는 미국에게 깡패로 낙인찍혀서입니다. 북한이 미국에게 깡패로 찍힌 이유는 미국이 깡패임을 대놓고 얘기하는 거의 유일한 나라이기 때문입니다. 하지만 북한은 미국의 허물을 지적할 뿐 미국한테 북한처럼 살라고 강요하지 않습니다. 반면 미국을 움직이는 금벌은 손쉬운 돈벌이를 보장하지 않는 나라는 무조건 깡패로 몰아가고 그 나라가 자위력이 없을 때는 쳐들어가 그 나라를 생지옥으로 만들어버립니다.

체제 선택의 자유

얼마 전 베트남 의회는 부패한 관리나 정치인이 해먹은 돈의 4분의 3 이상을 뱉어낼 경우 사형을 면하도록 법을 뜯어고쳤습니다. 부패가 그만큼 만연했다는 소리지요. 조국해방에 전념하느라 결혼도 안 해서 자식이 없는 호치민은 지금도 다수 인민에게 존경을 받는 것은 물론 부패한 정치인들도 함부로 호치민을 능멸하진 못하지만 베트남은 썩을 대로 썩은 나라가 되었습니다. 혁명을 해서 외세와의 전쟁에서도 이겼는데 왜 베트남이 이 모양이 되었을까요.

권력세습을 비웃는 것은 개인의 자유지만 이 세상의 법과 여론을 금권으로 주무르는 세력에 맞선다는 것은 몇 년에 승부가 날 손쉬운 일이 아닙니다. 소련 붕괴로 서방 금권세력과 그 하수인들에게 거덜이 난 러시아가 미국의 깡패짓에 제동을 걸 수 있는 힘을 되찾게 된 것은 푸틴이 2000년 집권한 뒤로 안정적으로 러시아를 꾸려온 덕분입니다. 푸틴을 서방 언론에서는 악마로 그리지만 러시아 국민의 90퍼센트 가까이가 푸틴을 지지합니다. 하지만 푸틴이 물러난 뒤 러시아가 어떤 방향으로 흘러갈지는 아무도 장담 못합니다.

다당제는 선택의 기회를 준다는 점에서 좋은 제도지만 선택하는 유권자가 똑똑한 판단을 내릴 때에만 다수에게 이익이 됩니다. 하지만 미국을 비롯한 대다수 이른바 자유민주주의 국가에서는 금권세력과 그 하수인들이 언론과 사법을 장악하고 매수하여 유권자가 똑똑한 판단을 내릴 기회를 원천적으로 봉쇄합니다. 국제 문제에서는 더더욱 그렇습니다.

어떤 나라가 어떤 체제를 선택하건 그것은 그 나라 주권을 가진 국민이 선택할 문제지 다른 나라가 왈가왈부할 문제가 아닙니다. 세습을 하건 왕조제를 추구하건 그건 주권을 가진 당사자들이 결정할 문제지요. 자위력 없는 나라만 골라가며 쳐들어가는 깡패들이 선진국 행세를 하는 "국제사회"에서는 더더욱 그렇습니다. 미국은 공화당과 민주당이, 영국은 보수당과 노동당이 번갈아가며 집권을 하지만 침략적 대외정책은 달라지지 않습니다. 자위력이 없는 약소국만 골라가며 전쟁놀음을 하며 돈벌이를 하는 세력이 정치와 경제, 언론을 좌우하는 미국, 영국 같은 나라가 타국을 침공하기 위해서가 아니라 자국을 방어하기 위해서 수소탄까지 개발한 나라를 질타한다는 것은 어불성설 아닐까요. 북한은 자국 안에서 지하 핵실험을 했지만 영국, 프랑스 같은 나라들은 남태평양이나 북아프리카의 식민지에서 핵실험을 하면서 피해를 남에게 전가시켰습니다.

한 세기 전 조선의 고종 임금은 조선이라는 국호를 버렸습니다. 고종 스스로가 조선은 힘없고 못난 나라라는 열패감에 사로잡혀 있었습니다. 그것은 개화기 이후로 일본이 조선인에게 열심히 주입한 가르침이었습니다. 자기부정의 논리적 귀결은 식민지입니다. 조선이라는 국호가 부끄럽다며 버렸을 때 고종의 나라는 이미 식민지의 길로 들어선 셈이었습니다.

조선 왕조는 대외관계에서 예를 생명처럼 중시했습니다. 대외관계도 예부에서 맡았습니다. 조선 왕조는 타국을 상대로 전쟁과 약탈극으로 덩치를 불린 유럽의 왕조들보다 문명한 체제였지만 자위력이 없었습니다. 한 세기 전 조선은 제 땅에서 주변 열강이 전쟁놀음을 벌이는 것을 속수무책으로 지켜보았습니다. 하지만 지금은 아닙니다. 한 세기 전 조선 백성은 제 땅에서 중국 군대와 일본 군대에게 유린당했지만 지금의 조선 인민은 초강대국 미국과 그 어깨에 걸터앉은 이스라엘이 조선의 군사력이 두려워 조선의 우방 이란을 선뜻 공격하기를 주저할 정도로 무력을 키웠습니다. 조선은 굴욕스러운 현실을 다른 이름으로 지우고 덮은 것이 아니라 굴욕스러운 현실 자체를 바꾸어서 조선이라는 이름의 가치를 지켜냈습니다.

전 세계에 천 개 가까운 군사기지를 두고서 초강대국으로 군림하는 미국은 하루 이틀만 전기가 나가도 약탈극이 벌어지지만 조선 인민은 미국의 살인적 경제제재를 60년이 넘게 받으면서도 굶어죽을지언정 단 한 번도 약탈극을 벌이지 않았습니다.

자기 나라가 잘 나갈 때 자기 나라에 자긍심을 갖고 자기 나라를 자랑스러워하는 것은 유치원생도 할 수 있습니다. 하지만 자기 나라가 시련에 처했을 뿐 아니라 모두에게 손가락질까지 당할 때 자기 나라의 저력을 믿고 견뎌내는 것은, 더욱이 남에게 피해를 전가하지 않고 온전히 자기 힘으로 버텨내는 것은 문명인만이 할 수 있습니다.

자위력이 없는 문명인은 조선 왕조처럼 수모를 겪지만 자위력이 있는 문명인은 당당하게 살 수 있습니다. 모란봉악단과 공훈국가합창단이 중국에서 선언하고 싶었던 것은 바로 그런 사실이 아니었을까요. 북한의 그런 선언을 껄끄럽게 여기는 중국 공산당 간부가 많아질수록 중국의 앞날은 어두워질 것이고 중국 사회는 모래알처럼 흩어질 겁니다.

참고 자료

1 · http://cxbd.thnu.edu.cn/Article/ShowArticle.asp?ArticleID=145

아
사
드

1982년 2월 오데드 이논(Oded Yinon)이라는 이스라엘의 외교 전문가
는 〈이스라엘의 1980년대 전략(A Strategy for Israel in the 1980s)〉이라는
에세이를 발표했습니다. 글의 핵심은 이스라엘이 중동의 적대적 환경
에서 살아남자면 아랍 국가들을 종파와 지역에 따라 잘게 쪼개서 자
기들끼리 싸우게 만들어야 한다는 것이었습니다.

　이논은 범아랍주의의 종주국인 시리아도 네 토막으로 잘라야 한다
고 강조했습니다. 먼저 해안 지역은 시아파의 일파인 알라위파 국가
에 넘기고 시리아 최대의 도시 알레포와 수도 다마스쿠스를 두 개의
수니파 국가로 쪼개고 남부 시리아는 이슬람의 한 갈래인 드루즈파에
게 넘긴다는 구상이었지요. 이논의 전략은 리비아에서 그대로 실천되
었습니다. 벵가지에 거점을 두었던 리비아 반군이 세운 정부는 독일과
영국 등 유럽국가의 승인을 받았고 리비아 정부 외교관들은 영국에서
추방당했습니다. 반란군이 세운 임시 정부를 재빨리 승인하고 수십 년

동안 외교관계를 맺어온 나라의 외교관들을 전격 추방하는 조치를 정당화하려면 리비아 정부가 민주주의를 바라는 리비아 국민의 요구를 무력으로 짓밟는 무도한 정권이라는 사실을 서방 주요 국가의 국민에게 각인시킬 필요가 있었습니다. 그런 작업에 앞장선 것이 서방의 주요 언론이었고 거기에는 보수와 진보가 따로 없었습니다.

반정부 시위의 폭력화

시리아에서도 똑같은 작업이 벌어졌습니다. 시리아의 바샤르 알-아사드 대통령은 국민의 평화적인 민주화 시위를 경찰과 군대를 앞세워 폭력적으로 짓밟는 독재자로 그려졌습니다. 시리아에 특히 젊은이를 중심으로 아사드 부자의 장기 집권에 염증을 내는 세력이 있었던 것은 사실이고 시위 초반에 부패하고 무능한 지방경찰간부들이 서투른 대응으로 시위대의 반발을 부른 것도 사실이었습니다.

하지만 시리아의 반정부 시위를 폭력적으로 주도한 세력은 서방 언론이 보고 싶어하는 민주화 세력과는 거리가 멉니다. 그들은 아랍권에서는 가장 세속지향적이고 다양한 종교의 공존을 추구하는 아사드의 노선에 반감을 품은 이슬람주의자들입니다. 이들은 세속국가 시리아에게 위협을 느끼는 이슬람 왕정국가 사우디와 그 꼭두각시이며 또하나의 왕정국가인 인접국 요르단의 전폭적 후원을 받았습니다. 반아사드 봉기가 요르단과의 접경 지역인 데리아에서 시작된 것은 우연이 아닙니다. 무기와 물자를 지속적으로 공급받을 수 있는 곳이니까요.

반정부 시위대의 또 다른 주축 세력은 이스라엘과 미국이 그동안 공들여 키워놓은 친미 친이스라엘 세력입니다. 시리아에도 반정부 세

아사드 대통령을 지지하는 국민들의 행진. 시리아에도 반
정부 세력이 있고 아사드 대통령도 이들의 불만을 일정
부분 인정합니다. 하지만 시리아의 기존 반정부 세력은
외세가 시리아 국가를 분열과 해체로 몰아가는 데에 능하
다는 사실을 쓰라린 역사적 경험을 통해 잘 알기에 아사
드 대통령의 퇴진까지 요구하지는 않았습니다.

ⓒ 연합뉴스

력이 있고 아사드 대통령도 이들의 불만을 일정 부분 인정합니다. 하지만 시리아의 기존 반정부 세력은 외세가 시리아 국가를 분열과 해체로 몰아가는 데에 능하다는 사실을 쓰라린 역사적 경험을 통해 잘 알기에 아사드 대통령의 퇴진까지 요구하지는 않았습니다. 좀 덜 억압적이고 좀 더 다양성이 반영되는 국가를 바랐을 뿐이지요. 반면 시위대의 입에서는 "헤즈불라도 싫고 이란도 싫다, 알라를 두려워하는 대통령을!" "모든 기독교도를 레바논 베이루트로 몰아내라!" "바샤르에게 나라를 맡기느니 미국과 이스라엘에게 맡기자!" 살벌한 '반민주적' '반역적' 구호가 튀어나왔습니다. 이들의 배후에 이스라엘과 미국이 있었을 가능성이 높은 이유입니다.

프랑스의 AFP 통신은 강경 이슬람 세력의 아성인 하마 시에서 1만 명이 넘지 않는 시위대가 광장에 모여도 이것을 50만 명으로 부풀려 보도했습니다. 《르몽드》도 시리아 전역에서 120만 명이 넘는 군중이 시위를 벌였다고 맞장구를 쳤습니다. 반면 위기감을 느낀 수백만의 시리아 국민이 아사드 대통령을 지지하는 행진에 나섰지만 보도하지 않았습니다. 프랑스는 시리아를 식민지로 오랫동안 통치한 나라입니다.

수십만 명의 시리아 국민이 반정부 시위를 벌이려고 거리로 쏟아져 나왔고 수천 명의 시리아 국민이 정부군에게 학살당했다는 정보를 서방 언론에 공급한 조직은 '시리아인권감시'라는 런던에 본부를 둔 반아사드 조직입니다. 이들은 아랍 지역에서 반이스라엘 세력의 구심점 노릇을 하는 아사드 대통령의 존재를 껄끄러워하는 나라들의 비호와 후원을 받으면서 검증되지 않은 정보를 마구 쏟아냈습니다. 서방 언론은 이들의 주장을 앵무새처럼 반복하면서 시리아 정부를 타도해야 할 반민주세력으로 서방 각국의 시청자의 독자의 뇌리에 각인시켰습니다.

'시리아인권감시'의 역정보 공작은 '앰네스티인터내셔널'(국제사면위원회) 같은 국제인권감시단체로부터 시작됩니다. 앰네스티는 노벨평화상을 받을 만큼 권위를 인정받았고 일선 활동가들 중에는 진심으로 국경을 넘어 인류 보편의 인권을 지키려고 애쓰는 사람이 많지만, 조직의 핵심부는 친이스라엘 세력에게 장악당한 지 오래입니다.

이런 사실은 1988년부터 1992년까지 앰네스티 미국 지부 이사를 지낸 프랜시스 앤서니 보일(Francis Anthony Boyle) 일리노이대 법대 교수에 의해 밝혀졌습니다. 그에 따르면 이스라엘과 유대계 미국인은 막강한 자금력을 배경으로 뇌물과 협박으로 모든 사안에서 이스라엘의 이익을 존중하도록 앰네스티를 뜯어고쳤다는 것입니다.

1982년 이스라엘의 레바논 침공으로 2만 명의 레바논인이 죽었지만 앰네스티는 침묵했습니다. 2002년 4월 이스라엘이 팔레스타인 제닌에서 60명의 팔레스타인인을 학살했을 때 유엔은 조사에 나서려고 했지만 앰네스티와 휴먼라이트워치는 학살이 없었다고 주장하면서 이스라엘과 미국에게 면죄부를 주었습니다. 휴먼라이트워치는 열린 사회를 외치면서 멀쩡한 나라를 무너뜨리는 색깔 혁명의 물주 조지 소로스로부터 1억 달러 규모의 후원금을 받은 곳입니다.앰네스티는 남아공의 인종분리정책도 비난하지 않았습니다. 남아공은 이스라엘의 우방이었습니다.

1990년 걸프전을 코앞에 두고 앰네스티 영국지부는 이라크 병사들이 쿠웨이트 병원으로 난입하여 인큐베이터 안에 있던 수백 명의 아기를 잔인하게 내던졌다는 증언을 담은 보고서를 냈습니다. 이 보고서는 미국 의회에서 6표 차로 전쟁 찬성안이 가결되는 데 결정적 영향을 미쳤습니다. 하지만 이 증언은 미국 주재 쿠웨이트 대사의 딸 입에서 나온 허위 증언으로 나중에 밝혀졌지요.

시리아에서는 건물 옥상에서 경찰과 군중에게 총격을 가하는 저격수들을 시리아 국내 방송이 보도했습니다. 시리아 언론에서는 폭력을 부채질하고 국민과 정부를 이간질하는 주범으로 그려지는 이 저격수들이 서방 언론에서는 아사드의 정부군으로 둔갑되었고 책임은 아사드가 고스란히 뒤집어썼습니다.

시리아 전쟁을 서방 언론에서는 '내전'으로 지칭하지만 '외침'으로 부르는 것이 정확합니다. 아랍의 봄에 편승하여 서방 언론은 시리아 국민이 독재자 아사드의 학정에 맞서 무장 봉기했다고 보도했지만 처음부터 기관총으로 중무장한 세력은 레바논, 요르단, 터키 등 주변 국가로부터 시리아로 들어온 사우디, 튀니지, 중앙아시아 등지의 과격 이슬람 용병이었습니다. 이들에게 재정적 지원을 한 것은 사우디와 카타르였고 군사적 지원을 한 것은 나토와 이스라엘이었습니다.

이라크, 리비아, 시리아의 공통점

리비아도 이라크도 시리아도 아득히 먼 옛날부터 그리스도교, 유대교, 이슬람교가 평화롭게 공존하는 세속국가를 추구했습니다. 아랍에서 세속국가가 늘어나는 것은 사우디에게는 재앙입니다. 사우디 국민이 다른 체제를 보면서 사우디 왕가에 불만을 품을 수 있어서입니다. 그래서 사우디 왕가는 오래전부터 막강한 자금력으로 이슬람권에 극렬 이슬람 사상을 가르치는 학교를 세워 사우디와는 다른 길을 걸으려는 세속국가를 허무는 전사를 양성해왔고 혈기왕성한 사우디 젊은이들의 불만을 잠재우려고 주변국의 분쟁에 용병으로 투입해왔습니다.

주변에 세속국가가 늘어나면 이스라엘에게도 부담입니다. 아랍은 모두 이슬람 또라이 집단이라는 선전이 더이상 먹혀들기 어려워서지요. 중동에서 이스라엘의 불변하는 대외전략은 이스라엘을 제외한 나머지 나라는 모두 갈라놓는다는 것입니다. 이스라엘을 종주국으로 여기는 사람들에게 오래전부터 나라의 중심이 접수된 미국은 자국민의 자원과 인명을 그런 이스라엘의 안위를 위한 전쟁에 쏟아붓습니다. 미국이 주도하는 나토와 유럽도 그런 쪽으로 움직입니다.

리비아, 이라크, 시리아의 또 다른 공통점은 이스라엘과 적대관계에 있었다는 사실입니다. 카다피의 리비아도 후세인의 이라크도 아사드의 시리아도 이스라엘에게 점령당한 팔레스타인 민족을 물심양면으로 가장 열심히 도운 나라입니다. 팔레스타인을 도저히 사람이 살지 못할 곳으로 만들어 팔레스타인 민족을 팔레스타인 땅에서 몰아내고 팔레스타인을 독차지하려는 이스라엘에게 팔레스타인 민족을 외세로부터 보듬어주는 나라들은 제거 일순위가 되는 겁니다. 이슬람 극렬 세력이 시리아에서 같은 이슬람교를 믿는 부녀자를 능욕하면서 이스라엘을 털끝 하나 건드리지 않는 것을 보면 이슬람 극렬 세력의 배후에 누가 있는지를 짐작할 수 있습니다.

시리아의 한 젊은 레즈비언이 블로그로 시리아 사회에서 동성애자가 받는 수모와 압박을 토로하고 시리아 정부군의 탄압을 폭로하여 서방 네티즌들의 엄청난 성원을 받았지만 그것은 허위로 밝혀졌습니다. 주인공은 시리아의 레즈비언이 아니라 40대의 미국인이었고 그는 터키에서 열린 나토 개입 촉구 대회에 참석한 적이 있었습니다. 미국의 공작원이 국제 여론이 시리아에게 불리하게 굴러가도록 장난을 친 것이지요. 하지만 시리아는 사우디 같은 이슬람 왕정국가가 아니라 세속 공화국이라서 동성애를 국가가 공식적으로 응징하지 않습니다. 반면 서방 언론이 자유의 수호자로 그리는 반정부 무장항쟁세력은 동성애자에게 체벌을 가해야 한다고 주장하는 이슬람 근본주의자들이 다수를 차지합니다.

서방 언론은 리비아에서 다수의 난민이 폭력을 피해 탈출하고 있다고 보도했고 그것이 카다피 정권의 탄압 때문인 것처럼 보도했습니다. 하지만 실은 반군이 카다피 정권에 부역했다면서 흑인 이주 노동자들을 무차별 살상한 데서 벌어진 일이었습니다. 언론을 맹신하면 악의 세력에게 박수를 보내기 십상입니다.

미국의 이라크 침공 이후 모두 600만 명의 이라크인이 국내외에서 난민이 되었고 200만 명이 과부가 되었으며 500만 명이 고아가 되었습니다. 전쟁이 터지기 전부터 미국과 서방의 경제제재로 의약품 공급이 끊겨서 목숨을 잃은 이라크 어린이는 부지기수구요. 미국은 민주주의 확산을 명분으로 내걸고 이라크를 침공했지만 그 뒤로 이라크는 80%에 이르는 이라크인이 살인, 강간, 폭력, 고문 등 끔찍한 인권 유린 장면을 목격한 아비규환의 생지옥으로 변했습니다. 미국의 비호를 받은 부패한 친미 매판 정권은 전쟁을 사주한 미국의 호전세력이 요구하는 대로 전기, 가스, 수도, 철도를 모두 사유화시키면서 국민의 복리는 안중에도 없고 거액의 원유 판매금과 원조금과 민영화 수익금을 착복하기에 바빴습니다.

개인의 자유와 국가의 자유

리비아의 카다피가 무너지고 시리아의 아사드까지 무너지면 서방의 소수 금권세력은 이 두 나라의 사유화와 자원수탈에서 톡톡히 재미를 보겠지요. 하지만 실업과 긴축으로 고통을 겪는 서방 국가들의 중산층과 서민은 소수 상류층의 재산증식을 위한 공작자금과 무기대금으로 거액을 쏟아붓는 자국 정부에게 더욱 괄시를 당할 뿐입니다. 리비아와 시리아에서 몰려드는 난민들과 한정된 일자리를 놓고 경쟁하면서 더욱 고달프게 살아야 할 가능성이 높습니다. 금벌이 장악한 언론에 세뇌되어 호전적 정권을 투표로 들여앉힌 '선진' 민주주의 국민의 선택은 고스란히 자신의 업보로 돌아옵니다.

시리아는 지금은 이라크보다 땅덩어리가 적지만 한때는 레바논, 요르단, 이라크 일부, 팔레스타인 등 방대한 영토를 거느린 나라였습니다. 아사드가 아버지로부터 권력을 넘겨받고 계엄령을 유지해도 다수의 시리아 국민이 크게 이의 제기를 하지 않아온 것은 나라의 중심이 무너졌을 때 외세의 분열 책동으로 나라가 갈기갈기 찢겨나간다는 뼈저린 경험이 있어서입니다. 개인의 자유는 국가의 자유에 정비례한다는 것을, 자기들의 조국은 자기밖에 모르는 시온주의자들의 공세 앞에서 언제 흔들릴지 모르는 위태로운 나라라는 걸 잘 알아서입니다.

외세의 개입이 벌어지기 두 달 전까지만 하더라도 아사드 대통령은 경호 없이 군중 속에 섞여들 때도 있을 만큼 자신을 지지하는 국민 속에서는 마음을 놓았던 지도자였습니다. 시리아를 서방이 원하는 민주주의 국가로 이끄는 지름길은 시리아 국민과 아사드 대통령이 나라의 안위에 위기감을 느끼지 않도록 시리아를 가만히 두는 것입니다. 이스라엘과 미국의 소수 금벌 이익만을 대변하는 호전적 정권을 선거로 단호히 응징할 만큼 서방 세계 유권자들이 각성하지 않는 한 세계 평화는 요원할 것이고 시리아처럼 국경을 넘어선 아랍권의 단결을 추구하는 나라를 무너뜨리려는 세력의 시리아 광시곡은 계속될 것입니다.

참고 자료

1 · 이스라엘의 1980년대 전략, 오데드 이논, https://ia802607.us.archive.org/29/items/TheZionisttPlanForTheMiddleEast/MicrosoftWord-TheZionisttPlanForTheMiddleEas1.pdf
2 · Amnesty International: Imperialist Tool, Francis A. Boyle, http://www.globalresearch.ca/amnesty-international-imperialist-tool/5309437

힐러리

힐러리 클린턴이 2016년 대선 출마를 선언했을 때 적잖은 여성이 들뜬 모습을 보였습니다. 한 여성 컬럼니스트는 영국의 《가디언》지에서 힐러리의 여성 대통령 등극은 남성의 전유물이었던 백악관이라는 유리벽을 무너뜨리는 의미를 갖는다며 기대에 부풀었습니다.

힐러리도 자신이 상원의원과 국무장관이라는 공인으로서도 풍부한 경륜을 지녔지만 8년 동안 빌 클린턴 대통령의 아내로서 백악관을 지켰고 또 딸 첼시의 출산으로 할머니가 되었기에 평범한 여성의 애환을 누구보다도 잘 안다면서 다수 여성 유권자의 기대에 부응하려는 모습을 보였습니다. 한 젊은 여성 컬럼니스트는 여자가 미국이라는 나라의 통수권자가 되었다는 사실만으로도 수많은 소녀와 여학생에게 자신감과 야심을 심어주기에 충분하다며 기뻐했습니다.

아직도 남자에 비하면 여러모로 불이익과 차별을 감수해야 하는 여자가 대통령이 되면 동성애자 같은 소수자의 권익도 향상될 것으로 기대하는 사람도 많았습니다. 실제로 힐러리는 동성애자끼리의 결혼은 지지하되 그 합법성 여부는 각 주가 결정할 문제라는 입장을 그동안 보였지만 대선 출마를 선언한 뒤로는 연방 차원에서 동성애 결혼 합법화를 지지한다는 적극 찬성론으로 돌아섰지요.

힐러리와 케이건 집안 사람들

하지만 정작 민주당 안에서는 힐러리 대통령이 미국에 근본적 변화를 가져올 수 있을지 불안해하는 목소리가 낮지 않았습니다. 힐러리는 오바마 1기 정부에서 4년 동안 국무장관을 지내면서 리비아 침공, 아프간 주둔 미군 군사력 증강 등 줄곧 강경노선을 고수했거든요. 이라크 침공도 찬성했고 푸틴을 히틀러에 빗대며 러시아와 각을 세웠고 민주주의 수출을 표방하는 대외 개입주의와 이스라엘에 대한 전폭적 지지를 표방했다는 점에서 네오콘의 팽창주의와 크게 다르지 않은 모습을 보였습니다. 리비아에서 카다피가 죽었을 때는 국무장관으로 방송에 나와서 "왔노라, 보았노라, 죽었노라" 하며 파안대소했지요.

힐러리가 네오콘과 통한다는 것은 힐러리가 국무부 대변인으로 발탁했던 빅토리아 눌런드의 면모로도 짐작이 갑니다. 눌런드는 아버지 부시와 아들 부시 두 대통령 밑에서 국방장관과 부통령을 지내면서 아프간과 이라크 침공에 앞장섰던 전쟁사업가 딕 체니의 참모였습니다. 눌런드는 국무부 대변인에서 물러난 뒤 유럽유라시아담당차관보로 있었는데 우크라이나에서 2014년 초 대통령이 축출된 직후 미국이 그 동안 우크라이나에 50억 달러를 투자한 보람이 있다고 말해서 물의를 빚었지만 틀린 말은 아니었습니다. 미국은 나토를 통해 오래전부터 폴란드 등지에서 우크라이나의 무장폭력단을 양성했거든요.

눌런드보다 더 강경한 네오콘은 눌런드의 남편 로버트 케이건입니다. 역사학자이며 외교전문가인 케이건은 미국 네오컨의 성골이라고 해도 과언이 아닌 집안에서 태어났습니다. 케이건의 아버지 도널드 케이건은 예일대에서 고대 그리스 전쟁사를 가르친 역사학자로 냉전 이후에도 미국의 대폭 군비 증강을 요구하는 서한을 주도적으로 작성해서 당시 빌 클린턴 대통령에게 보낼 정도로 보수진영에서 영향력이 큰 인물입니다. 또 형 프레더릭 케이건은 육군사관학교에서 전쟁사를 가르쳤고 뒤에는 자유기업협회에 관여하면서 미국의 이라크 주둔병력 대폭 증강을 주도했지요. 프레더릭의 아내도 시아버지처럼 전쟁사가입니다. 아버지부터 두 아들 두 며느리까지 군사주의가 골수에 박힌 집안입니다.

로버트 케이건은 힐러리가 국무장관으로 있는 동안 힐러리에게 대외정책 자문을 해주었고 그 뒤 브루킹스연구소로 자리를 옮겼습니다. 브루킹스연구소는 과거 클린턴 행정부 때 국무부에서 부장관을 지낸 스트로브 탈보트가 소장으로 있는데 힐러리가 대통령이 되면 탈보트가 국무장관으로 지명될 가능성이 높았으니 로버트 케이건은 힐러리 행정부의 대외정책 사령부에 자연스럽게 합류할 확률이 높았지요.

희망과 변화를 내걸고 2008년 대선에서 흑인으로 처음 오바마가 미국 대통령이 되었을 때 미국인과 세계인은 지금의 힐러리 후보에게 거는 기대와는 비교할 수 없을 만큼 큰 기대를 걸었습니다. 오바마가 후보 시절 일방주의가 아니라 소통에 역점을 둔 새로운 대외정책을 표방했거든요. 하지만 오바마 당선자가 아들 부시 대통령이 임명했던 로버트 게이츠 국방장관을 그대로 유임시키는 것을 보면서 민주당 정부의 대외정책이 공화당 정부의 대외정책을 이어갈 것으로 우려하는 사람들이 있었습니다. 그들의 우려는 기우가 아니었습니다.

아프간과 이라크의 수렁에서 미국은 여전히 벗어나지 못했고 미국이 독재타도와 민주주의 수출을 명분으로 개입한 리비아와 시리아는 혼란에 빠져들었습니다. 17조 달러라는 천문학적 국가부채에도 전비와 국방비는 늘어만 갔구요. 국방비를 못 줄이니 교육예산과 복지예산은 뭉터기로 깎여나갔지요. 돈이 없으니 희망과 변화는 공염불에 그쳤습니다. 흑인 대통령 오바마 밑에서 미국 사회의 흑백갈등은 치유 곤란한 수준으로 골이 깊어졌습니다. 하지만 90년대 초만 하더라도 미국의 분위기는 사뭇 달랐습니다.

1990년대 초 소련과 동구권에서 공산주의가 무너지고 냉전이 종식된 뒤 미국의 보수 진영에서도 이제는 군사비 지출을 줄이고 교육과 일자리, 복지 등 그동안 소홀했던 내치에 역점을 두자는 목소리가 높아졌습니다. 1992년 대통령에 당선된 빌 클린턴이 군사비를 대폭 줄이고 재정을 안정시킬 수 있었던 것도 그런 분위기에 힘입어서였습니다.

아버지 부시 정부에서 국내총생산의 4.7%였던 미국 국방비는 빌 클린턴 정부 말기인 2000년에는 3% 미만으로 내려갔습니다. 클린턴 1기 정부 때 미국의 국방비는 1600억 달러나 삭감되었고 7년 동안 4260억 달러의 국방비 지출이 유보되었습니다. 클린턴은 1980년대 초에는 70%였다가 레이건 정부 때 28%까지 내려갔던 소득세 최고세율도 39.6%로 끌어올렸습니다. 군비 감축과 부자감세 철회 덕분에 미국의 정부재정은 1998년 근 30년 만에 처음 흑자로 돌아섰습니다.

하지만 미국의 국방예산 감축은 무기회사와 보안회사의 주식을 가진 금벌에게는 재앙이었겠지요. 아버지 부시 정부 말기인 1992년 벌써 네오콘은 국방비 증액의 필요성을 강변한 군사보고서를 작성했지만 냉전이 종식되고 1년도 안 지난 시점에서 국방예산 증액에 공감할 사람은 없었습니다.

그렇지만 무기주문이 줄어들면서 수익이 줄어들자 미국의 금벌은 국방비 증액의 정당성을 내세우는 논리를 만들어내는 작업에 본격적으로 나섰습니다. 총대를 멘 것이 힐러리 대통령의 핵심 외교 참모로 기용될 가능성이 높았던 로버트 케이건이었습니다. 로버트 케이건은 역시 거물 네오콘 어빙 크리스톨을 아버지로 두었다는 점에서 통하는 점이 많았던 잡지 발행인이며 논객이었던 윌리엄 크리스톨과 함께 1997년 '미국신세기프로젝트'라는 재단을 세웠습니다. 25명에 이르는 재단 발기인 중에는 딕 체니, 도널드 럼스펠드, 폴 월포비츠, 존 볼튼 등 레이건 정부와 아버지 부시 정부에서 호전적 대외정책의 주역을 맡았던 인물들이 대거 포진해 있었습니다.

공산주의가 무너진 마당에 세계평화를 위협하는 세력으로 몰아갈 만만한 대상이 없자 미국신세기프로젝트는 팔레스타인을 지원했기에 이스라엘이 껄끄러워하던 이라크를 낙인찍었습니다. 그리고 1998년 1월 26일 서한을 보내 대량살상무기 보유 가능성이 높은 이라크에 대한 군사제재를 요구하면서 열흘 전 백악관 인턴으로 있던 르윈스키와의 추문이 터져 곤혹스러운 처지에 있었던 클린턴 대통령을 노골적으로 압박했습니다. 미국신세기프로젝트는 연륜은 짧았지만 미국의 언론과 정치를 주무르는 금벌의 대변자들이 집결한 곳이었습니다. 결국 그해 말 이라크해방법이 가결되었고 미국은 대량살상무기가 있으리라는 짐작만으로 나흘 동안 이라크를 맹폭하는 사막의여우 작전을 벌여 공포 분위기를 조성했습니다.

네오콘은 논란이 많았던 선거를 통해 아들 부시가 2001년 대통령으로 취임하면서 제 세상을 만났습니다. 체니, 럼스펠드, 월포비츠 등 미국신세기프로젝트 발기인 25명 중 절반 가까이가 아들 부시 정부에 들어갔습니다. 이들은 대선기간 중에도 '미국군사재건'이라는 보고서를 들이밀고 군사비 대폭 증액을 압박했습니다. 이 보고서 안에는 "진주만사건에 버금가는 대참사가 기폭제 역할을 해야 가능할 만큼" 군사비 대폭 증액은 지난한 작업이 되리라는 묘한 예상도 담겨 있었지요. 진주만 사건은 2차대전 당시 참전 반대 여론이 높았던 미국 국민 여론을 뒤집으려고 미국 정부 최상층부가 경제제재로 자원조달 창구가 막혀 궁지에 몰린 일본이 공격하리라는 첩보를 암호해독으로 입수해놓고도 군 지휘부에 알리지 않아 막심한 피해가 발생하도록 유도한 사건이었습니다. 일본의 진주만 공습으로 미국의 반전 여론은 하루 아침에 뒤집어졌지요.

지난하리라던 국방비 증액작업은 2010년 9월 11일에 뉴욕에서 벌어진 동시다발 테러로 가볍게 해결되었고 그 뒤로 미국은 천문학적 재정 적자에 시달리면서도 부자에게 세금을 깎아주고 사방에서 전쟁을 벌이면서 무기회사와 보안산업을 보유한 부자에게 더 큰 돈벌이를 시켜주는 대책 없는 나라가 되어버렸습니다.

전쟁과 미국 외교협회

로버트 케이건은 미국은 자유와 정의를 세계에 전파하는 책임을 한 번도 방기한 적이 없었던 예외적인 나라이며 미국이 전통적으로 고립주의를 추구했다는 것은 신화일 뿐이라고 주장합니다. 하지만 미국의 영토가 지금의 영역으로 아메리카 대륙에서 굳어진 19세기 말 이후로 미국이 나라 밖에서 벌인 전쟁은 자작극을 통한 여론 조작으로 일으킨 전쟁 일색이었습니다.

1898년 미국은 스페인 식민지였던 쿠바에 정박 중이었던 자국 선박이 폭발하자 스페인의 짓이라 주장하며 침공하여 필리핀, 쿠바, 괌을 차지했지만 폭발은 배 밖이 아니라 배 안에서 일어난 자작극이라고 의심하는 사람이 많습니다. 1차대전 때 미국 선박 루시태니아호가 영국 근해에서 독일 유보트의 공격을 받고 미국인 128명을 포함한 1200명의 승객이 죽었지만 대파된 배 안에 300만 킬로그램의 탄약과 폭탄이 실려 있었다는 사실은 제대로 보도되지 않았습니다. 폭약은 미국의 금융 재벌 모건이 영국과 프랑스의 고객에게 납품하려던 것이었습니다. 승객이 탄 배에 폭약을 실은 것은 엄중한 범법행위였습니다. "민간" 선박을 침몰시킨 독일의 만행에 미국 여론은 들끓었고 결국 미국은 1차대전에 참전하지요. 2차대전 때 역시 영국 근해에서 아데니아호도 마치 군함인 척 소등을 하고 지그재그로 항행을 하다가 독일 유보트의 공격을 받고 침몰했습니다. 역시 미국민의 참전 반대 여론에 찬물을 끼얹는 자작극일 가능성이 높았지요. 베트남전의 빌미로 삼았던 통킹만 사건도 미국의 자작극으로 훗날 밝혀지지 않았습니까.

미국이 남북전쟁을 겪고 독립국으로 지금의 모습으로 자리를 잡은 뒤 적어도 20세기 이후로 미국을 침공하려던 나라는 없었습니다. 그런데도 미국의 금벌은 번번이 이런 자작극을 통한 여론조작으로 자국민을 전쟁의 수렁으로 몰아넣었습니다. 그런 자작극을 체계적으로 주도해온 것이 1차대전 이후 베르사유강화회담을 계기로 대외 정보의 지속적 분석과 공유를 표방하고 출범한 '외교협회'(Council on Foreign Relations)입니다(영국에서도 비슷한 시기에 비슷한 목적으로 '왕립국제문제연구소'(Royal Institute of International Affiairs)가 세워졌고 두 기관의 성격은 대동소이합니다). 미국에서 어지간한 정치인, 언론인, 학자, 기업인은 모두 외교협회 회원입니다.

미국 정치에는 유리벽이 있지만 그 유리벽은 흑인이나 여성을 걸러내는 차단막이 아닙니다. 오바마가 흑인이었어도 대통령이 될 수 있었던 것처럼 힐러리도 여성이지만 대통령이 될 수 있었을 겁니다. 오바마도 힐러리도 미국을 움직이는 금벌의 대외정책에 순응하는 한 피부빛과 성별은 본질적 걸림돌이 아닙니다. 하지만 미국의 잘못된 대외정책을 바로잡으려는 지도자는 아무리 남자라도 아무리 백인이라도 케네디 형제처럼 무자비하게 제거당합니다.

배를 타고 유럽으로 오려다가 지중해에서 수장되는 난민들이 부지기수입니다. 이 난민들은 서방의 개입으로 쑥밭이 된 나라 출신이 많지요. 미국이 세계 곳곳에서 벌이는 전쟁을 정당화하는 명분을 제공해주는 곳이 바로 미국의 외교협회입니다. 쑥밭이 된 고국에서 살기가 어려워 난민이 유럽으로 몰려들면 긴축으로 가뜩이나 어렵게 살아가는 유럽의 평범한 사람들도 살기가 더 고달파집니다.

외교협회는 작게는 미국, 크게는 서방 선진사회의 안전을 수호하는

오바마 대통령 밑에서 국무장관을 하면서 리비아 침공과 시리아, 우크라이나 개입을 주도한 힐러리에 대한 환멸로 인해 진보 성향 미국 유권자들이 기권하거나 적극적으로 투표 독려 활동에 나서지 않은 것도 트럼프의 중요한 승인이 아니었을까요.

보루가 아니라 평화와 안전을 갈망하는 모든 세계인의 염원을 짓밟는데에 앞장서온 악의 본산이 아닐까요. 그런 사실을 깨닫는 미국인이 늘어나지 않는 한 100년이 가도 천 년이 가도 미국은 달라지지 않을 겁니다.

힐러리 클린턴이 2016년 미국 대선에서 도널드 트럼프에게 패배하자 많은 세계인이 실망했습니다. 한국도 예외는 아니었구요. 한국에서는 많은 사람이 실망감을 넘어 절망감을 느꼈을지도 모릅니다. 작년 말 미국 대선을 앞두고 《사우스차이나모닝포스트》지에서 한국, 중국, 일본, 필리핀, 싱가포르, 인도네시아 국민을 대상으로 누가 미국 대통령이 되었으면 좋겠는지 여론조사를 했습니다. 여섯 나라 전체 여론은 힐러리 선호도가 훨씬으로 76%였고 트럼프는 24%였습니다. 그런데 힐러리를 대통령으로 바라는 여론이 압도적으로 높은 나라는 한국이었습니다. 93%였습니다. 그 다음이 인도네시아(90), 일본(88), 싱가포르(84), 필리핀(78), 중국(61)이었습니다. 동맹국의 안보 분담금을 대폭 올리겠다, 미국의 일자리를 빼앗는 세계화에 제동을 걸겠다는 트럼프 후보의 공언이 주한미군이 많고 활발한 대외교역에서 풍요의 기회를 찾아온 자원빈국 한국에게는 어느 나라보다도 큰 부담이 될 테니까요.

그런데 트럼프는 어떻게 당선되었을까요? 미국의 주류언론은 진보 보수 할 것 없이 압도적으로 힐러리를 지지했고 트럼프를 그야말로 묵사발냈습니다. 그런데도 어떻게 대통령이 되었을까요? 미국 제조업의 해외 이전으로 앞날이 암울해진 백인 중하류층의 불만과 분노를 트럼프가 잘 활용한 점이 분명히 크게 작용했을 겁니다. 하지만 오바마 대통령 밑에서 국무장관을 하면서 리비아 침공과 시리아, 우크라이나 개입을 주도한 힐러리에 대한 환멸로 인해 진보 성향 미국 유권자들이 기권하거나 적극적으로 투표 독려 활동에 나서지 않은 것도 트럼프의 중요한 승인이 아니었을까요. 미국은 25세 이하 젊은이 중 25%가 미국이 악의 축이라고 생각하는 나라입니다. 젊은 미국인 4명 중 1명이 자기 조국이 이 세상을 몹쓸 곳으로 만드는 악의 본산이라고 생각한다는 뜻이지요. 이렇게 똑똑하고 냉정한 유권자가 많은 나라에서 국무장관 시절 살인마 '킬러리'로 자국민에게 불렸던 힐러리가 대통령이 되었다면 그거야말로 기적이 아니었을까요.

힐러리의 딸, 트럼프의 딸

미국을 걱정하는 상당수의 미국인은 민주당 대통령이 나오든 공화당 대통령이 나오든 미국은 달라지지 않는다고 자조합니다. 물론 국내 정책은 달라질 수 있지요. 다수 서민에게 의료보험 혜택을 주려고 한 이른바 '오바마케어'가 그렇습니다. 하지만 전쟁을 통해 무기산업과 보안산업을 장악한 금벌에게 돈벌이 기회를 주고 나라를 빚더미에 앉혀 재정 적자를 구실로 한 긴축과 민영화로 다시 금융산업을 장악한 금벌에게 다시 돈벌이 기회를 주는 미국 소수 금벌의 다수 서민 착취 구조는 민주당 대통령 밑에서도 근본적으로 달라지지 않습니다.

미국이 정말로 달라지려면 자국의 호전적 대외정책이 문제의 본질임을 아는 대통령이 나와야 합니다. 그리고 누가 자국의 대외정책을 호전적으로 몰아가는지를 정확하게 인식해야 합니다. 미국의 호전적 대외정책 배후에는 무기산업, 보안산업, 언론을 모두 틀어쥔 유대인

트럼프는 어떻게 당선되었을까요? 미국의 주류언론은 진
보 보수 할 것 없이 압도적으로 힐러리를 지지했고 트럼
프를 그야말로 묵사발냈습니다. 그런데도 어떻게 대통령
이 되었을까요? 미국 제조업의 해외 이전으로 앞날이 암
울해진 백인 중하류층의 불만과 분노를 트럼프가 잘 활용
한 점이 분명히 크게 작용했을 겁니다.

이 있습니다. 미국에 사는 유대인은 조국 이스라엘의 주변에 있는 이스라엘의 적국을 무너뜨리려고 미국을 등에 업고 미국 납세자의 돈으로 이라크, 리비아, 레바논, 시리아를 쑥밭으로 만듭니다. 트럼프는 아랍 난민의 미국 입국을 금지하기 전에 이스라엘 때문에 미국이 전쟁에 말려들었다는 사실을 직시해야 합니다.

미국은 적어도 이스라엘 앞에서는 주권국가가 아닙니다. 이스라엘의 《하레츠》 같은 진보지에는 이스라엘의 팔레스타인 탄압 정책을 강하게 비판하는 글이 실립니다. 하지만 미국을 대표한다는 진보지 《뉴욕타임스》에서는 그런 글을 찾아볼 수 없습니다. 그런 글을 실어주지도 않거니와 그런 글을 쓰려는 기자도 적어도 주류 언론에서는 찾아보기 어렵습니다. 감히 이스라엘을 비판했다가는 그 바닥에서 매장당한다는 걸 너무나 잘 아니까요.

대선토론에서는 서로 잡아먹을 것처럼 싸웠지만 힐러리 클린턴과 도널드 트럼프의 거리는 생각만큼 멀지 않습니다. 힐러리의 딸 첼시와 트럼프의 딸 이반카는 친구 사이입니다. 첼시와 이반카는 남편이 유대인이라는 공통점도 있습니다. 케이건 집안을 비롯해서 힐러리와 가까운 권부의 핵심 인사들도 유대인이지만 힐러리의 사위인 마크 메즈빈스키도 유대인입니다. 트럼프가 신임하는 정책참모는 유대인 사위 제러드 쿠시너입니다. 힐러리의 딸 첼시는 남편은 유대인이어도 본인은 감리교 신자로 남아 있지만 트럼프의 딸 이반카는 유대교로 개종까지 했습니다.

미국이 달라지려면 대외정책이 달라져야 하고 대외정책이 달라지려면 이스라엘의 입김을 차단해야 하는데 트럼프의 총애를 받는 쿠시

너가 그걸 묵인할 리 없습니다. 트럼프가 이슬람 근본주의 세력을 테러의 본산으로 연일 성토하는 것은 악의 본산을 정조준하지 못하는 무능을 드러냅니다. 이슬람 근본주의 세력을 키워왔고 지금도 시리아에서 비호하는 것은 미국이고 미국이 그러는 것은 이스라엘을 위해서입니다. 범아랍주의와 세속주의를 함께 추구하는 시리아가 잘나가면 이스라엘이 힘들어집니다. 시리아를 또라이 이슬람 국가로 만들어야 이스라엘이 점령한 팔레스타인인을 싸잡아 또라이로 몰아갈 수 있어서입니다. 미국을 잘못된 길로 이끄는 세력을 정조준하지 못하는데 미국이 어떻게 달라질 수 있을까요.

영국 귀족 이야기

서양에서 전쟁과 돈은 예로부터 불가분의 관계가 있습니다. 스티븐 밋포드 굿선이 쓴『중앙은행사(A History of Central Banking)』에 따르면 프랑스 북부 노르망디를 근거지로 삼았던 윌리엄 왕이 1066년 바다 건너 잉글랜드를 침략해서 승리한 것은 노르망디의 유대인들이 원정자금을 대주어서였습니다. 유대인은 정복왕 윌리엄을 등에 업고 잉글랜드에서 돈놀이를 했습니다. 땅을 담보로 잡아 귀족에게 돈을 빌려주고는 이자를 연리로 33%씩이나 물리고 자영업자의 동산이나 생산설비에 연리 300%를 물리면서 단 두 세대 만에 잉글랜드 땅의 4분의 1을 차지했습니다. 1186년에 죽은 유대인 아론은 잉글랜드 최고 갑부였습니다. 왕보다 재산이 많았습니다. 귀족이 돈을 못 갚으면 왕은 고리대금업자를 통해 귀족의 땅을 헐값에 사들였습니다. 1215년 왕권을 규제하는 대헌장, 이른바 마그나카르타가 제정된 것은 고리대금업자가 보유한 채권을 탕감하고 유대인의 특권적 지위를 철폐하는 데에 중요한 목적이 있었습니다. 그래도 고리대금업자의 사회적 폐해는 근절되지 않았고 결국 에드워드 1세는 사태의 심각성을 깨닫고 1290년 1만 6511명의 유대인을 추방했습니다. 보유한 금괴나 은괴의 10분의 1을 세금으로 내면 재산을 갖고 떠날 수 있었습니다.

왕당파와 의회파가 충돌한 잉글랜드내전(1642~48) 때 의회파를 뒤에서 민 것도 스페인에서 추방되었다가 네덜란드에 거점을 마련한 뒤다시 은밀하게 잉글랜드로 들어온 유대인 은행가들이었습니다. 찰스 1세의 목을 날리고 권력을 거머쥔 크롬웰이 1655년 유대인과의 밀약에 따라 유대인의 잉글랜드 거주를 허용하려고 하자 성직자, 법관, 상인이 하나같이 반대했습니다. 하지만 가톨릭 신자였던 잉글랜드의 제임스 2세가 네덜란드로 시집간 개신교도 딸 메리와 사위 오렌지공 빌럼에게 밀려난 1688년의 이른바 명예혁명으로 네덜란드의 유대인은 합법적으로 영국에 거주할 수 있는 권리를 얻었습니다. 이때 제임스 2세를 배신하고 외세에 달라붙었던 인물이 호전적 대외정책으로 영국 금벌의 총애를 받은 윈스턴 처칠의 직계 선조인 1대 말버러 공작 존 처칠이었습니다. 처칠 집안은 금벌에 복무하는 유구한 전통이 있었던 셈이지요.

유대인 은행가들은 1694년 잉글랜드은행을 세웠습니다. 이제 왕은 잉글랜드은행에서 돈을 빌려 마음껏 전쟁을 벌일 수 있었습니다. 명예혁명으로 즉위한 윌리엄 3세는 프랑스 루이 14세와 싸우는 데 필요한 군자금을 연리 8%로 잉글랜드은행에서 빌렸습니다. 수수료 4천 파운드와 이자 10만 파운드를 해마다 꼬박꼬박 은행에 바쳐야 했습니다.

전쟁 빈도가 잦아지면서 은행빚은 불어났고 왕은 국민에게 쥐어짠 돈으로 은행빚을 갚았습니다. 토지세, 소금세, 맥주세는 기본이었고 나중에는 선박세, 종이세, 창문세를 받았습니다. 심지어 출산세, 혼인세, 사망세, 독신세까지 받았습니다. 무분별한 전쟁으로 진 나라빚으로 국민은 허리가 휘어도 고리대금업자는 돈방석에 앉는 영구 수탈 구조가 확립되었습니다.

은행의 돈놀이가 영국 국민을 나락으로 몰아간다는 비판의 목소리가 당연히 높아졌습니다. 고리대금업에 대한 국민의 불만이 다시 유대인 추방으로 이어지는 악몽 같은 상황을 막으려면 어떻게 해야 할까요. 귀족의 이익과 유대인의 이익을 일체화시키는 것이었겠지요. 유대인의 이익을 침해하면 귀족의 이익도 침해되도록 만들어야 하지 않을까요. 방법은 혼인이었습니다.

때마침 영국에서 산업혁명이 일어나면서 공장을 운영하는 산업자본가는 대자본가로 커나갔지만 토지와 저택을 보유한 전통 귀족은 재정난을 겪었습니다. 공산물과 농산물은 수익성에서 경쟁이 안 되었습니다. L. G. 파인이 쓴 『영국 귀족 이야기(Tales of the British Aristocracy)』에 따르면 자금력이 풍부한 유대인 자산가들은 주로 딸을 몰락 위기에 처한 귀족에게 시집 보내는 방식으로 영국의 귀족계급을 유대인 집안과 운명공동체로 만들었습니다. 그리고 나중에는 유대인 아내를 둔 덕에 총리까지 되는 정치인도 생겨났습니다.

그런데 과거의 영국과 지금의 미국은 조금 달라 보입니다. 과거 영국에서는 돈은 많아도 정치적 지위는 낮았던 유대인 부호가 귀족과의 혼인관계를 통해 귀족과 연을 맺었습니다. 그런데 지금 미국에서 유대인은 돈도 많고 정치적 지위도 높아 굳이 아쉬울 것이 없습니다. 미국에서 몇 손가락 안에 드는 부자 아버지를 두었고 모델로도 활동할 만큼 빼어난 미모를 지닌 이반카는 지금의 남편과 연애 시절 한때 갈라선 적이 있다지요. 남자 집안은 부모가 둘 다 상원의원을 지낼 정도로 쟁쟁했는데 장로교회를 다녔던 이반카를 탐탁지 않게 여겼답니다. 결국 이반카는 유대교로 개종했고 지금은 딸이 유대인 유치원에 다니고 있답니다. 이반카는 지금의 남편과 만나기 전에 두 번 연애를 했는데 상대는 모두 유대인이었습니다.

미국을 움직이는 것은 클린턴 집안도 아니고 트럼프 집안도 아닙니다. 힐러리 클린턴이 더 잘 따랐겠지만 도널드 트럼프도 케이건 집안으로 상징되는 미국 금벌의 이스라엘 지상주의를 충실히 따를 겁니다. 미국이 만악의 근본임을 아는 의로운 미국 젊은이들의 머리에서 힐러리 클린턴과 도널드 트럼프는 힐러리 케이건과 도널드 케이건으로 기억될 겁니다.

참고 자료

1 · *A History of Central Banking and the Enslavement of Mankind*, Stephen Mitford Goodson, 2014
2 · *Tales of the British Aristocracy*, L. G. Pine, 1956
3 · http://www.scmp.com/week-asia/politics/article/2042745/how-asia-would-vote-us-election-exclusive-survey

2011년 2월 21일은 리비아의 운명이 결정된 날이었습니다. 이날 리비아의 수도 트리폴리에서 리비아 정부군이 건물 옥상에 올라 시위대를 저격 사살했다는 보도가 나왔습니다. 토브루크에서는 이집트인 10명이 살해당했다는 보도도 있었습니다. 리비아의 최대 부족인 와르팔라가 15일부터 시작된 반정부 봉기에 합류했다는 소식도 들렸습니다. 카다피의 폭력진압을 거부하는 리비아 군인의 탈영이 늘고 있다는 보도도 잇따라 나왔지요. 폴란드, 미국, 인도, 방글라데시, 인도네시아 주재 리비아 대사들이 사임했고 주유엔 리비아 부대사는 기자회견을 열어 카다피가 용병을 동원해서 국민을 학살하고 있다고 비난했습니다.

낭설로 밝혀진 리비아 공군의 민간인 폭격

카다피 밑에서 법무장관으로 있던 무스타파 압둘 잘릴도 이날 장관을 그만둔다고 밝혔습니다. 하지만 세계 여론을 경악시킨 것은 리비아

공군 전투기가 평화로운 시위를 하던 비무장 민간인들에게 폭탄을 퍼부어 학살했다는 알자지라의 보도였습니다. 알자지라의 충격적인 보도는 순식간에 퍼져나갔고 세계 여론은 카다피의 만행에 치를 떨었습니다.

이날은 런던에 본부를 둔 리비아인권연맹의 슬리만 부추이구이르 박사가 카다피가 자국민을 무자비하게 학살하고 있다고 유엔에서 증언한 날이기도 했습니다. 부추이구이르는 리비아 군대가 벵가지에서 수백 명의 시민을 죽였다면서 국제사회에 리비아 문제에 개입해달라고 호소했습니다. 우발적으로 일어났다고 믿기는 쉽지 않은 굵직굵직한 사건들이 이날 집중적으로 일어났습니다.

닷새 뒤인 2월 26일 유엔 안전보장이사회는 리비아 정부 제재 결의안 1970호를 통과시켜 카다피 일가족의 해외 재산을 동결하고 리비아 정부 핵심 인사들의 해외 여행을 제한했습니다. 리비아 정부군과 반군의 전투가 격화되면서 사상자가 늘어나자 미국과 영국, 프랑스 등은 카다피의 학살극으로부터 리비아 국민을 "무슨 수단을 써서라도" 지켜주어야 한다면서 3월 17일 두번째 결의안 1973호를 통과시켜 나토를 통한 "인도주의 전쟁"을 본격적으로 벌이기 시작했습니다. 나토는 7개월 반 동안 리비아 국민을 독재자의 학살로부터 구출하기 위해 모두 2만 회가 넘게 출격해서 5만 명에 가까운 리비아인을 죽였습니다.

하지만 세계 여론을 카다피에게 급격하게 불리한 쪽으로 돌아서게 만든 리비아 공군의 비무장 시민 포격설은 아무 근거 없는 낭설로 밝혀졌습니다. 3월 2일 마이크 멀린 합참의장은 미국 상원에서 리비아 공군이 자국민을 공격했다는 증거는 아직 찾지 못했다고 증언했습니다.

2월 21일 유엔에서 카다피가 자국민을 무자비하게 학살하고 있다고 증언한 리비아인권연맹 부추이구이르 대표도 나중에 이렇다 할 증거를 제시하지 못했습니다. 그 해 7월 반군에게 우호적인 취재를 하는 것처럼 위장하고 인터뷰를 요청한 기자가 카다피가 자국민을 죽였다는 증거를 보여줄 수 있느냐고 부추이구이르에게 묻자 자기도 과도국가위원회를 통해서 들었다고 밝혔을 뿐입니다. 과도국가위원회는 바로 리비아 반군의 공식 조직이었습니다. 카다피와 싸우는 세력의 주장이 유엔에서 리비아 정부를 규탄하는 데 일방적으로 사용된 것이지요. 알고 보니 부추이구이르가 이끄는 리비아인권연맹의 회원 중에는 과도국가위원회의 핵심 인사들이 다수 들어가 있었습니다.

3월 17일 리비아 정부군에게 사실상 전쟁포고와 다를 바 없는 비행제한 구역 설정이 들어간 1973호 결의안이 통과되기 전 리비아 현지로 유엔 차원에서 진상 조사단을 파견해야 한다는 여론도 일어났지만 미국과 영국, 프랑스는 모르쇠로 일관했습니다. 현장에 가서 조사를 해봤자 그 동안 서방 언론에서 떠든 카다피 학살극의 증거를 찾기가 어려우리란 것을 너무나 잘 알아서였겠지요.

카다피는 봉기한 무장항쟁세력을 무력으로 진압하라는 명령을 내렸을지언정 무장하지 않은 자국민을 무차별 학살하라고 지시했을 가능성은 높지 않습니다. 그것이 서방 언론에 보도될 경우 그렇지 않아도 안 좋은 국제사회 여론이 급격히 더 악화될 것임은 불을 보듯 뻔했으니까요. 리비아 정부군은 반군에게서 빼앗겼던 도시를 탈환한 다음에도 보복을 하거나 학살을 하지 않았습니다. 하지만 반군은 카다피의 마지막 거점이었던 시르테를 점령한 뒤 카다피 편에서 싸우던 수백

명의 전투원을 잔인하게 학살했습니다.

리비아인권연맹을 이끄는 부추이구이르는 1970년대에 미국 조지 워싱턴대학에서 '석유의 정치무기화'라는 주제로 박사학위를 받았습니다. 그의 스승은 중동전략 전문가로《이스라엘 문제》같은 학술지의 편집자를 다년간 맡을 만큼 이스라엘과 관련이 깊은 정치학자 버나드 라이시였습니다. 또 리비아인권연맹이 회원으로 가입한 국제인권연합은 미국민주주의기금의 지원을 받는 조직이었습니다. 1982년에 미국 국무부의 후원으로 설립된 미국민주주의기금은 2004년 8월에 베네수엘라에서 실시된 대통령탄핵 국민투표의 출구조사에도 자금지원을 했는데 이 출구조사에서 우고 차베스 대통령이 20%의 차이로 탄핵되는 것으로 나왔지만 결과는 정반대였습니다. 차베스 대통령은 20%의 차이로 국민으로부터 다시 절대적 신임을 받았습니다. 하지만 야당은 미국의 자금으로 이루어진 이 출구조사 결과를 가지고 부정선거가 이루어졌다고 주장했지요.

아프리카 최초의 통신위성

그런데 카다피는 왜 미국과 유럽의 미움을 샀을까요? 돈벌이를 방해했거든요. 1992년 아프리카 45개국은 아프리카가 공유하는 통신위성을 띄우기로 합의하고 RASCOM(아프리카지역위성통신기구)을 만들었습니다. 당시 아프리카는 세계에서 국제전화료가 가장 비싼 지역이었습니다. 아프리카는 연간 5억 달러를 유럽의 통신위성 보유사에게 지불해야 했으니까요.

겨우 4억 달러면 통신위성을 쏘아올릴 수 있었으니 RASCOM의 결성은 지극히 당연했습니다. 문제는 아프리카 나라들에게 돈이 없다는 것이었죠. RASCOM은 세계은행, IMF, 서방 은행들에게 융자를 요청했지만 이들은 무려 14년 동안 이 핑계 저 핑계 대면서 시간만 질질 끌었습니다. 아프리카가 독자적으로 통신위성을 갖게 되면 거액의 통신위성 사용료를 잃게 되니 서방에게는 불리했겠지요.

보다못한 리비아의 카다피가 2006년에 3억 달러를 내놓았습니다. 아프리카개발은행이 5천만 달러를 보태고 서아프리카개발은행도 2700만 달러를 덧붙여서 마침내 2007년 12월 26일 아프리카 최초로 통신위성을 띄웠습니다.

리비아의 자금력은 물론 기름에서 나옵니다. 리비아는 해마다 300억 달러가 넘는 무역 흑자를 냈습니다. 2006년에 세워진 리비아투자청은 2011년 당시 700억 달러 규모의 국부기금을 운용했습니다. 해외 투자분까지 포함하면 리비아의 국부기금은 1500억 달러에 육박했습니다. 리비아는 유럽, 아시아, 미국, 남미에도 투자를 했지만 북아프리카 지역에도 대규모 투자를 했습니다.

그런데 미국과 유럽은 리비아 폭격에 들어가기 전부터 벌써 리비아의 해외 자산을 동결했습니다. 미국은 2011년 2월 28일 320억 달러 규모의 리비아 자산을 동결했고 며칠 뒤 유럽연합이 450억 유로 규모의 리비아 자산을 동결했습니다. 리비아의 자산이 동결되면 아프리카 지역에서 리비아가 주도적으로 하던 개발사업도 타격을 받을 수밖에 없지요.

오일 달러로 떼돈을 버는 산유국이 리비아만은 아니지만 리비아가 중동의 여타 산유국들과 다른 점은 부패한 지배층이 독점하는 오일

리비아의 카다피는 단순히 아프리카 경제발전에 거액을
투자하는 차원을 넘어서 아프리카투자은행, 아프리카통
화기금, 아프리카중앙은행을 각각 리비아, 카메룬, 나이
지리아에 세워서 서방 자본에 속박되면서 국부를 약탈당
하는 아프리카의 악순환을 끊어내려고 했습니다.

ⓒ 연합뉴스

달러가 그대로 서방 은행의 비밀계좌로 회수되는 반면 리비아의 오일 달러는 리비아 국민에게 여타 산유국에서보다 훨씬 많이 배분되고 지역경제 개발사업에도 재투자된다는 점이었습니다. 석유로 벌어들인 돈이 소수의 주머니에 머물러 있지 않고 다수의 호주머니로 분산된다는 점이었습니다.

1960년대 이후로 나이지리아의 원유를 비롯한 엄청난 지하자원 판매금 가운데 4천억 달러가 부패한 정치인들의 호주머니로 들어갔고 이 중 천억 달러가 서방 국가의 은행으로 빠져나갔습니다. 나이지리아의 금권 엘리트는 서방 석유회사에 국제 시세보다 훨씬 싼 값에 기름을 팔고 서방 석유회사는 차액의 일부를 서방 은행의 비밀계좌로 넣어주었습니다.

카다피가 서방 정부와 서방 기업에게 밉보인 것은 자원을 외국 기업에 헐값에 넘겨주는 여타 아프리카 정치인들과는 달리 리비아의 국익과 아프리카의 공익을 내걸면서 까다롭게 굴어서였습니다. 카다피는 리비아투자청을 만들어서 공식적으로 원유판매금을 운용하면서 해외에 리비아 국가의 이름으로 투자했지 리비아 반군과 서방의 편에 선 다수의 부패한 아랍 아프리카 지도자처럼 개인적으로 착복하지 않았습니다.

카다피 치하의 리비아가 잘 나가면 아프리카 전체에 좋지 않은 선례가 됩니다. 자국민은 수탈하더라도 서방의 이익을 지켜주는 체제가 잘 되어야지 자국민 다수의 이익을 대변하면서 서방에게 호락호락하지 않은 체제가 잘 나가면 곤란합니다. 봐라, 우리처럼 자유시장 지상주의 경제를 추구하지 않는 나라는 다 저 모양 저 꼴로 살지 않느냐고 자국민에게 엄포를 놓을 수가 없습니다.

세계은행에 따르면 1990년대에 서방 국가들은 저발전 국가들에게 매년 500억 달러에서 800억 달러 규모의 지원을 했습니다. 그런데 부패한 저발전 국가의 정치인들이 서방 국가들의 은행으로 빼돌린 돈 역시 5000억 달러에서 8000억 달러였습니다. 서방 국가들은 1달러를 주고 10달러를 거둬들인 셈이었지요.

영국의《가디언》같은 이른바 진보지는 부국들이 아프리카에 거액을 지원하는데도 아프리카 국가들이 가난의 수렁에서 벗어나지 못하는 것을 부패한 정치인들의 탓으로 돌리지만 그런 부패한 정치인들을 발탁하고 그들이 자국 은행으로 돈을 빼돌리도록 용인하고 장려하는 것이 바로 자국 정치인들이라는 사실은 지적하지 않습니다. 서방의 주류 진보와 주류 민주주의는 국경선을 잘 넘지 못합니다. 자기들이 누리는 자유를 못 누리는 체제는 미개하다고 생각합니다. 그래서 개입해서라도 바로잡아야 한다고 생각합니다.

아프리카 지역 단일 통화의 꿈

몸을 누일 집이 없고 아파도 병원에 갈 수가 없고 똑똑한 자식도 학교에 보낼 수가 없는 사람에게 자유는 공허합니다. 미국과 유럽이 말하는 개인의 자유가 민주주의의 전부가 아닙니다. 국민 다수의 이익을 대변하는 것도 민주주의 체제의 중요한 임무가 아닐까요. 리비아 수탈극에 앞장선 영국, 프랑스, 미국, 이탈리아는 리비아에서 국민 다수에게 집과 병원과 학교를 제공하려던 민주주의 체제를 무너뜨리고 소수의 금권 엘리트에게만 자유를 허용하는 꼭두각시 체제를 세우고 싶어합니다.

리비아의 카다피는 단순히 아프리카 경제발전에 거액을 투자하는 차원을 넘어서 아프리카투자은행, 아프리카통화기금, 아프리카중앙은행을 각각 리비아, 카메룬, 나이지리아에 세워서 서방 자본에 속박되면서 국부를 약탈당하는 아프리카의 악순환을 끊어내려고 했습니다. 아프리카통화기금을 만드는 데 들어가는 420억 달러의 자금 가운데 상당액은 리비아가 부담할 몫이었습니다. 아프리카통화기금이 만들어져서 경제적으로 어려움을 겪는 아프리카 국가에게 저금리로 자본을 안정적으로 제공할 경우 IMF는 지금처럼 아프리카 국가들의 경제불안을 파고들어서 고금리와 단기 대출로 폭리를 취하면서 무차별 사유화로 아프리카의 국부를 집어삼킬 수가 없게 됩니다.

카다피는 아프리카인을 위한 국제통화조직을 만드는 데 그치지 않고 아프리카 지역의 단일 통화를 만들려는 시도까지 했습니다. 미국이 달러를 마구 찍어내는데도 달러 가치가 쉽게 떨어지지 않는 이유는 달러가 석유거래의 결제통화로 쓰여서 그렇습니다. 석유가 없으면 경제가 마비되니 한국처럼 수출에 목숨을 거는 나라들은 달러를 비축해 놓아야 합니다. 석유를 사려면 달러가 있어야 하니까요.

리비아의 디나르는 리비아중앙은행이 보유한 막대한 양의 금을 등에 업고 세계에서 유일한 금태환화폐로 통용되었는데 카다피는 디나르를 북아프리카 지역의 공동화폐로 쓰자는 제안을 내놓았습니다. 리비아는 양질의 원유와 천연가스가 무진장하게 매장된 나라이니 리비아의 공동화폐안에 동조하는 나라가 늘어나면 아프리카에서 미국과 달러의 지위는 흔들립니다.

흔들리는 것은 미국만이 아닙니다. 프랑스가 아프리카에 과거 식민지들을 중심으로 쌓아올린 CFA프랑(아프리카금융공동프랑) 경제의 종주국 노릇도 더 이상 못하게 됩니다. 프랑스는 1960년에 독자 통화를 쓰지 않고 과거 식민지 시절의 화폐인 CFA프랑화를 계속 쓴다는 조건으로 코트디부아르, 세네갈, 니제르, 말리 등을 독립시켰습니다. CFA프랑은 전에는 프랑화와, 지금은 유로화와 연동되어 가치를 보장받으므로 프랑스 기업들이 이 지역에서 경제활동을 하기에 더없이 유리합니다. CFA프랑으로 아프리카에서 돈을 벌면 바로 프랑스로 송금이 가능했고 아프리카의 독재자들도 안정적으로 축재를 할 수 있었습니다. 프랑스가 아프리카 지배층에 살포한 뇌물은 그대로 프랑스 은행의 비밀계좌로 되돌아왔습니다.

하지만 CFA프랑을 쓰는 나라들은 독자적으로 통화정책을 집행할 수가 없었고 철저히 프랑스와 유럽이 자기 이익을 위해 추구하는 경제정책과 통화 정책을 자기들 현실과는 무관하게 받아들여야 했습니다. 유로 같은 공동화폐는 역내 경제 교류를 활성화하는 데 크게 기여했지만 프랑스는 CFA프랑의 교환조건을 자기에게만 유리하게 만들어서 아프리카 국가들이 상호 교역을 하기보다는 프랑스하고만 교역을 할 수밖에 없도록 만들었습니다. 공동화폐를 쓰지만 역내 경제 교류는 활성화되지 않았고 프랑스와 유럽연합이 자기 이익에 따라서 쓰는 통화정책, 금리정책에 따르는 역풍을 고스란히 맞을 수밖에 없었습니다.

그런데 카다피가 전 세계에서 유일하게 금과 태환성을 갖는, 다시 말해서 돈을 가지고 오면 금으로 바꿔주는 디나르를 가지고 아프리카

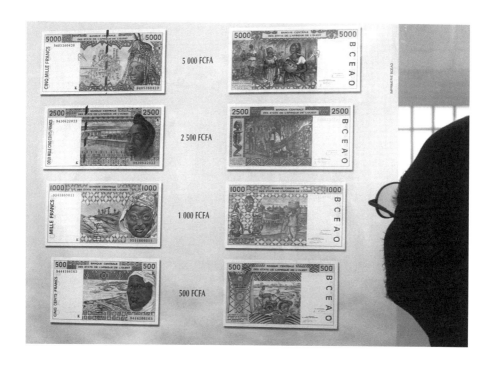

5 000 FCFA

2 500 FCFA

1 000 FCFA

500 FCFA

프랑스는 1960년에 독자 통화를 쓰지 않고 과거 식민지 시절의 화폐인 CFA프랑화를 계속 쓴다는 조건으로 코트디부아르, 세네갈, 니제르, 말리 등을 독립시켰습니다. CFA프랑은 전에는 프랑화와, 지금은 유로화와 연동되어 가치를 보장받으므로 프랑스 기업들이 이 지역에서 경제 활동을 하기에 더없이 유리합니다.

공동통화를 만들자고 제안하고 아프리카중앙은행, 아프리카통화기금, 아프리카투자은행을 세우는 데 앞장선 것이지요. 달러와 CFA프랑의 지위를 위협하는 카다피는 미국에게도 프랑스에게도 용납하기 어려운 존재였겠지요. 리비아 반군은 2월 중순 반란을 일으킨 직후 바로 임시정부와 새로운 중앙은행부터 세웠고 프랑스는 임시정부와 반군의 중앙은행을 바로 승인했습니다.

BBC와 서방 언론들의 일방적 리비아 응징론

리비아에 대한 나토의 공습이 본격화하면서 BBC를 포함한 서방 주류 언론은 1986년 베를린의 디스코 클럽에서 일어난 폭탄테러사건과 1988년 스코틀랜드의 로커비 상공에서 폭파된 미국 팬암 여객기 사건도 카다피가 저질렀음을 상기시키면서 카다피 응징을 정당화하려는 모습을 보여주었습니다.

하지만 리비아를 테러국가로 몰고 경제제재를 하는 결정적 근거로 제시된 이 두 사건 모두 리비아와는 전혀 관련이 없는 날조극이었습니다. 1998년 8월 독일의 공영방송 ZDF는 폭탄을 터뜨린 용의자 중에서 미국과 이스라엘의 첩보원으로 보이는 인물들이 있었다는 내용의 다큐멘터리를 보도했습니다.

리비아인 무스바흐 에테르는 사건이 일어날 당시 동독 주재 리비아 대사관에 근무했지만 미국 대사관을 자주 드나들었고 나중에 기밀 해제된 동독과 소련의 비밀문서에서 CIA 첩자로 지목된 것으로 알려졌습니다. 또 다른 용의자인 모하메드 아마이리는 이스라엘 첩보부 모사드의 요원으로 밝혀졌습니다. 용의자들은 재판정에도 거의 모습을 나타내지 않았고 사건은 흐지부지되었습니다. 하지만 레이건 미국 대통령은 보복으로 카다피 거처를 공격하라는 지시를 내렸습니다. 미국의 폭격으로 30명이 넘는 리비아 민간인이 죽었고 카다피의 어린 딸도 목숨을 잃었습니다.

1988년의 로커비 여객기 폭파 사건도 미국과 영국은 리비아의 소행으로 몰고 갔지만 신빙성은 별로 없습니다. 미국은 수사 결과 리비아 항공사의 고위관리인 알리 메그라히가 주범이라며 조사와 재판을 위해 메그라히를 넘겨주지 않을 경우 경제제재를 가하겠다고 위협했습니다. 리비아는 메그라히를 넘겨주었고 메그라히는 유죄를 선고받고 10년 동안 스코틀랜드 형무소에서 복역하다가 말기 전립선암으로 특별 사면을 받고 몇 년 전 리비아로 보내졌습니다. 메그라히는 자신은 조국 리비아를 경제제재의 위기에서 구하기 위해 카다피의 만류에도 재판을 받았지만 결백하다는 입장을 줄곧 밝혔습니다. 메그라히를 범인이라고 지목한 몰타의 한 옷가게 주인은 나중에 CIA로부터 200만 달러의 돈을 받아 챙겼습니다. 유엔 참관인으로 재판을 지켜본 오스트리아의 법률가 한스 쾨흘러는 두 명의 미국 법무부 관리가 스코틀랜드 검찰 옆에 붙어앉아 지시를 내리던 이 재판의 공정성에 심각한 우려를 나타냈습니다.

그렇지만 리비아는 결국 12년 동안 경제제재를 받았습니다. 리비아는 270명의 로커비 유가족에게 27억 달러의 배상금을 지불하면서 2004년에야 제재에서 벗어났습니다. 미국과 영국은 리비아가 배상금을 낸 것은 범죄를 자인한 셈이라고 주장했습니다. 하지만 영국에서 메그라히 구명운동을 벌이는 단체의 대표는 로커비 추락 사고로 딸을 잃은 짐 스와이어라는 사람인데 리비아는 누명을 썼다고 믿습니다. 유가족조차도 리비아가 범인이 아니라고 굳게 믿는 의심스러운 사건인데도 미국은 어떻게든 리비아 제재의 명분을 만들어내기 위해 리비아를 걸고 넘어졌습니다. 경제제재는 이렇게 무섭습니다.

교육과 의료를 무상으로 제공한 리비아의 독재자

카다피는 독재자였지만 1969년 군사정변으로 정권을 잡은 뒤 교육과 의료는 모두 무상으로 제공했습니다. 국가 소유인 은행은 국민에게 무이자로 돈을 빌려주었습니다. 화장품은 비쌌지만 공공요금과 식품비는 쌌습니다. 트리폴리는 세계 282개 도시에서 생활비가 268번째로 낮게 드는 도시였습니다. 리비아의 인구는 카다피가 정권을 잡던 시절 180만이었지만 650만으로 늘어났습니다.

리비아는 아프리카에서 일인당 국민소득이 가장 높은 나라였습니다. 2010년 말부터 북아프리카에서 반정부 시위가 벌어진 가장 큰 이유는 생필품 가격의 폭등이었습니다. 통화전쟁으로 각국이 통화가치를 떨어뜨리는 바람에 돈 투기에 재미를 못 보니까 국제투기자본들이 곡물 시장에서 장난을 치면서 식량가격이 폭등했습니다. 알제리, 튀니지, 이집트 같은 나라에서 물가앙등으로 폭동이 일어났다는 것은 그만큼 이 나라들의 빈부격차가 크다는 소리였습니다.

아랍의 봄 물꼬를 튼 튀니지의 시위는 이슬람 종교와는 관련이 없었습니다. 국제투기자본의 농산물에 대한 투기로 하루가 다르게 치솟는 빵값에 대한 분노가 직접적인 도화선이었지요. 그것은 심화되는 양극화의 현실에서 터져나온 자연스러운 분노였습니다. 이집트의 민주화

시위를 주도한 것도 이슬람 세력은 아니었습니다. 아랍의 봄은 이슬람의 항쟁이 아니라 보편적인 인간의 평등에 대한 열망이었습니다.

하지만 리비아 사태는 아랍의 봄에 편승한 인위적 무장폭력이었습니다. 그 배후에는 제국주의 국가들과 그들이 양성한 사우디, 카타르 같은 지역 토호 봉건 국가들이 있었습니다. 카타르는 리비아에 수백명의 지상군까지 파견했고 반군에게 무기 사용법을 훈련시켰습니다. 리비아 공군 전투기의 비무장 시민 폭격설을 유포한 알자지라는 카타르의 토후 셰이크 하마드 소유였습니다. 알자지라는 아랍과 이스라엘의 대화를 추구한다는 뜻으로 유대인 언론인 데이비드 프리드먼, 진 프리드먼 형제가 세우고 하마드가 투자를 했지만 데이비드 프리드먼이 죽은 뒤 하마드가 경영일선에 나서면서 논조가 균형을 잃기 시작했습니다.

하마드는 홍보회사인 J트렉에게 알자지라 쇄신을 맡겼는데 J트렉 대표가 바로 리비아 과도국가위원회에서 7개월 반 동안 임시 총리 노릇을 한 마흐무드 지브릴이었습니다. J는 지브릴의 머리글자였습니다. 미국은 리비아에 대한 경제봉쇄를 푼 뒤 카다피에게 지브릴을 소개했습니다. 지브릴은 기획부 장관과 개발청장을 맡아 리비아의 규제철폐와 민영화를 주도했고 리비아 사태가 벌어지자 바로 사임하여 무장반군을 대변했습니다.

리비아는 소득이 적은 가정에 국가가 매달 상당액의 생활보조금을 지급하던 나라였습니다. 생활비를 보조하는 나라에 고마움을 느낀다면 모를까, 밀가루 가격이 좀 오른다고 해서 국민이 카다피에게 불만을 품을 상황이 아니었습니다. 하지만 카다피에게 불만을 품을 만한 고위관리들은 있었습니다.

리비아투자청이 설립되어 각종 투자가 늘어나면서 리비아 정부 고위관리들에게는 거액의 나라돈을 착복할 수 있는 기회도 덩달아 늘어났습니다. 리비아 부패수사국은 법무장관, 내무장관, 경제계획장관, 통상산업장관의 비리 혐의를 잡고 조사를 벌이고 있었습니다. 이탈리아 언론인 프랑코 베키스에 따르면 카다피의 의전실장을 지낸 누리 알-메스마리가 신병 치료를 이유로 프랑스로 가서 그대로 눌러앉았습니다. 메스마리는 그 뒤 프랑스 정보부에 리비아의 국가기밀을 알리고 리비아에서 폭동을 일으킬 경우 접촉해야 할 군 내부의 불만세력을 알려주었습니다. 프랑스 정보 당국은 그 뒤 무역대표부 속에 섞여서 훗날 벵가지에서 봉기를 일으킨 주역들과 접촉을 가졌습니다. 리비아 반군 핵심 지도부에는 미국이 박아놓은 것으로 보이는 사람들도 많았습니다. 리비아 출신의 칼리파 헤프티르는 미국 버지니아에 있는 CIA 본부 바로 옆에서 뚜렷한 직업도 없이 25년 동안이나 살았습니다. 앞서 말한 마흐무드 지브릴은 미국 정보부 관리였던 교수 밑에서 1985년 피츠버그대학에서 박사학위를 받았습니다. 반군의 재무를 총괄하는 알리 타르후니는 35년 동안 미국에서 망명생활을 했고 워싱턴대에서 경제학 강의를 했습니다.

카다피의 비참한 최후가 보여주는 것

서방 언론은 카다피의 리비아 정부군과 경찰이 리비아 국민을 무차별 학살하는 것처럼 보도했지만 그것은 진실과는 거리가 멉니다. 리비아 반군은 봉기를 일으킨 처음부터 리비아 군대에도 없는 벨기에산 최신 무기로 무장하고 있었습니다. 만약 뉴욕에서 일군의 무장세력이 기관총을 쏘면서 폭동을 일으켰다면 미국 경찰과 군대가 가만히 보고만 있을까요? 마르세유에서 무장반군이 수류탄을 던지면서 폭동을 일으켰다면 프랑스 경찰과 군대가 구경만 하고 있을까요? 당연히 진압을 하려 들었을 겁니다.

하지만 리비아 반군은 리비아 경찰과 정규군이 진압하기 어려울 정도로 강력한 무기와 전투력을 갖추고 있었습니다. 리비아 반군은 왕당파, 이슬람근본주의자 등 다양한 성분으로 이루어졌지만 무장투쟁을 주도하는 핵심세력은 알카에다고 이들 가운데 다수는 얼마 전까지 이라크와 아프간에서 미군과 싸우던 전투원들이었습니다. 전투력이 뛰어날 수밖에 없습니다. 미국은 이라크와 아프간에서 발을 빼도 차질이 없도록 강성 알카에다 요원들을 리비아로 유도하는 공작을 벌였을 가능성이 농후한 거지요. 알카에다 조직도 사실은 미국이 아프간 공산 정부를 무너뜨리기 위해 육성한 조직이었습니다.

반군이 장악한 지역에서는 리비아에 거주하던 흑인들이 반군으로부터 카다피의 용병으로 찍혀서 도륙을 당했습니다. 리비아에는 100만 명에 가까운 외국인들이 살았는데 이들의 다수는 피부가 리비아인보다 훨씬 까만 흑인이었습니다. 일자리를 찾아온 이주노동자도 있지만 주변 국가들로부터 난민을 너그럽게 받아들인 리비아 정부의 시책 덕분에 리비아에서 살게 된 사람도 많습니다. 그리고 리비아에서 오래 살아서 실제로 군인이 된 흑인도 적지 않았습니다.

그런데도 반군은 카다피가 돈으로 사들인 한 흑인 용병을 생포했다면서 그를 교수형에 처하고 다리에 매달았습니다. 살해당한 흑인은 트리폴리 부근에서 가족과 함께 사는 리비아인이었고 가족들이 그의 사진을 보여주면서 증언했지만 반군은 아랑곳하지 않았고 서방 언론도 살해당한 흑인 리비아 병사에 대해서는 입도 뻥긋하지 않았습니다.

리비아 반군의 공세가 계속되자 과거 스페인에서 프랑코의 파시스트 정권이 공화파를 탄압하는 데 분개하여 유럽인들이 스페인에 자원병으로 몰려든 것처럼 카다피의 도움을 받은 말리, 차드, 니제르, 콩고, 수단 등 인근 국가의 국민들이 실제로 자원병으로 반군과 싸우겠다고 나서기도 했는데 이들은 하나같이 카다피의 돈에 매수된 용병으로 그려졌습니다.

나토의 리비아 폭격은 유엔의 리비아 제재 결의안에 따라 이루어졌는데, 유엔 결의안은 현장조사단도 파견하지 않고 리비아 정부가 자국민을 학살하고 있다는 반군의 일방적인 주장과 그것을 여과 없이 부풀려 보도하는 서방 언론의 일방적 보도만을 근거로 작성되었습니다.

소수의 지배층이 다수의 국민을 쥐어짜는 데 반발하여 들고 일어선 비무장 시민의 시위를 미국과 사우디의 비호 아래 총칼로 진압하는 왕정국가 바레인은 소득세가 없습니다. 아무리 부자라도 개인 소득세를 한 푼도 안 냅니다. 소수에게는 천국이고 다수에게는 지옥입니다. 반면 형편이 어려운 국민에게 매달 생활보조금을 지급하는 리비아는 최고 소득세율이 90%였습니다. 다수에게는 천국이고 소수에게는 지옥이었습니다.

카다피는 독재자였긴 하지만 리비아를 넘어 범아랍, 나아가 범아프리카의 공존과 공영을 위해 열성을 바친 사람이었습니다. 다수에게 천국이 되는 사회를 만들기 위해 나름대로 노력한 사람이었습니다.

하지만 그는 비명에 갔습니다. 자기를 지키는 무력을 기르지 못해서였습니다.

카다피는 막강한 자금력을 믿고 주권국가를 추구했지만 무력 없이는 아무 소용이 없었습니다. 무력을 등에 업지 않는 경제력은 공허합니다. 자위력이 뒷받침하지 않는 번영과 평화는 모래성입니다. 국방력의 토대 없는 아프리카 공동체는 카다피 환상곡이었습니다. 자기 이익에만 혈안이 된 적의 오금을 저리게 하는 보복력 없는 유토피아의 교향곡은 모두 환상으로 끝난다는 것을 카다피의 비참한 최후는 보여줍니다.

참고 자료

1 · The Framing of al-Megrahi, Gareth Peirce, London Review of Books, Vol. 31 No. 18, 24 September, 2009, https://www.lrb.co.uk/v31/n18/gareth-peirce/the-framing-of-al-megrahi

2 · The gilded cage: Who does the CFA franc really benefit?, Simon Allison, https://www.howwemadeitinafrica.com/the-gilded-cage-who-does-the-cfa-franc-really-benefit/

3 · French plans to topple Gaddafi on track since last November, Franco Bechis, http://www.voltairenet.org/article169069.html

만
델
라

1990년 1월 만델라는 감옥에서 "광산, 은행, 독점 산업의 국유화는 아프리카국민회의의 정책이며 이 방침은 절대 바뀌지 않을 것"이라고 단언했습니다. 1960년대에 남아공공산당 중앙위원으로 활동했던 전력이 있었을 정도로 자원 국유화에 대한 만델라의 소신은 확고했습니다. 만델라는 한 달 뒤 27년 동안 갇혀 있던 감옥에서 나왔고 백인 정부와의 협상을 통해 1994년에 치러진 선거에서 이겨 5월에 대통령이 되었습니다.

하지만 만델라가 소신을 관철하기는 어려웠습니다. 남아공은 백인 정부의 흑백분리정책에 대한 국제사회의 제재로 경제가 말이 아니었습니다. 빚도 많았지요. 국제통화기금은 만델라 후보에게 8억 5천만 달러의 구제자금을 제공하는 조건으로 과거 정권에 몸 담았던 인사를 중앙은행장과 재무장관으로 임명하라고 선거 전부터 압박했고 평화로운 정권교체를 위해 만델라는 조건을 받아들였습니다.

만델라가 양보한 것은 두 개의 고위직만이 아니었습니다. 남아공의 부를 장악한 백인 기업가들은 국제통화기금과 세계은행을 등에 업고 흑인 정부가 백인의 기득권을 조금도 건드려서는 안 된다며 압박했고 만델라는 이것도 수락했습니다. 백인이 독차지했던 남아공의 노른자 땅과 생산시설, 금융기관은 흑인 정부 밑에서도 고스란히 백인의 소유로 남았습니다.

만델라가 1999년 6월 단임을 끝으로 퇴임한 뒤 남아공은 만델라가 세운 아프리카국민회의가 계속 집권하면서 정치적으로는 그런 대로 안정을 유지해왔지만 일부 중산층 흑인을 제외한 절대 다수의 저소득 흑인은 여전히 경제적으로 어려움을 겪었습니다.

국제통화기금 발표자료에 따르면 남아공은 1994년 이후 실질 GDP(국민총생산)가 해마다 평균 3.3% 증가했습니다. 물가상승률을 감안한 1인당 국민소득도 40% 늘었습니다. 2010년에는 러시아, 중국, 인도, 브라질과 함께 신흥 강대국 브릭스의 일원으로 위상도 높아졌구요.

흑백 차별 철폐 이후 남아공 삶이 더 고달파진 이유

하지만 남아공의 빈부 격차는 상상을 초월합니다. 상위 10% 가구가 소득의 60% 이상을 차지합니다. 인구의 35%가 하루 2.5달러 미만으로 살아가며 인구의 절반이 빈곤선에서 연명합니다. 공식 실업률은 25%지만 임금이 턱없이 적은 불만 취업자를 감안하면 실질 실업률은 40%까지 치솟는답니다.

백인 정권 치하에서도 남아공의 인간개발지수(수명, 보건, 교육, 수입, 빈곤, 경제, 평등을 종합적으로 고려한 척도)는 줄곧 올라가고 있었습니다. 대부분의 아시아, 아랍 국가보다도 높았고 사하라 이남 아프리카에서는 수위권이었죠. 세계 평균보다도 높았습니다. 수명은 1994년에 64세였지만 지금은 53.4세로 오히려 감소했습니다. 2011년 현재 세계의 평균 수명인 70세에도 한참 못 미칩니다. 흑백 차별이 엄존하던 백인 정권 때에도 세계 평균을 웃돌았던 남아공 국민의 생활이 왜 흑백 차별이 철폐된 흑인 정부 밑에서 훨씬 고달파졌을까요?

답은 국제통화기금과 세계은행, 서방 채권국, 백인 금권세력이 밀어붙인 전방위적 사유화에 있었습니다. 1994년 이후 남아공은 통신, 교통, 전력, 수도 등 핵심 기간 산업을 모두 사유화했습니다. 1996년 그전까지 국가 소유였던 통신회사 텔콤의 지분을 외국 기업에 넘긴 뒤로 남아공의 국내 통신요금은 급등했고 2만 명의 직원이 해고당했습니다. 통행료를 내야 하는 도로가 늘어났고 공항과 항공사, 철도도 사유화되면서 수익성이 안 나는 노선은 운행이 중단되었구요. 급등하는 전기료와 수도료로 요금을 못 내면 전기와 수도가 끊겨 콜레라가 창궐했습니다. 백인 정권도 전기와 수도를 끊지는 않았습니다. 시장 만능주의와 무차별 사유화는 남아공을 흑백 차별 국가에서 계급 차별 국가로 바꿔놓았습니다.

남아공은 수출액의 38%를 광산물이 차지할 정도로 광업이 중요합니다. 그런데 2006년에 광업회사들이 남아공 정부에 낸 세금은 수출액의 9.9%에 불과한 20억 달러였습니다. 앵글로플래티넘의 2006년도 세후수익은 16억 달러였고 임팔라의 세후수익은 무려 22억 달러였습니다. 지금도 사정은 다르지 않지요. 세계은행도 남아공의 광산업 세금이 턱없이 낮음을 인정합니다. 세금이 투자수익률을 깎아내리는 비율이 관광업은 13.9%, 농업은 5.7%인데 재생 불가능한 자원에 기대는 광산업은 도리어 0.45%에 불과합니다.

외국계 광업회사들은 떼돈을 벌지만 남아공의 광부들은 1999년부터 2008년까지 10년 동안 2869명이 죽었고 2006년 한 해에만 4천 명이 다쳤습니다. 채광이 갈수록 깊은 곳에서 이루어지면서 작업이 위험해져서 그런 점도 있지만 외국계 광업회사들이 남아공 광부들의 안전보다는 이익을 우선시한 데 더 큰 원인이 있습니다.

더 심각한 것은 광산산성폐수로 인한 토양 오염과 지하수 오염 같은 환경 파괴입니다. 보통 GDP는 자원고갈과 환경파괴를 고려하지 않는데요. 이것을 고려하면 2000년 남아공의 1인당 연평균 소득은 2837달러가 아니라 −2달러가 됩니다. 2011년에 세계은행이 발표한 자료에 따르면 남아공의 천연자원은 토질 악화로만 25%가 감소했습니다. 2008년 현재 남아공은 1인당 연간 245달러의 재생 불가능한 자원을 까먹고 있습니다. 재생 불가능한 광물자원 개발로 벌어들인 수익이 그나마도 골고루 배분되지 못하고 극소수에게만 돌아가는 것이지요.

남아공에서 거의 유일하게 발전하는 산업은 보안산업입니다. 현재 남아공에는 등록된 민간 보안업체만 9천 개에 이릅니다. 보안산업 종사자는 41만 명에 이르구요. 2001년의 19만 명에서 두 배 이상으로 늘었습니다. 남아공의 경찰은 16만 명이니 민간 보안산업의 규모가 경찰 병력의 2.5배에 이르는 셈이죠.

보안산업이 급성장하는 것은 빈부 격차 심화로 범죄가 급증해서입니다. 2011년 4월부터 2012년 3월까지 남아공에서는 1만 5609건의 살인과 6만 4514건의 강간이 저질러졌습니다. 그래도 부자 동네는 안전합니다. 민간 경호업체들이 장갑차를 몰고 다니면서 철통같이 지켜주니까요. 기댈 곳 없는 빈민과 서민은 빈곤과 범죄라는 이중고에 시달립니다. 이 모두가 금권을 쥔 세력의 기득권을 안전하게 보장해준 만델라 정부의 유산임을 부정할 수 없습니다.

만델라는 1990년 초반에 출소한 뒤 왜 그렇게 힘없이 서방과 백인 기득권 세력의 압력에 굴복했을까요. 폭력과 갈등이 내전으로 비화하여 어렵게 쟁취한 남아공의 민주주의가 무너지는 것을 두려워한 것이 물론 중요한 요인이었지만 자신이 감옥에서 꿈꾸어온 남아공 사회의 미래상을 든든히 보여주던 사회주의 체제가 무너졌다는 요인도 중요하게 작용하지 않았을까요.

1989년 동독 국민이 대거 서독으로 탈출하면서 베를린 장벽이 무너졌고 1991년에는 소련마저 해체되었습니다. 만델라는 남아공의 풍부한 자원을 국유화하고 과감한 분배 정책을 도입하고 싶었겠지만 만델라가 대통령으로 집권할 즈음 공공성을 강조하는 경제는 이미 좌파 진영에서도 시대착오적 논리로 받아들였습니다. 경제에서 패배한 좌파는 탈구조와 해체를 부르짖으며 난해한 문화의 영역으로 도피했습니다. 만델라만이 아니라 다수의 만델라 참모들도 국제통화기금과 세계은행의 사유화 대세론에 투항했습니다.

케네디가 추구한 이상이 좌절된 이유

소련 공산주의는 결국 경쟁력에서 밀려 미국 자본주의에 굴복한 것일까요? 미국 자본주의를 지배하는 세력은 소련 공산주의의 투항을 받아내기 오래전에 소련 공산주의와의 건전한 경쟁과 공영을 부르짖었던 자국 대통령을 제거했습니다.

미국의 케네디 대통령이 1963년 6월 10일 아메리칸대학 졸업식 축사에서 한 발언은 미국의 군산복합체를 충격에 빠뜨렸습니다. 케네디는 미국이 전쟁무기로 세계에 강요하는 팍스아메리카나가 되어서는 안 된다면서 진정한 세계 평화는 모든 나라가 스스로 체제를 선택할 권리를 존중해야 가능하며 미국이 솔선수범해야 한다고 역설했습니다.

케네디는 미국의 제국주의를 공격하는 소련의 상투적 선전은 실망스럽지만 미국과 소련은 강대국으로서는 드물게 서로 전쟁을 벌인 적이 없다는 점을 상기시켰습니다. 2천만 명이 넘는 국민이 죽고 국토의 3분의 1과 산업시설의 3분의 2가 파괴된 소련이 2차대전의 가장 큰 피해자라고 강조했습니다. 핵전쟁의 위험을 막기 위해서라도 소련과 공존하고 무기가 아니라 무지, 빈곤, 질병과 싸우는 생산적 경쟁을 벌여야 한다면서 미국은 앞으로 대기권 핵실험을 중단하겠다고 전격 선언했습니다. 케네디는 국방부, 국무부, CIA의 반발을 우려하여 연설원고 내용을 극비에 붙였답니다.

케네디를 불신하던 소련의 흐루쇼프도 케네디가 미국의 군산복합체를 움직이는 매파들과 외롭게 싸우는 처지임을 눈치챈 뒤 군축협상에 적극적으로 나섰고 결국 그해 8월 미국과 소련은 지하 핵실험을 제외한 모든 핵실험을 중지하기로 합의했습니다. 핵실험 중지는 군축 협상으로 이어지게 마련이었습니다. 하지만 그것은 무한군비경쟁으로 소련을 밀어붙여 소련 인민이 소비재 부족에 불만을 느껴서 소련 체제에 반기를 들게 만든다는 미국 군산복합체의 전후 세계지배전략을 정면으로 부정하는 노선이었지요.

케네디는 그해 11월 22일 암살당합니다. 케네디에 호응하여 소련의 군수시설을 소비재 생산공장으로 전환하는 정책을 추구하던 흐루쇼프도 1년 뒤에 실각했습니다. 흐루쇼프의 아들은 케네디가 몇 년만 더 살았다면 냉전은 1960년대 말에 끝났을지 모른다고 40년 뒤에 술회했습니다. 케네디가 추구한 이상과 가치를 너무나 잘 알았던 동생 로버트 케네디도 1968년 대통령 후보로 나섰다가 유세현장에서 암살당했습니다. 케네디 형제를 마지막으로 진정한 세계 평화를 추구하는 미국의 지도자는 멸종되었습니다.

미국을 움직이는 금벌은 사우디에게 미국 달러로만 기름을 팔게 만들었습니다. 사우디의 절대왕정제를 보장하는 대가로 달러를 마음껏 찍어내도 달러 가치가 떨어지지 않는 오일달러를 기축통화로 삼는 세계를 인위적으로 만들면서 소련과 무한군비경쟁을 벌였고 결국 소련 공산주의는 못 견디고 무너졌습니다.

타국의 독립을 꿈꾸던 지도자

미국에서는 멸종되었지만 80년대 중반까지도 유럽에는 스웨덴의 올로프 팔메처럼 진정한 국제평화를 추구하는 정치인이 아직 남아 있었습니다. 팔메는 청년 시절부터 사민당 당원으로 활동하면서 헌혈을 해서 모은 돈을 남아공의 흑인 청년들에게 보낼 만큼 국제연대에 관심이 많았습니다.

남아공에서 소수 백인 정권이 흑백분리정책을 결국 포기한 것은 흑인의 무장항쟁과 국제사회의 경제제재 탓이었는데 이 두 영역에서 스웨덴은 결정적 역할을 했고 그 중심에는 올로프 팔메 총리가 있었습니다.

비폭력 저항이 통하지 않자 남아공의 흑인들이 무장항쟁을 선언했을 때 미국과 영국을 비롯하여 대부분의 서방 국가가 폭력항쟁을 비난했습니다. 하지만 팔메는 유엔 연설에서 무장항쟁은 억압당하는 사람이 기대는 마지막 선택이라며 일찍이 스웨덴의 사민당은 피억압 민족이 조직적인 무장항쟁을 선택할 권리가 있다는 것을 60년대 초 당강령으로 채택했다며 반격을 가했습니다. 남아공의 흑인들이 첨단무기를 갖춘 백인들과 싸울 수 있었던 것은 탄자니아 정부가 거점을 제공한 덕분인데 60년대부터 탄자니아에 대규모 경제지원을 한 나라가 바로 스웨덴이었습니다. 스웨덴이 식민지에서 독립한 아프리카 국가들을 도운 까닭은 무엇일까요. 나라가 독립해도 경제가 어려우면 무늬만 독립국이라는 것을 믿어서였습니다. 그것은 미국과 영국처럼 자원을 노린 떡고물이 아니라 진정한 국제연대이며 협력이었습니다.

팔메는 남아공의 흑인들이 무기를 버리게 만들기 위해서라도 남아공 백인 정권에 대한 경제제재를 강화해야 한다고 유엔 총회에서 역설했지만 서방 국가들은 국제사회의 합의가 필요하다며 미적거렸습니다. 하지만 팔메는 스웨덴만이라도 먼저 제재에 나서겠다며 1979년 남아공에 대한 투자 금지와 남아공 농산물 수입 금지, 스웨덴 국적기의 남아공 취항 중단 같은 초강수를 둡니다. 스웨덴이 나서자 북유럽 국가들도 동참했고 유럽 전체의 여론도 급격히 달라집니다.

케네디처럼 팔메도 진정한 평화를 이루려고 소련과 공존을 추구하는 정책을 폈습니다. 그러자 미국과 영국은 80년대 초반부터 스웨덴 해역에 잠수함을 출몰시키고 그것이 소련 잠수함인 것처럼 여론몰이를 하면서 팔메를 궁지에 빠뜨렸습니다. 그래도 팔메 총리는 냉전종식 정책을 포기하지 않았는데요. 결국 1986년 2월 28일 군축협상을 위한 소련 방문을 코앞에 두고 밤에 영화를 보고 나오다가 암살당하고 맙니다.

흑인 정부가 출범한 뒤에도 남아공은 엄청난 외채 탓에 어려움을 겪었습니다. 그래서 1998년 만델라 정부는 독재정부가 진 빚을 민주 정부가 갚는 것은 부당하다며 부채탕감운동을 벌이지만 국제사회의 반응은 차가웠습니다. 올로프 팔메가 살아 있었다면 세계 여론을 움직여 부채탕감을 성사시켰을지 모르고 남아공은 재생 불가능한 광물자원을 팔아 번 돈을 이자 상환이 아니라 자국민을 위해 쓰면서 진정한 경제자립의 길을 모색할 수 있었을지 모르지요.

만델라의 꿈, 팔메의 꿈

남아공의 차별을 진정으로 없앨 수 있었던 주역은 27년 동안 감옥에 갇히면서 투쟁한 만델라가 아니었습니다. 대결이 아니라 공존을 통해, 자국민만이 아니라 온 세계인이 함께 안전한 세상을 만들자는 세계 여론의 지원 없이 금권 자본주의 세력에 홀로 맞서기란 거의 불가능함을, 팔메의 도움을 기대할 수 없었던 만델라의 남아공 현실은 보여줍니다.

만델라는 자국 이익만이 아니라 국제연대에 앞장섰던 리비아의 카다피 같은 지도자들이 서방 언론에 매도당할 때 한 번도 옹호하는 발언을 하지 않았습니다. 카다피가 남아공 흑인의 싸움을 물심양면으로 도왔음에도 그랬습니다. 대통령으로 있을 때야 금권세력의 경제 보복이 두려워서 운신의 폭이 좁았다 하더라도 퇴임 후에는 거의 성자의 반열에 오른 자신의 얼굴을 내걸고 국제 정의를 위해 바른 소리를 낼 수도 있었으련만 만델라는 그렇게 하지 않았습니다. 그리고 남아프리카의 광물자원을 수탈하여 거부가 된 영국의 백인 우월주의자 세실 로즈의 이름이 들어간 만델라로즈 장학재단 같은 자선단체에 자기 이름을 내거는 것으로 만족했습니다. 만델라의 자손들은 만델라의 이름을 팔아먹으면서 호의호식하지만 절대 다수의 남아공 국민은 그러지 못합니다.

27년 동안 감옥에서 고생했지만 만델라가 95세로 천수를 누리고 눈감은 것은 이 세상을 오직 무력과 금권만이 통하는 세상으로 만들려는 세력에게 만델라가 위협이 되지 않아서였을 겁니다. 케네디 형제나 올로프 팔메처럼 패권과 일방주의가 지배하는 세상이 아니라 공존과 다원주의가 중시되는 세상을 만들려는 지도자들은 천수를 못 누립니다.

케네디 대통령은 아메리칸대학 졸업식 축사 말미에서 미국의 도시들에 아직도 평화가 모자란 것은 자유가 부족해서임을 직시하자면서 "약자가 안전하고 강자가 정의로운" 세상을 함께 만들어나가자고 역설했지만 반세기가 지난 지금 미국도 남아공도 "정의롭지 않은 강자만 안전한" 사회가 되었습니다.

성자는 만델라가 아니라 팔메였습니다. 넬슨 만델라는 자기 나라의 독립을 위해 싸웠지만 올로프 팔메는 다른 나라의 독립을 위해 싸웠습니다. 국익이라는 국경선의 울타리를 넘어서 고통받는 타국인을 위해 싸우려는 약자가 많아질수록 약자를 서로 경쟁시키고 싸우게 만들

생전 성자로 추앙받았던
만델라(1918~2013)

케네디 미국 대통령(1917~1963)

올로프 팔메 스웨덴 대통령(1927~1986)

어서 지켜지는 강자의 철옹성은 허약해집니다.

만델라의 꿈은 자국의 독립이었지만 팔메의 꿈은 타국의 독립이었습니다. 만델라의 후예들이 꾸어야 할 꿈은 만델라의 꿈이 아니라 팔메의 꿈입니다. 만델라의 후예들이 만델라처럼 남아공이라는 국경선에 안주하는 한 진정한 국제연대를 위해 몸을 던진 올로프 팔메의 꿈은 실현되지 않을 것이고 남아공의 진정한 독립도 요원할 것입니다.

참고 자료

1 · How the ANC's Faustian pact sold out South Africa's poorest, Ronnie Kasrils, https://www.theguardian.com/commentisfree/2013/jun/24/anc-faustian-pact-mandela-fatal-error
2 · The Mandela Years in Power, Patrick Bond, http://www.counterpunch.org/2013/12/06/the-mandela-years-in-power/
3 · 케네디 대통령 평화 공존 촉구 연설, https://www.youtube.com/watch?v=0fkKnfk4k40 H

미
스

마
플

2013년 봄 영국의 격주간지 《런던서평(London Review of Books)》에는 당혹스러운 독자 편지가 날아들었습니다. 미국의 CIA에 해당하는 영국의 대외 첩보부 MI6(엠아이식스)가 영국 식민지 독립기에 어떤 활동을 했는지를 추적한 『비밀의 제국(Empire of Secrets)』이라는 책을 논하면서 평자는 영국이 프랑스와는 달리 무력을 동원하지 않고 평화적인 방법으로 식민지를 독립시켰다는 이미지를 그 동안 잘 유지해왔지만 저자는 최근 공개된 자료를 바탕으로 그런 신화에 도전하는 잔혹한 사례들을 몇 가지 제시한다고 논평했습니다.

그런데 그 서평을 읽은 독자가 아프리카 콩고에서 처음 민주적으로 선출된 지도자 파트리스 루뭄바의 살해극을 주도한 장본인이 MI6의 콩고 지부장이었다는 편지를 보내왔습니다. 편지의 주인공은 노동당 소속의 영국 상원의원 데이비드 리였고 그가 언급한 MI6 책임자는 당적은 달랐지만 같은 상원의원이었던 다프니 파크였습니다.

다프니 파크와 콩고 지도자 루뭄바 살해극

리에 따르면 파크는 2010년 3월 88세로 타계하기 몇 주 전 함께 차를 마시다가 콩고에서 루뭄바를 누가 죽였는가를 놓고 아직도 설왕설래가 많다고 리가 지나가듯이 말하자 우리가 그 일을 꾸몄다고 털어놓았습니다. 다프니 파크는 케임브리지 출신으로 러시아어에 능통해서 2차대전 이후 영국 외무부에 들어갔지만 사실은 첩보원으로 활동했습니다. 1952년 3등서기관으로 영국 나토 대표단의 일원이었고 1954년부터 1956년까지는 모스크바에서 2등서기관으로 일했습니다. 그리고 1959년부터 1961년까지는 콩고에서 영사와 1등서기관을 지냈습니다.

한반도의 열 배 가까운 드넓은 땅을 가진 콩고는 19세기 말 벨기에의 식민지가 되었습니다. 벨기에는 콩고의 상아와 고무를 수출해서 떼돈을 벌었습니다. 벨기에는 고무 수출량을 늘리려고 콩고인에게 고무세를 매기고 고무 원액 할당량을 채우지 못하면 손목과 발목을 자르는 잔혹한 방식으로 콩고인을 착취했습니다. 고무세를 내지 못하는 젊은 아빠는 여섯 살 난 딸아이의 손발이 잘려나가는 것을 속수무책으로 바라보고 있어야 했습니다. 천만 명에 가까운 콩고인이 벨기에의 학정 밑에서 죽어나갔습니다.

콩고인은 줄기찬 항쟁을 벌였고 결국 소국 벨기에는 콩고를 독립시킬 수밖에 없었습니다. 1960년 6월에 벌어진 첫 선거에서 독립운동을 주도한 파트리스 루뭄바는 승리해서 총리가 되었고 풍부한 자원을 바탕으로 콩고를 도약시키겠다는 꿈에 부풀었지만 기쁨은 잠깐이었습니다. 자원이 풍부한 카탕카 지역이 벨기에와 결탁해서 분리 독립을

루뭄바 축출은 벨기에가 미국의 비호 아래 주도한 것으로
알려졌었고 벨기에는 에둘러 사과까지 했지만 당시 콩고
에서 첩보활동을 총지휘한 책임자의 입에서 영국이 루뭄
바 제거 공작을 주도했다는 발언이 나온 것이지요.

선언하고 모부투가 군사반란을 일으키면서 루뭄바 정부는 식물 정부가 되었습니다. 유엔은 치안을 구실로 군대를 파견해서 루뭄바를 가택 연금하고 반루뭄바 세력을 비호했습니다.

탈출하다가 반란군에게 붙잡힌 루뭄바는 고문과 구타를 당한 뒤 서방의 묵인 아래 총살당했습니다. 루뭄바가 경솔하게 소련에게 무기 지원을 요청한 것이 화근이었다는 식으로 말하는 서방의 식자가 많지만 루뭄바는 소련에게 매달리기 전에 미국과 서방에게 도움을 청했는데도 문전박대를 당했습니다. 루뭄바가 죽은 뒤 벨기에군의 한 장교는 루뭄바의 시신을 파내서는 강한 황산을 뿌려 시신을 녹이고 뼈를 바수어 다시는 루뭄바 같은 사람이 나타나지 않도록 길에다 뿌렸습니다. 45세의 나이로 루뭄바가 죽었을 때 그의 아내 몸에는 아기가 자라고 있었습니다. 아기는 태어났지만 루뭄바가 죽으면서 콩고는 나라의 미래를 잃었습니다. 자원부국 콩고는 50년이 넘게 내전에 시달리고 있습니다.

그 동안 루뭄바 축출은 벨기에가 미국의 비호 아래 주도한 것으로 알려졌었고 벨기에는 에둘러 사과까지 했지만 당시 콩고에서 첩보활동을 총지휘한 책임자의 입에서 영국이 루뭄바 제거 공작을 주도했다는 발언이 나온 것이지요. 어느 나라 첩보부에도 어두운 그늘은 있을 수 있습니다. 하지만 일단 그 그늘이 의도했건 의도하지 않았던 드러났을 때에는 "피치못할" 사정으로 나중에 또다시 그런 더러운 공작을 벌이는 한이 있더라도 일단은 잘못을 시인하고 재발 방지를 약속하는 것이 도리가 아닐까요.

공작을 주도한 MI6이야 부정도 긍정도 하지 않으며 침묵을 지킨다

하더라도 민주주의의 종주국을 자부하는 영국의 언론에게는 다시는 그런 일이 없도록 모두가 반성해야 하고 뼈아픈 교훈으로 삼아야 한다는 내용의 기사나 칼럼을 기대할 법도 합니다. 하지만 그런 기사와 칼럼은 찾아보기 어려웠습니다.

앨런 저드라는 외교관 출신의 작가는 보수지《텔레그라프》에 쓴 글에서 자신은 다프니 파크와 함께 첩보부에서 일했는데 그분은 굉장히 과묵했고 아무한테나 업무 내용을 경솔하게 털어놓는 사람이 아니었다고 강조했습니다. 그리고 영국 첩보부는 어디까지나 정보를 캐는 데에 주안점을 두는 기관이므로 암살 공작에는 절대로 관여하지 않는다고 주장했습니다.

《더타임스》지의 한 칼럼니스트는 애거사 크리스티의 추리소설에서 할머니 탐정으로 나오는 미스 마플처럼 생긴 다프니 파크 여사가 그런 일을 주도했을 리는 없으며 영국 첩보부는 암살 공작을 벌이지 않는 것을 철칙으로 삼는다면서 각종 더러운 공작에 관여하는 타국의 정보국들과는 격이 다른 것처럼 MI6를 그렸습니다. 진보지라는《가디언》도 그런 말을 한 파크는 자신이 아는 파크가 아니라고 한 다프니 파크와 함께 일했다는 정보국 관계자의 말을 다시 인용해서 보도했습니다. 다프니 파크는 공직에서 물러난 뒤 옥스퍼드대 학장을 지냈고 BBC 이사를 지낸 아주 기품 있어 보이는 외모의 소유자였습니다.

진보지와 보수지를 막론하고 영국 언론은 타국을 상대로 더러운 공작을 벌이지 않는 점잖은 나라라는 '신화'를 깨뜨리지 않으려고 애쓴다는 것을 다프니 파크의 당혹스러운 고백 앞에서 영국 언론이 보이는 반응에서 알 수 있습니다. 그런데 영국 언론인들의 말대로 영국이 타국

《더타임스》지의 한 칼럼니스트는 애거사 크리스티의 추리소설에서 할머니 탐정으로 나오는 미스 마플처럼 생긴 다프니 파크 여사가 그런 일을 주도했을 리는 없으며 영국 첩보부는 암살 공작을 벌이지 않는 것을 철칙으로 삼는다면서 각종 더러운 공작에 관여하는 타국의 정보국들과는 격이 다른 것처럼 MI6를 그렸습니다.

지도자를 상대로 암살 공작을 벌이지 않는다고 믿어도 좋을까요?

영국 첩보부의 공작

1991년부터 1997년까지 영국 첩보부에서 일한 애니 마숀(Annie Machon)이라는 여성 첩보원은 미국의 독립언론매체인《더리얼뉴스(The Real News)》와 가진 인터뷰에서 1996년 2월 리비아 지도자 카다피가 차량을 타고 가다가 당한 폭발 사고는 영국 첩보부의 소행이라고 증언했습니다. 또 1994년 런던의 주영 이스라엘 대사관 앞에서 터진 폭파 사건도 이스라엘 첩보부 모사드가 벌인 자작극임을 영국 첩보부는 뻔히 알았으면서도 아무 죄 없는 팔레스타인 출신의 젊은 반이스라엘 활동가 남녀 두 명을 범인으로 지목했고 두 사람은 각각 20년형을 선고받았다고 마숀은 밝혔습니다. 마숀에 따르면 모사드가 테러 자작극을 벌인 이유는 영국에서 늘어나던 팔레스타인 지지 세력에 찬물을 끼얹기 위해서였습니다. 모사드가 노린 대로 그 뒤 영국에서는 팔레스타인을 탄압하는 이스라엘에 반대하는 운동이 크게 위축되었습니다.

《텔레그라프》에 글을 쓴 영국 정보부 출신 작가 앨런 저드는 영국 첩보부가 암살 공작을 벌이지는 않는다손 치더라도 가령 시리아에서 반아사드 세력이 아사드 암살을 모의하고 있음을 알았다고 해서 그 사실을 아사드 대통령에게 미리 알려야 하겠느냐면서 영국 첩보부가 알면서도 부득이 끼어들 수밖에 없는 어둠의 세계가 있으며 보편 인권도 중요하지만 국익을 위해서는 때로는 안 좋은 일 앞에서도 입을 다물 수밖에 없을 때가 있다고 덧붙였습니다.

От: David Goulding
Тема: **Syrian issue**
Дата: 24 декабря 2012 г., 19:57:16 GMT+04:00
Кому: Phillip Doughty

Phil

We've got a new offer. It's about Syria again. Qataris propose an attractive deal and swear that the idea is approved by Washington. We'll have to deliver a CW to Homs, a Soviet origin g-shell from Libya similar to those that Assad should have. They want us to deploy our Ukrainian personnel that should speak Russian and make a video record.

Frankly, I don't think it's a good idea but the sums proposed are enormous. Your opinion?

Kind regards

David

BRITAM David Goulding | Business Development Director
Marvic House, Bishop's Road, London, SW6 7AD, United Kingdom
t : + 44 (0)20 7610 0111   dl : +44 (0)1522 754 361   m : + 44 (0)7617 981 237
e : dgoulding@britamdefence.com | www.britamdefence.com

The information contained in this email may be confidential and is for the exclusive use of the addressee. If you are not the addressee the retention, distribution or copying of this email is prohibited. If you are not the addressee please advise the sender and delete immediately.

영국 방위업체 브리탐 임원들이 주고받은 시리아 관련 이메일.
출처: www.cuthelain.wordpress.com

그런데 시리아에서 영국 첩보부는 그저 입을 다무는 수준이 아니라 카타르의 자금지원 아래 이슬람 근본주의 세력과 함께 아사드 대통령 제거 공작에 앞장섰다는 강력한 정황이 2013년 1월 22일 해킹당한 영국 방위업체 브리탐(Britam)의 서버에 들어 있던 이메일을 통해서 드러났습니다. 브리탐의 사업개발이사인 데이비드 굴딩은 2012년 12월 24일, 같은 회사의 조직이사 필립 다우티에게 이메일 한 통을 보냅니다. 리비아에 있는 소련제 화학무기를 카타르로부터 시리아의 홈스로 싣고 가서 우크라이나인들을 동원해 마치 러시아인들이 시리아 정부의 반시리아 정부군에 대한 화학무기 공격을 돕고 있는 것처럼 보이게 만드는 동영상을 찍어달라는 제안을 받았는데, 일이 좀 그렇긴 하지만 미국의 재가를 받은 공작인데다 워낙 액수가 크다며 의견을 묻는 이메일이었습니다. 브리탐은 영국 첩보부 출신이 세운 회사고 데이비드 굴딩도 영국 첩보부 출신입니다. 공조직이 나서서 하기 어려운 공작을 민간 업체를 앞세워서 벌이는 것이지요.

실제로 2013년 들어서 미국과 영국의 언론에서는 아사드가 반군을 상대로 화학무기를 쓸 경우 돌아올 수 없는 마지노선을 넘은 것으로 간주하겠다고 경고했다는 오바마 대통령의 발언이 뜬금없이 자주 보도되었습니다. 시리아에서 화학무기가 사용된다면 그것은 아사드의 정부군이 아니라 서방의 비호를 받는 반정부군일 가능성이 높습니다.

마슌에 따르면 영국 첩보부의 가장 큰 문제는 조직 상층부의 사립학교 정서입니다. 이들은 말끝마다 국익을 내걸지만 이들이 비호하는 것은 영국 대다수 국민이 아니라 해외 자원에서 떼돈을 벌어야 하는 소수 금벌입니다. 미국도 영국도 나라의 공조직이 소수 금벌의 사익을 대변하면서 그들에게 더 돈벌이 기회를 주려고 멀쩡한 나라를 들쑤시며 사방에서 공작을 벌입니다.

문제는 언론도 여기에 동조한다는 것이지요. 영국 정부와 미국 정부의 대외정책이 근본적으로 달라지려면 영국 국민과 미국 국민의 세상을 보는 눈이 달라져야 하는데 그러려면 영국 언론과 미국 언론의 세상을 보는 눈이 달라져야 합니다. 그런데 그럴 가능성은 별로 보이지 않습니다.

가짜 뉴스와 진실 추적

시리아 전쟁이 한창이던 2013년 8월 29일 밤 BBC는 시리아로 기자를 보내 시리아 정부군의 무차별 공습으로 학교 운동장에 있던 학생들이 병원으로 실려오는 경천동지할 특종을 취재했다고 보도했습니다. 소이탄에 화상을 입은 것으로 보이는 학생들이 혹은 업혀서 혹은 비틀거리며 병원으로 들어가 치료를 받고 있었습니다. 방독면을 쓴 여의사는 '네이팜탄' 같은 것에 당한 것 같다며 급박한 목소리로 말했습니다. 그런데 한 달 뒤 BBC가 다른 맥락에서 내보낸 똑같은 화면에서는 똑같은 여의사가 '화학무기' 같은 것에 당한 것 같다고 말하고 있었습니다. BBC가 필요에 따라 조작을 했다고 볼 수밖에 없는 상황이었습니다.

첫 뉴스가 나간 8월 29일은 영국 의회에서 미국이 주도하는 시리아 정부군 공격에 영국이 동참할지 여부를 놓고 의회에서 논쟁에 이어 표결이 벌어지고 있었습니다. 의회 표결이 이루어지는 동안 BBC는 시리아 공습 피해 학생 뉴스를 내보내고 있었던 거지요. 참전안은 285 대 272로 간발의 차이로 부결되었습니다. 또 두 번째 뉴스가 나간 9월 말은 아사드 정부군이 화학무기를 썼다며 나토가 시리아를 규탄하던 상황이었습니다.

동영상은 화상을 입었다는 소년이 빙긋 웃는가 하면 침묵 속에 조용히 있다가 누군가의 손짓이 있었는지 일제히 신음을 지르며 괴로운 표정을 짓는다든지 여의사의 아버지가 시리아 반정부 거물 인사였다든지 BBC 취재진의 통역 겸 운전사로 일하던 현지인이 반아사드 과격파 행동대원이었다든지 이상한 점이 하나둘이 아니었지만 특히 BBC의 '네이팜탄'과 '화학무기' 바꿔치기는 빼도박도 못할 가짜뉴스였습니다.

러시아의 영어방송 RT는 〈진실추적자(Truthseeker)〉라는 프로에서 BBC의 조작을 심층 취재했습니다. 하지만 영국의 방송 내용을 감독하고 규제하는 방송통신청(Ofcom)은 2015년 RT가 아니라 BBC의 손을 들어주었습니다. RT 프로가 일부 시청자의 BBC에 대한 문제 제기를 BBC에 대한 "대대적인 공적 조사"가 이루어지고 있다며 과장했다는 것이었습니다. BBC의 은근슬쩍 바꿔치기는 그야말로 "대대적인 공적 조사"가 이루어져야 할 사안이었음에도 그것이 이루어지지 않았는데 마치 이루어진 것처럼 허위과장 보도했다는 주장이었습니다.

그러자《가디언》을 비롯한 영국의 모든 언론에서는 러시아 독재자 푸틴 정부의 자금으로 굴러가는 RT가 허위과장 보도로 영국 방송통신청의 징계를 받았다며 대서특필했습니다. BBC는 방송통신청의 판정을 환영한다면서 RT 자료 화면으로 영국 주류 진보 보수 진영으로부터 모두 지탄받는 제러미 코빈 노동당 당수의 연설 장면을 소개하고 그 밑에 크렘린의 간판 국제언론사 RT이라고 토를 달았습니다. 못 믿을 러시아 방송 RT에 소개되는 코빈 같은 영국 정치인은 못 믿을 사람이라는 고정관념을 시청자에게 심어주려는 노력일 테지요. 사정을 잘 모르는 영국인은 그럼 그렇지 BBC가 맞지 러시아 RT가 맞을 리가 있나 하면서 BBC는 객관적이고 공정한 공영방송이라는 자신의 고정관념에 금이 가지 않은 것을 다행스러워하며 다시 BBC 뉴스에 빠져들었겠구요.

영국 방송통신청은 러시아 RT만 나무란 것이 아니라 미국의 폭스뉴스도 나무랐습니다. 폭스뉴스의 한 출연자가 영국 버밍엄은 이슬람교도가 워낙 많아서 비이슬람인은 아예 얼씬도 안 한다고 한 발언을 문제삼은 거지요. 이렇게 하면서 좌우의 균형을 맞추는 듯한 모습을 보여줍니다. 균형은 중요합니다. 하지만 균형보다 더 중요한 건 질문을 던지는 겁니다. 진실을 알아내는 데 균형은 필요조건일 뿐이지 충분조건은 아닙니다. 진실을 알고 싶어하는 사람은 누가 시키지 않아도 알아서 다양한 질문을 던집니다. 그래야 스스로 납득할 수 있으니까요. 내가 납득할 수 있어야 남을 설득할 수 있으니까요. 질문은 진실을 알아내는 데 충분조건입니다. 겉으로 보이는 균형 감각에 속아넘어가서는 안 됩니다. 얇은 균형보다 중요한 것은 깊은 질문입니다. 영국 방송통신청이나 BBC는 얇은 균형 의식을 포장하는 데에는 능하지만 근본적 질문을 안 던지거나 못 던집니다.

세계 주류 언론에서 가짜뉴스를 질타하는 기사를 쏟아내고 있습니다. 그것은 주류 언론의 영향력이 무섭게 줄어드는 현실에 대한 반발과 불안의 반영이 아닐까요. 하지만 비주류 언론의 진짜뉴스를 통해 '네이팜탄'이 '화학무기'로 필요에 따라 주류 언론에 의해 바꿔치기된 사실을 아는 사람이 늘어날수록 가짜뉴스가 설 자리는 줄어들 겁니다. '다프니 파크'는 갈수록 '미스 마플'로 행세하기 어려울 겁니다.

참고 자료

1 · 『비밀의 제국』 서평과 독자 편지, https://www.lrb.co.uk/v35/n06/bernard -porter/quiet-sinners

2 · 애니 마숀 인터뷰, https://www.youtube.com/watch?v=rDibHD11 XYw

3 · BBC 시리아 화학 무기 조작 보도, https://www.youtube.com/watch?v= AhdZnzVzMb8

하
토
야
마

2015년 8월 12일 서대문 형무소를 찾은 하토야마 유키오 전 일본 총리는 만세운동에 힘을 다하신 영혼들의 편안한 쉼이 있기를 바란다고 방명록에 적은 뒤 "독립, 평화, 인권, 우애를 위하여"라고 덧붙였습니다.

독립을 위하여라니, 무슨 망발인가요. 한국이 독립국이 아니란 소린가요. 아무리 무릎을 꿇고 잘못을 빌었을망정 식민지에서 벗어난 지 70년을 맞이한 나라에 와서 식민지 종주국이었던 나라의 총리를 지낸 사람의 입에서 나와선 곤란한 소리가 아닐까요.

끝나지 않은 점령

하지만 오해는 곤란합니다. 하토야마가 말한 독립의 주어는 '일본'이라고 보는 것이 정확하니까요. 일본이 미국의 철저한 속국임을 다각도로 규명한 『끝나지 않는 점령』(2013)이라는 책에서 전 일본 총리 하토야마 유키오는 "이런 책의 출판에 관여한 모든 분의 용기에 감사를 드리고 싶다"는 말로 서언을 시작했습니다. 하토야마는 일본 민주당을 이끌고 2009년 8월에 치러진 총선에서 480석 중 308석을 얻어 54년 만에 자민당의 독주를 끝낸 주역이었지요. 하지만 하토야마는 이듬해 6월 무능한 총리로 몰려 여론의 지탄을 받고 사임했습니다.

하토야마가 일본의 관계, 재계, 학계, 언론계를 이끄는 엘리트로부터 공격을 받은 이유는 전후 어떤 정치인도 제기하지 않았던 오키나와 미군기지 문제를 제기해서였습니다. 오키나와는 일본 국토의 1퍼센트도 안 되는 넓이지만 주일 미군기지의 75퍼센트가 몰려 있습니다. 하토야마는 미군의 초등학교 여학생 강간 사건으로 오키나와 주민들 사이에서 반환 요구가 거셌던 후텐마 기지를 반환받든가 아니면 적어도 오키나와 밖으로 옮기겠다는 공약을 총리 후보 때 내걸었지요. 거기에는 오키나와가 미국의 속국인 일본의 속국, 다시 말해서 이중속국이라는 정의로운 노여움이 깔려 있었습니다.

주류 매체의 워싱턴 통신원들은 미국이 "뿔났다"면서 하토야마가 일미 우호 관계를 훼손한다고 연일 성토했습니다. 《아사히》같은 진보 매체도 정작 공신력 있는 매체로서 자기 스스로도 대안을 못 내놓으면서도 총리가 애매모호한 입장을 취해 국민을 불안하게 만든다면서 하토야마의 우유부단함을 꼬집었구요.

위키리크스에 나중에 알려진 내용이지만 일본 국방부의 한 고위관리는 미국이 하토야마 총리에게 강하게 나가야 한다고 미국 관리에게 조언하면서 자국 총리의 발목을 잡았습니다. 하토야마가 임명한 같은 민주당의 외무상은 미국 눈치 보기에 급급했습니다. 미국의 국방장관 로버트 게이츠는 일본에 와서 총리와의 식사까지 거절하면서 압박을

2015년 서대문형무소를 찾은 하토야마 전 일본 총리. 하토야마가 일본의 관계, 재계, 학계, 언론계를 이끄는 엘리트로부터 공격을 받은 이유는 전후 어떤 정치인도 제기하지 않았던 오키나와 미군기지 문제를 제기해서였습니다.

가하기도 했습니다. 결국 하토야마는 과거 자민당이 미국과 약속한 대로 오키나와 안에서 대체 군사기지를 만들기로 한발 물러섰고 무능한 정치인으로 매도당하여 9개월 만에 총리 자리에서 물러났습니다. 총리에서 물러난 하토야마는 총선에 나서려고 했지만 당론을 안 따르는 정치인에게는 공천을 줄 수 없다는 당의 방침에 결국 정계 은퇴를 선언했습니다. 일본에서는 미국에게 밉보인 정치인은 이렇게 살아남지 못 합니다. 일본도 한국과 마찬가지로 자국의 국익보다 미국의 국익을 신주단지처럼 떠받드는 세력이 군림하고 있다는 반증입니다.

일본 전문가인 네덜란드 출신의 언론인 카렐 반 볼페렌에 따르면 일본의 주류 정치인과 관료는 독립적으로 사유하고 판단하는 능력을 상실한 지 오래입니다. 냉전 시대만 하더라도 미국의 대외정책은 노골적으로 군사 위주로 흘러가지 않았습니다. 폐쇄적이고 권위적인 제2세계 공산권과는 달리 개방적이고 민주적인 제1세계의 선봉장이라는 이미지를 고수하기 위해서라도 외교를 완전히 무시하지는 않았습니다. 하지만 이제는 상대국에게 최소한의 외교적 예우도 고려하지 않습니다. 극단적으로 자국의 이익만을 추구할 뿐입니다. 미국이라는 국가의 이익만도 아니고 소수 금벌의 이익에 복무하는 정책을 추구할 뿐입니다.

문제는 일본의 정치인과 관료가 아직도 미국에만 기대고 미군이 없으면 당장 일본이 망할 것처럼 불안해한다는 사실입니다. 일본은 군사주의로 기울면서 미군을 따라 이 나라 저 나라로 군대를 보내고 있습니다. 볼페렌은 일본의 250년에 걸친 도쿠카와 막부 쇄국을 끝낸 것은 미국이 보낸 군함이었지만 이제 다시 일본이 달라진 국제 정세를 간파하지 못하고 다른 나라들과 불필요한 갈등을 빚으면서 새로운 '쇄국'으로 끌려들어가는 것은 미국을 맹종해서라고 경고합니다.

하토야마는 동아시아 국가들의 상호 존중과 공영을 가장 중요한 정치적 목표로 삼은 정치인이었습니다. 오키나와 미군기지 이전 문제도 그런 의식에서 나왔습니다. 주변국과 갈등이 심하면 미군기지의 주둔 명분이 올라가고 미군기지의 비중이 커지면 다시 주변국과의 갈등도 심해진다, 미군은 자신의 존재를 정당화하려고 위협을 과장하고 전쟁 공포를 부추긴다, 이런 악순환의 고리를 끊으려면 주변국들과 잘 지내면서 미군에 대한 의존도를 줄여가는 작업이 동시에 이루어져야 한다, 이런 믿음을 가졌던 것이 바로 하토야마가 미국에게 밉보인 결정적 이유였습니다.

전후사의 정체

마고사키 우케루라는 전직 외교관이 쓴 『전후사의 정체』에 따르면 전후 일본의 외교는 철저히 미국에 예속되었습니다. 외교만 그런 것이 아니라 정치, 사법, 국방, 주류 학계와 언론이 모두 그렇습니다. 한국에는 일본 도쿄지검특수부가 부패한 정치인을 도려내는 청렴결백한 공직자의 화신처럼 알려졌지만 마고사키에 따르면 미국의 눈밖에 난 정치인에게 부패 혐의를 씌워 몰아내는 조직이 바로 도쿄지검특수부라네요. 도쿄지검특수부는 원래 맥아더 군정 시절에 정치인이 은닉한 재산을 조사하는 기관으로 출발했는데 지금도 인맥은 철저히 미국의 통제를 받는답니다. 하토야마의 조부인 하토야마 이치로도 총리 시절 소련과의 국교 정상화를 추진한 죄로 미국에 밉보여 고생했다지요.

60년대까지만 해도 일본에는 자주적 외교를 추구하려는 외교관과 정치인이 꽤 있었습니다. 하지만 지금은 그런 사람이 멸종되었습니다. 그 점에서 하토야마 유키오는 돌연변이 같은 존재였습니다. 물론 마고사키 우케루도 외무성에서는 이단아였고 비범한 분석력에도 불구하고 우즈베키스탄 대사, 이란 대사 같은 한직을 떠돌아야 했습니다. 마고사키 우케루는 하토야마가 총리에서 물러난 뒤 세운 동아시아 공동체의 소장으로 있습니다. 두 사람의 공통점은 일본이 독립국이 아니며 미국에게 철저히 예속된 나라임을 뼈저리게 깨닫고 있다는 사실입니다.

하지만 한 나라의 총리를 지낸 사람과 고위 외교관으로 있었던 사람이 자기 나라가 독립국이 아님을 가슴 깊이 인식하고 있다는 사실은 일본의 앞날이 암울하지만은 않음을 역설적으로 드러냅니다. 하토야마는 주민들이 선거로 러시아 귀속을 결정한 크리미아를 일본 정부의 비판을 무릅쓰고 방문하여 서방 언론의 보도와는 달리 크리미아 사람들이 평화롭고 안전하게 살고 있음을 눈으로 보고 알렸습니다. 주류 언론에서는 또라이로 취급하지만 하토야마의 목소리에 귀기울이는 일본인은 늘어나고 있습니다. 마고사키 우케루도 집필과 강연으로 미국의 위험한 전쟁전략을 고발하면서 일본 국민을 각성시키고 있습니다.

마고사키 우케루에 따르면 냉전시대에 미국은 무역의존도가 높은 일본의 해상수송로를 방어해야 한다는 명목으로 고가의 초계기 100여 대를 사게 만들었지만 그 용도는 미국이 소련에 핵 선제공격을 가한 뒤 소련의 핵잠수함 반격을 저지하기 위한 수색활동이었습니다. 알고서 당한 것인지 모르고서 당한 것인지는 모르겠습니다만 일본은 동맹국에게 사기당한 것이죠. 북한의 핵미사일로부터 한국을 지켜주려고 사드를 배치한다는 사기극과 통합니다.

마고사키 우케루는 미사일을 요격한다는 MD도 사기라고 지적합니다. 북조선이 쏘는 미사일은 미국을 겨냥한 것입니다. 최단 코스를 택하므로 북조선이 미국 본토를 향해 쏘는 미사일은 일본 상공을 날아가지도 않는답니다. 초속 몇 킬로미터로 날아가는 미사일을 요격한다는 것은 어불성설, 만에 하나 요격활동으로 인해 미사일이 자기통제력을 잃고 일본 쪽으로 떨어지지 말란 법도 없습니다. 미국이 노리는 것은 발사준비단계에서 북한의 미사일을 일본을 앞세워 공격하는 것입니다. 일본은 당연히 북조선의 공격 위험성에 노출되겠구요.

냉전 시절 미국은 소련을 공격하는 핵미사일을 미국 본토에 두지 않고 유럽에 두었습니다. 소련의 일차적 공격 목표에서 벗어나기 위해서였지요. 드골의 프랑스가 1966년 나토에서 전격 탈퇴한 것은 미국의 노림수를 읽어서였습니다. 프랑스가 소련을 주적으로 생각하지 않음을 소련에게 인식시키는 것이 나토의 일원으로 거액의 국방비를 분담하는 것보다 프랑스의 국가안보에 훨씬 도움이 됨을 드골은 알았습니다. 드골은 미국의 총알받이가 되지 않는 쪽으로 나라를 이끌려고 노력한 지도자였던 거지요. 그러나 선거 때면 드골주의자를 자처하며 우파의 표를 얻어온 사르코지 대통령은 2009년 프랑스를 다시 나토로 복귀시켰습니다. 사르코지가 사이비 우파, 사이비 드골주의자인 이유입니다.

마고사키 우케루에 따르면 미국에서는 일본의 핵무장도 고려할 필요가 있다는 소리가 몇 년 전부터 일부 네오콘을 중심으로 나오기 시작했답니다. 타국에 기대지 않는 자주국방을 추구하는 사람이라면 핵무장을 당연히 고려할 만합니다. 하지만 일본처럼 미국에 철저히 예속된 나라에서는 핵무장은 위험하다고 마고사키는 말합니다. 영문도 모른 채 자국을 위험에 빠뜨리고 미국의 안전만 지켜주느라 초계기 100대를 거액에 산 것처럼 미국이 제시하는 그럴 듯한 논리에 넘어가 가령 북조선을 선공할 가능성이 높다는 것입니다. 북조선이 가만 있을 리 없고 일본도 핵공격을 받게 되는 위협에 처하는 것이지요. 그리고 태평양 건너에서 미국은 두 나라의 공멸을 지켜보며 어부지리를 챙깁니다.

하지만 한국에서는 군사전문가 입에서도 이런 위험성을 지적하는 목소리를 듣기 어렵습니다. 얼마 전 한 안보 프로그램에서 진행자는 최근 미국과학자협회 회장이 비공개를 전제로 한 말에서 한국도 마음만 먹으면 몇 해 안에 몇십 개의 핵무기를 가질 수 있다는 보고서를 돌린 적이 있으며 조선일보 논설위원도 여기에 고무되어 한국도 핵을 가져야 한다는 논설을 쓰더라고 전했습니다. 그러자 동석한 군사평론가는 핵을 개발하는 데 돈이 얼마나 드는지 몰라서 하는 소리라며 혀를 찼습니다. 한국이 핵무장을 하는 것 자체에 대한 우려는 적어도 그 방송에서는 나오지 않았습니다.

군사평론가는 자신도 북한의 핵무기가 두렵지만 핵에 핵으로 맞서는 것은 인도와 파키스탄이 보여주듯이 두 나라를 더 멀어지게 만들고 군사비 지출이 더 늘어나는 악순환의 고리로 빠져들게 하는 것이라고 말했습니다. 대화가 북한의 핵문제를 해결한다는 보장은 없지만 그래도 다른 방안보다는 낫다고 덧붙였습니다. 북한의 남침이 두렵다는 말은 당연히 가능합니다. 하지만 북한의 핵공격이 두렵다는 말이 진보 성향 군사평론가의 입에서 나오는 것은 뜻밖이었습니다. 북한의 핵은 미국의 핵 위협에 맞서려고 만든 것입니다. 한국이 표적이라면 핵무기는 불필요하겠지요. 장거리 미사일은 고사하고 중거리 미사일 몇 방만 한국의 핵발전소 근처로 쏘면 핵무기를 쏜 것과 같은 효과를 기대할 수 있으니까요. 북한의 핵이 미국이 아닌 한국을 겨냥하고 있다는 믿음은 미국이 한국인에게 주입시킨 세뇌작업의 결실 아닐까요

자국의 핵무장을 보는 시각에서 일본인 마고사키 우케루와 한국인 군사평론가의 반응이 왜 이렇게 다른 것일까요? 일본도 한국도 똑같이 미국에 군사적으로 철저히 예속되어 있지만 일본에는 그러니까 일본은 독립국이 아니라고 인식하는 사람이 많고 한국에는 그럼에도 한국은 독립국이라고 인식하는 사람이 많아서가 아닐는지요. 독립국이 아닌 나라의 핵무기는 독립국의 핵무기보다 훨씬 위험합니다. 하지만 독립국이 아니면서 독립국이라고 생각하는 나라의 핵무기는 독립국이 아닌 줄 스스로 잘 아는 나라의 핵무기보다 훨씬 위험합니다. 한국의 핵무장이 일본의 핵무장보다 훨씬 위험한 이유입니다.

동아시아 공동체

하토야마가 미국에 밉보인 또 하나의 중요한 이유는 동아시아 공동체를 구상한 데에 있었습니다. 미국의 대동아시아 정책의 핵심은 지역 국가들 사이에 갈등을 빚게 하면서 자신이 중재자로 군림하는 것이었습니다. 동아시아 공동체가 만들어지면 미국은 설 자리가 없어집니다. 하토야마는 또 핵발전소를 없애겠다는 공약도 내걸었습니다. 한국이나 일본 어느 한 나라가 핵발전소를 없앤다고 방사능 피폭 위험이 완

전히 사라지는 것은 아니지요. 고리, 울진 등 한국 동남부의 핵발전소에서 사고가 나면 일본의 남서부도 위험해지고 규슈, 간사이 등 일본 서남부 핵발전소에서 사고가 나면 한국도 위험해집니다. 핵발전소를 없애려면 두 나라가 같이 없애야 합니다. 적어도 핵에 관한 한 한국과 일본은 운명공동체입니다. 미군기지 철수 운동도 두 나라가 같이 벌여야 합니다. 남과 북, 일본을 끝없이 이간질시켜 미군기지를 정당화하려는 미국의 속셈을 두 나라가 꿰뚫어보아야 합니다.

미국에서 흑인으로는 처음으로 2009년 1월 대통령에 취임한 민주당의 오바마는 후보 시절 핵 없는 세계를 만들 것이며 이슬람과도 화해하겠다고 공약하여 많은 이의 기대를 모았습니다. 하토야마와 일본 민주당도 오바마의 민주당에게 큰 기대를 걸었지요. 군산복합체의 이익을 추종하는 미국 공화당과는 달리 미국 민주당은 동아시아 지역 평화와 군사기지 문제에서 충분히 대화가 통하리라고 예상했습니다. 그러나 일본 민주당의 하토야마를 무능한 정치인으로 몰아간 것은 결국 미국 민주당의 오바마 정부였습니다.

하토야마가 서대문 형무소에서 적은 독립의 주어는 일본만도 아니고 한국만도 아니고 두 나라 모두를 염두에 둔 것이 아니었을까요? 비독립국 한국이 핵무장을 하고 미국의 부추김으로 핵 선제공격을 하면 한반도도 일본 열도도 무사하지 못할 겁니다. 동아시아는 쑥대밭이 될 거구요. 하토야마가 9개월 만에 맥없이 무너진 것을 보면 당장 실현 가능성이 높진 않더라도 한국에서 평화와 공존을 지향하는 정치인들은 지금부터 하토야마의 후예들과 손을 잡고 동아시아의 진정한 평화 정착 방안을 고민해야 한다고 생각합니다. 그 첫걸음은 동아시아 안보를 위협하는 한국과 일본의 공적과 주적을 직시하는 데에서 시작됩니다.

한국의 평화를 위협하는 나라는 핵무기 투하도 불사하겠다는 미국의 위협 앞에서 보복력을 갖기 위해 바다와 대륙을 건너 위협의 종주국을 공격할 수 있는 대륙간탄도탄을 개발한 북한도 아니고, 36년 동안 조선을 식민지로 지배했지만 패전으로 미국이 원하는 땅에 무상으로 무시로 무기한으로 기지를 제공해야 하는 신세가 되어버린 일본도 아닙니다. 평화를 갈망하는 세계인의 주적은 앙골라처럼 알파벳 A로 시작하는 나라에서 짐바브웨처럼 Z로 시작되는 나라까지 돈벌이를 위해 지구의 모든 나라를 쑥밭으로 만들었고 지금도 만드는 나라입니다. 일본과 한국의 차이는 그런 사실을 아는 사람이 많고 적고의 차이입니다.

참고 자료

1 · Japan as an American Client State, Karel van Wolferen, http://www.unz.com/article/the-american-world-empire-japan-as-a-vassal-state/

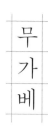

짐바브웨의 고속도로를 달리다 보면 주변에 마을이나 도시가 별로 안 보입니다. 고속도로는 주로 백인들의 대농장 사이로 뚫려 있어서입니다. 사람들을 실어나르려고 낸 길이 아니라 농장에서 나는 담배 같은 생산물을 실어나르는 운송로로 만들어졌습니다. 짐바브웨의 고속도로는 수출 농작물 위주의 백인 중심 경제에서 철저히 배제되었던 흑인들의 처지를 상징적으로 드러냅니다.

짐바브웨는 1890년대에 영국의 식민지가 되었습니다. 클린턴은 대학생 시절 옥스퍼드대에서 세실 로즈가 만든 로즈 장학금을 받았는데요. 케이프 식민지 총리를 지낸 정치인 세실 로즈가 어수룩한 짐바브웨의 왕에게 한 달에 몇백 파운드와 총알 100여 알을 주기적으로 주겠다면서 사기를 쳐서 도장을 찍게 하고 빼앗은 땅이 짐바브웨이지요. 그 뒤로 로디지아로 불렸습니다. 독실한 천주교 신자인 로버트 무가베의 지휘 아래 5만 명의 흑인이 목숨을 잃으면서 수십 년 동안 무장 항쟁을 벌인 끝에 로디지아는 마침내 1980년 짐바브웨라는 이름으로 독립합니다.

독립은 했지만

독립 당시 영국 정부는 이언 스미스 백인 정권 지도자와 무가베를 중재하는 역할을 했는데요. 흑인 독립 정부가 짐바브웨 옥토의 75%를 차지한 백인들의 땅을 무상 몰수하지 않는 대신 영국 정부가 토지 구입자금을 지원하겠다고 약속했습니다. 그나마도 백인 지주가 땅을 팔기 원할 때만 흑인 정부가 시세대로 돈을 주고 땅을 사야 한다는 어처구니없는 조항을 무가베는 처음에 당연히 일축했습니다.

하지만 당시는 남아공에서 흑백인종분리정책 곧 아파르트헤이트가 시퍼렇게 살아 있을 때였습니다. 넬슨 만델라는 무기수로 감옥에 갇혀 있었구요. 남아공을 비롯해서 나미비아와 앙골라의 흑인 지도자들은 무가베에게 눈물로 호소했습니다. 짐바브웨가 물러서지 않을 경우 백인들이 다른 나라에서 절대로 양보하지 않을 가능성이 높다, 겨우 100년 전에 사기꾼에게 빼앗긴 땅을 되찾는 것은 독립정권의 당연한 권리라는 것을 우리도 잘 알지만, 우리가 독립할 때까지만 좀 기다려달라, 이렇게 사정했고 무가베는 눈물을 머금고 이것을 받아들였습니다.

독립은 했지만 경제는 여전히 백인이 독차지했습니다. 하지만 그런 한계 속에서도 무가베 집권 이래 짐바브웨의 문맹률은 급격히 낮아졌고 의료혜택도 백인 정권 시절과는 비교가 안 될 정도로 골고루 국민에게 돌아갔습니다. 지금 짐바브웨의 문맹률은 아프리카에서 가장 낮습니다.

무가베가 짐바브웨를 이끌어갈 자격이 있는지 없는지의
여부는 다수 아프리카 주권자가 뽑은 지도자를 자원 수탈
을 노리고 빈번이 몰아낸 '국제사회'가 아니라 짐바브웨
국민에게만 있습니다.

무가베는 서방의 내로라하는 명문대학에서 수십 개의 명예박사 학위를 받았습니다. 넬슨 만델라가 받은 그런 대접을 한동안 무가베가 받았습니다. 1990년 나미비아가 독립하고 1994년 남아공에서도 흑인이 마침내 정권을 잡자 무가베는 영국에 약속을 지킬 것을 요구했습니다. 이렇다 할 산업 없이 농업으로 먹고살아야 하는 나라에서 백인들이 땅을 차지한 현실을 그대로 방치하는 것은 1천만 명이 넘는 흑인은 죽을 때까지 대를 이어 1만 명에 불과한 백인들의 농장에서 종살이만 하라는 소리였으니까 무가베의 요구는 정당했습니다. 하지만 영국은 시종 오리발을 내밀었고 설상가상으로 1997년 영국민의 개혁 여망을 안고 출범한 토니 블레어 정권은 그건 보수당 정부 시절에 맺은 협정이니까 우리는 모른다고 잡아뗐습니다.

독립운동을 위해 싸운 짐바브웨의 제대 군인들은 피흘려 독립을 쟁취했는데도 굶주려야 했습니다. 그들 중에서 상당수는 2차대전이 끝난 뒤 제대한 백인 군인들에게 땅을 빼앗겨 몰려난 10만 흑인 농가의 자식들이었습니다. 로디지아 정부는 1930년대에 옥토 위주로 짐바브웨 농토의 51%를 백인에게 주었지만 백인의 수가 워낙 적었기에 백인 소유 농토의 절반에서는 여전히 흑인들이 농사를 지었습니다. 그런데 2차대전 이후 백인 제대병들이 대거 쏟아지자 로디지아 정부는 백인들이 땅을 '되찾도록' 부추겼습니다. 백인들은 총부리를 들이대면서 흑인들의 집을 불태웠고 흑인들을 몰아냈습니다. 남아프리카의 독립운동을 추진한 세력은 도시의 흑인 엘리트였지만 짐바브웨의 독립운동을 주도한 세력은 억울하게 땅을 빼앗긴 흑인들의 자식들이었습니다. 그들에게 독립은 부모의 땅을 되찾는 것을 뜻했습니다.

성자에서 악마로

무가베 정부는 처음에는 머뭇거렸지만 열성 지지 세력의 당연한 요구를 외면할 수는 없었겠지요. 결국 토지회수정책을 추진했습니다. 땅을 몽땅 몰수하여 백인을 알거지로 만든 것도 아니었고 일정 규모 이상의 토지에 대해서만 국가재산으로 귀속시켰습니다. 또 토지에 대한 투자가 이루어졌을 경우 최소한의 보상은 해주기로 했습니다. 하지만 그때부터 무가베는 서방에서 죽일 놈이 되었습니다. 그리고 영국을 중심으로 짐바브웨에 대한 경제제재가 시작되었습니다. 짐바브웨달러는 하루아침에 똥값이 되었고 수출길도 막혔습니다. 천혜의 관광자원이 있었지만 관광객이 안 들어오니 외환이 바닥났고 인플레는 천정부지로 치솟았습니다. 백인의 사유재산을 침범한 대가는 혹독했습니다.

그리고 영국과 미국은 각각 웨스트민스터재단과 미국민주주의재단이라는 해외시장 개척에 걸림돌이 되는 세력을 민주주의 적으로 몰아 제거하는 관변 재단을 통해 짐바브웨의 시민단체와 노조, 어용 정치세력에 거액을 지원하면서 무가베 제거 공작을 본격적으로 벌이기 시작했습니다. 주요 언론을 장악한 짐바브웨의 백인들도 무가베에 대해 파상공세를 벌였습니다.

자기를 11년 동안 옥에 가두었고 5만 명의 흑인을 죽인 이언 스미스를 털끝 하나 건드리지 않고 정치 보복을 하기는커녕 같이 손을 잡고 흑백이 하나가 되어 새로운 짐바브웨를 건설하자고 화합의 손길을 내밀었던 무가베는 하루아침에 성자에서 악마가 되었습니다. BBC를 포함해서 서방의 모든 언론은 독재자 무가베가 인권을 유린하고 정적을 탄압했다고 떠들어댔습니다. 하지만 짐바브웨는 여성에게는 투표권조차 주어지지 않는 사우디아라비아나 사실상 일당독재가 이루어지던 이집트에 비하면 훨씬 민주적인 나라였습니다. 사우디에서 왕을 모독하거나 이집트에서 무바라크 이름을 함부로 들먹였다가는 그날로 쥐도 새도 모르고 목숨을 잃었습니다. 반면 무가베를 죽일 놈이라고 욕하는 짐바브웨 민영 신문 방송이 하나 둘이 아닙니다. 그렇게 욕해도 가만 놔두는 정부가 독재정권일까요.

백인한테서 몰수한 토지를 무가베가 부패한 측근들에게만 나누어준다고 서방 언론은 비난하지만 무가베가 우대한 것은 독립운동을 하다가 희생된 흑인 가족들이 대부분입니다. 영국은 전몰장병기념일이 되면 빨간 꽃을 가슴에 달고 다니면서 나라를 위해 목숨을 잃은 군인들을 끔찍이 챙기는 나라입니다. 짐바브웨 국민과 지도자에게도 나라를 되찾기 위해 목숨을 던진 자국 군인들을 보상해줄 최소한의 권리가 있는 것이 아닐까요.

무가베는 고령입니다. 90세가 넘었습니다. 판단력이 흐려진 무가베가 나이 차이가 많이 나는 아내를 후계자로 만들어 많은 희생을 치르며 되찾은 짐바브웨의 주권을 위험에 빠뜨릴까봐 우려하는 목소리가 무가베를 지지하던 사람 중에서도 적지 않은가 봅니다. 하지만 무가베가 짐바브웨를 이끌어갈 자격이 있는지 없는지의 여부는 다수 아프리카 주권자가 뽑은 지도자를 자원 수탈을 노리고 번번이 몰아낸 '국제사회'가 아니라 짐바브웨 국민에게만 있습니다. 짐바브웨의 앞날은 식민지 종주국이 아니라 오직 짐바브웨 국민만이 결정할 수 있습니다.

서방 언론은 또 짐바브웨의 퇴역군인들이 반정부 인사에게 폭력을 휘두른다고 비난합니다. 그런데 만일 어떤 영국 국민이 포클랜드는 아르헨티나 땅이니 아르헨티나에 돌려주어야 한다고 떠들고 다닌다면, 포클랜드 전쟁에서 목숨을 잃은 영국 군인의 가족들이 그 사람을 가만히 둘까요. 아마, 진작에 몰매를 맞았겠지요. 무가베는 오히려 폭력을 휘둘러서는 안 된다고 자제를 요청했습니다. 독립운동을 하다가 청춘을 바친 퇴역군인들이 백인들에게 나라를 다시 상납하려는 백인의 흑인 하수인들이 사람으로 보일까요. 영국에는 아직도 반역죄라는 것이 시퍼렇게 살아 있습니다. 옛날에는 더했습니다.

영국의 반역죄, 미국의 친영파 탄압

헨리 8세가 자기 결혼을 승인해주지 않는 교황청에 반발하여 영국 국교회를 만든 이후로 영국에서 카톨릭 신자는 엄청난 탄압을 받았습니다. 재산권도 제대로 인정받지 못했고 공직에도 나설 수 없었고 투표권도 주어지지 않았습니다. 1789년 프랑스에서 혁명이 일어나서 기득권을 가진 프랑스의 카톨릭 신자들이 영국으로 대거 망명하면서 카톨릭에 대한 규제가 겨우 풀렸습니다. 그전까지 영국에서 카톨릭 신자 하면 외국의 첩자와 거의 동의어일 정도였습니다. 자기들 나라를 언제 무너뜨릴지 모르는 외세의 대변자가 바로 카톨릭 신자라고 영국인은 믿었습니다. 영국의 카톨릭 신자는 외세를 등에 업은 친프랑스파, 친스페인파로 대대로 탄압을 받았습니다.

미국도 지독하기는 영국 못지않았습니다. 독립전쟁에서 이긴 뒤로 미국은 친영파를 혹독하게 탄압했습니다. 친영파는 재산을 몰수당했고 투옥당했고 고문당했고 처형까지 당했습니다. 친영파로 찍힌 사람은 온몸을 발가벗기고 뜨거운 타르를 붓고 거위 깃털을 붙여서 톡톡히 망신을 주었습니다. 지독한 망신을 준다는 뜻인 tar and feather라는 영어 숙어는 여기서 유래했습니다. 친영파는 신생 독립국 미국을 언제 다시 굴욕스러운 식민지 체제로 무너뜨릴지 모르는 외세의 앞잡이였습니다. 민주주의 체제에서 모든 시민이 누려야 할 권리는 친영파에게는 주어지지 않았습니다. 거기에 이의를 제기했다가는 뼈도 못 추렸습니다.

숙어 'tar and feather'의 역사

하지만 짐바브웨에서는 흑인 정부가 출범한 다음에도 식민지 종주국인 백인의 후예들과 그 흑인 하수인들이 모든 권리를 인정받았습니다. 영국과 미국은 그런 다당제의 맹점을 철저히 파고들었습니다. 엄청난 자금력으로 어용 야당을 육성해서 공익을 추구하는 무가베 정권을 무너뜨리는 데 골몰했습니다.

노조운동가 출신의 짐바브웨 야당 지도자 모건 츠방기라이는 짐바브웨 대통령 선거를 앞두고 캐나다와 영국까지 가서 무가베 암살 모의를 했습니다. 동영상이 있고 호주 방송에서도 방영되었습니다. 짐바브웨의 문제는 백인 탓이 아니라 무가베 정권의 무능 탓이라고 입버릇처럼 말했으니 츠방기라이는 당연히 짐바브웨 백인들과 서방의 전폭적 지원을 받았지요. 하지만 무가베는 츠방기라이를 나중에 총리로 앉히고 같이 짐바브웨 국정을 운영하려고 노력합니다. 입장이 바뀌어 만일 무가베가 야당 지도자 자격으로 대통령 츠방기라이의 암살을 모의한 사실이 드러났다면 무가베는 사형선고를 받지 않았을까요. 로버트 무가베는 서방 언론에서 주장하는 대로 정말 폭군이 맞는 걸까요.

친영파는 재산을 몰수당했고 투옥당했고 고문당했고 처형까지 당했습니다. 친영파로 찍힌 사람은 온몸을 발가벗기고 뜨거운 타르를 붓고 거위 깃털을 붙여서 톡톡히 망신을 주었습니다. 지독한 망신을 준다는 뜻인 tar and feather라는 영어 숙어는 여기서 유래했습니다.

짐바브웨 농업 회생이 던지는 두 가지 메시지

지금은 고삐 풀린 민영화 논리에 대한 자성 분위기가 일면서 영국에서도 전기, 가스, 철도를 다시 국영화해야 한다는 목소리가 높아지고 있지만, 막상 처음부터 그런 길을 추구했던 짐바브웨의 무가베는 영국 언론에게는 여전히 악마이고 소수 백인의 이해를 대변하면서 민영화를 추구하는 야당은 여전히 고결한 민주주의를 지키려다 탄압당하는 가엾은 피해자입니다.

2000년대 초 6천 명의 백인 대지주가 소유한 땅 중에서 일정 규모 이상의 땅을 흑인에게 나눠주는 토지분배가 시행된 뒤로 짐바브웨는 서방의 경제제재로 인해 하루 아침에 통화가치가 폭락하고 경제는 무너졌습니다. 농사경험이 없고 자본도 없는 흑인들이 새로 소유한 땅에서 농산물 생산량이 급감하자 서방 언론은 진보와 보수를 감독하고 무능한 무가베의 무책임한 인기영합책에서 빚어진 자업자득이라며 짐바브웨를 비웃었습니다. 하지만 짐바브웨대학에서 환경학을 가르치는 백인 자네트 만젱과(Jeanette Manjengwa) 교수는 2013년에 낸『땅을 되찾은 짐바브웨(Zimbabwe Takes Back Its Land)』라는 책에서 전혀 다른 평가를 합니다. 6천 명의 백인 밑에서 16만 7천 명의 농업노동자로 살아가던 짐바브웨 흑인이 지금은 24만 5천 명의 소농과 중농으로 자리잡았고 농업노동자도 100만 명에 육박한다면서 짐바브웨의 농토분배 정책이 서서히 결실을 보고 있다고 평가한 것입니다. 농업생산량도 앞으로 5년 안에 한창 때의 수준을 되찾을 것으로 전망했습니다.

짐바브웨 농업의 회생은 두 가지 메시지를 던집니다. 하나는 자국민을 위한 정책을 추구하는 흑인 지도자는 무조건 무능한 포퓰리스트로 몰아가는 서방 언론이야말로 아직도 과거를 반성할 줄 모르고 자신들의 이익을 보장해주지 않는 이라크, 리비아, 시리아 등지에서 전쟁을 벌이는 금권 자본주의 세력의 하수인이라는 것입니다. 또 하나는 지속 가능한 농업의 미래는 자본집약적이고 환경파괴적인 기업농이 아니라 노동집약적이고 환경우호적인 소농에서 찾아야 한다는 것입니다.

　비록 미국의 호전적 대외정책을 더욱 악화시키면서 다수의 기대를 저버리긴 했어도 백인을 비롯하여 미국 국민이 흑인 오바마를 대통령으로 민 것은 오바마가 소수의 사익을 대변하는 부시와는 달리 미국민 대다수의 공익을 대변해주리라는 믿음이 있어서였습니다. 무가베도 소수 백인이 진정으로 짐바브웨에서 양보하고 화합하는 모습을 보여주었다면 백인에게 정권이라도 내주었을 사람입니다. 오바마와 무가베의 차이는 오바마는 외세를 등에 업은 세력에 대한 가차없는 응징을 통해 자국의 정체성을 지킨 행복한 나라가 배출한 지도자이고, 무가베는 민주주의의 보편성을 믿고 외세를 등에 업은 세력에게까지도 완전한 정치적 자유를 허용했다가 곤욕을 치르는 불행한 나라의 지도자라는 사실입니다. 오바마가 이런 사실을 깨닫지 못했기에 미국은 달라지지 않은 것이고 무가베는 여전히 외로운 싸움을 벌일 수밖에 없는 게 아닐까요.

참고 자료

1 · 〈땅을 되찾은 짐바브웨〉, 짐바브웨 농업경제전문가 토론회, https://www.youtube.com/watch?v=ETl6gsUZ8gg

2 · 야당 지도자와 백인들의 무가베 암살 모의, https://www.youtube.com/watch?v= F3TTLhC3zPc&t=1717s

3 · http://www.presstv.com/Detail/2017/11/19/542679/Debate-political-crisis-Mugabe-rule--Zimbabwe

3부

말과 앎 사이의
무한한 가짜 회로를 벗어나다

War
on
Words

중
립

1981년 10월 스웨덴의 카를스크로나 해군기지 인근 해역에서 소련의 위스키급 잠수함이 좌초한 사건이 벌어지자 스웨덴은 발칵 뒤집혔습니다. 스웨덴 해역을 포함한 발트해에서 영미 주도의 나토군 잠수함과 소련 주도의 바르샤바 동맹군 잠수함이 수시로 군사작전과 정탐활동을 벌인다는 것은 군사전문가들 사이에서는 새삼스러운 사실이 아니었습니다. 하지만 소련 잠수함의 영해침공은 중립국이었던 스웨덴의 국민에게는 충격으로 다가왔습니다.

소련은 사과했고 문제의 잠수함은 무사히 떠날 수 있었습니다. 하지만 이듬해부터는 스웨덴 해역에 출몰하는 의문의 외국 잠수함 숫자가 눈에 띄게 늘어났습니다. 이 잠수함들은 일부러 사람 눈에 띄기를 바라는 것처럼 사람들이 많이 다니는 바닷가에 바짝 접근해서 잠망경을 오랫동안 물 밖으로 드러내기 일쑤였습니다. 스웨덴 해안을 지키는 관측기지들도 심해에서 정체불명의 잠수함들이 공공연하게 스웨덴

영해에서 잠행한다는 보고를 올렸습니다. 언론에서는 정체불명의 잠수함은 틀림없이 소련 국적이라고 단정지었습니다. 서방 언론도 대대적으로 이 문제를 보도했습니다.

결국 1982년 가을에는 대대적인 잠수함 사냥이 시작되었습니다. 전 세계에서 750명이 넘는 외신기자가 잠수함 수색작전을 현장에서 취재했습니다. 일선 지휘관들은 대잠 수중폭뢰를 투하했고 실제로 폭탄을 맞은 잠수함에서 긴급 수리를 하는 것으로 추정되는 음향이 관측되기도 했습니다. 하지만 폭뢰 투하량을 최대한 줄이라는 지시가 군 지휘부로부터 내려왔습니다. 스웨덴 군 수뇌부는 적 잠수함이 빠져나갈 시간을 주려는 듯 '휴전' 지시까지 내렸습니다. 결국 잠수함 사냥작전은 단 한 대의 잠수함도 확실히 적발하지 못하고 끝났습니다. 하지만 문제의 잠수함이 소련 잠수함이라는 사실을 의심하는 스웨덴 국민은 거의 없었습니다.

1980년대 내내 이런 잠수함 영해침범은 끊이지 않았습니다. 해마다 확실한 영해침범이 6건에서 10건은 일어났고 영해침범으로 추정되는 경우는 해마다 수십 건씩 일어났습니다. 소련 국적으로 추정되는 외국 잠수함의 자국 영해침범이 거듭될수록 소련에 대한 스웨덴 국민의 인식은 부정적으로 바뀌었습니다.

냉전의 막바지인 1980년대에 소련이 우월한 군사력을 앞세워서 중립국 스웨덴이 서방에 밀착되는 것을 경고하는 차원에서 공공연하게 잠수함 침공작전을 벌였다는 것은 스웨덴은 물론 스웨덴 바깥에서도 정설로 자리잡았습니다. 하지만 스웨덴의 군사안보전문가 올라 투난더(Ola Tunander)는 사실은 이 모두가 미국이 벌인 작전이라는 것

을 치밀한 기록분석과 관계자 증언을 통해
『스웨덴 조준 비밀작전(The Secret War Against Sweden)』에서 밝혀냈습니다.

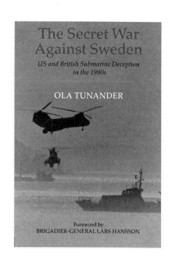

스웨덴 침몰 작전

1982년 총선에서 집권한 사민당의 올로프 팔메 총리는 미국에게는 눈엣가시였습니다. 이미 1969년부터 1976년까지 총리를 역임했던 팔메는 베트남전을 강하게 비판하면서 니카라과의 독재정권에 맞서 싸우는 산디니스타 해방군을 지지했습니다. 팔메는 1982년 다시 정권을 잡은 뒤로는 북유럽과 동유럽을 항구적으로 비핵화하는 방안을 적극적으로 추진했습니다. 독일을 비롯해서 유럽 전체가 스웨덴처럼 중립국으로 돌아서는 것은 미국으로서는 악몽이었습니다. 잠수함 출몰작전과 사냥작전은 모두 미국이 올로프 팔메의 신뢰도를 떨어뜨리기 위해 짜낸 묘수였습니다. 1982년 가을에 시작된 잠수함 사냥작전은 올로프 팔메가 총리로 당선되고 나서 2주일 만에 개시되었습니다.

잠수함 사냥작전과 함께 스웨덴 내의 반소 여론은 들끓었고 중립국 스웨덴의 비핵화정책과 독자적 대외정책은 타격을 받았습니다. '적국' 소련의 위협 앞에서 제대로 대처하지 못하고 자국안보도 지키지 못하는 무능한 지도자의 평화정책은 스웨덴 안팎에서 비웃음만 샀고 집권 사민당은 수세에 몰렸습니다. 팔메는 중립국 스웨덴의 주도 아래 유럽이 소련과 담판을 짓고 비핵화를 위한 돌파구를 열 수 있다고 믿었지만 잠수함 작전 때문에 이제 소련은 스웨덴의 1순위 적대국이 되었습니다.

1976년까지만 해도 소련을 직접적 위협으로 여기는 스웨덴인은 6%에 그쳤고 소련이 스웨덴에게 우호적이지 않다고 보는 스웨덴인도 27%에 불과했습니다. 1980년 소련이 아프간을 침공했을 때도 이 수치는 각각 8%와 33%로 약간 올라갔을 뿐이었습니다. 하지만 1981년 카를스크로나에서 소련의 잠수함이 좌초한 뒤로는 34%의 스웨덴 국민이 소련을 직접적 위협으로 여겼고 71%가 소련이 스웨덴에게 우호적이지 않다고 응답했습니다. 1982년 잠수함 사냥이 있고 나서는 이 수치가 각각 42%와 83%로 뛰었습니다. 소련이 스웨덴에게 우호적이라고 생각하는 스웨덴인은 1970년대의 10~15%에서 1983년에는 1~2%로 급감했습니다. 70년대에는 스웨덴 국민의 15~20%만이 국방비 증액을 지지했지만 잠수함 사태 이후로는 50%로 늘어났습니다.

애국심에 불타는 스웨덴 장교들은 자국 해역을 뻔질나게 침범하는 소련의 공격에 무기력하게 대응하는 사민당 정부를 격렬하게 성토했습니다. 대부분의 군 장성들도 잠수함이 정말로 소련 국적이라고 믿었습니다. 하지만 극소수의 스웨덴 군 수뇌부는 미군과의 조율 아래 사태를 적절히 통제하고 있었습니다. 미군은 잠수함 작전을 벌이면서 실제로 소련 잠수함과 비슷하게 만든 잠수함, 소련 무기, 소련 통신장비를 이용하고 군인들에게 소련 해군복까지 입혔을 가능성이 높다고 올라 투난더는 지적합니다. 밝혀지지는 않았지만 스웨덴 해역에서 잠수함 사냥이 벌어지는 동안 폭뢰를 맞고 바다 밑에서 수장된 미군의 숫자도 적지 않을 것으로 투난더는 봅니다. 1982년 한 해 동안 목숨을 잃은 미국 해군병사의 숫자는 562명이었고 1980년대에는 모두 5865명의 미국 해군이 목숨을 잃었습니다. 이 중 몇 명이 이런 비밀군사작전을 벌이다가 우군의 공격을 받고 죽었는지는 아무도 모릅니다.

미국이 스웨덴에서 벌인 잠수함 작전은 동맹국 또는 잠재적 동맹국의 여론이 자신에게 불리하게 돌아서는 것을 차단하려고 수시로 벌여온 고도의 심리전이었습니다. 스웨덴이 국제평화를 증진하는 공정한 대외정책을 추진하는 발판은 중립국이라는 지위에서 나오는 것인데 이런 수백 년의 역사를 가진 안전한 중립국이라는 현실적 지위를 소련의 침공이라는 '가짜 현실'로 무너뜨려서 스웨덴이 더 이상 독자적으로 대외정책을 추진할 수 없게 만든 것이지요. 선진 민주주의 국가의 여론은 조잡한 선동으로는 움직이기 어렵지만 이런 고도의 간접 심리전 앞에서는 맥을 못 춥니다. 이념에 휩쓸리지 않는 유연한 행보로 지지세력을 넓혔던 이탈리아 공산당도, 일찌감치 사회주의를 '생산수단의 공적 소유'가 아니라 '정치와 경제의 민주주의 발전'으로 규정짓고 정당 간의 폭넓은 연대를 통해 스웨덴을 가정처럼 포근한 나라로 만들었던 스웨덴 사민당도, 이런 고도의 심리전 앞에서 무너지고 말았습니다. 소련을 성토하는 여론으로 어려움을 겪던 올로프 팔메 총리는 모스크바에서 열리는 비핵화 회담을 한 달 앞두고 암살당했습니다. 팔메가 죽고 나서 스웨덴은 영원히 달라졌습니다. 스웨덴은 이제 무늬만 중립국입니다. 아프간에도 전투병을 파병했고 나토와도 적극 협조합니다.

미국의 정치학자 해럴드 라스웰(Harold Lasswell)은 1941년에 쓴 〈병영국가(The Garrison State)〉라는 글에서 가장 무서운 형태의 군사권력은 군부독재가 아니라 자국민에게는 향락을 만끽할 지엽말단적 자유만을 주어 자기 나라가 민주주의 국가라는 환상을 심어주면서 군인, 기업인, 정치가가 한통속이 되어 외부의 위협을 끊임없이 강조하여 항구적으로 군사비를 증액하고 대외전쟁을 벌이는 병영국가로 나타난다고 강조했습니다. 70여 년 전의 경고는 이미 현실입니다. 미국은 병영국가가 된 지 오래입니다.

미국이 좋아하는 나라는 민주국가가 아니라 병영국가입니다. 여성과 아동을 포함해서 개인의 인권을 어느 나라보다도 앞장서서 보장하면서 그런 평화로운 관계를 국제관계에서도 확산하려는 스웨덴 같은 나라를 미국이 침몰시키려고 공작을 벌인 것은 스웨덴 같은 민주국가가 확산될까봐 두려워서였습니다. 그러면서 정작 자력으로 자기 안보를 지키려는 나라를 병영국가라고 몰아세웁니다. 악의 축이라고 비난합니다.

스웨덴의 중립은 진짜 중립이 아니었습니다. 소련과 미국이라는 두 강대국 사이에서 균형을 잡는다고 해서 중립국의 조건이 갖춰지는 것은 아닙니다. 그런 중립은 상대방의 선의에 기대는 중립입니다. 냉전이 끝나자 스웨덴은 미국의 자장권으로 금세 빨려들었습니다. 스웨덴의 국방력이 막강했다면 소련의 가짜 위협에 불안을 느끼고 미국에 붙지는 않았을 겁니다. 제 나라를 제 손으로 지킬 힘이 있는 나라만이 진정한 중립, 지속 가능한 중립을 실천에 옮길 수 있습니다.

한 나라의 힘은 중립에서 나오는 것이 아니라 국방력에서 나옵니다. 말의 힘을 믿지 않고 주먹의 힘만을 믿는 병영국가들이 선진민주국가로 위장한 채 군림하는 세상에서는 더더욱 그렇습니다. 주먹의 힘을 키우지 않고 말의 힘을 믿은 올로프 팔메가 암살당한 것은 어쩌면 필연이었습니다. 주먹의 힘이 없는 이상 스웨덴 국민은 두번 다시 올로프 팔메 같은 사람을 감히 지도자로 뽑지 못할 겁니다. 주먹의 힘이 없을 때는 중립이고 뭐고 알아서 기어야 한다는 사실을 생각 있는 스웨덴 국민은 뼈저리게 깨달았을 겁니다.

마
약
전
쟁

1979년 12월 미국의 카터 정부는 소련의 아프가니스탄 공산정권 지원에 맞서 아프가니스탄의 무자혜딘 이슬람 반군에게 무기를 보내기 시작했습니다. 그러자 백악관 마약남용정책위원이던 데이비드 머스토 박사는 걱정이 앞섰습니다. 미국으로 마약이 쏟아질까봐서였지요. CIA에 관련 자료를 요청했지만 번번이 거부당했습니다. 머스토 박사는 조만간 아프간, 파키스탄에서 미국으로 마약이 밀려들 거라고 예언했습니다. 예언은 적중했습니다. 1971년 아프간의 아편생산량은 100톤이었지만 1982년에는 300톤, 1983년에는 575톤으로 늘어났습니다. 아프간 마약은 미국 시장의 60퍼센트를 장악했습니다.

아편생산의 황금 삼각지대
머스토 박사는 미국의 아프간 개입이 마약생산량 급증으로 귀결되리란 걸 어떻게 알았을까요? 1950년대부터 70년대까지 인도차이나에서 똑같은 일이 벌어졌거든요. 1949년 중국에서 공산당이 정권을 잡고 국민당은 대만으로 밀려났지만 남은 국민당 군대는 미얀마 북부에 둥지를 틀고 중국 남부를 수시로 공략했습니다. 국민당 반군은 미얀마 북부의 소수민족에게 아편세를 현물로 요구하면서 아편재배 면적을 확대했습니다. 30년대와 40년대에도 국민당의 중요한 자금원은 아편 생산과 거래에서 나왔는데요. 50년대의 국민당 반군은 군사작전 수립은 물론 생산된 아편의 운반과 유통에서 CIA의 지원을 받았습니다. 골치를 앓던 미얀마 정부는 중국 정부와 손잡고 국민당 잔여세력을 소탕했는데 이 과정에서 미국 무기가 대거 발견되었습니다. 당시 미 케네디 정부의 압력으로 국민당 반군은 대만으로 공수되었습니다.

하지만 국민당 반군은 떠났어도 아편생산은 계속되었습니다. 국민당과 CIA가 육성한 소수민족의 아편생산은 그대로 이어진 거지요. 그리고 베트남전쟁이 장기화하면서 아편생산은 인접국 라오스까지 확대되었습니다. 부패한 월남 정권의 무능 탓에 전세가 불리해지자 미국은 라오스 북부의 몽족 같은 소수민족까지 용병으로 키웠습니다. 3만 명 규모의 몽족 병력이 베트남과 라오스 일원에서 비밀군사작전에 투입되었습니다. 인구 25만 명의 몽족에서 3만 명의 병력을 유지하려다 보니 사상자가 생기면 열서너 살짜리도 군인으로 동원했습니다. 쌀농사를 짓던 땅에 아편을 기르고 그나마 힘을 쓸 만한 장정은 죄다 전투원으로 불려가니 농사는 불가능해지는 악순환이 이어졌습니다. 자급농으로 살았던 몽족은 식량마저도 미군의 공수투하에 기대면서 미군의 총알받이가 되어 싸움터에 끌려나갔습니다. CIA 요원은 적병 귀 하나에 1달러 머리 하나에 10달러를 주겠노라며 라오스와 베트남에서 몽족의 공산군 토벌을 독려했습니다.

미얀마, 라오스, 태국 북부의 이른바 '황금삼각지대' 아편생산량은 1960년대 말이 되면 연간 1천 톤을 돌파했습니다. 마약이 쏟아지자 미군 중독자도 급증했습니다. 미국과 남베트남 정부는 아군 전투력 와해작전이라며 북베트남 공산정부를 규탄했습니다. 그런데 마약사 전문가 앨프리드 맥코이(Alfred W. McCoy)가 쓴 『마약 정치(The Politics of Heroine)』에 따르면 1971년 당시 베트남 주둔 미군 헌병사령관조차 북베트남의 아편지배 지역은 중국 국경 지대에 밀집되어 있었고 아편 재배는 정부의 철저한 관리 아래 있어 국제시장으로 유통되지 않는다고 보고했답니다. 북베트남에서 생산된 아편은 대부분 모르핀으로 전환되어 약용으로 쓰이고 있었습니다. 당시 북베트남은 싱가포르와 함께 동남아시아에서 마약중독자가 감소하던 유일한 지역이었다고 합니다. 남베트남 마약확산의 주범은 남베트남 군부와 정부의 상층부였던 거지요.

마약에 중독된 미군이 늘어나면 남베트남 전투력의 손실로 이어지는데 왜 남베트남 엘리트가 마약거래에 깊숙이 관여했을까요? 벌이가 워낙 짭짤해서였습니다. 마약에 중독된 미군은 2만 명이었고 이들은 평균 하루에 12달러의 헤로인을 복용했습니다. 8800만 달러 규모였습니다. 2015년 가치로 따지면 대략 5억 달러에 육박했지요. 북베트남과의 휴전으로 미군이 철수한 뒤로 마약 장사길이 끊기니 남베트남 군부는 미군이 남기고 간 첨단무기까지 공산군에게 팔아넘겼습니다. 물론 자국민 곧 남베트남인에게도 열심히 마약을 팔았구요. 전쟁상태에서 군 지도부가 적군에게는 무기를 팔고 자국민에게는 마약을 팔면서 돈벌이에 몰두하는 나라가 안 망하는 게 이상하지요.

　미국의 군사개입이 있기 전부터 베트남은 마약중독자가 많은 나라였습니다. 18세기 중반 인도를 식민지로 만든 영국은 인도의 아편생산 유통을 독점했습니다. 그리고 중국과 교역을 넓히면서 비단, 도자기, 차 등 중국에서 살 물품은 많은데 중국 시장에서 팔 물품이 없자 중국에 아편을 들여다 팔기 시작했습니다. 아편중독자가 급증해서 중국 정부가 아편금수령을 내리자 19세기 중반 아편전쟁을 일으켜 결국 아편무역을 합법화했습니다. 비슷한 시기에 베트남 정부도 아편을 단속했지만 프랑스와의 전쟁에 져서 거액의 배상금을 무느라 결국 아편 수입을 받아들였고 아편굴까지 허용했습니다. 프랑스가 캄보디아, 안남, 통킨, 라오스를 잇따라 합병하면서 인도차이나 전역으로 아편굴이 퍼졌습니다. 아편굴은 식민지 당국의 중요한 세입 기반이었습니다. 프랑스는 빨리 타들어가는 마약을 개발해서 소비량을 늘린다든가 중국산 저가 아편을 수입해서 저소득자도 마약에 손을 대게 만들어 마약 시장을 넓히는 방법으로 수익을 늘렸습니다. 농장 일꾼, 광부, 날품팔이가 중노동으로 번 돈을 아편굴에서 탕진했습니다. 1938년이면 식민지 전체 세입의 15퍼센트가 마약에서 나왔습니다. 동남아시아에서 가장 높은 수치였습니다.

　2차대전 이후 프랑스가 베트남 독립운동을 저지하는 전쟁에서도 마약은 큰 역할을 했습니다. 프랑스는 2차대전의 전승국이었지만 식민지 방어전에 거액을 쏟아부을 만한 여유가 없었을 뿐더러 대다수 전후 유럽국가들과 달리 좌파가 건재하던 상황에서 반전여론도 높았습니다. 본국의 지원부족으로 재정난에 부딪힌 식민지 당국은 소수민

응오 딘지엠(1901~1963)

족 몽족을 마약생산과 용병 조달거점으로 활용하면서 전쟁을 벌였습니다. 프랑스가 50년대 초반 남베트남에 총리로 앉힌 레 반 비엔이라는 인물은 마약을 거래하던 조폭 두목이었습니다.

프랑스는 결국 패전했고 베트남과 선린 우호관계를 유지하는 조건으로 베트남 독립을 수용하는 노선으로 돌아섰습니다. 하지만 베트남 전역에서 총선이 실시되면 호치민이 이끌던 베트민의 집권은 기정 사실이었고 미국은 응오 딘지엠 정권을 남베트남에 따로 만들어 베트남을 갈라놓았습니다. 프랑스가 관리하던 마약생산 유통망은 미국에게 고스란히 넘어갔습니다. 응오 딘지엠의 동생은 마약상이었습니다.

유럽과 미국의 교역과 대외정책에서 마약은 일찍부터 중요한 역할을 했습니다. 중국으로 아편을 처음 들여온 나라는 영국이 아닙니다. 아시아 항로를 제일 먼저 튼 나라도 포르투갈이지만 인도산 아편을 맨 먼저 중국에 들여온 나라도 포르투갈입니다. 뒤이어 네덜란드는 17세기 중반 이후 연간 50톤의 아편을 중국에 싣고 갔습니다. 영국은 규모에서 비교가 안 되었다는 점이 달랐지요. 1776년 연간 75톤이던 영국의 대중국 아편수출은 1850년 3200톤으로 증가했습니다.

일본도 일찍부터 중국에 마약을 퍼뜨렸습니다. 청일전쟁 이후 대만을 식민지로 만든 일본은 마약중독자의 점진적 치료를 위해 아편전매제를 도입한다면서 실제로는 마약거래를 확대시켰습니다. 러일전쟁

이후 확보한 관동 지역에서도 같은 정책을 폈고 이곳에서 생산된 아편은 조차지 밖으로 밀수출되었습니다. 1차대전 이후 아편수출을 금지하는 국제조류 속에서도 일본은 자선단체를 앞세워 아편의 제조, 판매를 계속했습니다. 1932년에 만주를 세운 뒤로는 만주와 몽골에 아편재배지를 대폭 확대했습니다.

마약은 패권을 추구하는 제국주의 국가에게는 여러모로 요긴합니다. 첫째, 투자대비 수익에서 독보적입니다. 마약생산망과 유통망만 확실히 장악하면 앉아서 떼돈을 법니다. 둘째, 마약거래로 버는 돈은 어차피 검은 돈이니 그 돈으로 법적 제약에서 벗어나 비밀공작과 전쟁을 마음껏 벌일 수 있습니다. 셋째, 어떤 나라에서 마약중독자가 늘어나면 항구적으로 그 나라를 지배할 수 있습니다. 1830년대면 중국의 마약중독자는 이미 300만이었고 그로부터 100년 뒤인 1930년대에는 4천만을 넘어섰습니다. 마약중독자가 창궐하면 마약을 두고 서로 죽고 죽이는 군벌 간의 싸움이 벌어집니다. 제국주의 국가는 직접 손에 피를 묻히지 않아도 그 나라를 무너뜨릴 수 있습니다. 19세기에 중국 청조가 맥없이 무너진 데에는 아편중독 문제가 크게 작용하지 않았을까요.

가짜 마약전쟁, 진짜 마약전쟁

2016년 필리핀 대통령에 당선된 두테르테가 마약전쟁을 선포한 것도 마약으로 필리핀이 망국의 나락으로 빠져들었다는 위기감에서였습니다. 필리핀의 마약중독자는 최소 200만에서 최대 400만으로 추정됩니다. 필리핀 인구의 2퍼센트에서 4퍼센트가 마약중독자라는 뜻입니다. 1970년대 초반에 겨우 2만 명에 불과하던 필리핀 마약중독자가 왜 급증했을까요? 필리핀이 가깝게는 인도차이나의 황금삼각지대와 멀게는 아프간에서 생산되는 마약의 국제유통거점으로 떠올라서입니다. 여기에는 부패한 필리핀 군부와 지방정부도 얽혀 있고 그 배후에는 CIA가 있습니다.

필리핀은 1898년부터 1946년까지 미국의 식민지였습니다. 그 뒤에도 거대한 수빅만 해군기지 등 미국 군사기지가 많이 들어섰습니다. 한국이나 미국과 다른 점은 필리핀은 거액의 기지 사용료를 미국으로부터 꼬박꼬박 받았다는 사실이지요. 그런데도 1992년 필리핀은 자국 내 미군기지를 모두 없앱니다. 미국의 식민지가 된 지 한 세기가 되어가는 마당에 아직도 미국 군사기지를 두는 건 독립국이 아니라는 여론이 높아서였지요. 종파갈등과 계급갈등처럼 숱한 문제가 있는 가난한 나라였지만 필리핀 국민은 주권국으로서 최소한의 존엄성을 지키려는 모습을 보여준 것이지요. 이렇게 당당하고 똑똑한 국민이 늘어나는 것은 미국이 용인할 수 없는 현실입니다. 미국은 필리핀에서 마약중독자를 늘리고 마약상에게 무기를 파는 방법으로 돈을 벌고 다시 그 돈으로 공작을 벌여서 필리핀을 불법과 폭력이 판을 치는 나라로 만들어서, 역시 우리는 독립할 자격이 없고 미국의 통치를 받아야 하는 나라라는 체념이 필리핀 국민 사이에서 퍼지기를 바란 게 아닐까요. 그것은 미국이 멕시코에서 예로부터 써온 수법이기도 합니다. 마약범죄조직을 소탕한다면서 멕시코에 미군 특수부대를 투입시켜서 정작 범죄조직보다는 멕시코의 개혁세력을 부패한 멕시코 경찰 군대와 함께 제거하는 거지요. 그러면서 무기를 대거 반입해서 멕시코를

두테르테의 마약전쟁은 필리핀을 헬필리핀으로 몰아가는
장본인이라 할 마약조직을 정말로 소탕하는 진짜 전쟁입
니다. 삑리핀 정부가 진짜 마약전쟁에서 승리하면 미국이
필리핀에 심어놓은 마약거점이 다 박살나게 생겼거든요.

헬멕시코로 만들어갑니다. 그래야 멕시코를 요리하기 쉽거든요.

특히 2001년 9·11 뉴욕테러 이후로 필리핀에서는 테러사건이 빈발했습니다. 두테르테 대통령이 시장을 역임했던 다바오만 하더라도 2003년 3월 다바오 국제공항에서 폭발물이 터져 22명이 죽고 155명이 다쳤습니다. 당시 필리핀에서는 미국이 주도하는 반테러전 동참 여부를 놓고 갑론을박이 벌어지던 상황이었습니다. 필리핀에는 실제로 알카에다와 연계되어 아프간에서도 이슬람반군으로 싸웠다고 자타가 인정하는 아부 사야프라는 이슬람 극렬 테러단이 있었습니다. 그런데 알카에다는 아프간의 친소련 세속 정부를 무너뜨리려고 미국이 양성한 조직이었습니다. 또 아부 사야프를 극단주의로 몰아간 것은 필리핀을 비롯해서 이슬람권에서 오래전부터 사우디 자금으로 세워진 '와하비즘'이라는 우악스럽고 폭력적인 사이비 이슬람 교리였습니다. 필리핀에서 테러가 늘어나자 미국은 반테러전쟁을 벌이겠다며 필리핀에서 쫓겨난 지 10년 만에 2001년 다시 특수부대를 필리핀으로 대거 투입했습니다. 물론 그런 테러를 방조하고 육성하는 것은 미국입니다. 병 주고 약 주는 격이지요.

두테르테 대통령은 민다나오 출신입니다. 민다나오에는 이슬람교도가 많습니다. 필리핀의 주류는 가톨릭교도이기에 민다나오는 차별을 많이 받았습니다. 그래서 이슬람분리독립을 추구하는 '모로이슬람해방전선' 같은 무장항쟁조직이 있습니다. 그런가 하면 필리핀에는 극심한 빈부격차에 맞서 공산혁명노선을 추구하는 '신인민군' 같은 무장항쟁조직도 있습니다. 두테르테 대통령은 한편으로는 연방제를 내걸면서 이슬람 세력을 포용하고 또 한편으로는 여러 석의 장관직을 내주면서 좌파 무장항쟁 세력을 제도권으로 끌어 폭력종식 노력에 앞장섰습니다. 그런데 미군 특수부대는 총을 내려놓으려는 이슬람 세력을 극렬 이슬람 테러집단으로 몰아가면서 공격합니다. 필리핀 정부와 자꾸 이간질시키려고 하고 부패한 필리핀 군부와 경찰의 상층부도 여기에 동조했습니다. 정작 테러를 벌이는 것은 미국이 양성한 아부 사야프 같은 극렬 테러조직이고 감옥에 갇혔던 아부 사야프 조직원을 슬그머니 풀어준 것도 미국을 추종하는 부패한 필리핀 관리들인데 말이지요.

멕시코에서 마약전쟁을 벌이면서 미국은 10만 명이 넘는 민간인을 멕시코 군경의 협조 아래 죽였습니다. 그런데 왜 두테르테 대통령이 필리핀에서 벌이는 마약전쟁은 인권 유린이라며 성토하는 걸까요. 미국이 멕시코에서 벌인 마약전쟁은 헬멕시코화에 걸림돌이 되는 정의로운 멕시코인을 마약조직원으로 몰아 없애고 자신의 통제영역 밖에서 활동하는 마약조직만 선별적으로 소탕하여 자신의 마약생산유통망 독점을 공고히 하는 가짜 전쟁이었습니다. 그런데 두테르테의 마약전쟁은 필리핀을 헬필리핀으로 몰아가는 장본인이라 할 마약조직을 정말로 소탕하는 진짜 전쟁입니다. 필리핀 정부가 진짜 마약전쟁에서 승리하면 미국이 필리핀에 심어놓은 마약거점이 다 박살나게 생겼거든요. 필리핀이 주권국가로 거듭나게 생겼거든요. 미국은 진짜 마약전쟁을 벌이려는 외국 지도자를 좋아하지 않습니다.

워터게이트사건의 진실

미국은 진짜 마약전쟁을 벌이려는 자국 지도자도 좋아하지 않습니다. 닉슨 대통령은 마약을 미국을 위협하는 '공적 1위'로 규정하고

1971년 6월 마약전쟁을 선포했습니다. 마약단속 전담직원을 2100명이나 새로 뽑고 당시 아시아 마약거래의 거점이었던 방콕에 파견된 직원도 2명에서 31명으로 15배나 늘렸습니다. 그전까지 미국 연방마약단속국은 아시아 지역 마약확산의 주범은 중국 공산정권이라며 아시아는 그냥 방치하다시피했습니다. CIA 활동에 걸림돌이 될까봐 불편했겠지요. 닉슨이 마약생산 대국이었던 터키, 태국, 멕시코, 이란 정상과도 접촉해서 원조를 약속하면서 마약감산을 위한 국제공조에도 힘쓴 덕분에 마약생산은 크게 줄었고 미국으로 들어오는 마약도 급감했습니다. 뉴욕 거리에서 팔리는 마약가격은 배로 뛰었고 농도는 반으로 떨어졌습니다. 1971년 50만 명이던 미국의 마약중독자는 3년 뒤 20만으로 격감했습니다. 정부의 의지만 있으면 마약문제는 해결할 수 있음을 닉슨은 보여주었습니다. 실제로 2차대전이 끝난 뒤 20만 명이었던 미국 마약중독자는 40년대 말 2만 명으로 격감한 적이 있습니다. 그런데 CIA가 인도차이나에서 비밀공작을 벌이면서 미국 안에서도 마약중독자가 격증했지요.

닉슨의 진짜 마약전쟁으로 CIA는 마약자금이 고갈될 위기에 몰렸습니다. 밖으로는 소련, 중국과의 소모적 대결을 지양하는 현실주의 노선을 걸으면서 안으로는 마약을 발본색원하여 미국을 건강한 사회로 만들려는 닉슨이 대결주의와 군사주의로 돈을 버는 미국 금벌의 하수인 CIA과 군부에게는 눈엣가시가 아니었을까요. 워터게이트 사건으로 대통령 자리에서 불명예퇴진했지만 닉슨이야말로 이제는 미국에서 씨가 마른 참보수 정치인이었는지도 모릅니다. 워터게이트 사건 자체도 미국 금벌의 공작이고 덫임을 미국의 독립 언론인 러스 베이커(Russ Baker)는『흑막 일가(Family of Secrets)』에서 파헤쳤습니다.

워터게이트 사건은 대선을 앞두고 CIA를 앞세워 상대당의 선거전략을 알아내려고 도청장치를 해놓고는 혐의를 부인하다가 CIA를 통해 FBI에게 수사중단 압력을 넣자는 백악관 비서실장의 건의를 수용하는 대통령의 발언이 담긴 녹음테이프가 발견되면서 불거졌지요. 이 사건은 불명예퇴진한 거짓말쟁이 닉슨을 대통령 자리에서 쫓아낸 미국 민주주의의 위대한 승리로 대부분 알고 있지만 정말 그럴까요. 케네디 대통령 이후로 대통령 집무실에서 오가는 모든 공식대화는 녹음기로 기록되었고 닉슨도 자신의 발언이 기록에 남는다는 걸 알고 있던 상황이었습니다. 비서실장은 수사중단 압력을 넣자는 건의를 하기 앞서 닉슨 대통령에게 FBI 부국장이 FBI의 중간 수사 결과 CIA가 개입한 흔적을 발견했음을 CIA 국장에게 전화로 통보했다고 보고합니다. 미국 언론에서는 외면한 내용입니다.

닉슨은 대통령 취임 초반부터 CIA, 군부와 줄곧 싸웠습니다. 닉슨은 베트남전쟁 종식을 위한 교섭, 대중국 대러시아 관계개선 등 대외 문제에서는 유연하게 나갔고 마약 등 국내 문제에서는 강경하게 나가면서 CIA와 군부의 불만을 샀습니다. 특히 케네디 대통령의 암살과 관련해서 CIA에 자료를 요구했지만 계속 거절당했습니다. 닉슨은 자신이 시킨 일도 아닌데 CIA 지휘권이 대통령에게 있으니 도청책임을 뒤집어쓰게 될까봐 난감했던 겁니다. 도청사건은 닉슨을 옭아매려고 CIA가 친 덫이었습니다.『흑막 일가』에 따르면 CIA를 통해 FBI에게 압력을 넣자는 건의를 창안했으면서도 나중에 법정에서 닉슨을 거짓말쟁이로 몰아간 법률참모는 CIA가 일찍부터 박아놓은 대통령 감시원이었다고 합니다. 또 워터게이트 보도로 명성을 얻은 《워싱턴포스트》의 봅 우드워드 기자는 원래 해군장교 출신으로 닉슨의 백악관에서도 무관으로서 일했던 군부의 대통령 감시원이었습니다. 워터게이트는 미국 민주주의의 타락상을 드러낸 사건이었습니다.

끝나지 않은 아편전쟁

이야기가 잠시 옆으로 샜습니다. 마약은 9·11테러 이후 미국의 아프간 침공과도 관련이 있을 가능성이 있습니다. 1989년 소련이 철수한 뒤 아프간의 공산정권은 무너졌지만 반군들 사이에서 내전은 계속되었습니다. 1996년 내전에서 승리한 탈리반 정권은 국제사회에서 인정받을 경우 아편재배 면적을 3분의 1 줄이겠다고 약속했지만 미국은 190억 달러의 마약전쟁 예산 중 320만 달러만 아프간에 공여했습니다. 미국의 냉랭한 반응에 아편세가 주수입원이었던 탈리반 정부 밑에서 아프간 아편생산은 1996년 2250톤에서 1999년 4600톤으로 크게 늘었습니다. 하지만 2년째 가뭄이 닥치며 식량난이 이어지자 탈리반 정권은 아편재배 금지령을 내립니다. 언제까지나 아편에 기댈 수는 없다는 통치세력으로서의 책임감도 작용했을 겁니다. 가축도 기르고 과일나무도 키우고 60개가 넘는 작물을 생산하면서 식량을 스스로 해결하던 나라가 20년 동안 전쟁을 치르며 아편생산만 20배로 늘어나 가뭄이 들면 굶어죽어야 하는 나라가 되었으니까요. 여기에는 원조약속과는 무관하게 아편생산을 줄여 국제사회의 인정을 받으려는 의도도 있었겠지요.

덕분에 2000년 4042톤이었던 아프간의 아편생산량은 2001년 185

톤으로 격감했습니다. 탈리반 정권은 국제사회로부터, 특히 미국에게 환영받을 거라고 생각하지 않았을까요? 그런데 돌아온 것은 집권인정과 재정지원이 아니라 9·11테러 주범 오사마 빈라덴에게 은신처를 제공했다는 이유로 침공당하는 것이었습니다. 탈리반은 오판한 셈이지요. 미국이 바라는 것은 헬아프간이지 아편을 없애고 식량을 자급하는 주권국 아프간이 아니었던 겁니다. 서방 진보진영에서는 미국 주도 아래 이루어진 이라크, 리비아, 아프간 개입을 비판하면서 개입 전보다 상황이 더 안 좋아졌다고 지적하지만 그건 하나만 알고 둘은 모르는 소리입니다. 미국은 전쟁목표를 달성했습니다. 미국은 처음부터 헬이라크, 헬리비아, 헬아프간을 노리고 침공한 거니까요. 탈리반이 아프간 내정을 안정되게 통치하려는 움직임을 보이자 제거하려고 아프간을 침공했다고 보는 게 길고 넓게 보면 더 합리적 해석 아닐까요.

아프가니스탄이 미국에게 중요한 것은 중국, 러시아를 공략하기에 좋아서입니다. 아프가니스탄 동북쪽의 타지키스탄, 키르기스스탄은 분리독립을 추구하는 중국 신장의 위구르 자치구와 바로 이어집니다. 또 서북쪽의 투르크메니스탄, 우즈베키스탄, 카자흐스탄은 러시아로 통합니다. 아프간에서 생산된 마약은 반러시아, 반중국 무장항쟁 단체에게 중요한 자금줄이 됩니다. 꼭 무력항쟁이 아니더라도 마약확산은 범죄 확산으로 이어지면서 중앙 정부의 장악력을 약화시켜 미국이 뚫고 들어갈 수 있는 공간을 넓혀줍니다. 2016년 초 인구 약 150만명으로 러시아에서 네 번째로 큰 도시 예카테린부르크 시는 시민 50명 중 1명이 에이즈 감염자라고 밝혔습니다. 에이즈는 마약주사를 통해 주로 퍼집니다. 이르쿠츠크, 사라토프, 사마라, 톨랴티도 예카테린

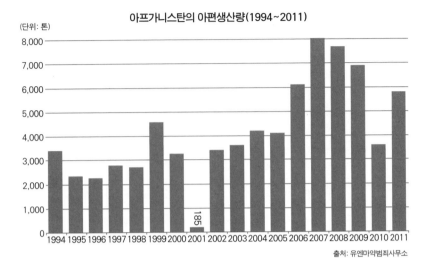

아프가니스탄의 아편생산량(1994~2011)

(단위: 톤)

185

출처: 유엔마약범죄사무소

부르크만큼 감염자가 많습니다. 이 도시들은 아프가니스탄 마약의 유통로에 자리잡고 있다는 공통점이 있습니다. 러시아의 에이즈 감염자는 2020년이면 300만에 이를 것으로 예상됩니다. 중국에서도 대도시는 물론 라사, 우룸치, 카슈가르, 일리 같은 서부 변경 지역에서도 마약 중독자가 늘고 있습니다. 아프간 아편은 극동의 블라디보스톡까지 퍼지고 있습니다. 아편전쟁은 끝난 게 아닙니다.

마약전쟁과 테러전쟁

영국, 프랑스, 독일은 나토의 일원으로 미국의 호전적 대외정책에 적극 동참하지만 그래도 자국 안에서 마약이 확산되는 걸 꺼려합니다. 미국은 다릅니다. 80년대에 니카라과 산디니스타 좌파 정권과 무장항쟁을 벌이던 니카라과 반군은 CIA의 묵인과 협조 아래 미국 안으로 마약을 들여와 흑인이 많은 빈민가에서까지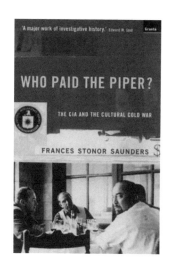
도 마약을 팔아 무기 구입 자금으로 썼습니
다. 미국은 체제 비판 대열에 동참할 가능성
이 높은 저소득 흑인의 비판 정신을 마비시
키려고 은근히 마약확산을 방조하는 게 아닐
까 하는 생각도 듭니다. 마약 범죄를 빌미로
감옥에 가둬서 투표권을 박탈하고 사유화된
형무소 수감자가 늘어나면 금벌의 돈벌이도
되니 일석이조지요.

　80년대에 니카라과로부터 염가로 빈민가에까지 마약이 쏟아지기
전까지 대다수 흑인은 고가의 마약에 접할 기회가 없었습니다. 다수
흑인에게 미국은 헬미국인지도 모릅니다. 미국은 수감률이 가장 높은
나라이고 수감자의 절대 다수는 흑인이니까요. 1960년대 후반 거세
게 달아올랐던 민권 운동과 반전 운동은 백인 중산층 청년 집단이 마
약과 히피 문화를 받아들이면서 흐지부지되고 말았습니다. 그리고 그
런 히피 문화를 주도한 사람 중에는 CIA의 하수인이 있었습니다. 마
약은 아니지만 CIA는 5~60년대에 《인카운터(Encounter)》, 《파티잔리
뷰(Partisan Review)》 같은 진보 성향의 세련된 문화지를 막후에서 재정
지원하면서 추상 예술을 띄워 사회주의 리얼리즘 같은 유파를 촌스러
워 보이게 만들려고 힘쓰기도 했습니다. CIA가 냉전기에 유럽에서 벌
인 문화 공작을 다룬 영국 문화사가 프랜시스 스토너 손더스(Frances
Stonor Saunders)의 『연주비는 누가?(Who Paid the Piper?)』에 나오는 내용
입니다.

마약전쟁은 테러전쟁과 구조가 같습니다. 미국이 테러전쟁을 벌이는 것은 테러를 없애기 위해서가 아니라 테러를 항구적으로 양산하기 위해서입니다. 그래야 테러전쟁이 정당화되니까요. 그래야 고분고분하지 않은 나라를 쑥밭으로 만들어놓을 수 있으니까요. 미국이 마약전쟁을 벌이는 이유도 마약을 없애기 위해서가 아니라 마약을 항구적으로 양산하기 위해서입니다. 그래야 마약전쟁이 정당화되니까요. 그래야 고분고분하지 않은 나라를 쑥밭으로 만들어놓을 수 있으니까요.

한국에서 테러전쟁과 마약전쟁이 안 일어나는 이유는 그런 전쟁을 새삼 일으킬 필요가 없을 만큼 한국 안에서 미국의 패권이 굳건히 확립되어서 그렇습니다. 대다수 한국인이 한국을 위협하는 테러의 주체는 북한이고 그런 위협으로부터 한국을 지켜주는 나라는 미국이라는 마약에 이미 중독되어서 그렇습니다. 그런 중독상태에서 깨어나는 사람이 한국에서 하나둘 늘어날 때 한국에서도 테러전쟁과 마약전쟁이 고개를 들지 모릅니다. 그때 잊어서는 안 됩니다. 미국이 벌이는 테러전쟁은 테러소탕전이 아니라 테러수호전임을, 미국이 벌이는 마약전쟁은 마약소탕전이 아니라 마약수호전임을.

참고 자료

1 · *The Politics of Heroine*, Alfred W. McCoy, 2003
2 · *Family of Secrets*, Russ Baker, 2008
3 · *Who Paid the Piper?*, Frances Stonor Saunders, 1999
4 · *The Strength of the Pack*Δ, Douglas Valentine, 2010
5 · 『日中了ヘン 戦争』, 江口圭一, 岩波新書, 1988

2001년 9월 11일 뉴욕에서 테러로 초고층건물이 무너져 수천 명의 사망자가 나왔습니다. 이후 미국은 알카에다의 총책 오사마 빈 라덴에게 은신처를 제공했다는 이유로 아프간을 침공한 데 이어 대량살상무기를 은닉했다며 석유대국 이라크까지 침공했습니다. 자원부국들은 두려움에 떨었지요. 알제리도 예외는 아니었습니다.

알제리는 프랑스의 오랜 식민통치를 받아 외세에 대한 경계심이 강했습니다. 1962년 독립 이후 30년 가까이 사회주의 일당제를 유지하면서 서방과 거리를 두었지만 미국의 호감을 끌 만한 요소가 있었습니다. 무엇보다도 알제리는 미국이 이슬람 세력을 겨냥하여 부르짖어온 테러와의 전쟁에서 미국보다 선배였습니다.

알제리 정보부와 이슬람 단체

소련과 동유럽 공산주의가 무너진 뒤 알제리에서도 일당제가 종식

되고 다당제가 도입되었습니다. 1992년 처음 치러진 총선에서 온건 이슬람 세력인 이슬람구국전선이 승리했지만 알제리 군부는 선거를 무효화시켰습니다. 그 뒤 10년 동안 알제리 군부와 이슬람 세력은 내전을 벌였고 이 '더러운 전쟁'에서 20만 명이 목숨을 잃었습니다.

군부의 강경탄압으로 알제리에서 이슬람 세력은 크게 위축되었고 1999년 직업 외교관 출신의 민간인이 대통령에 당선되었습니다. 다당제 아래 치러진 선거였지만 알제리에서 이슬람 세력은 더 이상 정치적으로 목소리를 크게 내지 못했습니다.

알제리에서 이슬람 세력이 위축된 것은 알제리 국민 사이에서 이슬람 과격단체에 대한 염증과 반감이 강해져서였습니다. 내전이 벌어지는 동안 알제리 곳곳에서 이슬람 과격분자들이 민간인을 대상으로 잔혹한 살상극을 벌인 것으로 알려지게 되었구요. 90년대 초반에는 미국의 이라크전에 반대하면서 알제리 국민의 폭발적 성원을 등에 업었던 이슬람 세력이 이제 불신의 대상으로 전락했습니다.

하지만 알제리에서 이슬람 과격파가 저질렀다고 알려진 학살과 만행은 거의 다 알제리 정보부가 저지른 것이었다고 북아프리카 전문가인 영국 아시아아프리카대학의 제러미 키넌(Jeremy Keenan) 교수는 지적합니다. 알제리 정보부는 내전이 시작되자 이슬람 세력 지도부에 프락치를 침투시키기 시작했습니다. 그래서 이슬람 단체를 자꾸만 과격한 쪽으로 몰고 갔습니다. 북아프리카 지역에서 CIA 요원으로 활동했던 존 신들러(John Shindler)의 증언에 따르면 이슬람 무장단이라는 과격폭력단체를 만든 것도 사실은 알제리 정보부였습니다.

지나친 폭력성에 반발하여 새로운 이슬람 운동 단체가 만들어지면 알제리 정보부는 여기에도 어김없이 프락치를 침투시켜 다시 폭력지 상주의로 조직이 굴러가도록 유도했습니다. 알제리 정보부를 장악한 알제리 군부 엘리트의 노림수는 적중했습니다. 튀니지에서 촉발된 이른바 아랍의 봄이 북아프리카와 중동을 휩쓸었지만 알제리는 조용했습니다.

9·11 이후 알제리는 미국 편에 서서 테러와의 전쟁을 벌이게 됩니다. 알제리는 자원부국임에도 침공의 위협에서 벗어났을 뿐 아니라 북아프리카 일대에서 테러와의 전쟁을 벌인다는 것을 빌미로 미국으로부터 첨단무기를 제공받았고 군사지원도 받았으니 일거양득이었죠.

하지만 알제리도 그렇고 미국도 그렇고 테러집단이 완전히 사라져서는 곤란합니다. 극렬테러단체가 어느 정도 활개를 쳐야만 군사비를 증액할 수 있고 국정파탄의 모든 책임을 테러집단에게 돌리면서 국민의 불만을 잠재울 수 있거든요. 알제리 국내에서 이슬람 세력이 어느 정도 정리되자 알제리 정보부가 테러분자로 새롭게 발굴한 집단이 바로 투아레그인이었습니다.

투아레그인과 카다피

투아레그인은 수천 년 전부터 유목생활을 해온 드넓은 사하라 사막의 터줏대감이었는데요. 정착생활을 하지 않아 알제리, 말리, 니제르 같은 주변 국가들로부터 차별과 멸시를 당해온 민족입니다. 차별과 취업난, 생활고로 투아레그 젊은이가 시위를 벌이면 알제리 정부는 이들을 테러분자로 몰았습니다. 2005년 남부 알제리의 타만라세트라는 도시에서 40개 관공서와 상가 건물에 불이 난 사건이 있었습니다. 알제리 정부는 투아레그인의 소행으로 몰고갔지만 재판에서 알제리 경찰의 하수인이 벌인 짓으로 밝혀졌습니다.

말리와 니제르에 사는 투아레그인도 현지 정부로부터 괄시와 수모를 받고 테러분자로 몰리기는 마찬가지였습니다. 알제리, 말리, 니제르 정부는 자국의 골칫거리인 투아레그인을 테러리스트로 낙인찍으면서 미국과 서방으로부터 반테러전쟁을 구실로 거액의 돈을 타냈습니다.

투아레그인을 유일하게 보듬어준 것은 리비아의 카다피였습니다. 카다피는 인접국에서 탄압을 받던 다수의 투아레그인에게 리비아에서 정착할 수 있는 길을 열어주었고 나토가 리비아를 침공하기 훨씬 전부터 투아레그 출신도 차별 대우하지 않고 똑같이 리비아 군인으로 뽑았습니다. 비명에 간 카다피에게 사막의 은신처를 끝까지 제공한 것은 투아레그인이었습니다. 서방 언론은 투아레그인을 카다피의 용병으로 그렸지만 용병은 투아레그인이 아니라 금권 자본주의의 하수인으로 전락하여 진실을 왜곡하는 서방 언론이 아닐까요.

2011년 10월 카다피가 참혹한 죽음을 당하자 더 이상 리비아에서 살 수 없었던 투아레그 병사들은 북부 말리로 갔습니다. 말리에는 80만 명의 투아레그인이 살았고 북부 말리는 오래전부터 투아레그 민족해방운동의 거점이었습니다. 첨단무기로 무장한 3천 명의 투아레그 전투원들은 허약한 말리 정부군을 남부로 내몰았고 2012년 4월 5일 아자와드 독립국을 선포했습니다.

알제리는 바짝 긴장했습니다. 자국 영토 안에 거주하는 투아레그인이 거기에 합류할 경우 영토분쟁이 벌어질 가능성이 높았으니까요. 카

투아레그 민족해방전선 전사들. 투아레그인은 수천 년 전
부터 유목생활을 해온 드넓은 사하라 사막의 터줏대감이
었는데요. 정착생활을 하지 않아 알제리, 말리, 니제르 같
은 주변 국가들로부터 차별과 멸시를 당해온 민족입니다.
차별과 취업난, 생활고로 투아레그 젊은이가 시위를 벌이
면 알제리 정부는 이들을 테러분자로 몰았습니다.

다피가 죽은 뒤 투아레그인이 북부 말리로 모여들자 알제리는 두 달 뒤인 2011년 12월 20일 200명의 특수부대를 현지로 급파했습니다. 투아레그 민족해방운동 진영의 전투력과 의도를 평가하고 새로운 극렬 이슬람 무장 조직을 만들기 위해서였지요.

알제리 정보부에 의해 급조된 극렬 이슬람 무장 조직은 투아레그 민족해방운동 안으로 침투했고 금세 민족해방운동을 극단주의 세력으로 변질시켰습니다. 알제리 정보부의 사주를 받은 이슬람 극단주의자들이 일부러 알제리 국민을 학살한 것처럼 그들은 북부 말리에서 과격한 이슬람법을 시행하면서 손목을 자르고 돌로 사람을 쳐죽이고 칼로 목을 땄습니다. 몇 달도 안 가서 50만 명의 난민이 북부 말리를 떴고 투아레그 민족해방전선은 오명을 고스란히 뒤집어썼습니다.

애꾸눈 테러리스트로 알려진 목타르 벨목타르는 비슷한 시기에 알제리 남부의 인아메나스 가스생산시설을 점거했다가 알제리 정부군에게 진압당하게 됩니다. 목타르는 미국과 알제리가 북아프리카에서 테러전을 벌인다면서 은밀하게 육성한 마그레브알카에다알카에다(AQIM)의 주역이며 오래전부터 알제리 정보부와 인연을 맺어왔습니다. 알제리 정부군의 강경진압으로 38명의 인질과 함께 죽은 29명의 이슬람주의자들은 자신들이 서방 제국주의에 맞서 순교하는 것이라고 굳게 믿었을지 모르지만 그들을 호령하는 상층부의 '이슬람 테러리스트'들은 그럴 가능성이 높지 않습니다.

괴물을 찾아서

목타르는 이슬람 과격분자로 알려졌지만 사하라 일원에서는 마약

밀매상으로 더 잘 알려졌습니다. 이슬람 과격 세력이 사하라 일대에서 관광객을 납치하면 현지 관광산업은 궤멸합니다. 서부 사하라의 이슬람 공화국 모리타니아에서 프랑스인 관광객 4명이 납치되어 죽자 2007년 7만 5천 명이었던 관광객이 2011년에는 173명으로 급감했습니다. 관광산업의 붕괴는 고실업으로 이어지고 희망을 잃은 젊은이들은 마약상과 이슬람 극렬 단체의 조직원이 됩니다.

알제리 가스생산시설에서 죽은 인질범 중에는 10대들이 섞여 있었고 모리타니아 출신의 압둘라 보른 흐미다는 2009년 14세의 나이로 이슬람 전투원이 되었습니다. 알카에다알카에다 지도부에게 하부 조직원은 동지가 아니라 소모품일 뿐입니다. 북부 말리의 투아레그 민족해방운동과 '연계'된 이슬람 조직이 '알카에다알카에다'임을 강조하면서 납치가 자기들 짓임을 밝혔으므로 투아레그인 민족해방운동의 이미지는 곤두박질쳤고 알제리는 투아레그인 독립의 악몽에서 벗어날 수 있게 되었습니다.

국제사회에서 오사마 빈 라덴을 가장 먼저 지명수배한 나라는 부시의 미국이 아니라 카다피의 리비아였습니다. 리비아의 카다피는 이슬람 과격 근본주의에 맞서 평등한 세속주의를 추구했고 서방 제국주의에 맞서 아랍과 아프리카의 국제주의를 추구했습니다. 하지만 카다피에게는 돈은 있었어도 자위력이 없었고 자위력이 없었기에 서방 유화책에 말렸고 결국 도살당했습니다.

리비아, 시리아, 말리에서 프랑스, 미국, 알제리가 벌이는 일은 결국 선택지를 줄이는 작업입니다. 야만적인 이슬람 근본주의 세력 밑에서 살기 싫으면 침략주의와 군부독재를 받아들이라는 것이지요. 이슬람

목타르는 미국과 알제리가 북아프리카에서 테러전을 벌
인다면서 은밀하게 육성한 마그레브알카에다알카에다
(AQIM)의 주역이며 오래전부터 알제리 정보부와 인연을
맺어왔습니다.

근본주의에도 반대했고 제국주의에도 반대했던 카다피는 이슬람 근본주의의 본산 사우디와 카타르에게도, 침략주의의 본산 미국과 프랑스에게도 반드시 제거해야 할 요주의 인물이었던 겁니다.

알카에다 상층부와 서방을 움직이는 군산복합체는 이해관계가 맞아떨어집니다. 그들은 공생체입니다. 알카에다가 없으면 서방의 군산복합체는 망합니다. 군산복합체가 망하지 않으려면 세상을 자꾸 불안하고 위험하게 만들어야 합니다. 서방 군산복합체에게 알카에다는 테러집단이 아니라 비대한 무기회사의 도산을 막아주는 구세주입니다.

괴물은 알카에다가 아니라 알카에다가 있어야 굴러가는, 군산복합체로 언론과 정치와 사법을 장악한 금벌이 아닐까요. 적어도 국제사회에서, 저 괴물 잡아라 하고 누가 소리지를 때에는 괴물로 지목당한 사람을 조심할 것이 아니라 그런 소리를 지른 사람을 조심해야 합니다. 괴물은 괴물 잡자고 설치는 나라일 가능성이 높습니다.

참고 자료

1 · http://www.globalresearch.ca/how-washington-helped-foster-the-islamist-uprising-in-mali/5321468

2 · http://www.opendemocracy.net/hugh-brody/gaddafi-and-tuareg-lords-of-desert

3 · http://www.opendemocracy.net/hamza-hamouchene/algeria-mali-another-front-in-%E2%80%9Cglobal-war-on-terror%E2%80%9D

4 · http://gowans.wordpress.com/

정
보
부

군사전문가로 미국 국무부에서 일하던 한국계 미국인 스티븐 김은 국가 일급기밀정보를 기자에게 누설한 혐의로 2009년 피소되었습니다. 보통 한 나라의 일급 군사기밀이라고 하면 그 나라의 군사기지가 어디에 있다든가 첨단무기의 내역이라든가 전쟁전략이라든가 하는 식으로 적에게 누설되면 자국의 전투력에 심각한 손실을 가져올 수 있는 정보를 말하지요. 그런데 스티븐 김이 '누설'했다는 기밀정보는 미국의 군사정보가 아니라 타국의 군사정보였습니다. 이 정보를 놓고서 미국 기자와 대화를 나누었다고 재판을 받게 된 것입니다. 문제의 타국은 북한이고 기자의 소속 언론사는 미국의 보수매체 폭스 뉴스였습니다. 북한의 군사력이 가공할 수준이라는 사실을 미국이 알고 있음을 외부에 알렸다는 사실이 스티븐 김이 간첩혐의로 몰린 이유였습니다.

2011년 중반 폭스 뉴스에는 군사전문가이자 역사가인 윌리엄 포스천(William Forstchen)이 출연했습니다. 포
스천은 EMP(전자기파) 폭탄의 가공할 위력
을 주제로 다룬 소설 『일초 뒤(One Second
After)』로 《뉴욕타임스》 베스트셀러 순위에
몇 달 동안 올랐습니다. 포스천은 방송에서
미국 상공 100마일 높이에서 핵폭탄이 터지
면 전자기파의 파상공세로 미국의 모든 전
자 시스템이 마비되어 주유소부터 은행, 슈
퍼, 병원, 군사기지에 이르기까지 미국의 모든 전자 관련 설비가 1초
도 못 가서 결딴이 난다고 말했습니다. 그리고 1년이 지나면 미국 국
민의 겨우 10%만 살아남을 것이라면서 북한은 그런 공격을 퍼부을 능
력이 있다고 강조했습니다. 평범한 미국 시민이 들으면 경악할 만한
시나리오였습니다.

사회자가 이론적으로만 가능한 이야기가 아니냐고 묻자 포스천은
EMP 무기는 이미 사용되었다고 덧붙였습니다. 1962년 쿠바 미사일
위기 당시 소련과 미국이 상대에게 엄포를 놓으려고 지구 상공에서
핵실험을 했답니다. 미국은 태평양의 한 섬에서 EMP 실험을 했는데
무려 1300킬로미터 떨어진 뉴질랜드에서도 전자제품이 못 쓰게 되었
답니다. 가공할 파괴력에 놀란 소련과 미국은 영국과 함께 이듬해 모
스크바에서 지하 핵실험을 제외하고 대기권, 대기권 외부, 수중 핵실
험을 금지하는 부분핵실험금지조약에 서명했다지요.

이상한 국가기밀

미국 정부는 왜 자국 군사기밀도 아닌 타국의 군사기밀을 일급국가기밀로 분류하는 것일까요? 북한처럼 자신의 통제권 밖에 있는 적대국의 무기개발을 막지 못한 무능력이 자국민에게 들키는 것이 부담스러워서일까요? 하지만 EMP 무기의 공포에 대해서는 미국의 극우 정치인 뉴트 깅리치가 줄곧 떠들었고 폭스 뉴스에 나온 윌리엄 포스천도 그걸 주제로 소설을 써서 베스트셀러 작가까지 되었으니 그것은 설득력이 약합니다.

그렇다면 합리적인 이유로 단 하나를 생각해볼 수 있지요. 미국 정부가 적대국의 첨단무기에 대해서 알고 있다는 사실을 해당 적대국 앞에서 공식적으로 인정하지 않으려 하기 때문이라고요. 북한의 첨단무기 보유를 미국 정부가 공식적으로 인정하면 북한의 협상력이 커집니다. 아니, 꼭 북한과 미국의 양자관계가 아니더라도, 안보에 불안을 느끼는 나라들은 미국이 인정하기를 꺼리는 북한 무기에 끌릴 수밖에 없습니다. 그러면 북한의 위상은 올라가고 미국의 위상은 내려갑니다. 미국이 두려워하는 이유는 이것이고 스티븐 김을 처벌하려는 이유도 이것이 아닐까요.

알면서 모르는 척 모르면서 아는 척

내가 너의 비밀을 안다는 사실 자체를 비밀로 두어야 한다는 것, 이것은 사실 정상적인 나라의 안보를 맡은 정보기관의 가장 중요한 행동수칙인지도 모릅니다. 영국인은 2차대전 당시 군사력의 절대적 열세를 극복하고 독일의 침략을 막아낸 영국 본토 항공전을 자랑스럽게 내세우지만 영국이 대독 항전에서 이긴 결정적 이유는 영국이 개전 초반부터 '에니그마'라는 독일의 암호체계를 해독하는 데 성공했다는 데 있었습니다. 영국은 독일의 작전계획을 훤히 꿰뚫고 있었던 거지요. 영국은 독일의 암호체계를 자국이 해독했다는 사실을 독일이 눈치 채지 못하도록 어떤 경우에는 알면서도 속아넘어가는 척해주었습니다. 그래서 독일은 자국의 암호체계가 적국에게 해독당했다는 사실을 2차대전이 끝날 때까지도 까맣게 몰랐답니다. 에니그마 암호기는 2차대전이 끝난 다음에도 70년대까지 제3세계에 수출되었지요. 영국 정보기관이 해당 국가들의 일급국가기밀을 훤히 들여다볼 수 있었음은 물론입니다. 자국의 일급비밀을 내가 알고 있다는 사실을 일급 기밀로 유지해야 할 이유는 이래서입니다.

1차대전 당시 미국이 참전을 극구 꺼리던 여론이 있었음에도 나중에 독일과의 전쟁에 합류한 것은 독일이 멕시코 정부에 은밀하게 동맹제의를 한 외교 전문을 영국 정보가 해독하여 미국에 알렸고 이것이 미국 여론을 격분시켜서였던 측면이 있습니다. 영국 정부가 독일의 외교기밀을 탐지한 것은 독일이 쓰던 미국의 해저 통신망을 염탐해서였습니다. 독일이 쓰던 해저 케이블을 영국이 개전과 함께 끊어놓은 바람에 독일은 미국 정부의 양해를 얻어 미국이 관리하던 해저 케이블을 썼습니다. 그런데 영국은 동맹국으로 끌어들이려던 미국의 통신망까지 감청하고 있었습니다. 미국 정부의 의심을 사지 않으려고 영국은 우편물로도 동시에 발송된 독일의 대멕시코 극비 제안 문건을 멕시코의 우체국 직원을 매수하여 입수한 뒤 미국 정부에 몰래 건넸습니다. 그래야 영국이 미국을 감청했다는 사실이 미국에게 들통나지 않

영국인은 2차대전 당시 군사력의 절대적 열세를 극복하
고 독일의 침략을 막아낸 영국 본토 항공전을 자랑스럽
게 내세우지만 영국이 대독 항전에서 이긴 결정적 이유는
영국이 개전 초반부터 '에니그마'라는 독일의 암호체계를
해독하는 데 성공했다는 데 있었습니다.

을 테니까요. 또 독일이 자국의 암호체계가 해독된 사실도 눈치채지 못하도록 해당 문건은 주멕시코 독일 대사관에서 암호를 해독한 다음에 독일 대사관 밖으로 문서형태로 유출된 것으로 보이도록 만들었습니다. 1차대전에서 영국이 이긴 것도 영국의 빼어난 정보관리력에 힘입었습니다. 여러 해 전 고(故) 김정일 당시 국방위원장의 중국 방문을 먼저 알아냈다고 요란하게 떠벌였던 한국 정부 관계자는 미국이나 영국 같았으면 국가기밀누설죄로 다스려졌을지도 모를 일입니다. 아는 것을 과시하거나 모르면서도 아는 척하는 정보부를 가진 나라는 알면서도 모르는 척하는 정보부를 가진 나라에게 당할 가능성이 높습니다.

국가의 두뇌

'정보'라는 말은 1876년 일본의 한 소령이 프랑스어로 된 군사서적을 옮기면서 프랑스어 renseignement의 번역어로 만들어낸 일본어 情報에서 왔습니다. '적군의 정황보고'를 뜻하는 군사용어였지요. 지금은 일본어 情報도 한국어 정보도 자료 내지 데이터라고 하는 좀더 포괄적이고 일반적인 뜻을 나타내는 말로 더 많이 쓰니까 영어로 치면 information에 가깝지만 원래의 情報는 적국의 동태를 알리는 '첩보'라는 뜻, 그러니까 영어로 치면 intelligence에 가까웠습니다. 2차대전 뒤 미국의 information theory가 들어왔을 때 일본인은 처음에는 이것을 情報라고 옮기지 않고 그냥 '인포메이숀'이라고 불렀습니다. 일본에서 나온 영일사전에도 情報는 information이 아니라 intelligence의 풀이어로 1916년에 나옵니다. intelligence에는 알다시피 '지성' 내지 '두뇌'라는 뜻이 있습니다.

영어 information과 intelligence는 다릅니다. 한국에서는 없어졌지만 국정홍보처에 해당하는 부처를 영국에서는 Ministry of Information이라고 부르고 한국의 국가정보원에 해당하는 부처를 영국에서는 Secret Intelligence Service라고 부릅니다. 두 말의 차이는, 앞말은 적어도 나라의 차원에서는 꼭 없어도 되지만 뒷말은 나라가 살아남으려면 꼭 있어야 한다는 데 있습니다. 약육강식이 판을 치는 사바세계에서는 나를 제대로 알리지 못하면 여러모로 불이익을 당할 수밖에 없지만 그렇다고 해서 당장 망하지는 않습니다. 하지만 어제의 동지가 내일의 적이 되고 배신과 모략이 판을 치는 정글세계에서는 남의 속셈을 제대로 읽지 못하는 나라는 망하기 십상입니다.

서양 역사에서 국경을 넘어 관철되던 교황의 종교적 권위가 종식된 것은 30년 종교전쟁을 매듭지은 베스트팔렌조약이 1648년 체결되면서부터였습니다. 그 뒤로는 주권국가끼리 합종연합과 이합집산을 하면서 자국의 국익을 놓고 유럽과 식민지에서 패권다툼을 벌인 것이 서양의 근세사입니다. 서양 근대 주권국가의 중요한 전제는 나 말고는 다 가상의 적이라는 것입니다. 그래서 오늘의 벗이 언제 내 등을 찌르는 적이 될지 모른다는 긴장감을 풀지 않아야 살아남았습니다. 그런 나라가 두뇌국입니다. 영국과 미국이 혈맹이 된 것은 그리 오래되지 않습니다. 소련 공산주의가 등장하면서 사이가 좋아지기는 했지만 미국은 적어도 2차대전 전까지는 영국을 불신할 때가 많았습니다. 30년대에 미국은 당시 영국 땅이었던 캐나다를 침공하는 군사작전계획까지 짜둔 적이 있습니다. 영국도 2차대전 직후 빚더미에 올랐으면서도 바로 핵무기 개발에 들어가 1952년 핵실험에 성공했습니다. 독립전쟁

때는 서로 싸우기도 했지만 미국도 영국도 '앵글로색슨'이 주류인 나라입니다. '혈맹'이라고 해도 손색이 없는 사이입니다. 그렇지만 자국을 자력으로 지키는 국방력이 있어야만 피를 나눈 혈맹에게도 주권국으로 대접받는다는 사실을 영국은 알았습니다.

개인은 두뇌가 없어도 두뇌를 가진 다른 개인들의 도움으로 그럭저럭 살아갈 수 있을지 모르지만 두뇌가 없는 무뇌국을 도와주는 두뇌국은 이 세상에 없습니다. 두뇌가 없는 나라는 반드시 망합니다. 그래서 이름은 달라도 모든 나라가 약육강식의 국제무대에서 살아남기 위해 영어로 치면 intelligence에 해당하는 국가정보기관을, 국가 '두뇌부'를 두지요.

두뇌국의 조건

하지만 국가정보기관이 있다고 해서 저절로 '두뇌국'이 되는 것은 아닙니다. 두뇌국이 되려면 정보의 수집 분석 평가 체계가 자기완결적이고 자기지향적이어야 합니다. 자기완결적이라는 것은 제 손으로 정보를 수집하고 제 힘으로 정보를 분석하고 평가하는 능력을 뜻합니다. 자기지향적이라는 것은 타국이 아니라 자국의 이익을 키우는 쪽으로 그런 정보분석의 결실을 활용해야 한다는 뜻이구요.

한국은 물론 두뇌국이 아닙니다. 전시작전권조차 갖지 못해서 외국과의 전쟁결정권조차 타국에 위임하고도 나라의 주류를 자처하는 사람들이 밤에 두 다리 쭉 뻗고 자는 나라가 두뇌국일 리는 없지요. 미국은 두뇌국일까요? 정보의 수집 분석 평가가 타국에 기대지 않고 자기완결적으로 이루어진다는 점에서는 두뇌국입니다. 하지만 그렇게 평가된 핵심정보가 자국 국익과 자국민 보호에 기여해야 하는 자기지향성을 갖지 못했다는 점에서는 한국과 마찬가지로 무뇌국입니다.

최근 기밀해제된 미국 정부 문서에 따르면 1962년 2월 당시 미국 합참의장 라이먼 렘니처 장군은 '쿠바인'처럼 꾸민 미군 특수 부대가 쿠바에서 미군 함정을 침몰시키고 쿠바 관타나모 기지의 미국 해군 기지를 공격해서 비행기를 파괴하고 수도 워싱턴을 비롯한 미국 주요 도시에서 폭탄 테러를 일으키자고 제안했다고 국제지정학전문가 올라 투난더(Ola Tunander)는 「세계 질서 구축에 활용되는 테러리즘(The Use of Terrorism to Construct World Order)」이라는 논문에서 지적합니다. 쿠바에게 테러 책임을 뒤집어씌워 쿠바 침공을 정당화하려고 했다는 것이지요.

많은 한국인이 미국이 아무리 문제가 있는 나라여도 자국민의 목숨을 지키는 데 열과 성을 다하는 점은 본받아야 한다고 생각하지만 그것 역시 미국이 온 세계인에게 영화와 미디어를 통해 퍼뜨린 믿음일 뿐입니다. '라이언 일병 구하기'는 허구에 불과합니다.

올라 투난더에 따르면 2001년 9월 11일 뉴욕에서 테러 사건이 일어나기 한참 전인 그해 봄과 여름부터 FBI와 CIA를 비롯해서 수많은 미국 일선 정보기관요원들이 알카에다에 의한 비행기 건물 공격 테러를 경고하는 첩보를 상부에 보고했습니다. 구체적 일자와 건물 이름까지 적시한 보고도 있었습니다. 하지만 이런 보고는 철저히 묵살되었습니다. 19명의 비행기 납치범은 사우디 제다의 미국 영사관에서 미국 입국비자를 받았습니다. 마이클 스프링먼 영사는 비자발급을 거절할 생각이었는데 상부에서 지시가 와서 비자를 발급해주었다고 나중에 진술했습니다. 테러를 앞두고 다수의 국무부 관리를 비롯해서 고위 공직자들이 항공안전을 이유로 비행기 탑승을 취소했습니다. 일선 첩보원들이 힘들여 수집한 정보도 자국의 안전을 위해서 쓰이지 못하는 한 그 나라는 두뇌국이 될 수 없습니다. 미국에서는 이런 일이 너무나 많이 벌어졌고 지금도 벌어지고 있습니다.

2010년 한국 외교관이 스파이 혐의로 리비아에서 추방된 적이 있습니다. 한국의 국가정보원 대표단이 리비아를 방문해서 첩보행위를 시인했다고 당시 리비아 언론이 보도했습니다. 리비아에는 대규모 건설공사가 많고 여기에 유리한 조건으로 입찰하려면 관련 정보를 입수하는 것은 중요합니다. 하지만 리비아 정부가 발끈한 것은 그런 통상적 차원의 정보입수활동이 아니라 고 카다피 당시 리비아 지도자의 아들이 이끄는 국제자선단체와 관련된 정보를 문제의 한국인 외교관이 수집했다는 데 있었습니다. 문제의 국제자선단체는 이스라엘의 탄압을 받는 가자의 팔레스타인인에게 구호물자를 실은 배를 보낸 적이 있습니다. 이런 재단의 활동은 한국의 국익과는 직접적 관련이 없지만 미국 특히 이스라엘에게는 중차대한 문제입니다. 한국의 국익이 아니라 이스라엘의 국익을 지키는 데 한국의 정보원이 동원된 것이지요. 리비아는 한국에 10억 달러의 배상금을 요청했고 한국 정부 관계자는 리비아가 경제지원을 요청했다면서 어물쩍 국민의 세금으로 리비아에 배상을 하려는 눈치를 보였습니다. 그 뒤 카다피가 죽는 바람에 흐지부지되었지만요. 한국은 미국이 요청하는 대이란 경제재제에 적극 동참하면서 이란을 포함하여 중동 지역의 대한국 여론을 악화시키기도 했습니다. 이제는 미국을 섬기는 것도 모자라서 이스라엘까지 섬기려는 것일까요.

　진정한 동맹은 독립국과 독립국 사이에서만 가능합니다. 자기완결
적이고 자기지향적인 첩보체계를 갖춘 두뇌국과 두뇌국 사이에서만
가능합니다. 타자의존적이고 타자지향적인 첩보체계를 갖춘 무뇌국
정권이 부르짖는 동맹은 영원한 똘마니의 길입니다.

참고 자료

1 · The Use of Terrorism to Construct World Order, Ola Tunander, 2004,
　　https://wikispooks.com/wiki/Document:The_use_of_terrorism_to_
　　construct_world_order
2 · 『イギリスの 情報外交』, 小谷賢, PHP新書, 2004

유럽에서 근대적 의미의 징병제를 처음 도입한 나라는 프랑스였습니다. 프랑스 국왕 루이 16세와 귀족들이 오스트리아, 프로이센 등과 내통하는 바람에 프랑스가 연전연패하자 프랑스혁명 정부는 왕을 처형하고 공화정을 선포한 뒤 1793년 징병제를 도입했습니다. 그전까지 유럽의 왕들은 특별기부금을 걷거나 은행에서 빚을 내어 그 돈으로 무기와 용병을 사서 전쟁을 치렀습니다. 루이 16세를 마지막까지 지켰던 호위대도 스위스 용병이었습니다. 나라의 주인은 왕이었습니다. 그래서 왕조국가였지요. 공화정이 들어서면서 프랑스는 국민이 나라의 주인인 국민국가가 되었습니다. 국민군은 왕의 나라가 아니라 국민의 나라를 지키기 위해 유럽의 다국적 왕정 연합군과 목숨을 걸고 싸워서 이겼습니다.

프로이센이 1813년에 징병제를 도입한 것도 프랑스 국민군에게 참패하면서였습니다. 프로이센은 징병제로 실력을 다졌고 결국 1871년 전쟁에서 프랑스에 승리하여 지난날의 참패를 설욕했습니다. 징병제는 보수가 아니라 애국심에 기대는 제도였기에 나라가 위기에 처할수록 위력을 발휘했습니다. 근대 이후 전쟁으로 날을 지샌 영국이 징병제에 기대지 않을 수 있었던 것은 전쟁에서 대부분 이겨서였고 대륙과 떨어진 섬나라라 위기의식이 적어서였습니다. 그래도 1차대전과 2차대전 때는 징병제를 실시했습니다.

징병제 폐지

하지만 개인의 권리의식이 높은 나라에서는 자기 나라가 침공당하지도 않았는데 징병제를 유지하면서 군인들을 침략전쟁에 동원하기는 어렵습니다. 개인의 자유에 대한 의식이 누구보다 높은 나라인 미국이 2차대전이 끝난 다음에도 징병제를 고수할 수 있었던 것은 냉전 덕분이었습니다. 하지만 베트남이 아무 명분 없는 미국의 침공작전임이 드러나면서 미국 여론은 반전으로 돌아섰습니다. 미국의 여론을 주도하는 중상류층까지 자식들이 베트남에서 죽어나가자 전쟁을 규탄했습니다. 가장 보수적이라는 보스턴이나 필라델피아 같은 곳에서도 '반전 기업가 모임' 같은 단체가 만들어져서 정부를 압박했습니다. 공화당의 닉슨은 징병제를 없애겠다는 공약으로 대통령에 당선되었고 징병제는 1973년에 폐지되었습니다.

하지만 징병제가 없어지면서 미국은 더욱 쉽게 전쟁을 벌일 수 있게 되었습니다. 테러와의 전쟁을 구실로 2001년 이라크와 아프간을 침공한 이후 지금까지 죽은 미군은 1만 명에 육박하고 다친 미군은 5만 명에 이릅니다. 하지만 베트남전 때와는 달리 거센 반전운동은 일어나지 않습니다. 위험을 감수하고 군인을 직업으로 택한 사람이 당한 사망이고 부상이라고 미국 국민이 생각해서 그런 것이지요. 죽음을 무릅쓰고 군인이 되기로 한 젊은이는 대부분 가정형편이 어렵고 부모의 사회적 영향력도 적습니다. 죽고 다치는 젊은이가 속출해도 미국 여론은 그대로입니다. 미국의 상층부는 무기생산과 전쟁복구사업으로 미국 국민의 혈세를 독식하면서 쌓아올린 재산을 군대에 가지 않아도 되는 자식에게 안전하게 대물림합니다.

1957년 4월 11일 독일의 보수 정치인 아데나워 총리는 모병제가 아니라 징병제를 독일 국방의 주축으로 삼기로 합니다. 하층민 자제가 주축을 이룰 가능성이 높은 모병제보다는 국민의 다양한 계층을 골고루 대변하는 징병제가 독일 사회를 더 건강하게 만들 것이라고 믿어서였습니다. 독일은 2차대전 이후 소련과의 대립으로 유럽 방위의 필요성이 커지면서 미국의 압력으로 재무장에 나섰습니다. 군대와 사회가 따로 놀면서 국가 안의 국가를 만들어내는 모병제보다는 군대가 사회 속에 박힌 징병제가 더 민주적인 제도라고 보았던 것이지요.

그런 역사를 가진 독일의 징병제가 2011년 7월 1일자로 폐지되었습니다. 병력을 지금의 24만 명에서 17만 명의 직업군인으로 줄이고 매년 7천 명에서 1만 5천 명의 지원병을 충원하는 구조로 바꾸는 것이 골자입니다. 독일 정부는 병력을 축소하여 소수 정예화하여 전투력을 끌어올리면서 국방비 지출도 83억 유로나 줄일 수 있다고 밝혔습니다. 징집된 병사의 복무기간이 너무 짧아서 징병제는 유명무실했다는 것이 정부의 입장이지만 독일 정부는 징병제를 사실상 유명무실한 것으로 만들기 위해 일부러 복무기간을 6개월까지 단축시켰을 가능성

모병제는 약탈전의 산물이고 징병제는 방어전의 산물입니다. 약탈전쟁을 벌이는 공격수단이었던 모병제가 약탈전쟁에 맞서는 방어수단이었던 징병제보다 선진적이라고 말하기는 어렵지 않을까요.

이 농후하다고 일각에서는 지적합니다. 독일 국방부가 나토의 일원으로 해외에 파견하는 독일 병력의 규모를 늘리려고 징병제 폐지를 밀어붙였다는 것이죠. 실제로 아프간에 파견된 독일군 병력은 징병제 폐지 이후 1천 명 가량 늘어났습니다. 파견된 군인도 차츰 위험한 전투 지역으로 투입되었습니다. 아프간에서 죽는 독일 군인도 자연히 늘어납니다. 직업군인이 아니라 징집된 군인은 본인의 의사가 아니면 전투 지역에 파병해서는 안 된다는 지침이 있긴 하지만 아무래도 징병제하에서는 해외파병에 대한 국민의 반감이 높게 마련입니다.

징병제 폐지는 한국의 젊은 유권자가 반길 만한 공약이지요. 군대에 간다고 해서 대학 등록금을 깎아주는 것도 아니고 취업에서 딱히 유리한 것도 아니고 기합을 받고 욕을 먹기 일쑤인 한국 현실에서는 단비와 같은 정책입니다. 그러나 모병제는 정의롭지 못한 전쟁으로 더 쉽게 끌어들이는 제도이기도 합니다.

아프간에서 죽는 영국 군인도 마찬가지입니다. 나이가 18세밖에 안 되는 앳된 젊은이가 이역만리에서 죽어나갑니다. 전몰장병을 추모하는 방송이 나오면 사람들은 잠시 숙연해지지만 대부분의 영국인에게 전쟁터에서 죽는 군인의 운명은 나의 운명과는 무관합니다. 그들은 직업군인이라서입니다. 언론에서도 헬리콥터가 부족해서 사망자가 속출했다는 국방부의 발표를 대서특필해도 왜 창창한 영국 젊은이가 이역만리에서 죽어야 하는지에 대한 성찰은 없습니다. 테러분자를 소탕하기 위해 벌인다는 아프간전 지지율은 오히려 올라갑니다.

만약 영국이 모병제가 아니라 징병제를 했다면 자기 자식이 이라크에서 개죽음을 당하도록 방치할 상류층 부모는 없겠지요. 그리고 나라의 실권을 거머쥔 사람들의 반전의식은 정부에게 엄청난 부담으로 다가왔겠지요. 미국과 영국처럼 타국을 자주 침공해온 나라는 모병제가 위험합니다. 징병제를 해야 빈부와 상관 없이 모든 국민이 전쟁의 심각성을 깨닫고 정부를 견제할 수 있으니까요. 안 그러면 없는 집 자식들만 군대에 가고 그들의 죽음은 가난한 부모의 상실감으로만 끝나버립니다. 그리고 자기 자식은 전쟁에 갈 위험성이 없는 안전한 후방에서 전쟁을 지지하는 것이 애국을 실천하는 길이라고 믿는 사이비 애국자를 양산합니다.

미국에서는 찰리 레인절이라는 공화당 의원이 징병제를 부활하자는 운동을 벌이고 있습니다. 레인절처럼 베트남전에서 무공훈장을 받고 전쟁의 참상을 아는 사람은 오히려 이라크전쟁에 반대하는데 딕체니, 부시처럼 징집을 회피한 사람이 오히려 호전광입니다. 징집을 기피한 정치인일수록 오히려 북한과 전쟁을 불사하겠다는 말을 많이 하는 한국과 어쩌면 그리도 닮았는지요.

약탈전과 방어전

한국 경제의 덩치가 커지면서 미국은 갈수록 한국에게 덩치에 걸맞게 미국의 대외정책에 동참하라고 요구할 가능성이 높아집니다. 자본주의 체제에서 시장과 금융을 무기로 미국이 부당한 전쟁에 동참하라고 압박할 때 미국의 요구를 뿌리치기란 쉽지 않습니다. 미국의 참전 요구를 뿌리칠 수 있는 것은 국민 여론일 텐데 모병제 밑에서는 한국도 영국이나 미국처럼 아무리 민주정권이 들어서도 반전여론이 강하게 일어나기는 어렵지 않을까요. 미국이 다시 징병제를 도입하여 미국

힘을 잃어가고는 있지만 미국은 세계에서 지금 가장 위험한 야수와 같습니다. 빚더미에 올라 앉았으면서도 미친 듯이 전쟁을 벌여댑니다. 미국은 현실적으로는 아프간과 이라크에서만 전쟁을 벌이고 있지만 잠재적으로는 모든 나라를 전쟁으로 끌어들이려 합니다. 미국의 약탈전에 맞서는 방어전에는 모병제보다 징병제가 유리합니다.

여론이 전쟁 억제력을 되찾지 않는 한, 미국의 입김에서 현실적으로 자유롭지 못한 한국이 징병제를 없애고 모병제를 도입하는 것은 그래서 위험할 수 있습니다. 제국주의의 죄악을 저지르지도 않은 한국이 미국 전쟁에 연루되어 약소국 약소민족을 짓밟는 데 동원될 수 있습니다.

근대적 의미의 징병제는 프랑스혁명이 낳은 국민군이 보여주듯이 침공의식이 아니라 방어의식의 산물입니다. 옛날 유럽의 왕들은 은행에서 빌린 돈으로 용병을 뽑아서 약탈전쟁을 하고 그 전리품으로 은행빚을 갚았습니다. 방어 목적이 아니라 수탈과 약탈 목적의 전쟁이었고 그것을 가능케 한 것은 모병제였습니다. 모병제는 약탈전의 산물이고 징병제는 방어전의 산물입니다. 약탈전쟁을 벌이는 공격수단이었던 모병제가 약탈전쟁에 맞서는 방어수단이었던 징병제보다 선진적이라고 말하기는 어렵지 않을까요. 자본주의 체제에서 미국과는 무관하게 독립적으로 살아갈 자신이 없는 한 미국의 전쟁동참 압박에 맞서는 데에는 모병제보다 징병제가 유리합니다.

힘을 잃어가고는 있지만 미국은 세계에서 지금 가장 위험한 야수와 같습니다. 빚더미에 올라 앉았으면서도 미친 듯이 전쟁을 벌여댑니다. 미국은 현실적으로는 아프간과 이라크에서만 전쟁을 벌이고 있지만 잠재적으로는 모든 나라를 전쟁으로 끌어들이려 합니다. 미국의 약탈전에 맞서는 방어전에는 모병제보다 징병제가 유리합니다. 야수는 힘을 잃어갈 때가 가장 위험합니다. 야수는 슬기롭게 다루어야 합니다.

1945년 9월 20일 스탈린은 북한에 진주한 소련군에게 북한 점령의 목적은 소비에트 권력 수립이 아니라 부르주아 민주주의 확립 지원이므로 사적 소유를 유지하라는 지침을 하달했습니다. 당시만 해도 냉전이 시작되기 전이라 소련은 미국과의 공조를 중시했습니다. 유럽에서도 소련은 독일, 이탈리아와 싸웠던 좌파세력이 배신감을 토로할 만큼 미국과 영국의 노선에 협조적이었습니다. 특히 종전 직후 소련의 한반도 정책 기둥은 친일세력 분쇄였습니다. 민족주의 지도자였던 조만식은 12월 모스크바 3상회담에서 신탁통치안이 결정되자 반탁운동을 주도하며 외세 척결에 앞장섰지만 소련의 목적이 공산주의 정권 수립이 아니라 친일세력 척결이라는 사실을 까맣게 몰랐습니다.

소련이 배일(排日)을 중시한 것은 한민족에게 연민을 느껴서가 아니라 자국 안보를 위해서였습니다. 소련은 1905년 러일전쟁에서 패한 뒤로 일본을 두려워했습니다. 만주에서 일본을 상대로 유격전을 펼

치던 김일성을 1930년대 후반 시베리아로 불러들인 것도 일본의 압력 탓이었습니다. 소련은 상대가 독일 같은 파시즘 세력일지 영미 자본주의 세력일지 아직 몰랐지만 서유럽에서 조만간 큰 전쟁을 치러야 할 상황에서 일본과도 싸우면서 동서에서 협공당하기는 싫었습니다. 소련이 일본에게 선전포고를 한 것은 원폭 투하로 일본의 패색이 짙어진 1945년 8월 9일이었습니다. 그전까지는 일본을 자극하지 않으려고 애썼습니다.

미국이 두려워한 것은 태평양 너머에 있었고 핵으로 제압한 일본이 아니라 미국 자본주의에 호의적이지 않은 세력이 한반도에서 권력을 잡아 일본을 불안하게 만드는 것이었습니다. 그래서 친일파를 중용했습니다. 자연히 김구 같은 민족주의자보다는 반공을 앞세웠던 이승만을 선택했습니다. 그리고 친일세력은 이승만 밑에서 활개를 폈습니다.

일본도 러시아를 두려워했습니다. 영국이 유럽에서 독일과 싸우느라 아시아의 식민지를 지키지 못할 게 뻔한데도 일본이 처음에 남진을 망설인 것은 영국이 소련을 끌어들여 일본의 뒤를 칠까봐 두려워서였습니다. 일본에게 한반도는 대륙 진출의 거점이기도 했지만 대륙이 찌르는 창끝이기도 했지요. 일본도 여몽 연합군의 침공을 받은 악몽이 있었습니다. 일본이 조선에 눈독을 들인 것은 개항 이후 서방과 맺은 불평등조약을 개정하려고 자기도 어엿한 제국주의 국가임을 과시하려는 의도가 컸지만, 조선이 러시아의 품에 안기는 최악의 안보 위기를 막기 위해서였다는 일본의 논리도 그저 핑계라고만 볼 수는 없습니다.

빌미를 제공한 것은 일본의 명성황후 시해였지만 조선 왕은 1896

년 러시아 대사관으로 거처를 옮기는 아관파천으로 나라의 운명을 러시아에 몽땅 거는 모습을 보였으니까요. 그리고 동학농민이 외세배척과 국정개혁을 요구하면서 들고 일어났을 때는 청나라 군대를 끌어들였습니다. 왕을 부정하는 것도 아닌데 자국민의 개혁요구를 타국 군대로 탄압한 것도 문제였지만, 중국의 가랑이만 붙잡고 늘어지는 조선의 모습에서 일본은 조선이 중국에 완전히 넘어가는 최악의 사태를 우려하지 않았을까요. 일본은 청일전쟁 이전까지는 중국을 겁냈습니다. 전함과 대포 같은 서양 근대무기도 중국이 일본보다 먼저 도입했으니까요. 조선 왕의 어리석은 처신은 일본에게 승부수를 던질 기회를 주었습니다. 조선 지도자는 일본에게도 두려움이 있음을 잘 몰랐습니다.

중립의 길 선택한 핀란드

핀란드의 지도자는 달랐습니다. 핀란드는 소국이 이념을 달리하는 이웃 대국과 단독으로 맞붙기는 어려움을 절감했습니다. 독일, 스웨덴, 영국과 상대를 바꿔가면서 동맹을 맺었지만 어느 누구도 핀란드를 지켜주지 않았습니다. 믿을 것은 자기뿐이었습니다. 그리고 이웃나라를 쓸데없이 자극하지 않는 것이 중요했습니다. 그래서 결국 중립의 길을 택했습니다.

20세기 소련사는 공산주의를 무너뜨리려는 자본주의 진영과의 투쟁사였습니다. 소련이 동유럽을 자신의 '영향권'으로 묶어두려던 것도 자본주의 진영의 직접적 위협에서 자신을 지키려는 의도가 강했습니다. 핀란드가 서방의 앞잡이가 되어 소련을 공격할까봐 소련이 겁낸다는 사실을 깨닫고 핀란드는 2차대전 이후 보수당이 앞장서서 소련과 우호적으로 지내려고 애썼습니다. 미국의 마셜 플랜 지원을 안 받으면서까지 철저히 중립을 지키는 모습을 보였습니다. 소련을 불필요하게 자극하지 않으려는 핀란드의 처신을 서방에서는 약소국이 인접 강대국에게 알아서 긴다며 비웃었지만 핀란드는 상대방의 두려움을 간파하고 그 두려움을 자극하지 않았을 뿐입니다.

핀란드가 처음부터 지혜로웠던 것은 아니었습니다. 핀란드는 수백 년 동안 스웨덴의 통치를 받다가 1809년부터는 러시아의 지배를 받았습니다. 1917년 10월 러시아혁명이 성공하자 핀란드도 같은 해 12월 독립을 선언했습니다. 하지만 핀란드는 앞날을 놓고 국론이 갈렸습니다. 좌파는 소련 같은 공화국을 원했습니다. 우파는 독일 같은 입헌군주국을 원했습니다. 외세의 지배를 오래 받아온 핀란드에는 왕실이 없었지요. 우파는 1차대전에서 러시아를 몰아붙여 핀란드에게 독립의 길을 열어준 독일에서 왕족을 데려와 입헌군주국을 세우려고 했습니다. 결국 핀란드의 좌파와 우파는 적군과 백군으로 갈려 내전에 돌입했고 수만 명이 죽었습니다. 내전의 승자는 우파였지만 우파는 입헌군주제가 아니라 의회주의를 택했습니다. 1차대전에서 패한 독일에서 제정이 무너지고 공화정이 출범했거든요.

죽고 죽이는 내전을 겪은 뒤라 핀란드는 20년대와 30년대에도 좌우 대결이 극심했습니다. 극우세력은 사회주의자를 납치해서 두들겨 팬 다음 소련과의 국경지대에 내던지기 일쑤였습니다. 암살도 일어났고 쿠데타 시도도 있었습니다. 30년대에 독일에서 히틀러가 집권하면서 갈등은 더 심해졌습니다. 좌파는 소련이 히틀러의 공격에서 핀란드를 막아줄 것이라 믿었고 우파는 독일이 스탈린의 공격에서 핀란드를 지켜줄 것이라 믿었습니다. 등거리 외교를 추구하는 사람은 양쪽에서 욕을 얻어먹었습니다. 그러다 1939년 독소불가침조약이 맺어지는 것을 보고 핀란드의 좌파와 우파는 모두 충격을 받았습니다. 그리고 독일이 폴란드를 점령한 데 이어 소련이 핀란드로 쳐들어오자 소련군과 싸웠습니다.

누구에게나 두려움은 있다

그런데 소련은 왜 핀란드를 침공했을까요. 핀란드만 러시아를 두려워한 것이 아니라 러시아도 핀란드를 두려워해서였습니다. 핀란드는 1차대전이 끝난 뒤 러시아 반혁명군이었던 백군과 손잡고 러시아 혁명정부를 무너뜨리는 데에 앞장섰습니다. 소련은 독일이 되었건 영국과 프랑스가 되었건 조만간 자본주의 국가들이 자신을 공격해 오리라 예상했습니다. 소련의 약점은 중요한 군수공장이 밀집된 레닌그라드가 핀란드 국경선에서 너무 가깝다는 사실이었습니다. 1차대전 이후 벌어진 러시아 내전에서 핀란드가 러시아 백군의 편에 서서 러시아로 쳐들어왔을 때 수도 상트페테르부르크(나중에 레닌그라드로 개칭)가 바로 뚫리면서 러시아 적군은 곤욕을 치렀습니다. 상트페테르부르크는 핀란드 국경에서 겨우 32km 떨어져 있었습니다. 공산정부가 들어서자마자 수도를 다시 동쪽으로 멀리 모스크바로 옮긴 것도 내전 당시 핀란드 쪽으로 밀고 들어온 핀란드, 영국, 프랑스 연합군에게 당했던 악몽이 작용했을 겁니다.

소련이 덮어놓고 처음부터 핀란드로 쳐들어간 건 아닙니다. 소련은 핀란드에게 영토를 맞바꾸자고 제안했습니다. 소련으로서는 불리한 전략적 요충지를 핀란드가 준다면 그 2배에 해당하는 땅을 주겠다고 제의했습니다. 핀란드는 거절했습니다. 영국과 스웨덴이 마치 지켜줄 것처럼 하면서 거절하라고 압력을 넣었거든요. 핀란드가 계속 완강한 거부 입장을 보이자 소련은 핀란드가 20년 전처럼 다시 영국이나 독일의 앞잡이가 되어 반소 침공에 앞장서려는 모양이구나 판단했던 것 같습니다. 결국 전쟁이 터졌지요.

핀란드는 결사항전을 벌여서 소련군에게 큰 피해를 입혔지만 차츰 전세가 불리해지자 모스크바조약을 맺고 영토의 10%를 소련에 내줬습니다. 영국과 프랑스는 도와줄 테니 끝까지 싸우라고 부추겼지만 핀란드 지도자들은 외세의 대리전으로 국토가 끝없이 유린당하는 것보다는 영토를 조금 잃더라도 주권을 지키는 것이 중요하다고 보고 불리한 조약을 맺었습니다.

러시아는 핀란드 침공으로 국제적 비난을 받았습니다. 비난받아 마땅한 행동이었지요. 하지만 이때 얻은 영토 덕분에 전차공장을 비롯해서 군수산업의 핵심이었던 레닌그라드 방어망 구축에 성공했습니다. 2차대전에서 소련이 버틸 수 있었던 중요한 요인의 하나가 레닌그라드가 오래 버텨주었다는 점이거든요. 역사가 자크 포웰스(Jacques R. Pauwels)는 『좋은 전쟁이라는 신화(The Myth of the Good War)』에서 2차대전에서 러시아를 침공한 독일군이 겨울이 오기 전 모스크바까지 진출했다면 러시아는 전세를 뒤집지 못했을 거라고 강조합니다. 독일군은 소련이 차지한 폴란드 절반 지역을 통과해야 했기에 그만큼 시간이 지체되었다는 거지요. 만약 소련이 폴란드를 점령하지 않았으면 겨울이 오기 전에 독일군은 소련의 심장부를 꿰어찼을지도 모릅니다. 완충지대는 전쟁에서 실제로 이렇게 중요한 역할을 합니다. 러시아가 욕을 얻어먹으면서까지 핀란드를 침공한 데에는 그럴 만한 이유가 있었던 거지요.

러시아가 단순히 영토 야욕에서 핀란드를 쳐들어간 게 아니라는 사실은 2차대전 당시 독일이 러시아에 선전포고를 하자 다시 독일 편에 붙어서 러시아와 싸웠던 핀란드의 전후 처리에서도 확인할 수 있습니다. 핀란드는 패전국 독일의 사실상 동맹국이었으니 엄청난 희생을 치르며 승리를 따낸 전승국 러시아의 식민지로 돌아가도 사실 할 말은 없었을 겁니다. 하지만 소련은 핀란드가 앞으로 대외관계에서 중립을 지킨다는 약속을 하고 헌법에도 중립국임을 명문화하자 그냥 철수했습니다. 소련은 피흘리며 점령한 오스트리아에서도 비슷한 약속을 받고 철수했습니다.

2차대전 이후 보수당이 집권했음에도 핀란드가 러시아를 자극하지 않으려고 노력한 데에는 이런 배경이 있습니다. 아무리 강대해 보이는 나라도 두려움이 있기 마련이며 자국이 안전하게 번영을 누리려면 무엇보다도 이웃나라가 두려움을 갖게 해서는 안 된다는 깨달음이 있었기에 소국 핀란드는 냉전기에도 미국이 주도하는 반러시아 군사동맹 나토에 가입하지 않았습니다.

자기 나라가 안전하게 번영을 누리기를 바라는 애국심은 누구나 가질 수 있습니다. 하지만 안전한 번영을 누릴 수 있는 조건이 무엇인지를 알아내는 통찰력은 누구나 가지기 어렵습니다. 핀란드는 뼈저린 역사적 경험을 통해 지혜롭게 처신하는 통찰력을 얻었다고 보아야 하지 않을까요.

한국을 두려워하지 않는 이유

냉전이 끝났어도 나토는 곳곳에서 전쟁을 벌이고 전쟁에 동조하지 않는 푸틴의 러시아 같은 나라를 악마로 몰아가면서 편가르기를 합니다. 자기가 격추시켰을 가능성이 높은 여객기를 러시아 짓이라고 우깁니다. 자기가 자국 대통령 후보를 도청하고 사찰하고는 러시아가 해킹했다고 떠듭니다. 나토의 품 안에 들어오지 않으면 당장이라도 러시아에게 먹힐 것처럼 공포 분위기를 조성합니다.

이런 나토와 서방 언론의 러시아 때리기에 영향받아서 러시아가 핀란드의 안전에 위협이 된다고 생각하는 핀란드 국민도 당연히 늘어납니다. 2016년 말 발표된 핀란드 국민 여론조사에 따르면 러시아가 핀란드에 부정적 영향을 미친다는 응답은 50퍼센트에 달했습니다. 2010년의 28퍼센트보다 거의 배로 늘었습니다. 100년 넘게 러시아의 지배를 받았던 소국 핀란드로서는 당연히 나토 가입의 유혹을 느낄 만도 합니다.

하지만 나토와 주변 국가들의 뜨거운 구애에도 핀란드 국민은 여전히 냉정을 잃지 않습니다. 같은 여론조사에서 핀란드 국민의 나토 가입 찬성 여론은 25퍼센트로 2015년보다 오히려 2퍼센트 줄었습니다. 나토 가입 반대 여론은 61퍼센트로 1년 전보다 도리어 3퍼센트 늘었구요. 스웨덴에도 매달려보고 독일에도 매달려보고 영국에도 매달려봤지만 다 소용없고 도리어 이런 나라들에게 장기판의 말처럼 이용당해서 핀란드의 안위만 위태로워진다는 역사적 교훈을 핀란드 국민은 아직은 뚜렷이 기억하나봅니다.

한류에 빠져드는 외국인이 늘어나고 있습니다. 특히 아시아에서 그렇습니다. 왜 그럴까요? 물론 사람들 기호에 맞게 줄거리도 잘 만들고 배우가 연기도 잘 하고 가수 가창력도 뛰어나고 한국 연예산업의 우수성이 분명히 작용하겠지요. 하지만 그게 다일까요? 한국인이 간과하기 쉬운 더 중요한 배경이 있는지도 모릅니다. 아시아 많은 나라들이 한국을 경계하지 않고 한국 연예프로와 공연을 지상파 방송 케이블 방송에서 새벽부터 밤 늦게까지 쉴새없이 틀어준 덕분에 한류가 뿌리내린 건 아닐까요.

아시아 나라들이 한국을 두려워하지 않은 이유는 한국이 역사적으로 이런 나라들에게 가해자였던 적이 없어서입니다. 물론 베트남전에서는 한국군이 베트남인을 상대로 잔인한 짓을 저질렀습니다. 하지만 베트남인이 보기에 전쟁은 미국과 벌인 것이었지 한국군은 용병에 불과하다고 생각했겠지요. 게다가 베트남은 세계 최대의 패권국 미국과 싸워서 이겼으니 겨우 용병의 자격으로 참전했던 한국을 아직도 두려워할 이유는 없다고 생각하지 않았을까요. 베트남에서도 한류는 뜨겁답니다. 그런데 그 원인은 우리가 꼭 잘 나서만이 아니라 상대국의 너그러움 덕분이기도 하고 호전적이지 않았던 '못난' 조상을 둔 덕분이기도 하다는 사실을 알아야 합니다.

중국도 마찬가지입니다. 중국은 일본은 두려워해도 한국은 두려워할 이유가 없습니다. 적어도 조선왕조 이후로 한반도를 다스린 사람들은 철저한 유교정신에 따라 대국 중국을 깍듯이 섬겼으니까요. 조선은 중국의 속국이었다고 부끄러워해선 곤란합니다. 지금은 민주주의가 시대정신이듯이 동아시아에서 당시 우리 조상들은 유교에 바탕을 둔 중화질서가 시대정신이라고 생각했습니다. 동생이 형 말을 잘 들어야 가정이 잘 굴러가듯이 작은 나라가 큰 나라를 잘 따라야 이 세상의 평화와 질서가 유지된다고 생각했습니다.

하지만 중국은 일본만큼은 두려워합니다. 여러 번 침략을 당했고 또 참패를 당했거나 외부의 도움으로 겨우 패배를 면하곤 했으니까요. 일본 연예인들이 떼지어 몰려가서 중국에서 대규모 콘서트를 여는 상황을 중국 정부가 허용하는 모습이 상상이 가시나요? 중국인의 뇌리에 일본에게 당한 역사적 치욕의 기억이 남아 있는 한 그런 일은 벌어지지 않을 겁니다.

사드 배치와 한반도의 운명

사드가 한국에 배치된 다음에도 한국 연예인이 지금처럼 대규모 공연을 벌일 수 있을까요? 어려울 겁니다. 한국은 중국의 안보를 흔드는 위협 1순위 국가로 떠오를 테니까요. 서글픈 것은 한국을 다스리는 이른바 지도층이라는 사람들이 사드가 한국의 안보 위협을 감소시키는 안전판이라고 철석같이 믿는다는 사실이지요. 사드가 막으려는 것은 한국으로 가해지는 공격이 아니라 미국으로 가해지는 공격인데도 말이지요. 그리고 사드 바람에 한국은 주변국으로부터 미국보다 먼저 공격당할 가능성이 높아지는데도 말이지요.

미국이 한국에 사드를 배치하여 노리는 것은 한국을 겨냥한 북한의 핵탄도탄을 한국을 위해 요격하려는 것이 아닙니다. 북한은 한국을 공격하려고 대륙간핵탄도탄을 쏠 하등의 이유가 없습니다. 사정거리가 1천 킬로미터에도 못 미치는 중거리 미사일을 한국에 있는 수십 기의 핵발전소를 겨누어 쏘기만 하면 핵탄두와 같은 효과가 납니다. 하지만 비좁은 한반도에서 핵공격은 공멸의 길인데 북이 남으로 핵공격을 감행할 가능성은 희박합니다. 미국이 사드를 한국에 배치하려는 것은 중국이나 러시아에 핵 선제공격을 가한 뒤 예상되는 중국이나 러시아의 대륙간핵탄도탄 보복발사를 요격하기 위해서입니다. 중국과 러시아는 그런 사실을 너무 잘 아니까 거세게 반발하는 겁니다.

사드가 한국에 배치된 뒤 중국이나 러시아와 미국 사이의 갈등이 전쟁 위기로 치달으면 중국이나 러시아가 선공을 가하든 미국이 선공을 가하든 한국은 중국이나 러시아로부터 선제공격을 당하는 운명에서 벗어나지 못합니다. 만약 미국이 선공을 가한다면 중국, 러시아는 먼저 사드가 배치된 한국부터 박살낸 뒤 미국으로 대륙간탄도탄을 날려 보복할 겁니다. 또 중국이나 러시아가 선공을 가한다면 먼저 한국부터 박살냄으로써 결사항전 의지를 보여 미국으로 하여금 타협책을 강구하게 만들 겁니다. 사드 배치가 한국으로선 호구가 되는 지름길인 이유입니다.

미국을 핵으로 공격할 군사력을 가진 미국의 잠재적 적국은 북한만은 아닙니다. 러시아도 중국도 그럴 능력이 물론 있습니다. 하지만 러시아와 중국은 이미 자본주의 체제로 깊숙이 들어왔습니다. 한편으로는 미국과 시장확대와 상품판매를 놓고 겨루는 경쟁국이지만 또 한편으로는 운명공동체입니다. 서로가 서로의 물건을 팔아줘야 체제가 굴러갑니다. 그래서 겉으로는 인상을 써도 정말로 싸우기는 쉽지 않습니다.

북한은 체제 밖에 있습니다. 미국과 운명공동체가 아닙니다. 사생결단을 벌이자고 나올 수 있는 가능성이 중국이나 러시아보다는 훨씬 높습니다. 그리고 정말로 그런 일이 벌어진다면 땅덩어리가 넓은 미국

미국이 사드를 한국에 배치하려는 것은 중국이나 러시아
에 핵 선제공격을 가한 뒤 예상되는 중국이나 러시아의
대륙간핵탄도탄 보복발사를 요격하기 위해서입니다. 중
국과 러시아는 그런 사실을 너무 잘 아니까 거세게 반발
하는 겁니다.

도 한순간에 초토화될 수 있습니다. 대륙간탄도미사일에 실려 날아간 핵폭탄이 미국 상공 500킬로미터에서 터지면 미국은 모든 의료, 금융, 유통, 군수 부문의 모든 전자 시스템이 먹통이 되면서 그냥 석기시대로 돌아갑니다. 1년 안에 미국 인구의 3분의 2가 죽을 수 있습니다.

북한도 엄청난 피해를 입겠지만 북한은 60년 동안 핵공격에 대비해온 나라입니다. 평양 지하철은 깊이가 150미터입니다. 화강암층을 그렇게 깊이 뚫었습니다. 엄청난 비용을 감수하면서 그렇게 뚫은 것은 핵방공시설 용도가 아니고서는 설명이 안 됩니다. 뉴욕은 암반이 단단한 화강암이고 굴착기가 발달하지 않은 20세기 초반에 지은 것이라서 지하철의 평균 깊이가 10미터 정도에 불과합니다.

한국은 미국이 제공하는 핵우산 안에만 들어가면 안전하다고 생각할지 모르지만 그것은 북한이 핵과 대륙간탄도미사일을 갖기 전의 일입니다. 북한이 미국을 직접적으로 위협하는 핵공격력을 가진 상황에서는 핵우산은 기대하기 어렵습니다. 미국은 전쟁은 남의 땅에서만 벌어지는 것으로 알고 살아온 나라입니다. 1차대전도 2차대전도 베트남전도 아프간전도 이라크전도 모두 미국 밖에서 일어났습니다. 미국은 자신의 존망을 걸고서 타국의 안보를 지켜주는 나라가 아닙니다. 아니, 미국만 그런 것이 아니지요. 핵공격을 당할 위험을 무릅쓰고 타국을 지켜주기 위해 다른 핵보유국을 공격할 나라는 이 지구상 어디에도 없습니다.

북한이 미국을 대결 상대로 상정한 것은 미국으로부터 핵위협을 수십 년 동안 받아와서이기도 하지만 한국과 일본은 종속변수임을 잘 알아서입니다. 섣불리 개입했다가는 자신의 존망도 위태로워진다는

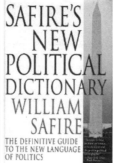

판단을 하면 미국이 개입하지 못하리라는 것을 잘 알아서입니다. 사드를 배치해서 한국이 미국을 지켜준다고 미국이 핵우산으로 한국을 지켜주리라는 것은 착각에 불과합니다.

　누구에게나 두려움은 있습니다. 그런데 중국이 두려워하는 것은 미국이지 한국이 아닙니다. 러시아가 두려워하는 것은 미국이지 한국이 아닙니다. 북한이 두려워하는 것은 미국이지 한국이 아닙니다. 한국을 두려워하지 않는 상대로 하여금, 한국의 안전을 위해서가 아니라 미국의 안전을 위해서, 한국에게 두려움을 갖도록 만들어서 한국이 얻는 것은 한반도에서 전쟁 가능성을 높이는 것 말고는 하나도 없습니다.

　미국의 정치평론가 윌리엄 새파이어(William Safire)가 엮은 『정치사전(Safire's New Political Dictionary)』에서는 핀란드화를 "우호적 외교국방정책을 추구하도록 인접국을 설득하거나 위협하는 것"으로 정의합니다. 하지만 이것은 불완전한 풀이입니다. '핀란드화'는 "러시아, 중국 같은 인접국에게 적대적 외교국방정책을 추구하도록 미국이 설득하거나 위협했을 때 순순히 따르지 않는 핀란드, 한국 같은 소국이 미국한테 찍혀서 듣게 되는 소리"라고 풀이해야 더 정확합니다.

종주국의 안위보다 자국민의 안위를 생각하는 한국 지도자가 대통령에 당선되어서 사드 배치를 취소하는 결정을 내릴 경우 자국민의 안위보다 종주국의 안위를 앞세우는 한국의 가짜 보수집단은 미국을 등에 업고서, 한국이 핀란드화되어간다고 성토할지도 모릅니다. 그때 분명히 말해야 합니다. 핀란드화는 부끄러운 말이 아니라 자랑스러운 말이라고, 한국이 핀란드처럼 안전한 나라가 되어가서 우리는 정말로 뿌듯하고 다행스럽다고. 우리는 중국과도 러시아와도 북한과도 일본과도, 물론 미국과도 잘 지내고 싶다고.

참고 자료

1 · *The Myth of a Good War*, Jacques R. Pauwels, 2016

유럽연합

영국 런던의 소아스(SOAS)대학에서 경제사를 가르치는 코스타스 라파비차스는 몇 해 전 그리스의 시골 정육점 주인까지도 얼굴을 알아보는 유명인이 되었습니다. 그리스가 맞은 금융위기의 배경을 파헤친 1시간 10분 길이의 다큐멘터리 〈부채주(Debtocracy)〉에 나와서였습니다. 겨우 천만 원의 제작비를 들여 만든 이 영화는 유투브에서 100만 명이 넘게 보았습니다. 그리스에서는 처음에는 젊은이들만 보았지만 입소문이 퍼지면서 이제는 노인들까지도 보겠다고 아우성입니다. 영화를 상영하는 동네극장도 늘어났습니다.

영화에 따르면 그리스의 천문학적 국가부채 배경에는 좌파와 우파의 책임이 모두 있습니다. 총리였던 아버지 게오르게 파판드레우 밑에서 이미 1960년대에 장관을 지낸 안드레아스 파판드레우는 아버지가 군사반란으로 실각한 뒤 스웨덴 등지에서 망명생활을 하면서 반독재 운동을 벌였습니다. 그리고 군사통치가 종식된 뒤 그리스로 돌아와서 정치를 재개하면서 1981년 마침내 아버지를 이어 총리가 됩니다.

하버드대 경제학 박사 출신인 안드레아스 파판드레우는 빈부격차가 심한 유럽의 후진국 그리스에 선진복지체계를 과감히 끌어들였습니다. 파판드레우의 정책은 그리스의 빈부격차를 단시일에 줄이는 데는 기여했지만 법인세와 소득세 인상에서 재원을 마련한 것이 아니었기에 나라빚은 계속 늘어났습니다. 사회주의자에 가까웠던 파판드레우는 일자리를 지키려고 도산위기에 처한 민간기업을 국영기업으로 회생시켰습니다. 공공 부문의 비효율성이 증가했고 그것은 국가재정에 부담을 안겼습니다.

뒤이어 집권한 우파 정부는 막대한 나라빚을 앞에 두고도 세금을 깎아주면 부자가 돈을 많이 써서 경제가 살아난다는 레이거노믹스의 낙수효과론을 맹종하면서 세금을 뭉터기로 깎아주었습니다. 그러면서도 표를 의식해서 공공 부문의 개혁은 뒷전으로 미루었습니다. 지출은 늘어나는데 세입은 줄어드니 나라빚은 폭발적으로 늘어났습니다.

그렇지만 유럽연합 회원국으로 그리스가 받는 혜택은 컸습니다. 그리스 농민은 농업 보조금을 받을 수 있었거든요. 그런 보조금은 공돈처럼 여겨졌습니다. 그래서 농사규모를 허위로 부풀리는 것이 관행처럼 자리잡았습니다. 2002년의 유로화라는 단일화폐 사용경제의 출범은 경제규모가 작았던 그리스에게 또 하나의 기회였습니다.

게으른 돼지, 배고픈 개미

하지만 유로존에 들어가려면 연간 재정적자가 GDP의 3%를 넘으면 안 되었고 국가부채가 GDP의 60% 이하라야 했습니다. 그리스는 이미 그 당시 그 기준을 훨씬 넘어서는 빚을 떠안고 있었습니다. 지금은 야당이지만 당시 정권을 잡고 있던 우파 정부는 미국의 투자금융사 골드만삭스의 도움으로 엔화로 갚아야 할 부채를 유로화로 바꾼다든가 하는 장부조작과 공항운영권을 나중에 넘겨주는 대가로 골드만삭스로부터 받은 돈으로 적당히 나라빚을 줄이는 회계조작으로 유로존에 들어갔습니다.

안정된 유로자금을 저리로 빌려쓰면서 그리스 정부는 더욱 흥청거렸습니다. 정치인과 기업인은 불요불급한 공사와 사업을 벌이면서 떡고물을 챙겼습니다. 지멘스 같은 독일 기업도 지하철 공사, 올림픽 시설 공사 등의 입찰을 따내려고 그리스 정치권에 정기적으로 뇌물을 먹였습니다. 각종 사업비와 공사비는 천문학적으로 부풀려졌습니다. 그것은 고스란히 나라빚으로 쌓였습니다.

하지만 민간 부문에서 일하는 그리스 국민은 죽을 맛이었습니다. 독일 언론에서는 그리스 국민을 게으른 돼지로 즐겨 묘사했지만 OECE 통계에 따르면 2015년 그리스 노동자의 연간 평균 노동시간은 2042시간인 반면 독일 노동자의 평균 노동시간은 1371시간에 불과합니다. 독일 노동자는 그리스 노동자의 60%밖에 일을 안 합니다. 유급휴가일도 그리스는 20일 남짓이지만 독일은 4주입니다.

그리스의 청년 실업률은 참혹한 수준입니다. 2016년 3분기 그리스의 15~24세 청년 실업률은 44.2%입니다. 유럽에서 가장 높습니다. 유럽에서 가장 낮은 독일의 청년 실업률은 6.9%입니다. 실업률보다 더 심각한 문제는 저임금입니다. 몇 해 전부터 그리스 젊은이들 사이에서는 '700유로 세대'라는 말이 유행했습니다. 700유로(약 85만 원)는 민

그리스가 아무리 나라빚이 많다지만 유럽연합을 등에 업은 그리스한테 당장 돈을 떼일 염려가 큰 것은 아니었습니다. 그런데도 그리스가 파산 직전에 몰린 것은 10년 전 그리스가 유로존에 들어가려고 할 때 도움을 준 골드만삭스의 농간일 가능성이 높습니다.

간 부문에서 일하는 그리스 젊은이들이 받는 평균 월급입니다. 여기서 사회보장비 100유로를 떼고 나면 혼자서도 살기가 쉽지 않습니다. 통계에 잡히지 않는 지하 경제에서 일하는 그리스 노동자들의 처우는 더욱 열악합니다. 게으른 돼지보다는 배고픈 개미가 그리스에는 훨씬 많습니다.

그리스가 아무리 나라빚이 많다지만 유럽연합을 등에 업은 그리스한테 당장 돈을 떼일 염려가 큰 것은 아니었습니다. 그런데도 그리스가 파산 직전에 몰린 것은 10년 전 그리스가 유로존에 들어가려고 할 때 도움을 준 골드만삭스의 농간일 가능성이 높습니다. 골드만삭스는 그리스 국가부채의 실상을 훤히 꿰뚫고 있었습니다. 골드만삭스는 한편으로는 그리스 우파 정부로부터 거액의 자문료를 받으면서 회계조작 요령을 가르쳐준 뒤 다른 한편으로는 그리스 정부가 발행한 국채가 부도날 경우 돈을 벌 수 있는 금융상품을 만들었습니다. 그리고 그것을 열심히 되사고 되팔면서 상품가치를 높였습니다. 이 상품의 주가가 올라간다는 것은 곧 그리스 재정 능력에 대한 신뢰도가 내려간다는 것이었기에 그리스가 발행하는 국채의 이자는 치솟았습니다. 그리스의 국가부채는 이자의 부담의 급증으로 더욱 폭증했습니다. 2년 만기 그리스 국채의 이자는 시장에서 30% 선에서 거래되었습니다. 3500억 달러에 이르는 것으로 추정되는 그리스 국가부채를 단시일 안에 부풀린 것은 골드만삭스 같은 투기세력이었습니다. 그리스는 투기자본 골드만삭스의 이중플레이에 당한 셈이지요. 그런데 그리스공적부채관리기구의 책임자도 골드만삭스 출신이 맡았습니다.

아이슬란드, 에콰도르의 선언

금융위기의 책임은 돈을 빌린 사람에게도 있지만 뻔히 상환능력이 없음을 알면서도 무분별하게 돈을 꿔준 사람에게도 있습니다. 아이슬란드는 국민투표를 통해서 영국과 네덜란드의 은행에 진 빚을 못 갚겠다고 버텼습니다. 그리고 금융위기를 초래한 은행가들을 감옥에 집어넣었습니다. 덕분에 아이슬란드는 경제붕괴로 끝없이 외채를 끌어들여야 하는 그리스와는 달리 금세 금융위기에서 벗어났습니다.

에콰도르도 비슷하게 대응했습니다. 에콰도르는 고질적 외채로 신음했습니다. 1980년대부터 2000년대 초반까지도 국가예산의 50%가 외채이자를 갚는 데 들어갔습니다. IMF는 인정사정없었습니다. 코레아 재무장관은 빚 갚는 것도 중요하지만 일단 에콰도르 국민이 살고 봐야 한다고 선언했습니다. 그래도 IMF가 물러서지 않자 장관직에서 물러났습니다. 그리고 2006년에 대통령에 뽑혔습니다. 코레아 대통령은 석유판매대금 중에서 20%만 빚을 갚는 데 쓰고 나머지 80%는 교육, 의료, 복지 등 에콰도르 국민을 위해서 쓰겠다고 선언했습니다.

코레아는 국가부채의 자세한 내용과 원인을 규명하는 감사위원회를 만들었습니다. 감사위원회에는 전문가만이 아니라 다양한 경력을 가진 사람들이 들어갔습니다. 에콰도르 공무원들은 감사위원회의 활동을 방해했지만 감사위원회는 에콰도르 외채의 70%는 에콰도르 국민이 갚을 의무가 없는 역대 독재정권의 '구린 빚'이라고 결론지었습니다. 결국 에콰도르는 8억 달러만 내고 30억 달러의 외채를 해결했습니다. 전체적으로는 70억 달러의 돈을 절약했습니다.

'구린 빚'은 사실은 미국이 제일 먼저 써먹은 개념입니다. 미국은

1898년 스페인과의 전쟁에서 이겨서 쿠바를 차지했지만 스페인은 400년 동안 식민지를 경영하면서 빚도 엄청나게 졌습니다. 미국은 쿠바의 빚은 전제주의의 '구린 빚'이므로 민주주의를 추구하는 미국이 갚을 의무가 없다고 선언했습니다. 이라크로 쳐들어가면서도 미국은 이라크의 국가부채는 사담 후세인이 무기를 사고 궁전을 짓는 데 썼으므로 이라크 국민은 빚을 갚을 의무가 없다고 선언했습니다. 물론 이라크의 빚은 미국에게 진 빚이 아니라 러시아나 프랑스 같은 나라에서 무기를 사면서 진 빚이었습니다. 미국은 수하기관인 IMF를 앞세워 빚 안 갚으면 재미없다고 윽박지르지만 빚 떼어먹기의 원조도 실은 미국입니다.

미국이 골드만삭스를 앞세워 그리스를 물어뜯은 이유도 사실은 자신이 진 빚을 안 갚기 위해서라는 의심을 합리적으로 할 수 있겠지요. 미국의 국가부채는 20조 달러에 육박합니다. 유럽연합 안에는 그리스나 이탈리아, 스페인처럼 나라빚이 많은 나라도 있지만 독일이나 네덜란드처럼 재정이 건실한 나라도 있어 전체적으로 따지면 유럽보다 미국의 부채가 더 심각합니다.

빚더미에 오른 미국이 돈을 계속 찍어내면 달러는 떨어집니다. 달러의 가치 하락에 불안을 느낀 금융 시장이 달러보다 유로를 선호하고 비축하면 달러는 더욱 곤두박질칩니다. 달러 가치가 떨어지면 미국은 자금 조달이 어렵습니다. 미국 국채의 이자는 올라가고 미국의 국가부채도 눈덩이처럼 커집니다. 바로 그리스에서 벌어지는 일입니다. 미국은 자국에서 그런 악몽이 현실화하는 것을 막으려고 그리스를 물고 늘어지면서 유로에 대한 불신을 확산시켜 시장이 울며 겨자 먹기로 달러에 다시 매달리도록 만들려는 게 아닐까요. 그리스 국가 부도 위기의 결정적 원인은 미국이 의도적으로 유럽연합을 무너뜨리고 유로를 무너뜨려서 자기가 갚아야 할 빚을 남에게 떠넘기려는 데 있는 게 아닐까요.

금융 마피아의 굴레

사회당 출신으로 프랑스의 차기 대통령으로 유력시되던 도미니크 스트라우스 칸 IMF 총재가 몇 해 전 미국 뉴욕에서 호텔 여종업원을 강간한 혐의로 망신을 당하면서 IMF 총재직에서 퇴출된 적이 있습니다. 칸은 여태까지의 IMF 수장과는 달리 채무국들에게 유연한 정책을 추구해온 인물입니다. 칸은 미국 브루킹스연구소에서 한 연설에서 "결국 고용과 평등이 경제안정과 번영, 정치안정과 평화의 초석"이라며 IMF 총재답지 않은 발언을 한 데 이어 조지워싱턴대학 강연에서는 앞으로는 중심추가 "시장에서 국가로" 넘어가야 한다고 강조했습니다. 그전에는 아일랜드의 빚도 일부 탕감해주면서 미국 금융 마피아의 격분을 샀습니다. 칸은 월가의 기준으로 보자면 자기 무덤을 스스로 판 격이었지요.

미국의 금융 마피아는 자기들의 기득권을 흔드는 존재는 절대로 용인하지 않습니다. 금융범죄에 해박한 검사 출신으로 강직성을 인정받아 미국에서 다시는 금융위기가 재발되지 않도록 금융권을 근본적으로 수술할 증권거래위원장 적임자로 유력하게 거론되던 엘리어트 스피처도 고급 창녀와 호텔에서 묵은 것이 드러나면서 낙마하고 뉴욕 주지사직에서 물러났습니다.

국제투기 자본주의 세력은 노동자와 노동자를 경쟁시키는 차원을 넘어 이제는 국가와 국가를 경쟁시키면서 국가를 서서히 무력화시킵니다. 무력화되는 국가의 대안으로 보였던 유럽연합이었지만 이런 국제기구도 금융투기 세력에게 어느새 장악당하고 절대 다수의 유럽인보다는 소수의 상층 유럽인만 살기 좋은 유럽으로 유럽을 바꿔나갑니다. 그리고 금융 마피아 소굴에서 벗어나 조금이라도 다수에게 유리한 정책을 추구하려던 사람은 이들에게 제거당합니다.

프랑스는 그리스 정부와 협상을 벌이면서 빚더미에 앉은 그리스에 자국산 무기를 사주어야만 자금지원을 받는 데 유리할 것이라는 식으로 압력을 가했습니다. 자금지원을 못 받으면 파산하는 그리스 정부는 프랑스로부터 6대의 전함(25억 유로)을 들여오고 대당 가격이 1억 유로가 넘는 라팔 전투기를 도입하는 협상을 울며 겨자 먹기로 벌였습니다. 여기에는 사르코지 당시 대통령까지 나섰습니다. 사르코지는 프랑스의 군수재벌과 사이가 돈독합니다.

국가부채의 지급불능을 선언하고 유로권에서 탈퇴하여 드라크마화를 다시 써서 그리스의 수출 경쟁력을 높여서 나라를 일으켜야 한다는 목소리가 그리스 국민 사이에서 호응을 얻었습니다. 유럽연합과 다시 협상을 해서 비인간적인 긴축을 끝장내겠다는 공약으로 좌파 시리자가 정권을 잡았습니다. 하지만 시리자 정부는 유럽연합을 상대로 자신의 뜻을 관철시키지 못했습니다. 그리스의 주류 진보진영 자체가 유로화를 포기하면서까지 유럽연합과 거리를 둘 생각이 없음을 유럽연합은 잘 알고 있었거든요. 그러니 평등과 연대라는 유럽연합의 출범 정신으로 돌아가자는 그리스 좌파정부의 호소는 씨도 안 먹혔습니다.

그렉시트가 두려운 그리스 좌파

그리스가 유럽연합에서 떨어져나가기를 두려워하는 마음은 이해가 갑니다. 1974년까지 그리스는 군사독재국가였습니다. 당시 국민소득은 2839달러였습니다. 유럽경제공동체에 합류한 1981년의 그리스 국민소득은 5400달러였습니다. 2001년 공동화폐 유로를 쓸 무렵은 1만 2418달러였고 금융위기가 닥치기 직전 2008년의 국민소득은 3만 1701달러였습니다. 적어도 액수로만 봤을 때는 불과 한 세대 만에 경제적으로 유럽의 3등국에서 1등국으로 올라섰다고나 할까요. 하지만 경제적 이유 못지않게 중요한 것은 법적·제도적 차원에서 그리스를 유럽연합 속에 깊숙이 묶어두지 않으면 그리스가 어두운 과거로 돌아갈지 모른다는 두려움이었을 겁니다. 유럽연합과 결별하는 그렉시트 이후의 그리스를 그리스 주류 진보진영은 감당할 자신이 없었던 게 아니었을까요.

유럽 안팎의 많은 사람에게 유럽은 환상적으로 다가옵니다. 유럽은 개인을 존중하는 문화가 발달한 곳입니다. 그런 유럽에서 국경이라는 울타리에 갇히지 않고 이 나라 저 나라에서 자유롭게 일하는 것은 특히 젊은이에게는 꿈 같은 일입니다. 유럽통합에서 많은 사람이 진보를 떠올리고 그리스 시리자가 진보의제를 내걸면 유럽연합을 설득할 수 있으리라는 미련을 버리지 못했던 이유입니다.

하지만 유럽연합은 출범부터 진보와는 거리가 멀었습니다. 유럽연합은 유럽 안에서 1차대전과 2차대전 같은 전쟁을 막고 미국에 맞서 거대한 단일시장을 만들어 유럽의 경쟁력을 끌어올리려고 만들었다고 흔히들 말합니다. 하지만 유럽통합은 소련을 견제하려고 미국이 처음부터 추진한 사업이었습니다. 미국은 나토를 통해 유럽을 군사적으로 통합지배하고 유럽연합을 통해 유럽을 경제적으로 통합지배하려고 했습니다. 나토와 유럽연합은 소련이 되었건 이슬람이 되었건 미국이 더 큰 외부와의 전쟁에 유럽을 항구적으로 끌어들이려고 만든 조직이었습니다. 유럽연합의 아버지로 불리는 프랑스인 장 모네는 일찍부터 미국과 인연이 깊었던 금융인이었습니다. 드골은 모네를 CIA의 하수인으로 여기고 불신했습니다. 드골에게 유럽연합은 허깨비이고 환상이었습니다.

유럽연합은 껍질이고 속살은 나토입니다. 미국은 공산주의의 위협으로부터 유럽을 지키겠다며 1949년에 나토를 창설했지만 정작 소련을 주축으로 한 유럽의 공산권 군사동맹 바르샤바조약기구는 1955년에야 만들어졌습니다. 미국의 공세 앞에서 위협을 느꼈던 것은 오히려 소련과 공산국가들이었지요. 유럽연합의 물꼬를 튼 유럽석탄철강공동체는 1951년에 만들어졌습니다. 유럽연합이라는 경제공동체는 나토라는 군사공동체의 호전주의를 뒷받침합니다. 나토는 유럽을 외부로부터 지켜주는 것이 아니라 유럽을 끝없이 불안하게 만들어 무기를 사게 만드는 수단입니다. 국가부도 위기에 처한 그리스는 국가총생산의 2.4%를 아직도 국방예산에 쏟아붓습니다. 미국 다음으로 높은 수치입니다. 그리스와 터키는 똑같이 나토 회원국이지만 서로에 대한 불신은 깊어만 갑니다. 나토가 유럽 외부에서 일으킨 전쟁으로 난민이 쏟아지면 그 경제적 부담도 고스란히 져야 하기 때문입니다.

2017년 네덜란드 총선에서 선전해서 극우당의 돌풍을 막는 데에 기여했다고 평가받는 녹색당 대표는 반이민 정서가 기승을 부리는 유럽 풍토에서 난민과 유럽연합을 함께 옹호하겠노라고 말했습니다. 좋은 말처럼 들립니다만 모순입니다. 난민은 침략전쟁 탓에 생기는 것이고 침략 전쟁의 장본인은 유럽연합의 뒷받침을 받는 나토이니까요.

스코틀랜드는 영국에서 독립하고 싶어하지만 나토에는 남아 있고 싶어합니다. 카탈루냐도 스페인에서 독립하고 싶어하지만 나토에는 들어가고 싶어합니다. 유럽연합이 유럽을 정의로운 공동체로 통합시키리라는 믿음이 환상이듯이 나토가 유럽을 안전하게 지켜주리라는 믿음도 환상입니다. 나토 회원국으로 남는 한 진정한 독립국이 되기란 불가능합니다.

초국가공동체의 꿈

바다로 격리되어 있긴 하지만 아이슬란드는 나토 회원국이 아닙니다. 국방비는 국내총생산의 0.1%에 불과합니다. 상비군도 없습니다. 하지만 나라의 운명을 외부의 처분에 맡겨서는 안 된다는 국민적 공감대가 있기에 사상 초유의 금융위기도 이겨내고 지금은 번영을 누립니다. 누구도 나를 지켜주진 못한다는 믿음이야말로 길게 보면 가장 굳고 튼튼한 국가안보로 이어지지 않을까요.

유럽연합의 앞날은 어둡습니다. 국적이 없는 금융 마피아에게 장악당한 유럽연합을 그리스 국민도 불신하고 독일 국민도 불신합니다. 통합의 구심점 노릇을 하는 유럽연합이 불신받으니까 그리스 국민도 독일 국민을 혐오하고 독일 국민도 그리스 국민을 혐오합니다. 그리스 국민도 유럽연합에 환멸을 느끼고 독일 국민도 유럽연합에 환멸을 느낍니다.

국가를 넘어 정의로운 초국가공동체를 세우려는 꿈은 점점 소수의 망상으로 끝날 가능성이 높아져갑니다. 무한경쟁만을 능사로 아는 체제에서 서로가 서로를 배려하는 초국가공동체의 꿈은 어쩌면 처음부터 자기모순이었는지도 모릅니다. 유럽연합을 장악한 금융 마피아에게는 자본과 노동의 자유로운 이동을 가로막는 국가라는 장벽을 무너뜨리는 것만이 중요하지 자기를 넘어서는 숭고한 꿈 따위는 애당초 없지 않았을까요.

　그리스 좌파정부는 아직도 유럽에 대한 미련에서 벗어나지 못한 듯하지만 그리스 국민은 유럽이 환상이고 허깨비임을 조금씩 깨닫는 듯합니다. 2013년 말 세계적 여론조사 회사 갤럽이 전 세계 60여 개국 6만 5천 명을 대상으로 국경선이 없어져서 살고 싶은 나라에서 마음대로 살 수 있다고 할 때 어디에서 살고 싶은지를 물었습니다. 늙을수록 자기가 태어난 곳에서 살고 싶어했고 젊을수록 자기가 태어난 나라를 뜨고 싶어했습니다.

　하지만 두 나라만 예외였습니다. 비좁은 수용소 같은 땅에서 이스라엘의 통행 봉쇄로 출퇴근과 등하교에도 어려움을 겪을 정도로 힘들게 살지만 팔레스타인인은 18~24세 연령대의 42%, 25~34세 연령대의 43%가 팔레스타인에서 살고 싶다고 밝혔습니다. 국민 평균 41%보다 높았습니다. 문명국은 시련에 처한 제 나라를 안 떠나려는 젊은이가 많은 나라입니다. 팔레스타인은 문명국입니다.

　극심한 경제난을 겪는 그리스 젊은이도 사뭇 다른 반응을 보였습니다. 18~24세 연령대의 그리스 젊은이는 46%가 그리스를 안 떠나겠다고 응답했습니다. 국민 평균 46%와 같았습니다. 똑같이 경제난을 겪고 있지만 스페인 젊은이는 26%(국민 평균 42%), 이탈리아 젊은이는 12%(국민 평균 32%)만 자기 나라에서 살고 싶어했습니다.

경제난에 봉착했고 기회도 많지 않은 조국을 떠나지 않으려는 젊은이가 많다는 것은 환상적으로 다가왔던 유럽의 환상에서 그리스가 유럽에서는 제일 먼저 깨어나고 있다는 뜻이 아닐까요. 그리스가 봉착한 경제난을 일으켰으면서도 그리스를 게으른 돼지로 몰아가는 주범 중 하나가 유럽연합을 움직이는 게으른 금벌임을 꿰뚫어보는 그리스 젊은이가 많아졌다는 뜻 아닐까요.

유럽연합의 환상에 현혹되지 않고 당장은 어려움을 겪더라도 유럽연합을 박차고 나오겠다는 각오를 하는 그리스인이 많아져야 유럽연합을 움직이는 금벌은 양보를 하는 척이라도 할 겁니다. 환상의 유럽이라는 유럽의 환상을 유지하기 위해서라도 그렇게 할 겁니다. 그럼에도 유럽은 환상입니다. 호전적 군사공동체 나토가 건재하는 한 평화적 경제공동체 유럽은 신기루입니다.

참고 자료

1 · Debtocracy, https://www.youtube.com/watch?v=qKpxPo-lInk
2 · Why Syriza Failed, Lee Jones, https://thecurrentmoment.wordpress.com/2015/07/31/why-syriza-failed/
3 · Another Reason for Brexit, https://sputniknews.com/europe/20160501 1038913349-brexit-european-union-cia-project-analysis/

프
랑
스
혁
명

1802년 7월 7일 투생 루베르튀르는 프랑스군 지휘관으로부터 긴히 의논할 일이 있다며 저녁 초대를 받고 갔다가 그대로 프랑스로 압송되었습니다. 그는 스위스 접경 지역의 험준한 산중에 만들어진 감옥에서 고독과 추위에 떨다가 이듬해인 1803년 4월 7일 폐렴으로 죽었습니다. 부인과 아이들도 같이 끌려갔지만 가족은 루베르튀르의 임종을 보지 못했습니다. 투생 루베르튀르는 아이티의 독립군 지도자였습니다.

1789년 자유, 평등, 우애의 이념을 추구하는 프랑스혁명의 소식은 바다 건너 생도미니크 섬에도 전해졌습니다. 혁명 소식을 갖고 온 프랑스 군인들은 노예가 대부분인 생도미니크 흑인들의 뜨거운 환영을 받았습니다. 1792년 프랑스 제헌의회는 흑인을 포함한 모든 재외 유색인 자유민에게도 프랑스 시민권을 준다고 발표했습니다. 하지만 백인지주들의 반발은 거셌고 여전히 중노동에 시달렸던 노예들은 자유를 달라며 들고 일어났습니다. 투생 루베르튀르는 원래 노예였다가 성실성을 인정받아 자유민이 되었지만 뛰어난 지략과 판단력으로 독립 항쟁의 주역으로 떠올랐습니다. 투생 루베르튀르는 '모든 성자들의 각성'이라는 뜻입니다.

1793년 루이 16세를 처형하면서 프랑스는 온 유럽국가와 전쟁에 들어갔습니다. 투생 루베르튀르는 조금이라도 노예해방을 앞당기려는 마음에서 처음에는 스페인 편에서 파죽지세로 프랑스군을 밀어붙였습니다. 하지만 궁지에 몰린 프랑스가 해외 총독의 건의를 받아들여 1794년 해외 식민지에서 노예제를 폐지한다고 발표하자 투생 루베르튀르는 프랑스 편으로 돌아섰지요. 그리고 스페인군과 영국군을 생도미니크에서 몰아냈습니다.

새 공화국 '높은 산'의 험난한 길

명목상 프랑스인 총독은 있었지만 생도미니크의 실질적 통치자는 투생 루베르튀르였습니다. 헌법도 만들었습니다. 투생 루베르튀르는 프랑스공화국 국민이라는 자부심이 있었고 나폴레옹 보나파르트에게도 충성을 다짐했습니다. 하지만 나폴레옹의 생각은 달랐습니다. 나폴레옹은 남미 식민지에서 가장 생산성이 높은 생도미니크를 다시 프랑스의 식민지로 만들고 그곳을 교두보로 삼아 북미 대륙에서 영국을 몰아낸다는 야심을 품고 흑인을 다시 노예로 만들려고 1802년 2만 명의 프랑스군을 생도미니크로 보냈습니다. 프랑스군은 풍토병에다 흑인들의 치열한 저항으로 승산이 희박해지자 속임수로 투생 루베르튀르를 납치한 것입니다.

루베르튀르는 옥사했지만 흑인들은 항전을 계속해서 결국 이듬해인 1804년 1월 1일 독립을 선포하고 새 공화국의 이름을 '높은 산'이라는 뜻을 지닌 원주민어 아이티로 지었습니다. 하지만 제국주의에 맞서 무력항쟁으로 독립한 신생 공화국 아이티의 앞길은 험난했습니다. 흑인 노예들이 세운 공화국이 번영할 경우 백인들의 식민지 지배 기반이 허물어지기에 백인 제국주의자들은 흑인 공화국을 가만두지 않았습니다. 흑인은 자립할 능력이 없다는 사실을 온 세계는 물론이고 흑인 자신들에게도 똑똑히 각인시킬 필요가 있었습니다. 짐바브웨에서 땅을 잃은 영국의 소수 기득권자들이 자기들의 경제제재는 감추고서 한때 곡창이었던 짐바브웨가 가난에 허덕이는 것은 무능한 흑인 지도자 로버트 무가베가 유능한 백인 농장주들을 몰아낸 탓이라고 주장하는 것과 같은 맥락이지요.

미국은 남부 농장 지대의 흑인 노예들이 봉기할까봐 아이티를 60년 동안 아예 나라로 인정하지 않았습니다. 프랑스는 압도적 무력을 앞세워 1825년 다시 아이티에게 침공 위협을 가했고, 아이티 독립으로 도주한 노예들로 인해 프랑스가 입은 피해액 1억 5천만 프랑을 물어내라고 협박했습니다. 아이티는 시몬 볼리바르 같은 독립운동 지도자들의 도움을 기대했지만 헛수고였습니다. 아이티는 볼리바르의 독립전쟁에 군인과 무기, 자금지원을 아끼지 않았습니다. 조건은 단 하나, 당신이 이긴 지역에서 노예를 해방시켜달라는 것뿐이었지요. 아이티는 볼리바르의 베네수엘라 해방전쟁에 결정적으로 기여했습니다. 하지만 노예해방과 식민지 독립은 별개라고 생각한 백인 시몬 볼리바르에게 독립 뒤에도 농장 노동력으로 이용해야 할 노예를 독립시켜달라고 요구하는 신생 흑인 공화국은 나중에 화근이 될지도 모를 흑덩

투생 루베르튀르는 원래 노예였다가 성실성을 인정받아
자유민이 되었지만 뛰어난 지략과 판단력으로 독립 항쟁
의 주역으로 떠올랐습니다. 투생 루베르튀르는 '모든 성
자들의 각성'이라는 뜻입니다.

어리일 뿐이었습니다.

　유럽과 전쟁을 벌이는 데 쓸 군자금으로 나폴레옹이 루이지애나를 미국에 8천만 프랑에 팔았으니 프랑스가 요구한 1억 5천만 프랑은 상상을 초월하는 거액이었습니다. 지금 돈으로 200억 달러가 넘습니다. 이 돈을 아이티는 1947년에 가서야 다 갚았습니다. 무려 143년 동안 빚을 갚은 셈이지요. 19세기 말에는 아이티 나라 예산의 80%를 프랑스에 갖다바쳐야 했습니다. 독립은 했어도 정부에 돈이 없으니 외국 상인들이 경제의 실권을 장악했고 아이티가 개혁을 시도하려 할 때마다 찬물을 끼얹었습니다. 미국인, 프랑스인, 독일인, 영국인 이민자들은 툭하면 변란을 일으켜 아이티중앙은행 금고에서 거금을 횡령하고 자기들의 이익을 대변해줄 아이티인들로 매판세력을 키웠습니다. 200년 동안 아이티에서는 무려 32번의 쿠데타가 일어났는데 대부분은 외세의 사주에 의한 것이었답니다. 프랑스의 인종주의자 조제프 고비노가 쓴 『인종의 불평등』이라는 책에 맞서 아이티 지식인 앙테노르 피르맹은 『인종의 평등』이라는 책을 썼습니다. 앙테노르 피르맹이 1892년에 일으킨 개혁운동을 짓밟은 나라도 뒤늦게 식민지 쟁탈전에 나선 독일이었습니다. 민족자결주의를 선언하여 약소민족들에게 희망을 불어넣었던 미국의 윌슨 대통령은 1915년 아이티를 침공했습니다.

외세가 일으키는 인공지진

　뒤발리에의 철권통치로 신음하던 아이티에 서광이 비친 것은 가톨릭 신부 출신의 장-베르트랑 아리스티드가 1990년 말 전체 투표자의

3분의 2로 당선되면서부터였습니다. 아리스티드는 하느님의 복음도 중요하지만 가난 퇴치가 우선이라는 해방신학의 신봉자였지만 비폭력과 화해를 일관되게 부르짖었습니다. 하지만 집권하자마자 아리스티드는 국민을 제외하고는 좌우 양쪽의 엘리트한테 물어뜯겼습니다. 선거에서 평균 2%의 지지밖에 못 얻는 사민주의 엘리트 집단은 경제 기반이 없어서 외국의 원조에 당분간 기댈 수밖에 없어 눈치를 봐야 하는 아리스티드의 형편을 헤아리지 않았습니다. 아리스티드가 최저 임금을 끌어올리려 애쓰는 한편 IMF의 긴축재정운용 요구를 수용하면 자본주의의 앞잡이라고 몰아세웠고, 군부와 경제 엘리트 집단은 아리스티드가 아이티를 빨갱이 나라로 만들려 한다면서 거품을 물었습니다. 아이티의 문제는 좌우의 문제가 아니라 위아래의 문제였습니다. 아이티 의회는 한통속이 되어 아리스티드 정부에 대한 불신임안을 가결시켰고 아이티 군부는 1991년 9월 쿠데타를 일으켜 아리스티드를 내몰았습니다. 이 과정에서 대통령을 지키려던 수천 명의 아이티 국민이 군인들에게 학살당했습니다.

망명에서 돌아온 아리스티드는 2000년 말 대선에서 다시 압도적 표차로 대통령에 당선되었지만 야당은 승산이 없자 선거불참운동을 벌였고 선거가 끝난 뒤에는 부정선거라며 몰아붙였습니다. 그러자 기다렸다는 듯이 미국과 프랑스를 중심으로 서방은 아이티에 대한 경제 제재에 들어갔습니다. 프랑스에게도 아리스티드는 눈엣가시였지요. 아리스티드는 프랑스에게 불법적인 노예의 재산 상실에 대한 배상금으로 그동안 받아간 210억 달러를 돌려달라고 끈질기게 요구했거든요. 인구의 1%가 경제를 독식한 데다가 국제사회의 경제원조까지 끊

뒤발리에의 철권통치로 신음하던 아이티에 서광이 비
친 것은 가톨릭 신부 출신의 장-베르트랑 아리스티드가
1990년 말 전체 투표자의 3분의 2로 당선되면서부터였
습니다. 아리스티드는 하느님의 복음도 중요하지만 가난
퇴치가 우선이라는 해방신학의 신봉자였지만 비폭력과
화해를 일관되게 부르짖었습니다.

긴 상태에서 나온 간청이었습니다.

하지만 체 게바라와 볼리비아에서 같이 게릴라 항쟁을 했다는 사실을 자랑하면서 선거 때마다 '왼쪽의 왼쪽' 후보에게 표를 던져야 한다고 부르짖던 프랑스의 극좌파 지식인 레지스 드브레는 시라크 대통령의 지시로 아이티 현지에 가서 아리스티드의 요구는 법적 근거가 없으며 아이티 야당의 어느 누구도 돈을 돌려달라는 요구를 하지 않더라고 강조했습니다. 종주국 프랑스 진보를 추종하는 아이티 진보들이 신주단지처럼 떠받드는 프랑스의 《리베라시옹》,《뤼마니테》같은 좌파신문도 경쟁적으로 아리스티드를 미치광이로 묘사했습니다. 결국 아리스티드는 미국이 아이티의 인접국 도미니카에 세운 군사시설에서 훈련을 받은 아이티 반군이 일으킨 반란으로 2004년 다시 대통령 자리에서 쫓겨났고 이 과정에서 다시 수많은 아이티 국민이 학살당했습니다. 자연지진이 일어나기 전에 이미 아이티는 외세와 그 앞잡이들이 걸핏하면 일으킨 인공지진으로 풍비박산이 난 나라였습니다.

'모든 각성한 성자들의 나라'

『반자본 발전사전(Development Dictionary)』에서 마리안네 그로네마이어(Marianne Gronemeyer)는 근대가 처음으로 시작된 해는 르네상스기가 아니라 흑사병이 일어난 1348년이라고 보는 시각을 소개합니다. 이탈리아의 페트라르카 같은 인문주의자는 엄청난 규모의 떼죽음을 보면서 사람들은 죽음을 하늘의 벌로 받아들인 것이 아니라 인간에 대한 모독으로 받아들였다는 것이지요. 야만의 자연에 우롱당하지 않는 인간을 위한 안전한 공간을 확대해 나가려는 작업을 해온 것이 근대의 역사라는 것입니다. 안전한 공간은 문명의 공간이고 안전하지 않은 공간은 야만의 공간입니다.

프랑스는 유럽에서는 가장 먼저 빈부의 격차와 상관 없이 프랑스 국민이라면 누구나 프랑스라는 영토 안에서는 안전을 보장받는 공화국을 제일 먼저 세웠다는 점에서는 자타가 공인하는 문명국입니다. 미국도 자유를 생명처럼 소중하게 여긴다는 영국보다도 더 사상의 자유와 개인의 가치를 높이 사는 전통을 헌법에까지 박아놓았다는 점에서 역시 문명국이겠지요. 하지만 프랑스도 미국도 예나 지금이나 자국을 안전한 공간으로 만드는 데는 관심이 있을지 몰라도 타국을 안전한 공간으로 만드는 데는 관심이 없습니다. 아니, 자기 나라를 조금이라도 안전한 나라로 가꾸어가려는 약소국들의 노력에 끝없이 찬물을 끼얹어온 나라가 바로 프랑스인과 미국인이 자랑스러워하는 자신들의 공화국입니다.

서양은 근대의 역사적 과업을 완수하고 탈근대로 나아가고 있다고 누군가는 말했지만, 과연 그럴까요. 서양은 자국의 공간은 그런 대로 안전한 공간으로 만들었을지 몰라도 자기 이익을 위협하는 타국의 안전한 공간은 어김없이 허물어뜨렸고 지금도 허물어뜨립니다. 아이티에서 외세의 비호와 지원 아래 일어난 수십 번의 인공지진이 산 증거입니다. 타국민의 아픔을 자국의 일처럼 아파하지는 못하더라도, 자국의 안전한 문명을 이끌어가는 지배층이 타국을 야만의 공간으로 끝없이 밀어내는 것은 아닌지 반성하는 국민이 다수가 되지 않는 한 서양의 근대는 영원히 미완성으로 머물 겁니다.

투생 루베르튀르가 마지막 순간에도 얼굴을 보지 못한 아들에게 남긴 유언은 "네 아버지를 죽인 나라가 프랑스라는 사실을 잊어달라"는 한마디였습니다. 제국주의 프랑스는 미워하되 자유 평등 우애를 추구하는 공화국 프랑스의 혁명정신은 미워하지 말라는 소리였습니다. 백인은 공화국 정신을 저버리더라도 너만은 공화국 정신을 저버리지 말아달라는 유언이었습니다. 진정한 근대는 식민지의 후유증을 뼛속깊이 겪어 타민족의 눈물을 아는 아이티 사람들 속에서 먼저 완성될지도 모릅니다. 아이티 국민이 인공지진과 자연지진을 모두 이겨내고 아이티를 투생 루베르튀르의 나라로, '모든 각성한 성자들'의 나라로 만드는 날, 인류는 역사상 처음으로 타국을 짓밟지 않고 자력으로 근대를 이룩한 공화국을 보게 되지 않을까요.

참고 자료

1 · Black Jacobins, Cyril Lionel Robert James, https://archive.org/stream/blackjacobins01jame#page/n9/mode/2up
2 · Haiti: Independent Debt, Reparations for Slavery and Colonialism, and International "Aid", Kim Ives, http://www.globalresearch.ca/haiti-independence-debt-reparations-for-slavery-and-colonialism-and-international-aid/5334619
3 · Development Dictionary, Wolfgang Sachs, 2010, http://shifter-magazine.com/wp-content/uploads/2015/09/wolfgang-sachs-the-development-dictionary-n-a-guide-to-knowledge-as-power-2nd-ed-2010-1.pdf. 한국어판 『반자본 발전사전』, 2010, 아카이브

1920년대 초반까지만 하더라도 일본 제국주의에 똑같이 침탈당한 조선에 대해서 우호적인 생각을 가진 중국인이 많았지만 조선인에 대한 중국인의 생각은 점점 안 좋아졌습니다. 우익 진영에서든 좌익 진영에서든 중국인과 손잡고 항일저항운동을 하던 조선인은 물론 많았습니다. 하지만 일등국민 일본인 밑에서 이등국민으로 자족하면서 중국 땅에서 삼등국민 중국인 위에서 군림하는 조선인도 시간이 흐르면서 많아졌습니다.

　뜻있는 중국인을 특히 격분시킨 것은 모르핀 같은 마약 밀거래에 다수의 조선인이 관여하는 현실이었습니다. 모르핀은 영국이 중국을 망국으로 몰아가는 데 이용한 아편보다 중독성이 열 배 이상 강했지만 중국에서는 아편을 끊는 해독제로 처음에 선전되었습니다. 중국 정부의 단속으로 아편 가격이 뛰자 가난한 사람들은 마취효과가 훨씬 뛰어난 모르핀, 헤로인에 기대기 시작했습니다.

중국 정부의 손길이 미치지 못하는 조차지를 중심으로 모르핀은 아편보다 더 무섭게 퍼져나갔습니다. 만주 양귀비 밭에서 채취하고 있는 한인 추정 여성들과 하얼빈에서 조선인이 운영하던 모르핀 가게.

모르핀 같은 마약의 수요는 1차대전으로 부상자가 속출하면서 급증했고 영국, 독일, 미국 등은 모르핀 생산에 박차를 가했습니다. 그래도 모르핀 가격이 폭등을 거듭하자 일본도 자체 생산에 나섰습니다. 하지만 1차대전이 끝나고 모르핀 수요가 급감하자 주요 모르핀 생산국들은 남아도는 모르핀을 구심력 있는 정부가 없어 만만해 보였던 중국으로 수출했습니다.

영국과 미국에서는 마약 수출의 비인도성을 지적하는 종교단체 등의 반대로 1차대전 이후 수출 규제가 이루어졌지만 일본 정부는 미온적이었습니다. 일본은 1920년대 초반이면 이미 국내 수요의 10배가 넘는 마약을 생산했고 남아도는 마약은 거의가 중국으로 밀수출되었습니다. 일본의 제약회사와 밀수업자는 모르핀 같은 마약을 중국에 몰래 팔면서 엄청난 돈을 벌었습니다. 중국 영토에 눈독을 들이던 일본은 중국을 모르핀 중독자의 나라로 만들고 싶어했습니다.

중국 정부의 손길이 미치지 못하는 조차지를 중심으로 모르핀은 아편보다 더 무섭게 퍼져나갔습니다. 모르핀 밀매에는 러시아인도 일본인도 조선인도 깊숙이 관여했지만 중국인 입장에서는 똑같이 망국의 길을 걸은 사연이 있으면서도 자기 나라를 망가뜨리는 마약 판매에 앞장서는 조선인이 더 야속하고 괘씸해 보이기 십상이었겠지요. 조선인을 일본 제국주의의 앞잡이로 보는 중국인이 적지 않았습니다.

삼등국민 멸시하는 이등국민으로

상당수의 조선인은 하지만 조선이 일본의 식민지로 전락하기 훨씬 전부터 중국을 경멸했습니다. 1895년 대한제국의 학부가 편찬한 국민소학 독본을 보면 '지나'라는 제목으로 무려 두 과에 걸쳐서 중국이 얼마나 한심한 나라인가를 비웃습니다. '지나'라는 제목부터가 일본이 중국을 얕잡아 부르던 멸칭이었습니다.

독본은 중국이 아편전쟁으로 영국의 침탈을 당한 것에는 조금도 분노하지 않으면서, 덩치만 믿고 잘난 체하더니 전쟁에 져서 쌤통이다, 그런데도 아직도 정신을 못 차렸으니 가련하고 가소롭기 이를 데 없다고 비아냥거렸습니다. 반면에 "英國(영국)은 …… 小國(소국)이로대 印度(인도)랄征服(정복)하며 殖民地(식민지)를만히두엇고法獨兩國(법독양국)은國外領地(국외영지)랄合(합)하야도俄國(아국)의큼과갓지못하되다갓치富强(부강)하야四海(사해)랄雄視(웅시)하니" 하면서 영국, 독일, 프랑스 같은 제국주의 국가들은 한없이 우러러보았습니다.

거기에는 이유가 있었습니다. 1894년 갑오경장 이후에 만들어진 대한제국의 국민소학 독본 편찬에는 일본인이 깊숙이 개입했습니다. 아시아의 제국주의 국가를 추구하던 일본의 시각이 고스란히 녹아들었습니다. 잘못된 것은 탐욕스럽게 타국을 짓밟고 유린하는 제국주의 국가가 아니라 무능해서 자기를 지킬 능력도 못 갖춘 못난 약소국이었습니다. 그렇게 제국주의 국가의 논리로 세뇌당한 대한'제국'은 우리도 하루빨리 부국강병을 이루어서 영국처럼 오대양 육대주를 호령하는 나라가 되리라는 꿈에 부풀었겠지요.

적자생존의 논리는 결국 자승자박이었습니다. 15년 뒤에 대한제국은 대일본제국에 삼켜졌고 이미 오래전부터 대일본제국의 약육강식의 논리에 세뇌된 조선인은 이렇다 할 항변조차 할 수 없었습니다. 못난 것은 자위력을 갖추지 못한 약소국이지 막강한 무력으로 타국을 정복하는 강대국이 아니었습니다. 결국 가련하고 가소롭기 이를 데 없는 나라는 중국이 아니라 대한제국이었습니다. 중국은 혼란스러웠을지언정 대한제국과는 달리 일본의 식민지는 면했거든요.

하지만 상당수의 조선인은 대일본제국 안에서 이등국민으로서 살면서 대일본제국이 차지한 중국 땅에서 삼등국민 중국인을 멸시하면서 자존심을 세웠습니다. 우월감과 열등감은 동전의 양면입니다. 일본인에게 느끼는 열등감을 보상받자면 중국인에게 우월감을 느껴야 했습니다. 그리고 중국 땅에서 중국인을 얕잡아보는 조선인이 중국인의 눈에는 일본 제국주의의 앞잡이로 보였습니다.

인도인 이용한 영국의 미얀마 통치

미얀마에서도 똑같은 일이 벌어졌습니다. 미얀마는 영국의 식민지를 겪은 나라입니다. 미얀마는 1824년부터 영국과 세 번 전쟁을 치렀고 결국 1885년 영국에게 정복당했습니다. 영국은 미얀마를 어떻게 통치했을까요. 인도인을 앞세워 간접 통치했습니다. 이미 한 세기 가까이 영국의 지배를 받으면서 영어와 행정에 능한 인도인이 많았거든요. 인도인은 영국을 등에 업고 미얀마 경제를 장악했습니다. 1930년대 중반 미얀마 수도 양곤 부동산세의 55퍼센트를 인도인이 냈고 15퍼센트를 영국인이 낸 반면 미얀마인 부담액은 11퍼센트에 그쳤습니다.

미얀마에는 소수민족이 많이 살았습니다. 영국은 미얀마인은 인도인을 앞세워 직할 통치했지만 소수민족에게는 상당한 수준의 자치권을 보장했습니다. 소수민족은 미얀마 군대 안에서도 우대를 받았습니다. 미얀마 인구의 다수가 미얀마인이었지만 2차대전이 터질 무렵 미얀마 군인의 27.8%는 카렌인, 22.6%는 친인, 22.9%는 카친인이었습니다. 군대에서 미얀마인의 비중은 겨우 12.3%에 그쳤습니다. 영국이 미얀마와 전쟁을 벌일 당시 카렌인 같은 소수민족은 영국 편에서 싸웠습니다.

영국은 미얀마를 상대로 분할통치전략을 실행했습니다. 미얀마에서 일등민은 영국인, 이등민은 인도인, 삼등민은 소수민족이었습니다. 미얀마인은 사등민조차도 못 되었습니다. 서구 열강의 침략으로 혼란스러웠던 중국에서 다수의 중국인이 유입되면서 미얀마 경제는 인도인과 중국인에게 장악당했거든요. 1929년 대공황으로 쌀값이 폭락하자 많은 미얀마인 농민의 담보로 묶인 농토가 인도인 상인에게 넘어갔습니다. 조선인은 자기 땅 안에서 일본인 밑에서 이등국민으로 살았지만 미얀마인은 자기 땅 안에서 오등국민으로 살아야 했습니다. 미얀마인은 2차대전 때 영국이 제공한 무기로 무장한 인도 출신의 미얀마 내 이슬람 소수민에게 집단학살까지 당했습니다. 그 이슬람 소수민이 지금 미얀마에서 어려움을 겪는 로힝야족입니다. 로힝야족은 지금 세계 언론에서 불쌍한 희생자로만 그려지지만 한때는 가해자였습니다.

지금 로힝야족이 많이 사는 곳은 라카인 주라고 불리는 곳입니다. 미얀마의 서부 변경 지역입니다. 이슬람교도가 많은 벵골을 마주하기에 오래전부터 교류가 잦았습니다. 라카인에는 1784년까지 아라칸 왕국이 있었는데 아라칸 왕국의 궁정에는 이슬람교도도 꽤 있었습니다. 하지만 라카인에 이슬람교도가 급증한 것은 미얀마가 영국 식민지로 편입되면서부터입니다. 처음에는 농업 노동자로 농사철에만 일손을 돕고 떠났지만 경작규모가 커지면서 이슬람 정착민도 늘어났습니다.

영국 식민지 당국의 인구조사에 따르면 1871년 5만 8255명이었던 라카인의 이슬람교도는 1911년 17만 8647명으로 3배 이상 늘었습니다. 같은 기간 지역 토박이 아라칸 사람은 17만 1612명에서 20만 9432명으로 큰 변화가 없었습니다.

영국은 라카인에서 이슬람교도를 우대했습니다. 방대한 토지를 이슬람교도 지주에게 장기 대여하고 지주를 통해 세금을 걷었습니다. 이슬람교도 지주는 같은 이슬람교도에게만 땅을 빌려주는 경향이 있어 토착주민의 원성을 샀지요. 하지만 이슬람교도와 토착주민의 갈등이 유혈극으로 치달은 것은 2차대전 때였습니다. 1942년 일본군이 미얀마 독립군과 함께 밀고 들어오자 미얀마 주둔 영국군은 인도로 철수하면서 일본군과 싸우라며 라카인의 이슬람 세력을 무장시켰습니다. 그러나 이슬람 세력은 일본군과 싸우기보다는 라카인의 비무장 토착주민을 무차별 학살하는 데에 주력했습니다. 분열을 우려한 미얀마 독립군은 반영항쟁에 동참하자며 밀사를 보냈지만 이슬람 세력은 밀사를 죽였습니다. 이슬람 세력은 라카인에서 원주민을 몰살시킨 뒤 인도에 들어설 이슬람 국가에 라카인을 귀속시킬 작정으니 미얀마 독립군의 제안이 눈에 들어오지 않았겠지요. 그런데 1944년 영국이 미얀마 독립을 약속하자 아웅산이 이끌던 미얀마 독립군은 영국으로부터 무기까지 제공받으며 항일노선으로 돌아섭니다. 영국을 등에 업고 땅을 차지하려던 이슬람 세력은 낙동강 오리알 신세가 되었습니다.

1948년 미얀마는 독립했지만 독립 미얀마에서 존재를 인정받지 못한 이슬람 세력은 종교성전을 외치며 다시 불교도 마을을 공격해서 주민을 죽이고 납치하고 방화했습니다. 라카인의 이슬람 농업 이주민

집단이 유난히 폭력적이었던 것은 그들 다수가 '와하비즘'이라는 호전적이고 배타적인 이슬람 지상주의를 신봉해서였습니다.

와하비즘은 다른 종교를 믿는 사람은 물론이거니와 같은 이슬람교도 조금만 신조가 다르면 이단이라며 무조건 처단하려드는 극렬 테러집단입니다. 영국은 1차대전 때 독일과 한편에 섰던 오토만제국을 무너뜨리기 위해 당시 수백 년 동안 오토만제국의 통치를 받고 있던 아랍 지역에 반오토만 바람을 불어넣었습니다. 아랍의 독립을 위해 싸우는 정의로운 백인이라는 '아라비아의 로렌스' 신화도 이때 만들어졌지요. 로렌스는 영국의 공작원이었습니다. 그런데 전쟁 이후가 고민이었습니다. 영국이 전쟁 이후 아랍 독립의 여망에 부응할 가능성은 없었습니다. 전후 오토만제국의 아랍 식민지를 프랑스와 나눠갖기로 이미 밀약했거든요. 그렇다면 전후 아랍을 분열시킬 필요가 있었습니다. 영국은 범아랍주의 따위에는 관심도 없고 오직 봉건적 기득권 고수에만 집착하는 사우드 부족을 이슬람 성지가 있는 아라비아 반도의 패자로 만들었고 이때 무자비한 정복전쟁에 앞장선 세력이 와하비즘 무장단이었습니다. 와하비즘은 평상시에는 농업에 종사하다가 유사시에는 전사로 변신하는 농업 공동체를 추구했습니다. 그런 와하비즘 신봉집단이 영국의 식민지 미얀마에 자리잡은 것을 우연으로 볼 수 있을까요.

미얀마의 와하비즘 추종집단은 1972년 동파키스탄의 벵골인이 서파키스탄의 차별책에 반발해서 독립항쟁을 벌인 끝에 방글라데시로 독립할 때도 동파키스탄 편이 아니라 서파키스탄 편을 들었습니다. 같은 이슬람교를 믿더라도 방글라데시는 파키스탄보다 덜 근본주의적이었거든요. 방글라데시가 같은 이슬람교를 믿고 지리적으로도 혈연적으로도 관계가 깊은 로힝야족을 무조건 수용하기를 꺼리는 데에는 이런 역사적 앙금도 작용하겠지요. 방글라데시는 로힝야 무장세력의 배후에는 사우디, 파키스탄이 있다는 의혹도 품고 있습니다.

중앙아시아의 소수민 고려인

소수민으로 살아가기란 쉽지 않습니다. 기근과 학정에 시달리던 조선인은 1863년부터 두만강 너머 연해주에서 둥지를 틀기 시작했습니다. 연해주는 발해의 땅이었기에 조선과도 무관하지 않았지만 중국이 아편전쟁에서 패하면서 1860년 러시아 영토가 되었습니다. 러시아 정부는 농지 무상 공여 등 파격적 혜택을 제공하면서 러시아인의 연해주 이주를 적극 권장하면서도 조선인의 이주는 점점 막았습니다. 그래도 20세기 초반이면 연해주 일원에는 10만 명이 넘는 조선인이 살았습니다.

연해주는 조선독립운동의 거점으로 자리잡았습니다. 신문도 여러개 나왔습니다. 특히 1917년 러시아에 볼셰비키 정권이 들어서면서 조선인은 정치적으로도 러시아 혁명 정부를 적극 지지했습니다. 1차 대전이 끝나고 러시아 혁명 정부를 무너뜨리려고 미국, 영국, 프랑스, 일본이 러시아에 파병해서 러시아 백군을 밀었을 때 연해주의 조선인은 러시아 적군과 함께 10만 명의 일본군에 맞서 싸웠습니다. 결국 내전은 적군의 승리로 끝나고 조선인은 연해주에서 집단농장을 내실 있게 운영하면서 사범학교를 비롯해서 250개 넘는 학교를 지어 모범적인 소수민족 공동체를 이끌고 나갔습니다. 그리고 사회주의 소련에서 고려인으로서 새로운 정체성을 가지고 살았습니다.

그런데도 1937년 9월 스탈린은 연해주에 살던 17만 명의 고려인을 아무 연고가 없는 중앙아시아로 강제 이주시켰습니다. 고려인과 일본인은 외모로 구분이 안 되어 일본 첩자를 가려내기 힘들다는 것이 이유였습니다. 선뜻 수긍이 안 갑니다. 만주에는 일본의 첩자 노릇을 하던 고려인이 실제로 있었습니다. 만주 지역은 일본군 천하였으니까요. 하지만 연해주는 일본의 입김이 미치기 어려운 소련 땅이었습니다. 연해주의 고려인은 일본의 눈치를 볼 이유가 없었던 거지요. 하지만 소련의 입장은 좀 달랐던 것 같습니다. 소련은 서쪽 국경에서 독일이 될지 영국이 될지는 몰라도 조만간 전쟁을 벌이게 될 가능성이 높았습니다. 그런 상황에서 동쪽 국경에서 일본하고도 전쟁을 벌여서는 곤란했겠지요.

러시아는 30년 전 러일전쟁에서 일본에게 진 적 있어 일본에게는 두려움이 있었습니다. 1930년대 후반 소련이 만주에서 일본을 상대로 유격전을 하던 김일성을 소련 땅으로 불러들인 이유도 일본의 반발을 고려해서가 아니었을까요. 그렇다면 연해주의 고려인을 강제 이주시킨 배경에도 눈에 보이지 않는 일본의 압력이 작용했을 가능성이 있습니다. 당시 일본은 좌익사상의 확산을 가장 두려워했는데 좌익사상을 가진 20만 명에 가까운 조선인이 두만강 바로 너머에서 자기들만의 공동체를 건설하던 상황은 일본에게는 상당히 껄끄러웠겠지요.

일본에게 조국을 잃은 연해주의 조선인은 새로운 조국 러시아를 위해 헌신했습니다. 1차대전 때는 4천 명이 군인으로 나가 싸웠고 1차대전이 끝나고 내전기에는 48개의 조선인 빨치산 부대가 민족해방을 앞

연해주로 이주한 조선인. 조선인이 소수민으로서 소련에
서 응분의 대접을 받지 못한 더 큰 이유는 러시아와 일본
의 아시아 양분 밀약이 러시아혁명 이후에도 지속된 탓이
었습니다.

세웠던 붉은군대의 편에 서서, 반혁명군을 도우며 개입한 일본에 맞서 싸웠습니다. 일본은 러시아 내전 당시 1918년 4월 가장 먼저 러시아에 왔고 1922년 10월 말 가장 늦게 러시아를 떴습니다. 병력도 처음에는 7만 3천 명을 보냈다가 나중에는 10만 명까지 늘렸습니다. 일본 다음 으로 많이 보낸 나라가 폴란드로 1만 2천 명이었고 미국이 9천 명이었 으니 일본이 얼마나 러시아혁명의 혼란을 영토팽창의 호기로 여겼는 지 알 수 있습니다. 러시아 혁명정부는 서부전선에서 반혁명군과 싸우 기에도 버거웠던지라 연해주는 거의 방치 상태였습니다. 그 와중에서 도 치열하게 항일전투에 나선 것이 조선인이었습니다.

1922년 6월 일본은 소련에서 10월 말까지 철수할 용의가 있다면서 항일 조선인 빨치산의 무장해제를 조건으로 내걸었습니다. 항일 조선인 무장 세력을 일본이 얼마나 부담스러워했는지 알 수 있습니다. 그렇지 만 내전이 혁명군의 승리로 돌아간 다음 조선인은 공로를 제대로 인정 받지 못했습니다. 내전기에 일본군의 조력자로 중국, 만주, 조선, 일본에 서 온 조선인들이 있어서였습니다. 러시아인 입장에서는 중국인, 조선 인, 일본인을 구분하기도 어려운 판에 같은 조선어를 쓰는 연해주 조선 인과 타지역 조선인을 구분하기가 어려웠을 테지요. 게다가 일본은 러 시아 영토였던 연해주와 러시아 세력권이었던 만주에 벌써 1882년부터 장교들을 첩보원으로 보내 정보수집과 공작을 벌였습니다. 이들이 현지 언어를 익힌 뒤 중국인이나 조선인으로 행세하면서 반러공작을 벌여 중국인과 조선인에 대한 러시아인의 불신감을 조장했습니다.

그러나 조선인이 소수민으로서 소련에서 응분의 대접을 받지 못 한 더 큰 이유는 러시아와 일본의 아시아 양분 밀약이 러시아혁명 이후에도 지속된 탓이었습니다. 러시아와 일본은 러일전쟁 직후 1905년 체결한 포츠머스조약을 필두로 1907년, 1910년, 1912년, 1916년 조선, 만주, 중국을 놓고 잇따라 비밀조약을 맺었습니다. 1917년 혁명정부는 러시아가 과거 맺은 모든 조약을 폐기한다고 밝혔지만 1925년 일본과 관계 정상화를 하면서 기존의 양국 합의를 사실상 되살렸습니다. 일본이 소련에게 요구한 것은 상대국 영토에 인접한 자국 영토의 일부를 조금이라도 할양, 양도, 임대하는 조약이나 협약을 제3자와 맺어 상대국의 안보나 핵심 이익에 영향을 미치지 않는다는 조건이었습니다. 그러니 일본이 자국 영토로 여기는 조선 반도와 맞붙은 연해주에 소련 정부가 조선인 자치주를 허용한다면 일본은 이를 약속 위반으로 여기고 개입의 명분으로 삼을까봐 소련은 우려했을 겁니다. 소련이 연해주를 포함한 원동 지역의 안보에 신경 썼다는 것은 연해주의 조선인을 다른 지역으로 보내고 붉은군대를 제대한 예비역을 연해주로 보내 정착시켰다는 사실에서도 알 수 있습니다. 소련 안에서 강제 이주당한 소수민은 조선인만이 아닙니다. 볼가강 유역에 살던 독일인도 강제 이주당했습니다. 하지만 볼가강의 독일인은 독일군이 러시아를 침공했을 때 반색을 했던 반면 연해주의 조선인은 일본군이 러시아를 침공했을 때 러시아 편에서 목숨을 걸고 싸웠습니다.

1925년 소련이 자국을 침공했던 일본과 다시 경제 교류를 한 데에는 내전 기간 동안 소련의 수자원을 무단 사용한 것에 대한 배상금으로 일본이 1923년 625만 루블 상당의 금을 소련이 요청하지도 않았는데 지급하면서 소련의 환심을 산 것이 주효했습니다. 1차대전과 내전을 겪은 소련은 한푼이 아쉬운 상황이었습니다. 1925년 협정을 체결한 뒤로도 일본은 매년 100만 루블의 수자원 이용료를 지급했습니다. 덕분에 일본인은 사업을 명목으로 소련 어디에서도 거주할 수 있었습니다. 일본인 첩자들도 당연히 묻어왔겠지요. 하지만 일본과 교류가 잦아지자 소련은 다시 연해주 조선인을 일본인의 첩자로 의심하기 시작했습니다. 소련 체제를 위협할 수 있는 일본인을 돈이 아쉬워 소련으로 받아들인 장본인은 소련이었는데 책임을 조선인에게 전가한 것이지요.

구소련에서 살던 조선인은 자신의 정체성을 지키면서도 주류 러시아인에게 인정받으려고 피나는 노력을 기울였습니다. 구소련에 살던 고려인은 전체 인구의 0.2%였지만 노력 영웅은 16.7%가 고려인이었다는 이야기도 있습니다. 그렇게 헌신적인 소수민족이었음에도 소련 권부의 필요에 따라 하루 아침에 이역만리로 강제 이주당했습니다. 미얀마에서 인도인과 회교도는 영국이라는 외세를 등에 업고 인구의 절대 다수를 점했던 미얀마인 위에서 군림했습니다. 로힝야인이 미얀마에서 겪는 고초는 역사의 업보인지도 모릅니다.

중앙아시아로 강제 이주당한 고려인은 초반의 어려움을 딛고 카자흐스탄에서 우즈베키스탄에서 특유의 부지런함과 농사 솜씨로 금세 경제적 기반을 잡았습니다. 특유의 교육열로 사회 곳곳에서 요직을 차지했습니다. 하지만 소련이 해체되면서 수십 년 동안 땀흘려 쌓은 기반을 하루 아침에 또다시 잃었습니다. 민족주의가 대두했거든요. 러시아어에는 능통해도 우즈베키스탄어에 서투른 고려인은 전문직에서 내몰렸습니다.

다행히 인심을 크게 잃지 않은 덕에 고려인이 직접적 공격의 대상이 되지는 않았지만 그래도 심리적으로 많이 위축되었을 겁니다. 갈 곳이 없는 처지에서는 주류 사회의 믿음을 얻는 데에 더 신경을 쓰게 되겠지요. 나도 우즈베키스탄에서 태어나서 우즈베키스탄에서 일하는 한 엄연히 우즈베키스탄 사람이라고 밝히고 스스로도 그렇게 생각하려고 노력하겠지요. 그리고 우즈베키스탄 팀이 경기를 하면 목청 높여 우즈베키스탄 팀을 응원하겠지요.

그런데 가령 우즈베키스탄 팀과 한국 팀이 시합을 한다고 칩시다. 그때 우즈베키스탄에 사는 고려인은 누구를 응원해야 할까요. 당연히 우즈베키스탄을 응원해야 합니다. 그런 모습을 보면서 한국인이 배신감을 느껴서는 안 됩니다. 나라가 어려울 때 고향을 등지고 타향에서 뿌리를 내리고 살다가 다시 더 낯선 이역만리로 쫓겨가 어렵게 뿌리를 내리려는 동포입니다. 피를 나눈 동포들이 이역만리 우즈베키스탄에서 잘 사는 것이 곧 한국을 드높이는 길이 아닐까요. 중국에 사는 조선족이 스스로를 중국인으로 여기면서 한국과의 경기에서 중국을 응원하더라도 배신감을 느껴서는 안 됩니다. 소수민으로서 중국에서 대접받을 수 있도록 오히려 도와야 합니다.

설령 역사적으로 반목과 갈등이 있었다 하더라도 지리적으로 붙어 사는 민족들끼리는 궁극적으로 잘 지내야 합니다. 먼 나라에 기대어 이웃 민족에게 앙갚음을 하는 것은 지속 가능한 해결방식이 아닙니다. 그것은 에너지 낭비가 너무 크기도 하거니와 강대국의 분할통치 노선에 이용되는 지름길이기도 합니다. 대를 이어 어깨를 맞대고 살아갈 이웃나라 국민을 짱깨, 쪽바리라고 비하하는 것은 후손에게 무거운 짐을 지어주는 지름길입니다.

적어도 라카인 지역에서 극렬 와하비즘 추종 세력에게 가장 큰 피해를 본 민족은 미얀마 사람이 아니라 그곳의 토착민 아라칸 사람이었습니다. 아라칸은 1824년 영국의 식민지로 편입되었지만 그보다 40년 전인 1784년 미얀마의 식민지가 되었습니다. 미얀마인의 탄압에 4만 명의 아라칸인이 참혹하게 죽었다는 기록도 있습니다. 많은 아라칸인이 무서워서 고향을 등졌습니다. 그러나 훗날 아라칸 지도자들은 원한에 집착해서 미얀마인에게 총부리를 들이대기보다는 미얀마인과 함께 반영 반일 투쟁 전선에 동참하는 길을 택했습니다. 같은 불교도라서만은 아니었을 겁니다. 아라칸인의 선조를 잔혹하게 죽인 미얀마인도 같은 불교도였으니까요. 증오와 복수라는 악순환을 반제 공조라는 선순환으로 승화시켜야 한다는 아라칸 지도자들의 지혜로운 결단 덕분이었겠지요. 이라크, 시리아, 터키에서 살아가는 쿠르드인이 새겨야 할 교훈입니다. 어려울 때 돕는 이웃이 진짜 이웃입니다. 과거에 그 이웃으로부터 말 못할 고초를 겪었더라도 그 이웃이 어려움에 처했을 때 돌맹이를 던지는 행위는 대를 이어 그곳에서 살아가야 할 후손을 무한 보복의 악업으로 짓누르는 지름길입니다. 러시아의 조선인은 어려움에 처한 이웃을 도왔음에도 버림받았습니다. 하물며 어려움에 처한 이웃 민족을 짓밟은 민족이겠습니까.

다수민의 하수인이 아닌 소수민의 대변자로

미얀마 민주화운동의 상징인 아웅산 수치의 부친이자 미얀마 독립운동과 건국의 아버지로 추앙받는 아웅산 장군은 미얀마를 연방제로 이끌고 가려고 했습니다. 많은 소수민족도 아웅산만큼은 신뢰했습니다. 하지만 아웅산은 미얀마 독립을 코앞에 두고 1947년 7월 19일 6명의 핵심 각료와 함께 피살당했습니다. 아웅산은 다섯 달 전 샨, 카친, 친 등 주요 소수민족 지도자들과 독립 미얀마를 연방제로 끌고 가기로 합의했습니다. 아웅산 내각의 교육부장관 후보자는 이슬람교도였습니다. 누가 죽였을까요? 미얀마 안의 다양한 민족들이 독립한 뒤에도 공존공영하는 것이 가장 껄끄러울 세력은 누구였을까요? 자원 부국 미얀마를 독립 후에도 내전 상태로 묶어두면서 계속 수탈하고 싶어했을 식민지 종주국이 아니었을까요. 독립 미얀마의 구심점 노릇을 했을 독립운동 영웅 아웅산을 죽인 것은 미얀마인 정적들이었지만 그들에게 무기를 대주고 뒤에서 사주한 것은 영국이었습니다. 실제로 영국인 장교는 무기 공여 혐의로 유죄 판결을 받았습니다.

미얀마 갈등의 주범은 한 세기가 넘게 미얀마를 집적거리면서 민족 갈등을 부추긴 영국입니다. 그런데도 영국 언론은 지난날 식민지 종주국 영국을 등에 업고 인도계가 이등국민으로서 토박이 미얀마 사람을 괴롭힌 역사는 빼놓고 지금의 미얀마 사람만 규탄합니다. 로힝야 사람 중에는 사우디의 사주를 받는 극렬 테러분자도 있습니다. 미얀마 사람의 로힝야 사람 탄압을 규탄하는 것이 정당하려면 로힝야 사람을 사주하는 사우디도, 사우디를 사주하는 영국도 똑같이 규탄해야 합니다.

소수민이라고 해서 무조건 옳은 것은 아닙니다. 외세라는 더 큰 다수민을 등에 업고 자기 옆의 더 작은 다수민을 괴롭힌 소수민도 이 세상에는 얼마든지 있습니다. 그런 지난날의 잘못을 반성하지 않는 소수민이 시류가 바뀌어도 두 번 다시 외세를 등에 업고 이웃 다수민을 괴롭히지 않는다고 어떻게 보장할 수 있을까요. 자기 땅에서 사등민, 오등민으로 괄시당하며 살았던 미얀마인의 실존적 불안감도 조금은 헤아려줄 필요가 있지 않을까요.

미얀마는 라오스, 태국과 함께 동남아시아 아편생산의 본거지이기도 합니다. 미얀마 아편은 주로 카렌 같은 소수민족이 생산합니다. 카렌 사람은 미얀마 정부군과 전쟁을 벌이고 있습니다. 전쟁자금은 아편을 팔아서 조달합니다. 미얀마에서 생산된 아편판매수익은 미국이 전세계에서 벌이는 비밀공작자금에서 큰 몫을 차지합니다. 미얀마가 내전을 종식하고 연방체로 다민족이 공존하면서 마약과 결별하면 미국을 움직이는 금벌은 타격을 받습니다. 미얀마산 아편은 국경 너머 중국으로 유입되어 중국에서 마약중독자를 확산시키는 데에도 기여합니다. 미국은 아편이 없는 미얀마, 다민족이 공존하는 미얀마를 정말로 바랄까요.

다시 마약 이야기로 돌아갑니다. 중국에서 살았던 조선인이 모두 마약판매상으로만 살았다면 조선인에 대한 중국인의 인식은 아주 나빠졌을 겁니다. 그 후유증은 지금도 계속되었겠지요. 하지만 우파가 되었건 좌파가 되었건 중국을 침략한 외세에 맞서 중국인과 함께 싸웠던 조선인도 많았습니다. 중국에서 마약을 퍼뜨린 외세에 빌붙던 조선인만큼이나 중국에서 마약을 퍼뜨린 외세와 싸웠던 조선인이 많았기에 지금 중국에서 조선족이 어깨를 펴고 살 수 있는 게 아닐까요.

사람은 진공 속에서 살아가지 않습니다. 미얀마 안에서 지금 로힝야 사람들이 당하는 수모는 지난날 미얀마 안에서 미얀마 사람들이 당했던 수모와 맞닿아 있습니다. 오늘은 어제와 이어져 있습니다. 로힝야 사람들의 조상은 주먹이 판을 치는 제국주의라는 다수민들의 정글에서 식민지 소수민으로 유린당했던 미얀마 사람들의 조상을 괴롭혔습니다. 미얀마 사람들에게 그들은 소수민이 아니라 다수민의 앞잡이였습니다. 제국주의는 아직 끝나지 않았습니다. 이라크, 리비아, 시리아를 보면 알 수 있습니다. 지난날 제 땅에서 오등민으로서 괄시당했던 미얀마 사람들은 그런 사실을 누구보다도 잘 알고 있지 않을까요.

소수민은 다수민의 하수인이 아니라 다른 소수민의 대변자가 되려고 할 때만 참다운 소수민으로 대접받을 자격이 있습니다. 미얀마 땅에서 괄시당하는 오늘의 로힝야 사람들이 어제는 미얀마 땅에서 미얀마 사람들을 괄시했음을 로힝야 사람들이 미안하게 여길 때 오늘의 미얀마 사람들도 비로소 마음의 문을 열 수 있지 않을까요. 오늘의 내 아픔은 어제의 네 아픔임을 로힝야 사람들이 깨달을 때 미얀마 사람들도 어제의 내 아픔을 잊고 오늘의 네 아픔을 조금씩 헤아려주지 않을까요.

참고 자료

1 · *My Myanmar Years: A Diplomat's Account of India's Relations with the Region*, Preet Malik, 2015

2 · https://frontiermyanmar.net/en/the-bogyokes-cabinet-unity-in-diversity

3 · http://www.asiantribune.com/node/83817

4 · *Burnt by the Sun*, Jon K. Chang, 2016

5 · Bruce A. Elleman, The 1907-1916 Russo-Japanese Secret Treaties: A Reconsideration, *Journal of Cultural Studies*, pp. 29-44

6 · http://www.atimes.com/article/inside-view-myanmars-rohingya-insurgency/

7 · The Development of a Muslim Enclave in Arakan (Rakhine) State of Burma (Myanmar), Aye Chan, 2005, https://www.soas.ac.uk/sbbr/

editions/file64388.pdf

8 · How Britain Carved Up the Middle East and Helped Create Saudi Arabia, Mark Curtis, 2016, http://markcurtis.info/2016/11/02/how-britain-carved-up-the-middle-east-and-helped-create-saudi-arabia/

2014년 8월 말 러시아의 석유회사 가스프롬네프트는 북극해의 노보포
르토브스코예 유정에서 8만 톤의 기름을 수출하기로 합의했습니다. 러
시아는 석 달 전인 5월에 총액 4천억 달러로 추산되는 양의 천연가스
를 2018년부터 30년 동안 중국에 공급하기로 계약을 맺었지만 결제수
단을 미국의 달러가 아니라 러시아의 루블화나 중국의 위안화로 대체
한다고 못박지는 않았습니다. 하지만 이번에는 석유 수출 대금을 루블
로 받을 것이며 석유 수송 비용은 위안으로 받을 것이라고 밝혔지요.

그러자 9월 초 미국과 유럽연합은 가스프롬네프트 같은 에너지 회
사를 포함해서 러시아 기업들이 서방 은행에서 융자받는 것을 불허하
는 추가제재 조치를 내놓았습니다. 미국과 유럽연합은 또 에너지 군수
분야의 러시아 기업들이 외국에서 부품과 기계를 수입하는 길도 차단
했습니다. 러시아는 북극해의 유전에서 첨단 심해 시추 능력을 가진
노르웨이 같은 외국 기업의 기술과 장비에 많이 의존합니다. 핵심 부

품을 수입하지 못하면 러시아의 에너지 생산은 차질이 생길 수 있습니다. 러시아도 가만 있지는 않았습니다. 미국과 유럽연합이 우크라이나 문제 개입을 이유로 몇 달 전 러시아에 경제제재를 선포하자 러시아는 경제제재에 동참한 나라들의 농산물 수입을 중단했습니다.

우크라이나에 개입한 것은 러시아가 아니라 미국과 유럽연합이었습니다. 러시아도 유럽연합도 우크라이나를 서로 자기 편으로 끌어들이려고 애쓴 것은 사실이지요. 유럽연합은 회원국이 되기 위한 전 단계로 먼저 무역 자유화를 골간으로 하는 협력협정을 맺자고 구애했고 러시아는 벨라루스, 카자흐스탄 등과 함께 관세동맹을 맺자고 설득했습니다. 야누코비치 대통령은 저울질을 한 끝에 작년 11월 유럽연합과의 협력협정을 맺지 않겠다고 선언했습니다.

우크라이나 젊은이들 사이에서는 유럽연합 합류를 바라는 여론이 많았고 유럽연합과 교류를 확대하면 우크라이나에게 도움이 되는 것은 사실이었습니다. 하지만 우크라이나는 막대한 국가부채가 있었고 유럽연합과 IMF는 차관제공의 조건으로 혹독한 긴축재정을 요구했습니다. 유럽연합의 조건을 받아들이면 연금생활자의 수입이 절반으로 깎일 판이었습니다. 유럽연합은 또 공기업의 대대적 매각도 요구했습니다.

반면 러시아는 IMF와 달리 긴축재정이나 공기업 매각 같은 까다로운 조건을 달지 않고 차관공여를 약속했습니다. 땅은 넓어도 에너지 자원이 없어서 러시아의 천연가스 공급에 의존해야 하는 우크라이나 입장에서는 거부하기 어려운 제안이 아니었을까요.

우크라이나 시민단체를 후원한 미국

유럽연합과의 협상이 결렬되었다는 발표가 나오자 우크라이나 젊은이들은 수도 키예프 거리로 몰려나왔습니다. 합법적으로 선출되기는 했지만 대통령이 내린 결정에 항의해서 가두시위로 반대 의사를 밝히는 것은 국민의 정당한 권리입니다. 하지만 키예프 시위는 곧 총격전이 난무하는 살벌한 내전으로 치닫기 시작했습니다.

공권력의 과격한 진압으로 시위가 격렬해졌다면 시위대를 탓할 수는 없습니다. 영국의 《가디언》 같은 진보지를 비롯하여 서방 언론은 일제히 야누코비치가 공권력을 동원하여 러시아에 반대하며 평화시위를 벌이던 민주시민을 학살한다고 성토했지만 키예프에서 시위대에게 총격을 가한 것은 키예프 경찰이 아니었습니다. 고층건물에 매복한 정체불명의 저격수들이 시위대와 경찰 모두에게 총격을 가하면서 시위대와 경찰을 모두 격앙시켰고 사태는 걷잡을 수 없이 악화되었습니다.

우크라이나 정부가 시민을 죽인 것이 아니라는 사실은 유럽연합의 고위 관계자도 알고 있었습니다. 사망자가 속출하자 진상을 확인하러 유럽연합 대표단의 일원으로 키예프를 찾은 우르마스 파에트 에스토니아 외무장관은 캐서린 애쉬턴 유럽연합 외무장관과의 전화통화에서 사망자를 검진한 의사가 시위대와 경찰이 모두 같은 저격수가 쏜 총에 죽었다고 증언했다면서 야누코비치를 몰아내고 새로 정권을 잡은 사람들에게 진상조사를 요청했지만 묵살당했다고 전했습니다. 캐서린 애쉬턴 유럽연합 외무장관은 처음 듣는 얘기라며 진상조사에 나서겠다고 말했지만 그것으로 그만이었습니다.

우크라이나의 폭력시위를 주도한 것은 우크라이나 민족주의를 추구하는 극우세력이었습니다. 우크라이나 사태에서 극우세력이 목소리를 높일 수 있었던 것은 서방이 오래전부터 이들을 도와서였습니다. 서방이 우크라이나의 극우세력을 키운 것은 그들의 반러시아 의식을 높이 사서였지요. 빅토리아 눌런드 미국 국무부 차관은 미국이 그동안 50억 달러를 들여 우크라이나의 시민단체들을 후원한 보람이 있었다고 자화자찬했습니다. 나토는 우크라이나의 극우 조직원들을 모아놓고 군사훈련까지 시켰습니다. 야누코비치를 몰아내고 권력을 잡은 우크라이나의 거부 포로센코가 이끄는 연립정부는 러시아어의 사용을 금지시켰습니다.

러시아인이 60퍼센트나 되는 크리미아는 반발하여 주민투표를 통해 96퍼센트에 가까운 지지율로 러시아연방 합류를 결의했습니다. 크리미아는 원래 러시아 영토였는데 소련 시절 우크라이나에 양도되었습니다. 역시 러시아인이 많이 살고 러시아와 경제적·문화적으로 관련이 깊은 동부 우크라이나에서도 주민투표를 통해 도네츠크공화국(89퍼센트 찬성)과 루간스크공화국(96퍼센트 찬성)을 출범시켰습니다.

나라마다 법은 조금씩 다르겠지만 민주사회에서는 국적을 선택하는 것이 개인의 자유이듯이 공동체도 국적을 선택할 수 있는 자유가 있어야 한다고 보는 것이 합리적이고 자연스럽습니다. 유엔 헌장 1조는 주민들의 자결권을 보장하고 있으니까요. 우크라이나가 구소련에서 독립하면서 근거로 삼은 것도 바로 유엔 헌장의 자결권 보장 조항이었습니다. 스코틀랜드 독립투표도 그래서 치러진 것이고 아르헨티나 코앞에 있는 포클랜드 섬을 돌려달라는 아르헨티나 정부의 요구를 영국이 묵살하는 중요한 근거의 하나도 포클랜드 섬 거주자들이 주민

투표를 통해 영국 잔류를 바란다는 사실이었습니다. 크리미아도, 도네츠크도, 루간스크도 투표과정의 투명성을 입장하겠다며 외국 참관단을 초청했고 투표부정이 있었다는 증거는 나오지 않았습니다.

하지만 민주적 선거를 통해 러시아에 우호적인 두 공화국이 들어서면서 동부 우크라이나를 지배하기 어렵게 되자 우크라이나 정부는 동부 우크라이나에 무차별 폭격을 가하기 시작했습니다. 서방 언론에는 주로 우크라이나 반군에게 공격당하는 우크라이나 정부군의 모습만 나왔지만 민간인 거주 지역에 대한 우크라이나 정부군의 폭격으로 아녀자를 포함해서 수많은 우크라이나 민간인이 동부 지역에서 죽어나갔습니다. 서방 언론은 러시아군이 동부 우크라이나를 침공했다고 대대적으로 보도했지만 우크라이나군의 무기 자체가 대부분 러시아산이었고 우크라이나를 침공했다는 러시아군은 길을 잘못 들어선 채 열 명도 안 되는 러시아 국경수비대였습니다. 두 나라 사이에 뚜렷한 경계선이 되는 강이나 산맥이 있는 게 아니라서 전에도 우크라이나 국경수비대가 길을 잃고 러시아 영토로 들어오는 경우는 다반사였지만 서방 언론은 그런 사실은 외면했습니다.

우크라이나의 현실이 러시아에게 일방적으로 불리한 쪽으로 서방에 보도되고 그것이 미국인과 유럽인에게 먹혀드는 이유는 러시아라는 나라 자체에 대한 안 좋은 고정관념도 있겠지만 특히 푸틴이라는 지도자는 독재자라는 선입견이 작용해서입니다. 꼭 우크라이나 현실만이 아니라 세계 각지에서 벌어지는 중요한 사건들을 그나마 서방 중심적인 시각과는 다른 각도에서 보도하는 대형 매체로는 러시아의 RT(러시아투데이)가 손꼽힙니다. 하지만 서방 언론은 RT가 제시하는 증거와 반박에는 관심이 없고 RT는 러시아 정부의 돈으로 굴러가는 방송이라며 일축합니다. 그러면서 언론인으로서 정작 자기 나라와 체제의 근본적 문제는 건드리지 못하는 현실에서 자괴감을 느끼기는커녕 미국이나 유럽이 아무리 문제가 있어도 러시아보다는 낫다며 둘러댑니다.

NGO의 부패

러시아는 천사도 아니지만 악마도 아닙니다. 적어도 나토 회원국들처럼 아프리카와 중동을 비롯해서 세계 곳곳에서 분쟁을 일으키며 세상을 어지럽히진 않습니다. 러시아를 필요 이상으로 부정적으로 그리는 언론에 휘둘리다 보면 결국 금벌에게 이용당합니다. 다른 유럽국가와 마찬가지로 영국도 러시아에서 들여오는 천연가스에 크게 의존하는데 영국의 금벌은 러시아 같은 깡패국가에 에너지 안보를 의탁해서는 안 된다며 검증되지 않은 위험한 화학약품을 쏟아부어 지하에서 천연가스와 기름을 짜내는 이른바 프래킹 사업의 불가피성을 퍼뜨립니다. 프래킹은 지하수를 오염시키고 지진을 유발합니다. 소수의 환경단체가 반대해도 러시아에 대한 거부감과 반감에 젖은 대다수 영국 국민은 프래킹을 국가안보를 위한 피치 못할 현실로 받아들이기 쉽습니다. 서방의 금벌이 어떤 개인이나 나라를 악당으로 묘사하는 데에는 이유가 있습니다. 마음놓고 돈벌이를 하는 데에 걸림돌이 되어서입니다.

우크라이나의 현실이 왜곡되는 또 하나의 중요한 이유는 NGO(비정부기구)로 흔히 불리는 시민단체의 상층부가 부패해서 그렇습니다. 나토가 리비아를 침공하면서 명분으로 삼은 것은 카다피가 6천 명의 민간인을 제트기로 폭격하여 죽였다는 보고가 있은 뒤에 나온 유엔 결의안이었지요. 이 보고에 세계에서 무슨 사건이 터질 때마다 이름이 거론되는 휴먼라이트워치(인권감시)를 비롯해서 전 세계의 70개 시민단체가 서명했습니다. 그러나 나중에 보니 그 말은 거짓말이었지요. 카다피는 제거되었고 리비아는 쑥밭이 되었습니다.

　미국이 이라크를 침공하면서 명분으로 삼은 것도 쿠웨이트에서 이라크군이 아기들을 인큐베이터에서 꺼내 죽였다는 앰네스티의 보고였는데 이것도 거짓말이었습니다. 미국 앰네스티 대표를 지낸 수전 노셀은 미국 국무부 간부로 있었고 그 뒤 국제 펜클럽 회장이 되었습니다. 노셀은 앰네스티 대표 시절 나토의 작전으로 아프간의 여성 인권을 지킬 수 있었다는 홍보를 대대적으로 벌이면서 미국의 아프간 침공을 정당화하는 데에 앞장섰습니다. 앰네스티 이사로 있다가 앰네스티가 이라크 침공 명분을 깔아주는 데에 반발해서 탈퇴한 미국의 평화운동가 프랜시스 보일 박사에 따르면 앰네스티, 휴먼라이트워치는 물론 국제적십자사, 국경없는의사회까지 서방의 주요 시민단체는 상층부가 서방의 정보기관 요원들에게 침투당한 지 오래입니다. 이들은 기자들보다 현장에 가까이 있다는 점과 시민봉사단체라는 점을 내세워 신뢰감을 주지만 현실을 왜곡하는 데에 앞장섭니다. 노골적 왜곡까지는 아니더라도 거액 기부자들의 비위를 거스르지 않으려고 애매모호한 보고를 내놓기 일쑤입니다.

　러시아가 서방의 경제제재에도 쉽게 흔들리지 않는 것은 방대한 영토를 가진 자원부국이라서기도 하지만 자원이 국가 소유로 아직 많이 남아 있어서입니다. 공산주의가 무너지고 자본주의로 넘어가는 과정에서 소수 기회주의자들에게 사유화된 러시아의 자원은 블라디미르 푸틴이 집권하면서 상당량이 다시 나라 재산으로 돌아왔습니다. 푸틴은 2003년 개인정원부지법을 만들어 러시아 국민에게 텃밭을 무상으로 배분했지요. 민영화를 빙자한 사유화 광신도들이 경제와 정치와 언론을 사유화한 미국에서는 상상도 못할 일입니다.

우크라이나도 그렇지만 러시아에서 대부분의 가정은 시골에 작은 집이 딸린 텃밭을 갖고 있습니다. 금요일 오후가 되면 러시아의 기차는 텃밭에서 거둘 야채와 과일을 담을 바구니와 자루를 든 사람들로 가득 찹니다. 미국에서는 식량의 거의 전부를 대규모 기업농이 생산하지만 러시아에서는 가족농이 식량의 절반 이상을 생산하는 것은 그래서입니다.

러시아에서는 유전자조작농산물의 수입을 불허하며 유전자조작농산물이 0.9퍼센트만 들어가도 포장에 밝혀야 합니다. 미국에서는 대부분의 농산물이 유전자조작농산물이며 그 내용을 안 밝혀도 됩니다. 자기 나라를 사유화한 데에 이어 온 세상을 사유화하려는 미국의 금권세력이 푸틴을 악마로 몰아가는 데에는 다 이유가 있습니다.

'제재'를 뜻하는 영어 sanction에는 '재가'라는 정반대의 뜻도 있습니다. 대부분의 영어 관념어가 그렇지만 영어 sanction도 프랑스어에서 들어왔는데 원래는 어길 경우 엄벌에 처하는 교회의 '계율'이라는 뜻으로 중세부터 쓰였던 말입니다. 하늘의 뜻을 앞세운 교회의 율법이 합리적 논증과 경험적 증거를 난자한 중세의 교권은 오래전에 무너졌지만 자신의 이권을 보장하는 체제만 '재가'하고 그렇지 않은 체제는 어김없이 '제재'하는 금권 자본주의 세력의 폭력극은 아직도 진행형입니다.

참고 자료

1 · Kiev snipers hired by Maidan leaders – leaked EU's Ashton phone tape, https://www.rt.com/news/ashton-maidan-snipers-estonia-946/

2 · Amnesty International: Imperialist Tool, Francis A. Boyle, http://www.countercurrents.org/boyle231012.htm

1582년 소년사절단의 일원으로 예수회 신부의 인솔 아래 유럽을 둘러보면서 교황도 만나고 스페인 국왕과 포르투갈 국왕도 만나본 일본의 소년들은 충격을 받았습니다. 로마를 비롯하여 유럽 곳곳의 도시에 수많은 일본인이 노예로 끌려와 있었기 때문입니다. 발에는 쇠로 된 무거운 족쇄를 찼고 가축처럼 사정없이 채찍으로 얻어맞았습니다. 어린 아이까지 목이 밧줄로 묶인 채 애처로운 눈길로 소년 사절들을 바라보았습니다. 살결이 하얗고 고운 처녀가 치부를 그대로 드러낸 채 희롱당하는 장면도 있었습니다. 1590년 일본으로 돌아온 소년사절단은 보고서에서 자기들이 유럽을 돌아다니면서 본 바로는 50만 명도 넘는 일본인이 노예로 팔려나간 것으로 보인다고 밝혔습니다. 숫자는 아마도 과장이었을 테지만 일본인 노예는 유럽뿐 아니라 중동에서 멀리는 아프리카까지 팔려나간 상황이었습니다.

일본인이 노예로 팔려나가기 시작한 것은 전국시대의 혼란기였습니다. 16세기 중반 포르투갈 상선을 타고 일본에 와서 그리스도교 포교에 나선 예수회 신부들에게 일본인이 끌린 이유는 대포와 총 같은 최신 무기가 그들에게 있어서였습니다. 무기가 좋아야 전쟁에서 이길 수 있으니까요.

하지만 가장 중요한 것은 화약원료로 쓰는 초석이었습니다. 대포와 총은 꼭 안 사도 눈대중으로 비슷하게 만들 수 있었지만 초석은 일본에서 안 났기에 포르투갈인한테 사야 했습니다. 내전으로 쑥밭이 된 일본의 지방 영주들에게 돈이 있을 리 없었습니다. 일본의 크고 작은 다이묘들은 전쟁포로들을 너도나도 포르투갈 상선으로 끌고 와서 화약과 맞바꾸었습니다. 공정 가격은 초석 한 통에 처녀 50명. 처자식을 끌고 오는 사람도 있었습니다. 화약과 맞바꾸려고 납치, 유괴, 인신매매도 기승을 부렸답니다.

낭자군의 외화벌이

포르투갈 상인이 무기와 노예를 맞바꾼 방식은 아프리카에서 써먹던 방식이었습니다. 노예사냥으로 아프리카 해안 지역에 사는 흑인이 씨가 마르자 상인들은 노예를 많이 끌고 오는 집단에게 더 많은 무기와 탄약을 주마 하고 꼬드겼습니다. 군사력에서 앞선 집단은 내륙 깊숙이 들어가 노예를 더욱 잡아들였습니다. 일본에서도 똑같은 일이 벌어진 거지요.

예수회에는 다양한 배경을 가진 사람이 모여 있었지만 그 중에는 스페인과 포르투갈에서 종교탄압을 면하느라 유대교에서 그리스도교로 개종한 유대인, 이른바 마라노도 적지 않았습니다. 무역으로 엄청난 재산을 모은 뒤 예수회의 일원으로 일본에 온 루이스 데 알메이다 신부도 마라노였습니다. 예수회는 일본에서 학교와 병원, 구빈원을 지으면서 좋은 일도 했지만 그 자금원은 결국 일본인을 노예로 팔아넘겨 번 돈이 아니었을까요.

유럽을 돌아보고 온 일본 젊은이들은 신학교에 다니면서 공부를 계속해서 나중에는 예수회 일원이 되었지만 치지와 미게루라는 청년은 그리스도교에 대한 흥미를 점점 잃었습니다. 유럽에서 본 악몽이 작용하지 않았을까요. 결국 1601년 그는 예수회를 떠납니다.

예수회는 이미 14년 전인 1587년에 추방 선고를 받았습니다. 일본을 통일한 도요토미 히데요시는 전국시대의 혼란을 끝내고 평화와 안정을 가져오겠다고 약속했는데 일본인 노예가 외국으로 대거 팔려나간다는 이야기를 듣고 불쾌감과 불안감을 느꼈겠지요. 인신매매가 계속되어 민심이 동요하면 체제 안정이 흔들립니다. 히데요시가 죽고 도쿠가와 체제가 들어서면서 그리스도교는 본격적으로 탄압받았고 17세기 중반에는 포르투갈 상선마저 출입을 금지당합니다. 그 뒤로 일본은 네덜란드하고만 교역하면서 19세기 중반까지 쇄국체제를 이어가지요.

하지만 1868년 일본이 메이지유신을 단행하여 개국하면서 다시 외국으로 팔려가는 사람들이 생겼습니다. 일본은 쇄국기간에도 외국과 무역은 했고 항구에서는 혼혈아가 태어났습니다. 일본 정부는 외국인의 피가 섞인 여자는 외국으로 추방했습니다. 추방된 일본의 혼혈 여성은 중국과 동남아시아에서 몸을 팔며 살아야 했습니다. 메이지 정부는 일부 외국인이 매춘 여성 조달을 위한 인신매매 관행을 문제 삼자

서둘러 공창제를 폐지하고 매춘 여성 해방령을 발표했습니다. 살기가 막막해진 일본의 매춘 여성은 해외에서 살 길을 찾았습니다. 이들은 마카오, 홍콩, 필리핀, 인도네시아, 싱가포르 등지의 항구에서 몸을 팔았습니다. 당시 중국과 동남아시아에는 미국, 영국, 프랑스, 네덜란드 등 서방 열강의 군대가 대거 주둔하고 있었기에 매춘 수요는 엄청났습니다. 수요가 늘자 일본의 빈농에서 태어난 소녀들이 좋은 일자리가 있다는 꼬임에 넘어가 해외로 나갔습니다. 부모에게 선금을 주기도 했지만 유괴와 납치도 성행했습니다.

이렇게 나라 밖으로 몸을 팔러 나간 여자를 '가라유키상'이라고 불렀습니다. '해외로 떠난 사람'이라는 뜻이었지요. 1860년대부터 2차대전이 터지기 전인 1930년대까지 가라유키상은 모두 20만에서 30만 명에 달했습니다. 멀리는 시베리아, 북미, 심지어 아프리카까지 흘러간 여자도 있었답니다. 열다섯 살 안팎의 앳된 소녀가 많았는데 과로와 풍토병으로 4~5년이면 죽는 경우가 많았다고 합니다.

부국강병을 표방한 메이지 정부는 무기를 사고 공장을 짓고 싶었지만 사실 돈이 별로 없었습니다. 수출할 만한 자원도 공산품도 별로 없었지요. 일본은 중국을 놓고 미국과 갈등을 벌이다가 1930년대에 경제제재를 당하면서 결국 미국과 충돌하게 되지만 1930년대 초반 시점에서조차 일본의 대미 수출 품목에서 가장 큰 비중을 차지한 것은 섬유류도 아니고 그저 생사였습니다.

후쿠자와 유키치, 이토 히로부미 같은 일본의 '선각자'들은 '천업'에 종사하는 일본 여성의 해외진출을 적극 권장했습니다. 천황이 통치하는 메이지 정부는 외국에 가면 좋은 일자리가 있고 풍족하게 살 수 있

중국과 동남아시아에는 미국, 영국, 프랑스, 네덜란드 등
서방 열강의 군대가 대거 주둔하고 있었기에 매춘 수요는
엄청났습니다. 수요가 늘자 일본의 빈농에서 태어난 소녀
들이 좋은 일자리가 있다는 꼬임에 넘어가 해외로 나갔습
니다. 부모에게 선금을 주기도 했지만 유괴와 납치도 성
행했습니다.

다며 가난한 시골 처녀들에게 바람을 불어넣었습니다.

　일본이 근대국가체제를 만드는 데에는 가라유키상들의 외화벌이가 큰 보탬이 되었습니다. 일본의 국제적 위상이 올라가자 가라유키상들은 나라의 수치라며 다수 일본인에게 비난을 받는 처지로 몰렸지만 일본에서는 이들을 낭자군이라고 한때 추켜세운 적도 있었지요.

　낭자군들의 몸을 판 돈으로 일본은 영국 등지에서 최신 무기와 함정을 사들여 러일전쟁에서 이겼습니다. 하지만 미국이 중재한 강화조약에서 일본의 전쟁 배상금 요구는 묵살되었습니다. 일본은 서방 은행에서 돈을 빌려 전쟁을 했고 전쟁을 속행하려면 거액을 더 빌려야 할 판이었으니 전쟁에 이기고도 별로 실속 없는 강화조약에 서명할 수밖에 없었습니다. 하지만 일본은 거액의 전쟁빚을 영국과 미국의 은행에 갚아야 했습니다. 전쟁에서 이겼지만 일본 국민은 더욱 살기 힘들어졌고 러일전쟁 이후 일본의 해외 이민자는 오히려 급증했지요.

청년장교들의 반란

　반면 미쓰이, 미쓰비시 같은 일본의 재벌은 이어지는 전쟁으로 군수물자를 생산하면서 떼돈을 벌었습니다. 누이는 몸을 팔러 해외로 나가고 시골집에서 노부모의 시중을 받으며 살아가야 하는 귀향 상이군인도 한두 명이 아니었구요. 목숨을 바쳐 전쟁에서 이겼는데도 썩은 정치와 기업 때문에 국민 다수가 더 고달파졌다는 불만이 확산되었습니다. 세계공황으로 경제적 어려움이 가중되면서 농촌은 더욱 피폐해졌습니다.

　1930년대 초반 재벌총수가 잇따라 암살된 혈맹단 사건은 그런 맥락에서 벌어졌습니다. 1936년에는 소장장교들이 2·26 친위 쿠데타를 일으켰습니다. 농촌의 처참한 현실을 몸으로 아는 빈농 집안 출신의 젊은 장교들이 쿠데타를 주도했는데요. 그들은 부를 독식하는 체제의 개혁을 가로막는 간신배들이 끼어들지 못하도록 천황의 직접 통치를 간원했습니다. 하지만 히로히토는 오히려 이들을 반란군으로 규정하고 진압을 지시했지요. 정변을 주도한 장교들은 처형당했습니다.

하지만 그것은 개죽음이기도 했습니다. 그들이 이대로 있어서는 안 된다고 분노한 현실을 만든 장본인이 바로 그들이 떠받들던 천황이었으니까요. 일본에서 살기가 어려워 외국으로 떠나는 낭자군과 이민자를 태운 일본선박의 대주주가 바로 황실이었습니다. 황실은 만철, 동양척식, 관동전기, 미쓰이, 미쓰비시 등 각종 대기업과 은행의 대주주였습니다. 전쟁으로 나라빚이 늘어나 국민은 쪼들려도 기업은 호황을 누렸고 대주주 천황의 재산도 눈덩이처럼 불어났습니다.

청일전쟁을 앞두고 군비증강을 위해 증세가 필요한데 의회의 반대에 부딪치자 메이지 천황은 약 100만 엔의 자금으로 의원들을 매수하여 증세안을 통과시켰습니다. 1890년대 초반 1천 엔이면 도쿄 도심의 집 한 채를 살 수 있었으니 100만 엔은 어마어마한 액수였어요. 지금 돈으로 100억 엔, 원화로는 1조 원에 해당하지요. 청일전쟁에서 이겨서 받은 배상금 3억 5천만 엔 중에서 5천만 엔이 황실 재산으로 귀속되었습니다. 당시 일본 국가 예산이 1억 엔이었으니 국가 예산의 50퍼센트를 꿀꺽한 셈입니다. 청일전쟁의 전리품으로 얻은 대만에서는 제당업의 대주주로 고수익을 올렸습니다.

히로히토는 2·26사건이 터지기 전에 이미 청년장교들이 반란을 일으켜 이른바 간신배를 처단하고 천황의 친정을 요구하리라는 움직임을 뻔히 알면서도 국방 예산 증액에 호의적이지 않은 인사들을 제거하기 위해 쿠데타를 방치했을 수 있습니다. 실제로 2 · 26사건 이후 일본은 더욱 군국주의 체제로 나아갔어요. 중국에서 만주사변 등을 고의로 잇따라 일으켜 전쟁을 벌인 군인들을 묵인했던 천황이 2 · 26사건의 주동자들을 처벌한 것은 청년장교들이 요구한 특권 계급 제거라는 국정개혁목표가 괘씸해서였을지도 모릅니다. 천황 자신이 바로 소장장교들의 분노를 산 특권계급의 본산이었으니까요. 빈농 출신의 장교들은 목숨을 바쳐 섬기려고 했던 주군에게 배신을 당한 셈입니다.

소장장교들은 기타 잇키라는 국가주의자가 쓴 『일본개조법안대강』이라는 책에서 영감을 얻었습니다. 기타 잇키는 철저한 사회진화론자로서 약육강식에서 살아남자면 식민지 보유를 추구하는 제국주의가 필요하지만 부를 소수가 독점하는 자본주의 체제에는 토지 소유의 상한선을 두는 식의 제약이 필요하다고 본 인물이었습니다.

기타 잇키는 일본의 국론 결집과 단결에 천황이 꼭 필요한 존재라고 보았습니다. 하지만 천황을 절대적으로 추앙하는 여느 존황론자와 달리 기타는 천황보다 국민이 우선이라고 믿었습니다. 대부분의 존황론자에게 일본 국민은 천황의 국민이었지만 기타에게 천황은 일본 국민의 천황이었습니다.

일본의 국정쇄신을 요구하는 기타 잇키의 책을 읽고 부를 독점하는 재벌을 죽이는 사람이 속속 등장했습니다. 기타의 영향력이 젊은 군인들 사이에서도 퍼져나가자 불안을 느낀 재벌들은 기타에게 밉보이지 않으려고 신경썼습니다. 미쓰이 재벌은 기타에게 6개월마다 1만 엔씩

'생활비'를 대기도 했다는군요. 당시 은행원의 초임이 월 70엔을 조금 넘는 수준이었으니 엄청난 돈이었지요. 지금 돈으로 약 3천만 엔, 원화로는 약 3억 원이었습니다.

친위 쿠데타를 일으킨 장교들은 회합을 자주 가졌고 군 상층부도 재벌도 이들의 움직임을 예의 주시했습니다. 당연히 황실도 알았겠지요. 천황이 자신을 추앙하는 애국장교들과 기타 잇키를 아꼈다면 사람을 보내 미리 그들에게 자중하라는 뜻을 전할 수도 있었을 겁니다. 하지만 천황은 지켜보다가 거사가 일어나자 바로 진압명령을 내렸습니다. 역시 존황론자로서 1932년에 해군장교들과 함께 5·15사건을 일으켜 '간신배'들을 죽인 지식인 오가와 슈메이가 금세 풀려난 것과는 대조적이었습니다. 훗날 오가와 슈메이는 2차대전 이후 전범으로 재판을 받았지만 재판정에서 역시 전범으로 재판을 받던 도조 히데키의 머리를 탁 치면서 정신이상자로 규정되어 풀려나지요. 철저한 존황론자였던 오가와 슈메이를 살리려고 천황 히로히토가 구명운동에 나섰던 게 아니었을까요.

기타 잇키는 제국주의는 찬성했지만 일본의 대중국 정책에는 비판적이었습니다. 중국과 손잡고 서양 제국주의에 맞서야지 중국이 영미와 손잡고 일본에 맞서는 구도는 일본으로선 자멸의 길이라고 주장했습니다. 중국에서 전쟁을 확대하여 이권을 키우려던 세력에게 기타는 눈엣가시였습니다. 결국 기타는 2·26사건의 주모자로 몰려 장교들과 함께 처형됩니다. 그리고 이듬해 중일전쟁이 벌어지지요.

미 외교관 조지 케넌의 보고서

황족 곧 히로히토의 친인척은 일본군의 지휘관으로 요소요소에 포진하여 전쟁을 주도했습니다. 전범으로 처형당한 도조 히데키는 진주만 침공계획을 몇 주 전에야 알았지만 히로히토의 주도 아래 핵심 황족은 오래전부터 계획을 꾸몄습니다. 하지만 패전 후 황족은 단 한 명도 재판을 받지 않았습니다. 히로히토는 마치 무모한 군인들 탓에 일본이 전쟁을 벌였다 망한 것처럼 굴었습니다.

히로히토의 집무실에는 원래 나폴레옹의 흉상이 놓여 있었지만 패전 이후에는 링컨과 다윈의 흉상으로 바뀌었습니다. 미국 민주주의를 흠모하고 해양생물학이라는 고상한 학문에 심취한 온화한 군주라는 이미지를 점령군에게 심어주려고 그랬겠지요. 히로히토가 생물학에 관심이 많았던 것은 사실이지만 그것은 전쟁과 직결되어 있었습니다.

만주에서 세균전을 벌여 수백만의 중국인을 죽였던 관동군 731부대는 천황의 직접 지시로 만들어진 유일한 부대라는 사실을 자랑스럽게 여겼습니다. 육군군의학교 직원이 관동군 방역부 직원을 겸임할 수 있도록 조처하라는 천황의 명령문도 문서로 발견되었습니다. 세균전은 돈이 별로 안 들지만 살상력은 어떤 무기보다 강력합니다. 자원이 없는 일본에게 세균전처럼 매력적인 전쟁은 없었겠지요.

만주국을 이끌었고 나중에 미국에게 발탁되어 총리까지 오르는 기시 노부스케는 패전 직후 전범으로 감옥에 들어갔는데 자신이 살아남을 수 있는 유일한 길은 미국과 소련이 갈등하는 상황이라고 의미심장한 말을 감옥에서 던졌습니다. 당시로서는 이해하기 힘든 발언이었는데요.

소련은 연합국의 일원으로 미국과 함께 나치에 맞서 싸운 미국의 우방이었습니다. 당시 소련은 혁명을 수출하며 전쟁을 벌일 처지가 아니었습니다. 국토는 절반이 넘게 초토화되었고 사망자는 군인 800만 명을 포함하여 2600만 명이 넘었습니다. 개전 직전인 1941년 6월 1억 9670만이었던 소련 인구는 종전 직후인 1946년 초 1억 7050만이었습니다. 10명 중 1명이 넘게 죽었습니다. 국토 재건을 위해서는 오히려 미국한테 돈을 빌려야 할 처지였고 미국의 눈치를 살펴야 할 상황이었습니다. 미국은 세계 유일의 핵 보유국, 그것도 실전에 투입하여 적을 박살낸 무서운 나라였으니까요.

두 발의 원자탄을 맞고 나라가 초토화된 일본에서는 스위스처럼 중립국이 되고 싶다는 여론이 압도적이었습니다. 재계를 비롯하여 우익도 예외는 아니었구요. 맥아더도 같은 생각이었습니다. 하지만 미국을 움직이는 금벌의 생각은 달랐습니다. 일본의 금벌이 중국에서 전쟁 특수를 누리며 떼돈을 번 것처럼 미국의 금벌도 2차대전으로 떼돈을 벌었습니다. 1차대전 당시보다 훨씬 발달한 무기 생산시설을 그대로 썩히기는 아까웠겠지요. 금벌에게 전쟁은 이중으로 짭짤합니다. 무기를 팔아서 돈을 벌고 무기를 사는 돈을 빌려줘서 돈을 법니다.

군수산업이 굴러가려면 적이 필요합니다. 적의 위협을 강조해야 국방예산을 늘릴 수 있지요. 미소 냉전은 1946년 모스크바의 주러 미국 대사관에서 외교관으로 근무하던 조지 케넌이 소련의 위협을 강조하는 장문의 보고서를 작성한 것이 국무부에게 경종을 울리면서 미국 대외정책이 급변하여 시작되었다는 것이 통설입니다. 조지 케넌이란 인물은 누구일까요. 그의 조부는 금권으로 영국과 미국의 정치를 주

물러온 로스차일드 집안의 마름이었던 제이콥 시프 밑에서 역시 마름으로 일하던 인물이었습니다. 이름도 손자와 똑같이 조지 케넌입니다. 당시 조지 케넌의 상관이었던 에버렐 해리먼 주소련 미국 대사도 금권세력의 대변자였습니다. 그의 부친 에드워드 해리먼은 로스차일드의 지원으로 철도사업에 뛰어들어 거부가 된 사람입니다.

조지 케넌의 보고서를 논문으로 대서특필한 《포린어페어스》지는 1차대전 이후 미국의 금벌이 미국 대외정책을 막후에서 주도하려고 만든 '대외관계위원회(Council on Foreign Relations)'의 기관지였습니다. 영국에서는 비슷한 시기에 '왕립국제문제연구소' 일명 '채덤하우스'를 만들었지요. '대외관계위원회'와 '채덤하우스'는 돈으로 정치를 주물러 전쟁으로 돈을 버는 영국과 미국의 금벌이 함께 만든 쌍둥이 조직입니다.

냉전은 유능하고 성실한 조지 케넌이라는 한 소장 외교관의 애국심에서 우러나온 냉정한 분석이기보다 수백 년 전부터 세계 곳곳에서 전쟁으로 떼돈을 벌어온 금벌이 마름의 마름의 손자를 통해 관철된 물욕과 지배욕의 결과가 아닐까요.

미국산 신화

기시 노부스케의 예언은 적중했습니다. 기시는 3년 만에 감옥에서 나와 요직에 발탁되었습니다. 만주국을 이끌면서 중국 공산당과 싸운 기시의 경력은 소련과의 냉전구도를 준비하던 미국의 금벌에게 요긴했습니다. 하지만 미국의 금벌이 추진한 냉전구도가 어떻게 반전주의와 평화주의 물결이 거셌던 전후 일본에서 쉽게 받아들여진 것일까요.

천황이 적극적으로 호응해서였습니다. 천황은 미군이 계속 있어주었으면 좋겠다는 뜻을 미국 정부의 요로에 여러 차례 전했습니다. 그리고 미국의 금벌에게 천황의 존재 가치는 점점 올라갔습니다.

미국 외교관 중에도 전후 세계에 진정한 평화공존구도가 정착되기를 원하는 사람이 많았습니다. 맥아더의 외교참모였다가 주일 미국 대사가 되는 조지 애치슨도 그런 사람이었습니다. 애치슨은 일본이 전후의 경제적 어려움에서 벗어나려면 빨리 강화조약을 맺어야 한다고 주장한 대표적 인물이었지요. 하지만 미국의 금벌은 시간을 질질 끌면서 강화조약을 미루었습니다. 냉전 분위기가 충분히 무르익으면 소련을 강화조약에서 빼려는 의도였을 겁니다. 애치슨 대사는 왜 강화조약이 조속히 타결되어야 하는지를 윗선에 직접 보고하려고 귀국길에 올랐다가 1947년 여름 하와이 부근에서 비행기 추락 사고로 죽습니다. 냉전구도 정착에 걸림돌이 되었던 인물이 사라진 뒤 미국 금벌의 이해를 대변하여 일본으로 파견된 존 포스터 덜레스는 천황과의 교감 아래 주일 미군 주둔을 영속화하려는 의도를 관철시켰습니다. 일본은 강화조약 지연으로 대외교역이 어려워져 경제난을 겪었지만 6·25전쟁이 터지면서 전쟁 특수로 회생했습니다.

한반도는 전쟁으로 쑥밭이 되었지만 일본은 공업국으로 부활했습니다. 일본 국민의 살림도 펴졌지요. 하지만 일본은 1951년 샌프란시스코에서 연합국들과 강화조약을 맺으면서 동시에 미국과 맺은 안보조약과 행정협정으로 미군이라는 타국 군대가 원하는 곳에 원하는 기간 동안 원하는 병력을 마음대로 주둔할 수 있는 나라가 되어버렸습니다. 일본이 이처럼 진정한 독립국과는 거리가 멀다는 문제의식을 가진 사람은 일본의 보수 정치인 중에도 적지 않았습니다. 전범으로 찍혔다가 냉전 덕분에 살아나 총리까지 오른 기시 노부스케도 그런 사람입니다.

기시 노부스케가 청년 시절 가장 감명 깊게 읽은 책은 2·26사건으로 처형된 기타 잇키의 저작이었습니다. 기타는 애국파, 자주파였으니 기타를 흠모했던 기시가 뼛속까지 친미주의자가 되기는 어려웠겠지요. 기시가 가장 우려한 것은 미국과 맺은 행정협정이었습니다. 일본의 주권을 짓밟는 독소조항은 강화조약이나 미일안보조약이 아니라 의회의 동의를 거칠 필요가 없었던 행정협정에 몰려 있었거든요. 주일 미군이 아무리 극악한 범죄를 저질러도 일본의 사법권 행사는 불가능했습니다.

미일안보조약도 지극히 불평등한 내용이었습니다. 안보조약이라고는 하지만 일본은 미국이 원하는 곳에 무조건 기지를 제공해야 하는 의무만 있을 뿐 미국이 일본을 군사적으로 지켜줄 의무는 없었거든요. 기시는 이것을 바로잡으려고 했습니다. 아울러 주일 미군을 최대한 감축시키려고 했습니다. 그런 다음 행정협정도 대폭 손질할 방침이었습니다. 1957년 미국을 방문한 기시는 아이젠하워 대통령을 만나 그런 뜻을 전했고 두 정상은 안보조약을 새로운 관점에서 개정한다는 원칙에 합의했습니다.

하지만 귀국한 기시 총리는 사방에서 공격받습니다. 좌파는 안보조약이 개정되면 일본이 전쟁에 휘말릴 가능성이 높다며 기시를 몰아붙였구요. 많은 시민도 피폭의 악몽을 떠올리며 거리로 쏟아져나왔습니다. 자민당 안에도 반대파가 있었어요. 이케다 하야토 국무대신은 안

보조약과 행정협정을 동시에 대폭 개정해야 한다며 기시의 단계적 개정론을 성토했습니다. 한 여대생이 시위 도중 사망하자 시위는 더욱 거칠어졌습니다. 분트라는 급진파 학생조직이 투쟁을 주도했습니다.

극도의 혼란 속에서 조약개정안은 기한을 넘기면서 자동으로 통과되었습니다. 기시 총리는 책임을 지고 물러났습니다. 후임 총리에는 동시 대폭 개정을 강력히 요구했던 이케다가 올랐습니다. 하지만 이케다는 총리가 된 뒤 불평등한 행정협정을 고치려는 모습을 전혀 보이지 않습니다. 안보투쟁은 순식간에 사그라들고 급진파 학생들은 자취를 감추었습니다. 전후 일본 외교가 철저히 미국에 예속된 과정을 드러낸 책『전후사의 정체』를 쓴 전직 외교관 마고사키 우케루에 따르면 급진파 학생들에게 활동자금을 댄 것은 일본의 대기업들이었고 그 배후에는 미국이 있었습니다. 이케다처럼 같은 자민당 안의 기시 반대파 배후에도 미국이 있었다고 합니다. 목숨을 살려준 은혜도 모르고 미군을 쫓아내 일본을 조금씩 자주국으로 만들려고 한 기시 노부스케를 제거하자는 뜻이 아니었을까요.

수백만 시민이 거리로 나왔지만 일본의 안보투쟁은 아무런 소득을 못 얻었고 그나마 재일 미군의 감축을 이끌어낼 가능성이 가장 높았던 자주파 정치인마저 밀려났습니다. 60년대에 일본 경제는 고속성장을 구가합니다. 일본은 미국이 방위부담을 덜어준 덕에 경제에 전념하여 오늘의 번영을 누린다는 미국산 신화에 물들어갔습니다. 그리고 일본인은 평화와 안보보다는 소비와 풍요를 우선시하는 국민이 되었습니다.

천황의 국민, 국민의 천황

내전이 종식되고 평화가 자리잡은 도쿠가와 시대의 무인 지도자들은 칼만 휘두른 것이 아니라 덕도 쌓으려고 했고 그들이 지침으로 삼은 것은 유학이었습니다. 하지만 일본의 유학은 중국이나 조선의 유학과는 달리 맹자를 껄끄럽게 여겼습니다. 맹자는 군주도 따라야 할 원칙이 있다고 가르쳤습니다. 아랫사람이 윗사람을 따르는 것은 윗사람이 원칙을 지켜서다, 윗사람이 군주로서 원칙을 지키지 않으면 아랫사람은 따르지 말아야 한다고 맹자는 말했습니다. 맹자의 말은 아랫사람에게 반항정신을 가지라고 부추긴 것이 아니라 윗사람에게는 윗사람으로서 지켜야 할 엄중한 책임이 있음을 강조한 것이었지요.

일본은 달랐습니다. 일본의 주류 유학자들은 아랫사람은 윗사람에게 절대적으로 복종해야 한다고 강조했습니다. 주먹의 세기로 판가름되는 무인 중심의 역사를 걸어온 일본이기에 어쩌면 자연스러운 요구겠지요. 가신은 주군이 할복을 명하면 할복해야 했습니다. 지방 영주인 다이묘도 최고 무장 쇼군에게는 가신이었으니 잘못을 범했으면 할복해야 했습니다. 쇼군은 가장 높은 자리에 있었으므로 할복할 이유는 없었지만 주자학적 규범을 어느 정도 받아들인 도쿠가와 시대에는 평화가 유지되었다고는 해도 가신들의 반발을 안 사려면 긴장을 늦추어서는 안 되었습니다.

메이지유신으로 군림한 천황은 달랐습니다. 1899년에 공포된 메이지헌법의 1조는 '일본은 천황이 통치한다'였습니다. 천황은 신성하여 침해해서는 안 된다, 천황은 육해공군을 통수한다, 천황은 전쟁을 선언하고 강화하며 제반 조약을 체결한다, 천황은 계엄을 선포한다는 내용이 뒤를 이었습니다. 천황이 지켜야 할 가치나 의무를 밝힌 내용은 한 구절도 없습니다.

일본이 메이지유신을 단행한 것은 천황을 중심으로 열강의 위협에 맞서기 위해서였지만 메이지 천황제는 중심이 비어 있는 위험천만한 체제였습니다. 천황이 따라야 하는 원칙이 없어서지요. 실제로 그렇게 되었지만 천황이 군국주의를 추구하면 백성 모두 군국주의자가 되어 전쟁터로 나서야 했습니다.

일본의 봉건영주들은 목숨을 걸고 싸우기라도 했습니다. 조선의 임금은 백성의 모범이 되려고 코흘리개 때부터 새벽같이 일어나 글을 읽고 가르침을 받아야 했습니다. 메이지 천황은 손가락 하나 움직이지 않고 최고의 자리를 꿰어차고 호의호식하면서 일본 국민을 사지로 몰아넣었습니다. 무가의 우두머리 도쿠가와 이에야스는 훗날 조선인 포로를 포르투갈 노예상에게 팔아넘겼을지언정 일본인이 노예로 팔려가는 것은 불쾌하게 여겨 선교사 추방령을 내렸지요. 하지만 사이비 공가의 우두머리 메이지 천황은 전쟁으로 돈을 벌면서 일본 소녀들이 매춘부로 해외로 팔려나가는 것을 장려했습니다.

조선도 가혹한 신분제로 고통을 겪은 백성이 많았지만 적어도 국제관계에서 조선은 야만국이 아니었습니다. 정조 8년인 1784년 동래부사로부터 일본에 표류한 손고남이라는 어민이 남의 집 문을 부수고 들어가 칼로 위협하여 대낮에 재물을 빼앗으면서 난동을 부렸다는 보고가 올라옵니다. 정조는 남의 나라에서 강도짓을 했으니 효수형에 처해야 한다고 한 신하가 건의하자 다시 한번 신중한 논의를 당부한 뒤 다수의 신하가 같은 의견을 보이자 왜관 앞에서 죄인을 효수하도록 지시합니다. 2년 전인 1782년에는 사쓰마에서 조선으로 표류해 온 왜인을 관례에 따라 동래 왜관에 넘기지 않고 본인의 요청에 따라 사쓰마로 바로 보내주었습니다. 사쓰마와 동래 왜관을 관할하는 쓰시마는 앙숙지간이라 쓰시마로 넘겨지면 자신은 죽을 것이라는 호소에 정조는 불쌍히 여겨 본인이 원하는 대로 해주라고 지시하지요. 조선이 타국과의 관계에서 예를 얼마나 중시했는지를 알 수 있습니다. 조선도 그랬고 중국도 그랬고 대외 관계는 예부에서 전담했습니다. 예는 조선 외교의 생명이었습니다.

조선으로 표류한 사쓰마인이 쓰시마로 넘겨지는 것을 극도로 두려워한 데에서도 알 수 있듯이 메이지유신 전까지 일본은 지역 사이의 갈등이 극심했습니다. 심지어 고종 즉위 초년인 1864년, 다시 말해서 메이지유신이 일어나기 4년 전에 조선으로 똑같이 표류해 온 사쓰마인들은 여전히 동래 왜관에 넘겨지는 것을 두려워하면서 육로로, 다시 말해서 중국으로 보내달라고 사정했습니다. 그렇게 서로를 불신했던 사람들이 어떻게 메이지유신으로 결집할 수 있었을까요? 외세에 대한 두려움 탓이었습니다. 중국이 아편전쟁에서 참패했다는 소식에 이어 통상을 요구하면서 함포를 앞세워 나타난 열강의 거함들 앞에서 일본 사무라이들은 존황양이, 곧 천황을 중심으로 뭉쳐 외세를 무찌른다는 입장으로 맞섰습니다. 존황양이의 기치를 앞장서서 내건 세력은 변방에 있었기에 열강의 공세에 가장 먼저 노출되었던 사쓰마번과 조슈번이었습니다.

영토분쟁이 필요한 이유

사쓰마번과 조슈번은 합세해서 도쿠가와 정부군과 싸워 이겼습니다. 하지만 변방의 두 번이 막강한 중앙 정부군을 누를 수 있었던 이유는 따로 있습니다. 당시 세계 제일의 패권국이었던 영국이 첨단무기를 제공한 덕분이었지요. 외세를 무찌르려고 들고 일어선 사쓰마번과 조슈번의 사무라이들은 서양무기의 위력을 절감하면서 천황 옹립에 성공한 뒤 메이지유신을 선포하고 개화로 돌아섰습니다.

일본이 러일전쟁에서 예상을 깨고 이긴 것도 패권국 영국과 2년 전인 1902년에 맺은 영일동맹 덕분이었습니다. 러시아의 남하정책이 껄끄러웠던 영국은 러시아의 전함 구매를 방해하고 흑해 함대가 수에즈 운하를 지나가는 것도 막았습니다. 흑해 함대는 아프리카를 도는 원거리 항로를 택해야 했기에 피로가 누적되었던 거지요.

영국은 일본의 전쟁자금 조달도 도왔습니다. 일본은 1억 5천만 엔의 전비 중 3분의 2 이상을 외채로 조달했습니다. 일본은 해전과 지상전에서 모두 이겼지만 자원부국 인구대국 러시아에게 장기적으로는 질 가능성이 높았습니다. 그런데도《더타임스》같은 영국 언론은 장기전으로 가면 오히려 러시아가 불리할 것처럼 국제여론을 움직였고 러시아는 협상장으로 나왔습니다. 일본도 전쟁에서 이기기는 했지만 군자금이 바닥나 전쟁을 속행할 처지가 아니라 협상장으로 나왔습니다. 영국은 눈엣가시였던 러시아를 무너뜨리고 일본에 돈을 빌려줘서 이자놀이로 잇속을 챙겼습니다. 러일전쟁으로 가장 득을 본 것은 영국이었습니다. 아니, 더 정확하게는 17세기 중반부터 끝없이 전쟁자금을 대주어 영국을 세계 제일의 패권국으로 끌어올린 영국의 금벌이었습니다. 이베리아 반도에서 쫓겨나 네덜란드에 둥지를 틀었다가 영국으로 넘어온 금벌세력이 대준 돈으로 전쟁을 벌여 영국은 해가 지지 않는 나라가 되었습니다. 전쟁빚을 갚기 위해 다시 정복전쟁을 벌이는 전쟁의 순환이 영국을 패권국으로 만들었습니다. 일본도 메이지유신 이후 빚에 허덕였고 결국 정복전쟁을 통해 문제를 해결하는 서양 '문명국'의 길을 추종하게 됩니다.

일본이 한국, 러시아, 중국과 영토분쟁을 빚게 만든 것은 미국의 금벌이라고 볼 수 있습니다. 일본이 2차대전 이후 소련을 빼고 연합국과 맺은 샌프란시스코 강화조약 초안에서 지금의 영토분쟁 지역은 일본의 영토가 아닌 것으로 명기되어 있었지만 나중에 슬그머니 이런 내용이 사라졌습니다. 일본의 로비로 빠졌다고 볼 수도 있겠지만 일본은 당시 미국 앞에서 무슨 요구를 하고 말고 할 처지가 아니었지요. 지금 러시아와 분쟁 지역인 일본의 이른바 북방 영토도 미국이 아직 원자탄을 개발하지 못한 시점에서 2차대전 중 루스벨트가 스탈린에게 대일 선전포고를 빨리 해달라며 소련의 영토로 인정해준 곳입니다. 소련은 50년대 중반 일본과 국교정상화 교섭을 하면서 일본과의 관계 개선을 위해 북방 도서 절반을 일본에게 넘기겠다며 양보할 뜻을 보였는데요. 미국은 다 돌려받지 않으면 가만두지 않겠다며 일본의 발목을 잡았습니다. 결국 러시아와 일본의 영토분쟁은 해결되지 못했습니다.

미국이 노리는 것은 일본이 한국, 중국, 러시아 같은 주변 나라들과 반목하면서 두려움을 갖게 만드는 것입니다. 그래야 미국에 매달리니까요. 그래야 동아시아에서 전쟁체제가 유지되고 무기를 팔아먹을 수 있고 미군기지 주둔에 대한 반감이 줄어드니까요.

한국은 일본의 식민지를 겪었기에 일본에 대한 두려움이 더 크지만 일본의 경제적 위상이 내려가는 상황에서는 일본도 두려움이 커진다는 사실을 헤아려야 합니다. 나라든 개인이든 두려울수록 예민해집니다. 자국이 잘 나갈 때에는 야스쿠니 참배를 부끄러워하는 일본인도 자국이 기울어간다 싶으면 방어적이 되고 참배를 비판하는 타국에 반감을 품기 십상입니다. 한국은 일본 정부 각료들의 야스쿠니 참배가 불편하더라도 내색하지 않는 것이 유리합니다.

한국은 피해자이기에 오히려 담대하게 일본을 대할 필요가 있습니다. 야스쿠니 신사에는 전범만 있는 것이 아니라 애국자도 있습니다. 한국인에게는 전범이라도 많은 일본인에게는 애국자로 다가옵니다. 그런 심정을 헤아려주지 않으면 일본은 일본 국민을 사지로 몰아넣은 천황 폐하 만세를 외치는 오른 우(右)가 아니라 어리석을 우(愚), 다시 말해서 극도로 어리석은 극우집단의 목소리만 커지는 나라가 되지 않을까요. 오랫동안 관동군 세균부대를 연구해온 곤도 쇼지에 따르면 천황 히로히토는 미국에게 세균전 자료를 넘기고 전범에서 빠진 사람입니다. 야스쿠니 신사에 안치된 전범들은 진짜 전범 천황의 총알받이가 된 가엾은 사람들이라는 여유를 억지로라도 가질 필요가 있지 않을까요.

야스쿠니 신사에는 타민족을 죽이고 괴롭힌 사람들은 있을지언정 자민족을 죽이고 괴롭힌 사람들은 찾기 어려울 겁니다. 하지만 한국의 국립묘지에는 그런 사람들이 제법 묻혀 있지요. 일본군 하사관 출신으로 6·25전쟁이 터지기 전부터 일본도로 죄없는 동족을 닥치는 대로 찌르고 베어 죽인 일명 백두산 호랑이 김종원도 국립묘지에 묻혀 있습니다. 한국인은 일본 정부 각료의 야스쿠니 신사 참배에 분노하기에 앞서 한국의 국립묘지에 자민족을 학살한 사람들이 애국자로 묻혀 있다는 사실을 부끄러워해야 하지 않을까요.

일본의 야스쿠니 신사에서 자민족을 학살한 사람을 찾아보기 어렵고 한국의 국립묘지에는 자민족을 학살한 사람이 버젓이 묻혀 있는 것은 한국이 독립국이 아니라는 반증 아닐까요. 일본은 비록 지기는 했을망정 자기 나름의 눈으로 세상을 읽으면서 세상과 맞섰던 역사가 있습니다. 한국은 그런 역사가 가깝게는 없습니다. 조선시대에는 좋은 의미의 사대주의로, 곧 아우가 형에게 순종해야 가족의 질서가 유지된다고 믿었기에 작은 나라 조선이 큰 나라 중국을 섬겨야 천하의 질서가 유지된다고 믿었기에 주류가 중국의 눈으로만 세상을 봤습니다. 지금은 나쁜 의미의 사대주의로, 곧 주류가 미국의 눈으로만 세상을 봅니다. 조선시대의 사대주의는 손해를 보더라도 원칙을 지키기 위해 물러설 줄 아는 문명인의 가치관이기라도 했지만 지금 한국 주류의 사대주의는 일신의 안녕을 위해서라면 누구한테라도 머리를 조아릴 준비가 되어 있는 저열한의 처신술입니다.

공포의 생산자

미국은 한국과 일본이 영토 문제와 역사 문제로 갈등을 빚을 때면 곤혹스러워하면서 양쪽을 적당히 달래는 듯한 제스처를 보입니다. 금권세력의 두뇌 중 하나인 브루킹스연구소에서는 한국과 일본의 외무장관을 초빙하여 양쪽의 입장을 진지하게 경청하는 듯한 모습도 보입니다. 그러면 한국과 일본의 외무장관은 마치 선생님한테 고자질하듯이 각자의 당위성을 밝힙니다.

하지만 미국이 바라는 것은 한국과 일본의 갈등이겠지요. 갈등은 불안을 낳고 불안은 두려움으로 이어지고 두려움은 주둔군에 대한 의존심으로 이어지고 의존심은 과다한 무기 구매로 이어집니다. 베트남에서는 한국군에게 돈을 지급해야 했지만 잘하면 동맹이라는 허울 아래 무급 용병으로 미국의 침략전쟁에 한국군을 써먹을 수도 있습니다.

한국과 일본은 꼭 이웃나라라서가 아니라 미국에 예속된 나라라는 점에서 운명공동체입니다. 한국은 북한이라는 또 하나의 변수가 있지만 한국도 일본도 독립국으로서 외국군대의 무기한 주둔이 부담스럽다면 먼저 외국군대 주둔이 필요 없는 상황을 만들어가야 합니다. 그러자면 두 나라부터라도 서로를 두렵게 만들지 않으려고 노력해야 합니다. 일본에서 자연재해가 일어났다고 박수를 치는 것은 주한미군의 항구적 주둔으로 귀결됩니다. 주한미군의 주둔은 고가의 미국 무기 구매로 이어지고 박수를 친 젊은이의 앞날은 더욱 암울해집니다.

중국, 러시아, 일본, 바다 건너 미국 같은 강국에 둘러싸인 상황에서 독립국으로 살아가려는 것은 험난한 길이기도 하지만 가장 안전한 길이기도 합니다. 일본이 구한말 한반도를 삼키려고 혈안이 된 것은 한반도가 러시아에게 먼저 넘어갔다간 일본이 위험해진다는 실존적 위기감도 있어서였습니다. 조선이 어렵더라도 한 나라에만 매달리지 않고 중심을 잡으려는 모습을 보였다면 조선은 일본의 두려움을 자극하지 않았을 것이고 조선은 망국의 길에서 벗어날 가능성이 높지 않았을까요.

한국이 독립국이 아님을 깨닫고 그런 사실을 부끄러워하는 사람이 한 명이라도 늘어날 때 한국은 그만큼 독립국으로 조금이라도 다가섭니다. 한국과 일본이 모두 독립국이 아님을 부끄러워하는 한국인과 일본인이 한 명이라도 늘어날 때 미국을 움직이는 금권세력이 동아시아에서 밀려날 날이 조금이라도 당겨집니다.

참고 자료

1 · 『기타 잇키』, 마쓰모토 겐이치, 2010
2 · 『戦後史の正体』, 孫崎享, 2012,
3 · 『東アジアの王権と思想』, 渡辺浩, 1997
4 · 『20世紀のファウスト』, 鬼塚英昭, 2010
5 · *Japan's Imperial Conspiracy*, David Bergami, 1971
6 · *Hirohito and the Making of Modern Japan*, Herbert P. Bix, 2009

홀
로
코
스
트

독일 막스플랑크연구소에서 장학금을 받으면서 슈투트가르트대학에서 박사논문을 준비하던 젊은 화학도 게르마르 루돌프의 시련은 1989년 「루처 보고서(Leuchter Report)」를 읽으면서 시작되었습니다. 「루처 보고서」는 미국의 사형집행장비 제작 전문가 프레드 루처(Fred Leuchter)가 아우슈비츠 강제수용소를 현지 답사한 뒤 1988년에 낸 보고서입니다. 정치와는 무관하게 살았던 공학자 루처가 아우슈비츠까지 날아갔던 이유는 나치의 유대인 학살 곧 홀로코스트를 부정한다는 죄목으로 재판을 받고 있던 에른스트 쿤델(Ernst Zündel)이라는 출판인의 변호인단으로부터 도움 요청이 있어서였습니다.

루처는 아우슈비츠의 이른바 '가스실'을 비롯해서 여러 건물의 벽돌 파편을 채집해서 미국으로 돌아온 뒤 보고서를 작성했습니다. 미국에서 사형수를 죽이는 방법은 주마다 다릅니다. 약물로 죽이는 주도 있고 고압전기로 죽이는 주도 있지만 미주리처럼 가스로 죽이는 주도

프레드 루처(1943-)

있습니다. 루처는 미국에서 거의 유일한 사형집행장비 제작 전문가였기에 여러 방법의 장단점을 잘 알았습니다.

가스실

루처가 아우슈비츠에서 놀란 것은 '가스실'이 너무 엉성하다는 사실이었습니다. 가스 누출을 막으려면 밀폐 처리가 필수라서 플라스틱이나 강철로 지어야 하는데 공기가 숭숭 드나드는 벽돌건물이었습니다. 결합력 강한 가스가 건물에 흡착되는 것을 막는 도색 처리도 없었습니다. 문이 안으로 열리도록 된 것도 이상했습니다. 시체가 쌓이면 문을 열 수가 없을 테니까요. 가스실 옆에 소각로가 있다는 것도 폭발로 이어지는 위험천만한 일이었습니다. 시체를 태우는 소각로 옆에 붙어 있던 아우슈비츠의 '가스실'은 사실은 시신을 모아두는 영안실일 가능성이 높았습니다.

하지만 결정적 문제점은 수용소 당국이 독살용으로 썼다는 청산가리의 흔적이 거의 남지 않았다는 사실이었습니다. 청산가리는 철과 결

아우슈비츠 '가스실'. 홀로코스트 진영에서는 600만 명이
라는 숫자에 조금이라도 의문을 던지는 사람은 홀로코스
트 부정자로 낙인 찍어 사회에서 매장시키거나 소송을 걸
어 감옥에 가둡니다.

합력이 아주 강합니다. 철과 만나면 청산가리는 푸르스름한 색으로 바뀝니다. 아우슈비츠의 유대인 독살용 '가스실'은 당연히 건물 안팎이 푸르스름해야 합니다. 건물을 이루는 벽돌, 모래, 시멘트에는 1~4%의 철 성분이 들어가니까요. 그런데도 아우슈비츠의 '가스실'에서는 색소로 바뀌어 무해해진 청산가리 성분이 거의 발견되지 않았습니다.

반면 소독실로 썼다는 건물은 하나같이 푸르스름했고 청산가리 성분도 '가스실'보다 최소 1천 배가 넘게 많이 검출되었습니다. 강제수용소에서는 위생시설이 부실하다 보니 이가 들끓었고 전염병이 자주 돌았습니다. 그래서 수감자들이 입는 옷을 모아서 청산가리로 소독했습니다. 나치 강제수용소에서 독살용으로 썼다는 청산가리의 제품명은 치클론B인데, 그 용도는 사람이 아니라 벌레를 없애는 살충제였습니다.

프레드 루처는 아우슈비츠에 수감자를 죽이는 '가스실'은 구조적으로도 화학적으로도 존재할 수 없었다고 재판정에서 증언할 수밖에 없었습니다. 그렇지만 에른스트 췬델은 유죄 판결을 받았습니다. 그리고 미국 유일의 사형집행장비 전문가 프레드 루처는 하루 아침에 일자리를 잃었습니다.

그렇지만 「루처 보고서」를 읽은 게르마르 루돌프는 과학도로서 재판 결과를 납득할 수 없었습니다. 그리고 박사논문을 준비하면서도 아우슈비츠로 가서 화학 전공자로서 더욱 정밀한 조사를 수행하고 1993년 발표한 「루돌프 보고서」에서 「루처 보고서」를 강하게 옹호했습니다. 그때부터 시련이 시작되었습니다. 막스플랑크연구소는 루돌프를 해고했고 대학은 루돌프의 박사논문 제출 자격을 박탈했습니다. 그것

게르마르 루돌프

도 모자라 독일 법원은 14개월 형을 선고했습니다. 루돌프는 아내와 두 아이를 데리고 영국으로 도피했습니다. 이국에서 신분을 숨기고 살아야 하는 불안한 생활이 몇 년째 이어지면서 아내는 두 아이를 데리고 독일로 돌아갔고 결국 이혼했습니다. 설상가상으로 1999년 독일이 영국에 루돌프의 인도를 요구하자 루돌프는 다시 미국으로 도피했습니다. 2004년에는 미국 시민권자와 재혼했지만 이듬해 미국 당국에 체포된 뒤 독일로 송환되어 유죄 판결을 받고 3년 8개월 동안 옥살이를 했습니다. 그리고 재판 끝에 2011년에야 겨우 미국 입국 허락을 받고 가족과 재회할 수 있었습니다.

게르마르 루돌프 같은 수정주의자들은 나치 독일이 유대인을 박해했다는 사실을 부정하지 않습니다. 나치 독일이 유대인을 독일 밖으로 대거 추방했다는 사실도 부정하지 않습니다. 많은 유대인이 강제수용소에 끌려갔고 거기에서 고생하다가 죽었다는 사실을 부정하는 것도 아닙니다. 루돌프가 과학자로서 동의하지 못하는 것은 나치 독일이 600만 명의 유대인을 아우슈비츠 같은 강제수용소에서 독가스로 죽였다는 홀로코스트 신화입니다.

영국은 독일군의 암호를 해독하는 데 성공해서 2차대전 내내 독일군의 내부 통신 내용을 훤히 들여다보고 있었습니다. 그런데 유대인의 가스실 살해와 관련된 지시는 한 건도 없었습니다. 홀로코스트의 강력한 기반은 강제수용소 생존자들의 증언이지만 그들은 강제수용소에 들어가기 전에 이미 수용소 안에 인명살상용 가스실이 있다고 눈으로 보기도 전에 머리로 확신했을 가능성이 높습니다.

1943년 8월 런던에 있던 폴란드 망명정부는 독일에 점령된 폴란드에서 친독 폴란드 정부가 들어설 조짐이 보이자 독일의 만행을 규탄하는 성명을 내달라고 영국에 요청했습니다. 영국 외무성은 미국과 소련의 동의를 받고 규탄 성명서 초안을 작성했습니다. 하지만 영국 정부의 고위 정보분석가 로저 앨런(Roger Allen)은 영국의 전시 대내외 정보 분석을 조율하던 통합정보위원회의 빅터 캐번디시-벤팅크(Victor Cavendish-Bentinck) 위원장에게 "폴란드인이 가스실에서 조직적으로 처형되고 있다"는 성명서 내용을 문제 삼으며 가스실 처형설은 폴란드 반독 저항 세력의 내부 교신에서 나온 내용인데 폴란드 민간인이 강제로 많이 이송된 것은 사실이지만 가스실 처형은 신빙성이 없다며 국왕 전하의 이름을 걸고 내는 독일 규탄 성명문에서 가스실 대목은 빼는 게 좋겠다고 조언했습니다. 그러면서 총살도 있고 아사도 있는데 굳이 가스실로 없애는 이유가 개인적으로 납득이 안 간다고 덧붙였습니다. 캐번디시-벤팅크도 외무성 앞으로 보낸 긴급 통문에서 가스실에서 폴란드인을 죽였다는 식의 이야기가 무성하고 우리도 그런 이야기를 키웠지만 소문을 믿지는 않는다고 밝혔습니다. 결국 가스실 대목은 삭제되었습니다.

유언비어

그런데 영국 정보 당국은 독일의 독가스 처형설을 키운 정도가 아니라 아예 처음부터 개입한 정황이 있습니다. 수정주의 역사가 앤디 리치(Andy Ritchie)에 따르면 가스실 루머는 독일 국민과 군대의 사기를 떨어뜨리고 독일의 대외 이미지를 망가뜨리려고 영국이 퍼뜨렸다는 사실을 1940년 12월부터 1942년 3월까지 남아 있는 영국 대외 첩보부 MI6 산하 '특수작전본부'와 영국 외무성 산하 '정치전략본부'의 정례 보고서에서 확인할 수 있습니다. 특수작전본부와 정치전략본부 모두 유언비어 유포 같은 비통상전 내지 심리전 수행을 위해 만들어진 전시 조직입니다. 이런 작전은 철저히 입소문에 기댔습니다. 입소문의 장점은 문서기록이 안 남고 또 최초 발원지를 잡아내기가 거의 불가능하다는 점입니다.

초기만 하더라도 가스실 루머는 독일 정부나 군대가 자국 민간인과 군인을 대상으로 썼다는 내용이 주종을 이루었습니다. 가령 특수작전본부는 1940년 12월 3일 정신질환자, 간질환자 같은 난치병자를 안락사시키라는 지시를 따르지 않았다는 이유로 베텔자선병원 원장이 다카우 강제수용소로 보내졌다는 낭설을 퍼뜨렸습니다. 불과 2주 만에 이 소문은 스위스에서 파다하게 퍼졌고 12월 9일 교황청은 비인도주의적 행위를 비판하는 특별 성명까지 냈습니다. 영국 일간지 《데일리 메일》은 10만 명의 난치병자가 처형되었다고 대서특필했습니다. 나중에는 독일과 한몸이나 다를 바 없었던 오스트리아 수도 빈의 노인들까지도 두려움에 떤다는 보고가 올라왔습니다. 독일 정부와 종교계 사이가 벌어지고 독일 정부에 대한 불신감을 독일 국민마저 품게 되었으니 작전이 보기좋게 성공한 셈이지요.

영국 정보 당국은 독일 군인을 대상으로도 심리전을 벌였습니다. 1940년 11월에는 독일에게 점령당한 프랑스 지역에서 의사들이 중상을 입은 병사들을 안락사시킨다는 소문을 퍼뜨리기 시작했습니다. 보병은 다리 하나만 잃어도 중상자로 묶여 죽어야 하지만 공군과 친위대는 기준이 높다며 독일 군대를 내부 분열시키는 소문도 퍼졌습니다. 나중에는 민간인 사이에서 영국군의 가공할 폭탄으로 중상자가 속출해서 병원의 수용능력을 넘어서자 호전 가능성 없는 중상자는 가스실에서 안락사시킨다더라는 독일발 소문이 파다해졌다면서 영국 특수 작전본부 보고자는 쾌재를 불렀습니다.

부상 독일군을 실은 기차가 터널을 지날 때 호송병이 가스를 틀어 군인들을 처치한다는 소문도 유포되었습니다. 이런 사실을 폭로한 호송병은 비밀을 누설하면 죽는다는 서약까지 했지만 전쟁에서 다친 독일 군인의 말로를 알리기 위해 양심을 걸고 고발했다는 비장한 루머도 덧붙여졌습니다. 부상병 처치는 오해다, 가스실은 전염병 감염자만 보낸다, 어차피 전염병에 걸린 사람은 보살필 나라 형편이 안 되니까, 이렇게 시시콜콜한 소문도 유포했습니다. 1941년 11월 말 영국 정보 당국은 또 하나의 유언비어 유포를 승인했습니다. "독일 병원은 독일 환자를 보살피기에도 모자라 외국인 노동자는 아프면 그냥 가스실로 보낸다"는 내용이었습니다. 그해 12월 중순이면 어느 것이 영국이 유포한 선전이고 어느 것이 독일 현실인지를 가늠하기 어려울 정도로 유언비어가 자리잡았다고 영국 정보 당국은 평가했습니다. 시간이 흐르면서 폴란드인과 유대인은 독일 정부에게 유린당하던 독일 국민의 자리에 자신을 집어넣어 각자의 홀로코스트 효과를 극대화시켰습니다. 강제 노역을 하던 수감자들도 옷가지와 침구를 살균하던 소독실과 시체를 화장하던 소각시설이 엄연히 존재하던 강제수용소에 인명살상용 가스실이 분명히 있었다는 연합군의 주장에 쉽게 동조할 수 있었겠지요. 홀로코스트 생존자로 분류되면 막대한 보상금을 독일로부터 받을 수도 있었으니 굳이 반박할 이유가 없었을 겁니다.

나치 독일에게 600만 명의 유대인이 강제수용소에서 희생되었다는 홀로코스트 정통주의자들의 견해에도 수정주의자들은 동의하지 않습니다. 600만 명은 2차대전이 시작되기 전부터 시온주의 지도자 사이에서 자주 입에 오르던 말이었습니다. 일례로 윌슨 대통령과도 가까웠던 미국의 랍비 스티븐 와이즈는 1900년 집회에서 "시온주의를 추구해야 할 600만의 살아 있고 피 흘리고 고통받는 논거가 있다."고 말했습니다. 유대교의 예언서에도 이스라엘 사람 600만이 희생된 뒤에야 고향으로 돌아갈 수 있다는 말이 나온다고 합니다.

정통 홀로코스트 진영에서는 2차대전 이전과 이후에 독일 관할권에서 줄어든 유대인 숫자를 모두 사망했다고 계산하고 이것이 600만 명이라고 봅니다. 하지만 독일 관할권의 유대인 인구는 2차대전 이전에는 과대평가되었고 2차대전 이후에는 과소평가되었습니다. 2차대전 이전부터 유럽의 유대인은 비유럽 지역으로 대거 이주했습니다. 세계유대인협회의 기록에도 1925년부터 1939년까지 유럽에서 매년 10만 명이 비유럽 지역으로 이주했다고 나옵니다. 해외이주를 선택한 유대인 중에는 노인보다는 젊은이가 압도적으로 많았습니다. 따라서 유럽 지역의 유대인 출산율은 2차대전이 터지기 한참 전부터 급격히 감소했습니다. 따라서 그 이전 시기의 유대인 출산율을 토대로 산정한 2차대전 직전 유대인의 인구는 과대평가되었다고 수정주의 진영에서는 봅니다.

유대인은 유럽 안에서도 탄압을 피해 줄곧 이동했습니다. 가령 폴란드에서 프랑스로 피신한 유대인이 친독 프랑스 정부에 의해 강제수용소로 보내졌다고 합시다. 만약 그 유대인이 살아남았다 하더라도 전후에 고향도 아닌 프랑스로 돌아올 가능성은 희박합니다. 이 중 다수는 미국, 영연방, 중남미, 팔레스타인 등지로 이주했을 테지요. 그런데 정통 홀로코스트 진영에서는 해당 유대인이 수용소로 보내지기 직전에 있었던 곳으로 돌아와 생환신고를 하지 않는 이상은 전부 사망한 것으로 계산합니다. 사망자가 부풀려지는 이유입니다. 전쟁과정의 숱한 국경선 이동으로 인해 유대인 수용자가 이중 집계되는 경우도 많았습니다. 연합군 폭격으로 죽은 유대인, 소련군에 배속되어 싸우다 죽은 유대인 병사, 독일군과 싸우다 죽은 유대인 파르티잔 대원도 모두 독일 강제수용소에서 희생된 것으로 처리됩니다. 젊은 해외 이민자가 많아 유럽 내 유대인은 고령자 비중이 높았기에 자연사한 경우가 많았을 텐데 이들도 강제수용소 사망자로 집계됩니다.

전쟁기간 중 소련 정부가 다수 유대인을 비독일 관할권인 후방 시베리아 지역으로 대거 이주시켰다는 사실도 홀로코스트 진영에서는 감안하지 않습니다. 유대인은 도시 지역에 집중 거주했고 교육수준이 높아 생산 노동력으로서 중요했습니다. 정통주의 진영에서는 독일에 점령되었던 소련 영토 안의 유대인 인구를 300만 이상으로 추정하지만 수정주의 진영에서는 100만 미만으로 봅니다. 또 원래 소련에서 안 살았지만 진주하는 독일군을 피해 50만에서 100만의 폴란드 거주 유대인이 소련 쪽으로 피난했는데 이 중 다수가 시베리아 수용소에 수감되었습니다. 열악한 여건으로 인해 소련 내 수용소에서 죽은 유대인도 모두 독일 강제수용소에서 죽은 것으로 정통주의 진영에서는 집계합니다.

수정주의 진영에서는 국제적십자사가 집계한 독일 강제수용소 사망자 약 30만 명을 신빙성 있는 통계로 봅니다. 이 중 최소한 절반은 유대인이고 통계에 잡히지 않은 여타 수용시설과 게토의 유대인 희생자를 감안하면 50만 명 안팎의 유대인이 나치 독일에게 희생된 것으로 추정합니다. 하지만 독가스를 마시고 죽은 것이 아니라 병사자나 아사자가 절대 다수라고 봅니다. 병사자와 아사자가 속출한 것은 연합군의 무차별 폭격으로 철도와 도로 같은 수송망이 파괴되면서 식량과 의약품이 수용소에 제대로 공급되지 못해서라고 봅니다. 홀로코스트 신봉자들은 1942년 여름부터 아우슈비츠를 중심으로 치클린B를 이용한 유대인 절멸 작업이 본격화되었다는 증거로 그 시점부터 사망자가 급증했다는 사실을 듭니다. 하지만 수정주의자들은 그 무렵 티푸스, 이질, 콜레라 같은 전염병이 돌아서 사망자가 갑자기 늘었지만 치클린B를 소독제로 쓰면서 가을부터 사망자가 오히려 격감했다고 반박합니다. 아우슈비츠 수용소에 남은 사망기록에도 가을이 되면서 사망자가 크게 주는 것으로 나옵니다. 뼈만 앙상한 시체를 불도저로 쓸어버리는 끔찍한 사진은 독일의 베르겐벨젠 강제수용소를 접수한 연합군이

찍었습니다. 그런데 당시 독일 수용소 당국은 티푸스가 만연해 있으니 대비를 철저히 한 후 진입하라고 연합군에게 알렸습니다.

정통주의자들은 아우슈비츠 수용소장을 지낸 루돌프 회스가 유대인 400만 명을 죽였다고 뉘른베르크에서 자백한 것을 결정적 증거로 제시합니다. 회스는 1947년 4월 2일 사형선고를 받고 2주 뒤 아우슈비츠에서 교수형에 처해집니다. 하지만 훗날 폴란드 교도관에게 건넨 회상록에서 자신이 영국 취조관들에게 고문당해서 거짓 자백을 했다고 털어놓았습니다. 뉘른베르크 재판정에서 회스는 자포자기한 사람처럼 검사의 사실관계를 확인하는 질문에 "그렇습니다"라고만 답했습니다. 헝가리 유대인이 아우슈비츠로 이송된 것은 1944년 5월 초인데 1943년 초에 왔지 않았느냐는 명백한 허위 사실을 추궁받아도 그렇다고 응답했습니다. 여느 재판 같았으면 독살방법이나 시설에 대한 구체적 질문이 나와서 관심을 증폭시켰을 텐데 뉘른베르크에서는 그런 질문이 일체 없었습니다. 구체적으로 들어가면 감당이 안 되었을 테지요.

50만 명도 결코 적은 숫자는 아닙니다. 나치 독일이 유대인을 무자비하게 탄압한 것은 분명한 사실입니다. 하지만 홀로코스트 진영에서는 600만 명이라는 숫자에 조금이라도 의문을 던지는 사람은 홀로코스트 부정자로 낙인 찍어 사회에서 매장시키거나 소송을 걸어 감옥에 가둡니다. 미국의 쟁쟁한 엔지니어는 「루처 보고서」를 작성한 뒤 하루 아침에 밥줄이 끊겨 임시직으로 학교버스를 몰면서 생활을 꾸려가야 했습니다. 전도유망한 화학도는 박사논문 제출 자격을 박탈당하고 가정이 풍비박산 난 채 감옥에 끌려갔습니다. 프랑스에서 홀로코스트 신화와 싸워온 문헌학자 로베르 포리송(Robert Faurisson)은 20년 가까이 교편을 잡아온 대학에서 쫓겨났고 홀로코스트 신봉자들에게 몰매까지 맞았습니다. 영국의 비주류 역사가 데이비드 어빙(David Irving)은 대중 역사서로 20대 중반에 벌써 저술가로서 큰돈을 벌었지만 히틀러가 유대인 절멸 지시를 내렸다는 문서 차원의 증거가 없다고 썼다가 나락으로 굴러떨어졌습니다. 오스트리아로 강연을 갔다가 반유대주의를 선동했다는 이유로 1년 동안 옥살이를 했고 가택수색을 당해 귀중한 자료를 잃었습니다. 역시 영국의 과학사가 니컬러스 콜러스트롬(Nicholas Kollerstrom)은 홀로코스트 신화에 맞섰다가 런던대에서 해고당했습니다. 이들은 나름의 과학적 근거를 제시하면서 과장된 사망자 숫자와 왜곡된 사망원인을 바로잡으려고 했습니다. 그런데 왜 홀로코스트 진영에서는 반론을 제시하기보다는 너 반유대주의자구나, 너 지금 나치를 찬양하는구나 하면서 인신공격을 하는 걸까요.

유일무이한 역사적 수난

나치 손에 죽은 유대인 숫자가 상상을 초월하게 많고 나치가 유대인을 죽인 방식이 극악무도해야 유대인의 비극성이 증폭되면서 유대인이 도덕적 특권을 누릴 수 있어서입니다. 지난날 남아공 백인 정권이 흑백 인종차별책을 썼을 때 스웨덴을 비롯해서 많은 나라가 남아공에게 제재를 가했고 결국 남아공 백인 정권은 만델라를 석방하고 흑백 공존을 수용했습니다. 지금 이스라엘은 남아공에도 없었던 거대한 콘크리트 장벽까지 쌓아가면서 팔레스타인을 차별하고 있습니다. 팔레스타인 사람들은 닭장처럼 비좁은 공간에서 주기적으로 폭격을 당하며 제 땅에서 죄수처럼 살아갑니다. 이런 이스라엘의 만행을 종식시키려면 남아공에서 그랬던 것처럼 이스라엘에 제재를 가할 필요가 있지 않을까요. 그런데 그런 움직임이 조금만 보여도 이스라엘은 나치 독일에게 600만 명이 희생당한 우리의 생존권을 또다시 인정 못하겠다는 것이냐면서 반유대주의로 몰아갑니다. 이것이 바로 이스라엘만의 도덕적 특권입니다.

독보적 특권을 보장하는 것은 어느 민족도 넘보지 못할 유일무이한 역사적 수난입니다. 그런 역사상 전무후무한 수난을 제대로 나타내려면 그런 수난을 담아내는 말도 남들과 공유해서는 안 됩니다. 말도 유일무이해야 합니다. 어떤 종족에 가해지는 집단살해는 영어 genocide라는 말로 나타냅니다. 아르메니아, 캄보디아, 쿠르드에서 벌어진 종족살해극을 모두 genocide로 표현합니다. 그렇지만 이스라엘만은 남들과 공유하는 genocide라는 보통명사를 쓰지 않고 Holocaust라고 대문자 H로 시작하는 고유명사를 씁니다. 그것도 그냥 Holocaust가 아니라 앞에 꼭 정관사 the를 붙입니다. 유일무이하다는 뜻입니다. Holocaust는 '번제물' 다시 말해서 불에 태워져서 신에게 제물로 바쳐진 짐승이라는 뜻입니다. 작게는 나치 독일이 크게는 유럽 전반이 유대인을 수난의 제물로 삼았음을 잊지 않겠다는 뜻이겠지요.

유대인 중에서도 선민의식이 남다른 시온주의자들은 다른 민족이 타민족에게 당한 종족살해를 genocide라고 자칭하는 것조차 못마땅하게 여깁니다. 다른 민족들이 당한 살해극은 그저 학살극이지 유대인처럼 장구한 세월에 걸쳐서 집요하게 집단살해당한 게 아니라는 것이지요. 시온주의자들은 genocide라는 보통명사조차 대부분의 민족은 쓸 자격이 없다고 생각합니다. 그런데 딱 하나 예외가 있습니다. 아프리카의 투치족입니다. 투치족은 90년대 중반 르완다에서 후투족에게 집단살해당했다고 알려진 종족입니다.

1990년대 이후 지금까지 르완다를 비롯해서 인접한 콩고에서 모두 최소한 600만 명에서 1000만 명이 학살당했습니다. 무슨 일이 벌어졌던 걸까요? BBC를 비롯한 서방 주류 매체에서는 이렇게 설명합니다. "1994년 4월 6일 똑같이 후투족인 르완다 대통령과 부룬디 대통령이 동승한 비행기가 격추되어 탑승자 전원이 죽는다. 르완다 인구의 85%를 차지하던 후투족은 투치족의 소행이라 여기고 그때부터 닥치는 대로 르완다 안의 투치족을 죽인다. 그때부터 약 3개월 동안 100만 명이 학살당한다. 상호보복극으로 번지면서 후투족도 죽지만 절대 다수의 희생자는 투치족이다. 학살극은 르완다 이웃나라 우간다에 거점을 두고 있던 투치족 폴 카가메가 이끄는 르완다애국전선이 개입하여 수도 키갈리를 장악하면서 막을 내린다. 그러나 르완다 내전은 이웃 콩고로도 번져 다시 500만 명 이상이 죽는다. 르완다에서는 총성이 멎었지만 콩고에서는 아직도 크고 작은 분쟁이 이어지고 있다."

미국과 유럽은 르완다와 콩고에서 600만 명이 넘는 희생자가 난 것은 르완다에서 학살극이 벌어진 초반에 서방이 군사개입을 통해 사태를 진정시키지 못했다는 사실에서 큰 교훈을 얻어야 한다고 말합니다. 2011년 10월 리비아의 카다피를 제거한 뒤 미국 대통령 국가안보 보좌관 수전 라이스는 리비아를 거쳐 곧장 르완다로 날아가서 이번에는 제때 학살자를 제거하여 더 큰 비극을 막았다며 기염을 토했습니다. 폴 카가메 르완다 대통령은 2003년 미국의 이라크 침공을 지지한 유일한 아프리카 지도자가 되었습니다. 카가메는 거의 모든 대외 문제에서 서방과 비슷한 노선을 걷습니다. 2017년 3월 26일에는 미국에서 제일 강력한 친이스라엘 로비단체에서 르완다가 대학살극이라는 수난을 이겨내면서 홀로코스트라는 시련을 딛고 일어선 이스라엘에게서 큰 힘을 얻었다고 말해서 박수갈채를 받았습니다.

르완다의 대학살극

카가메가 이스라엘로부터 큰 힘을 얻은 것은 사실입니다. 하지만 그것은 종족살해극이라는 수난을 극복하는 과정에서가 아니라 종족살해극이라는 만행을 주도하는 과정에서였을 겁니다. 캐나다의 독립 언론인 로빈 필포트(Robin Philpot)는 『르완다 1994 – 엄존하는 식민주의(Rawanda 1994 – Colonialism Dies Hard)』에서 르완다 종족살해를 저지른 것은 후투족이 아니라 폴 카가메가 이끄는 투치족이었음을 밝혀냅니다.

르완다는 유목민인 소수민 투치족이 농경민인 다수민 후투족을 오랫동안 통치했습니다. 식민지 시절에도 지배구조는 유지되었습니다. 하지만 1959년 르완다에서 사회변혁이 이루어지면서 투치족 엘리트는 권력을 잃고 우간다로 쫓겼습니다. 르완다에 새로 들어선 정부는 후투족 중심이었지만 르완다에 남은 투치족도 배제하지 않고 각료로 등용했습니다. 르완다는 일당제를 고수했지만 토지 분배도 순조롭게 이루어져 아프리카에서 안정된 경제를 운용하는 나라로 평가받았습니다.

그런데 1990년 우간다에 거점을 둔 폴 카가메의 르완다애국군이 르완다를 침공했습니다. 르완다 정부군이 반격하면 우간다로 후퇴했

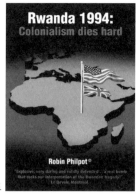

로빈 필포트

다가 다시 침략하는 과정이 3년 반이나 이어졌고 이 과정에서 르완다 내정은 쑥밭이 되었습니다. 유럽과 미국은 침략자 폴 카가메를 두둔하면서 르완다 정부를 몰아세웠습니다. 침략을 당한 상황에서도 르완다는 외채에 발이 묶인 처지라 서방의 요구에 부응해서 다당제를 받아들였습니다. 다당제가 도입되자 르완다의 야당들은 대세는 서방이 미는 침략군 편에 있다고 믿고 침략자 폴 카가메와 함께 자국 정부를 규탄했습니다. 결국 르완다 정부는 폴 카가메가 이끄는 당과 권력을 분점해야 했습니다. 군 지휘관도 똑같이 나눠야 했습니다.

하지만 르완다 국민은 선거를 통해 침략자를 응징했습니다. 1994년 4월 6일 르완다 대통령과 부룬디 대통령이 당한 비행기 피격은 서방의 일방적 비호를 받으면서도 선거를 통해 권력을 잡을 길이 없어진 쪽에서 벌였을 가능성이 높습니다. 투치 귀족 폴 카가메의 투치군은 르완다 안에 살고 있던 동족이었음에도 서민 투치족을 죽이기 시작했습니다. 그리고 후투족의 짓이라고 둘러댔습니다. 후투족 출신 대통령이 탄 비행기가 격추되어 사망하자 격앙된 후투족에서도 투치족에 대한 보복 살해를 저질렀겠지요. 하지만 학살을 먼저 시작한 것은 투치족이었습니다. 폴 카가메가 이끄는 르완다애국군은 미국과 이스라엘의 지원을 오래전부터 받아 군사력이 막강했던 우간다 안에서도 전투력이 뛰어났습니다. 카가메의 군대는 르완다를 삽시간에 휩쓸었습니다. 그리고 폴 카가메는 르완다 대통령 자리에 올랐습니다. 투치족이 침공하는 1990년부터 투치 정권이 들어서는 1994년까지 르완다에서는 100만 명이 목숨을 잃었습니다. 미국과 유럽 언론에서는 희생자의 절대 다수는 투치족이라고 주장하지만 현지에서 조사한 미국인 학자 크리스천 데이븐포트(Christian Davenport)에 따르면 당초 르완다 안에 살던 투치족 자체가 60만에 불과했습니다. 이 중 30만 명이 생존한 것으로 것으로 인구조사에서 드러났으니 투치족은 우간다, 콩고로 피신한 숫자를 감안하지 않더라도 최대 30만 명이 죽은 셈입니다. 그럼 후투족은 70만 명이 죽었다는 계산이 나오니 후투족을 가해자라고 보는 것은 어불성설입니다.

하지만 르완다 종족살해극 희생자는 100만 명에서 끝나지 않았습니다. 르완다를 차지한 폴 카가메는 투치 양민을 학살하고 접경국 콩고로 도주한 후투 학살자들을 토벌한다며 우간다군과 함께 1996년 다시 콩고(당시는 자이레)로 쳐들어갔습니다. 콩고 안에는 200만 명의 후투 난민이 살고 있었는데 이들이 떼죽음을 당했습니다. 카가메는 콩고의 모부투 정권을 무너뜨리고 친르완다 정권을 앉혔습니다. 르완다에서는 총성이 멎었지만 콩고 동부의 르완다 접경 지대에서는 아직도 학살극이 자행되고 있습니다. 왜 그런 것일까요.

자원이 많아서 그렇습니다. 거대한 영토를 가진 콩고는 천연자원이 무진장 파묻혀 있지만 특히 동부에는 다이아몬드, 콜탄 같은 금싸라기 광물이 대량 매장되어 있습니다. 이런 값비싼 광물자원을 캐내려면 주민을 내몰아야 합니다. 그래야 마음껏 땅을 헤집을 수 있으니까요. 그래서 카가메의 르완다군을 비롯해서 크고 작은 군벌들이 주민을 학살하고 강간하면서 공포 분위기를 조성해서 쫓아내고 일부는 캐낸 광석을 운반하는 일꾼으로 노예처럼 부리면서 돈을 법니다. 하지만 그 배후에는 미국과 유럽, 특히 이스라엘의 광물기업들이 있습니다.

이스라엘은 1949년 건국 이후 아프리카에 공을 들였습니다. 사방이 적으로 둘러싸인 아랍에서 열세를 만회하려면 아프리카에서 우군을 찾아야 했습니다. 이스라엘은 아프리카 여러 나라에서 군사훈련을 지도했습니다. 우간다도 예외는 아니었습니다. 우간다의 독재자 이디 아민도 이스라엘에서 군사훈련을 받았습니다. 나중에 이디 아민이 범아랍주의와 범아랍주의에 호응하면서 이스라엘과 틀어졌고 결국 축출당했지만요.

이스라엘은 특히 80년대 후반 이후 우간다에 주목했습니다. 범아랍주의와 팔레스타인에 대해 똑같이 우호적이었던 우간다 북쪽의 자원 대국 수단과 우간다 서쪽의 자원 대국 콩고를 우간다를 통해 공략할 수 있었으니까요. 수단은 오랜 내전 끝에 결국 남수단을 독립국으로 떼어주어야 했고 콩고는 외국군대와 군벌이 난립하면서 사실상 국가 주권을 상실한 나라가 되어버렸습니다.

하지만 지정학적 목표 못지않게 중요한 것은 아프리카의 자원 특히 광물자원을 이스라엘의 영향권 아래 두는 것이었습니다. 이스라엘의 최대 수출품은 다이아몬드입니다. 2015년 총수출액 654억 달러 중에서 다이아몬드는 148억 달러로 전체 수출의 4분의 1 가까이를 차지했습니다. 최대 수입품도 다이아몬드입니다. 2015년 총수입액 599억 달러 중에서 다이아몬드는 67억 2천만 달러를 차지했습니다. 아프리카에는 이스라엘과 연고가 있는 기업들이 일찍부터 자리를 잡았습니다.

남아프리카 광산 개발은 영국인 세실 로즈가 주도한 것으로 알려졌지만 로즈를 발탁하고 광산 개발 자금을 댄 것은 로스차일드 집안이었습니다. 보관이 쉽고 환금성이 뛰어난 다이아몬드는 금융업자에게는 금보다 더 요긴했습니다. 다이아몬드의 주산지는 인도였고 그 뒤 브라질에서도 났지만 곧 바닥을 드러냈습니다. 하지만 19세기 중반 남아프리카에서 다이아몬드가 발견되었습니다. 유대인은 그때부터 아프리카의 다이아몬드 광산에 집중 투자해서 큰돈을 벌었습니다. 하지만 아프리카 원주민 흑인의 삶은 더 고달파졌습니다.

아프리카인에게 자원은 재앙이었습니다. 1960년 벨기에로부터 독립한 콩고는 방대한 영토와 풍부한 자원으로 총명한 지도자 파트리스 루뭄바 밑에서 번영을 구가하리라는 여망이 높았습니다. 하지만 이스라엘 국적의 젊은 다이아몬드 거래상 모리스 템펠스만은 루뭄바 제거 자금을 댔고 결국 루뭄바 살해에 성공했습니다. 모리스 템펠스만은 콩고는 물론 아프리카 전역에서 굴지의 다이아몬드 왕국을 세웠습니다. 외세의 다이아몬드 욕심에 콩고는 미래를 잃었습니다.

36년이 지났어도 다이아몬드로 인한 콩고의 시련은 계속됩니다. 르완다를 차지한 투치족 폴 카가메는 1996년 10월 이스라엘을 방문해서 환대를 받았습니다. 그리고 3주 뒤 르완다와 우간다는 콩고를 침공했습니다. 후투 학살자들을 응징한다는 명목으로 벌어진 침략전으로 수백만 명이 학살당했고 폴 카가메의 르완다 군대는 동부 콩고를 사실상 꿰어차고 앉았습니다. 이곳에서 주민을 내몰고 캐낸 다이아몬드는 이스라엘로 흘러갑니다. 땅을 일구고 살던 콩고인은 이스라엘의 다이아몬드 욕심에 쫓겨나 맞아죽거나 굶어죽습니다. 다이아몬드 수입만 짭짤한 것이 아닙니다. 르완다 분쟁과 콩고 전쟁 때 이스라엘은 어마어마한 양의 무기를 팔아서 재미를 보았습니다. 이스라엘이 아프리카에서 벌어들이는 돈은 피로 물든 돈입니다.

폴 카가메는 르완다를 아프리카의 유대국으로 만들고 싶어합니다. 콩고인을 내몰고 차지한 땅에다 피부색이 검은 유대인을 이스라엘로부터 정착시키려고 합니다. 피부색이 검은 유대인은 이스라엘 안에서도 차별받고 이스라엘도 내몰고 싶어합니다. 제 땅에서 쫓겨난 콩고인은 당연히 검은 유대인이 들어오면 내 땅에서 떠나라며 반발하겠지요. 그럼 어떤 일이 벌어질까요. 반유대주의자라고, 홀로코스트 부정자라고, 파시즘이라고, 사방에서, 온 세계에서 맹폭을 당할 겁니다. 특히 유럽의 진보언론에서 더 그렇겠지요. 홀로코스트를 성역으로 남겨두려고 노력하는 이유가 다 이런 데에 있습니다.

주어와 목적어

그런데 파시즘은 도대체 어떤 뜻일까요. 파시즘은 '막대묶음'을 뜻하는 이탈리아어에서 나왔습니다. 막대 하나는 잘 부러집니다. 하지만 함께 묶인 막대들은 잘 안 부러집니다. 묶인 막대 숫자가 늘어나면 막대묶음은 안 부러집니다. 파시즘은 단결과 단합을 추구합니다. 다른 의견을 용인하지 않습니다. 다른 체제와의 공존을 받아들이지 않습니다. 오직 내 의견, 내 체제만이 내세워야 할 참이고 나머지는 허물어야 할 거짓입니다. 파시즘이 의회주의에, 다원주의에 적개심을 품었던 이유는 그래서입니다.

이탈리아 파시즘의 변형인 독일 나치즘은 권력욕에 사로잡힌 히틀러 개인의 일탈행위로 그려질 때가 많습니다. 나치의 집권을 히틀러라는 돌연변이 괴물에 독일 국민이 현혹된 것으로 보는 시각도 그 연장선이지요. 그런데 과연 누가 독일 국민을 현혹시켰을까요? 독일의 주류도 미국의 주류도 실은 히틀러 집권을 반겼습니다. 소련에 들어선 공산주의 체제가 두려워서였습니다. 미국 시사주간지 《타임》이 나치즘은 볼셰비즘에 맞서는 해독제라고 당시에 역설했습니다. 소련의 침공이 두려웠을까요? 아닙니다. 소련의 위협은 크지 않았습니다. 2차대전 전까지 소련은 일급 군사 강국으로 여겨지지 않았습니다. 소련의 위협은 이념적 위협이었습니다. 자본주의 체제에서 살면서 수혜를 못 누리는 사람들이 공산주의 체제를 선망하는 것이 미국과 독일의 주류에게는 가장 큰 불안 요소였습니다.

특히 대공황 이후로는 불안감이 더 깊어졌습니다. 자본주의 체제는 죽을 쑤는데 소련 경제는 대공황의 영향을 전혀 안 받고 눈부신 발전을 이어갔거든요. 실제로 미국에서는 소련 체제를 대안으로 여기는 여론이 저소득자와 실업자는 물론 온건 지식인 사이에서도 늘어나고 있었습니다. 히틀러는 공산주의에 강한 적개심이 있던 사람이었습니다. 1차대전에서 독일이 진 것은 독일 공산주의자들이 조국 독일에 비수를 꽂았기 때문이라고 히틀러는 믿었거든요. 미국 주류도 독일 주류도 히틀러 못지않게 공산주의에 강한 적개심이 있었습니다.

히틀러는 사유재산권도 철저히 보장했습니다. 사유재산을 위협하는 공산주의, 사회주의는 철저히 탄압했습니다. 포드, GM 같은 미국 기업은 나치 집권기에도 독일에 투자해서 큰돈을 벌었습니다. 노조가 제 목소리를 못 내는 나치 독일은 기업하기에 아주 좋은 나라였습니다. 양차 대전 사이에 유럽 대부분 나라들이 철도, 조선소, 제철소를 일제히 국유화할 때 나치 독일만 이런 기간산업을 민간기업에 팔아넘겼습니다. 민영화의 원조는 나치 독일이었습니다. 자본을 위협하는 세력은 미국에서도 나치 독일에서도 탄압받았습니다. 자본 일방주의에 근본적 물음을 던지는 목소리는 미국에서도 나치 독일에서도 사유재산을 부정하는 빨갱이로 지탄받았습니다. 홀로코스트 일방주의에 근본적 질문을 던지는 목소리가 홀로코스트 부정자로 매도되는 오늘의 현실과 같습니다. 학문연구에는 아무 금기가 없어야 합니다. 어떤 질문이든지 던질 수 있어야 합니다. 진실을 위해 자유롭게 논의하고 그 결과를 개인의 자유로운 판단에 맡기는 것이 자유민주주의의 기본입니다. 파시즘은 질문을 못 던지게 합니다. 나만이 옳으니까요. 민주주의 사회에서 호기심은 진실로 이어지는 축복받은 호기심이고 파시즘 사회에서 호기심은 투옥으로 이어지는 저주받은 호기심입니다. 홀로코스트를 규명하려고 자꾸 질문을 던지는 사람이 파시스트일까요 홀로코스트를 고수하려고 자꾸 질문을 막는 사람이 파시스트일까요? 성역 없는 질문은 민주주의의 보루입니다. 파시스트라는 말을 들어야 할 사람은 홀로코스트 수정주의자가 아니라 홀로코스트 정통주의자가 아닐까요.

그런데 똑같이 공산주의를 혐오했고 자본주의와 사유재산을 옹호했던 히틀러가 왜 영국과 미국에게 찍혔을까요? 히틀러가 영미 '정통'

자본주의에서 어긋난 길을 걸어서였습니다. 영미 자본주의는 금권 자본주의입니다. 금융자본이 주권을 갖는 자본주의입니다. 돈을 찍는 중앙은행의 실세가 국가가 아니라 금융자본입니다. 정부가 공공사업을 벌여서 실업자를 줄이고 싶으면 이자를 물고 금융자본에서 돈을 빌려야 합니다. 이자가 오르면 나라빚은 눈덩이처럼 불어납니다. 나라빚을 못 갚으면 나라재산을 금융자본에 넘겨야 합니다. 나라재산이 점점 사유화되는 구조입니다. 이런 식으로 금융재산은 국경을 넘어 온 세상을 빚쟁이로 만들어 사유화합니다.

히틀러 자본주의는 국권 자본주의였습니다. 정부 곧 국가가 주권을 갖는 자본주의입니다. 돈을 찍는 중앙은행의 실세가 금융자본이 아니라 국가입니다. 정부가 공공사업을 벌여서 실업자를 줄이고 싶으면 중앙은행을 통해 무이자로 돈을 찍으면 됩니다. 생산이 늘어나지 않는데 돈을 찍으면 인플레가 되지만 생산이 늘어나는 데에 부응해서 찍는 돈은 인플레를 낳지 않습니다. 돈이 궁한 곳으로 돈이 적절히 흘러들어가니 피가 되고 살이 됩니다. 경제에 활력이 돕니다. 히틀러는 1차대전 패전으로 떠안은 전쟁빚에다 대공황으로 파탄 난 독일 경제를 이런 정책으로 삽시간에 일으켰습니다. 실업률은 급감했고 물가는 집권기간 내내 안정세를 보였습니다. 영국과 프랑스의 군비경쟁에 떠밀려 뒤늦게 군수산업 재건에 나서기 훨씬 전부터 독일 경제는 이미 살아났습니다. 히틀러의 수정 자본주의는 영미 정통 자본주의에게 위협이 되었겠지요. 금융자본의 속박에서 벗어나 나라빚 없이 제 힘으로 굴러가는 독립국이 늘어나는 세상은 빚놀이로 떵떵거리는 금융자본에게는 악몽이었겠지요. 영국과 미국의 주류가 처음에는 히틀러를 영웅으로 반기다가 나중에는 히틀러를 악마로 몰아간 데는 그럴 만한 이유가 있었습니다. 자기들과 조금이라도 다른 길을 걷는 존재는 개인이든 나라든 가만두지 않는다는 점에서 영미 금융자본이야말로 파시즘에 가까운 게 아닐까요.

유럽의 금융자본을 쥐고 흔들었던 로스차일드 왕국의 일원이었던 네이던 마이어 로스차일드는 "돈을 찍어 주무르는 사람이 정부를 주무른다"는 유명한 말을 남겼습니다. 산업자본주의는 18세기 중반 영국에서 일어났지만 늦어도 잉글랜드은행이 세워지는 1694년 이후 영국은 금융자본의 지배에 들어갔습니다. 영국 왕은 비싼 이자를 물고 잉글랜드은행을 통해 빌린 돈으로 전쟁을 벌여 나라빚을 갚아나갔습니다. 전쟁에서 이길 때마다 식민지는 늘어났지만 나라빚도 불어났습니다. 나라빚을 갚느라 전쟁을 벌이면 국민은 죽어나가지만 금융자본은 앉아서 돈을 벌었습니다. 영국 식민지 확장의 선봉에 섰던 동인도회사도 금융자본이 주물렀습니다. 영국을 타고 앉은 금융자본은 그렇게 아프리카까지 진출해서 전쟁을 통해 수많은 아프리카인을 죽였습니다. 홀로코스트는 나치 독일이 등장하기 전에 이미 아프리카에서 벌어졌습니다.

나치 강제수용소에서 죽은 유대인은 600만 명일 수가 없습니다. 탈출하다가 총살당한 유대인은 있었지만 가스실에서 독살당한 유대인은 없었습니다. 르완다와 콩고에서는 1990년 이후 지금까지 최소 600만 명의 흑인이 죽었습니다. 태어난 땅에서 내몰려 가스실보다 더 비참하게 도륙당했습니다. 도륙당한 것도 억울한데 가해자라는 누명까지 뒤집어썼습니다. 백인 가해자는 뒤로 숨고 흑인 피해자의 상호 부족 갈등으로 왜곡되었습니다.

홀로코스트는 아프리카에서 이 순간에도 벌어지고 있습니다. 어제의 홀로코스트 목적어가 오늘의 홀로코스트 주어로 바뀌었음을 깨닫는 사람이 늘지 않는 한 아프리카에서 저질러지는 홀로코스트는 앞으로도 계속될 겁니다.

참고 자료

1 · Breaking the Spell, Nicholas Kollerstrom, https://archive.org/stream/BreakingTheSpell_48/BreakingTheSpell-Kollerstrom_djvu.txt
2 · Holocaust Victims–A Statistical Analysis, Germar Rudolf, www.germarrudolf.com/germars-views/204-holocaust-victims-a-statistical-analysis/#ftn108
3 · How the British Obtained the Confessions of Rudolf Höss, Robert Faurisson, http://www.ihr.org/jhr/v07/v07p389_faurisson.html
4 · Britain's Rumor Factory–Origins of the Gas Chamber Story, Andy Ritchie, https://www.inconvenienthistory.com/9/2/4269
5 · New Insights into the Dissolution of Eastern European Jewry, Walter N. Sanning, https://www.inconvenienthistory.com/9/1/4227
6 · Who is in Power in Congo–Gertler's Bling Bang Torah Gang, Keith Harmon Snow, http://africanagenda.net/who-is-in-power-in-the-congo/
7 · Rwanda 1994–Colonialism Dies Hard, Robin Philpot, http://www.taylor-report.com/Rwanda_1994/
8 · www.africanagenda.net/the-zionist-plan-for-kivu-democratix-republic-of-congo

찾아보기

번역전쟁

1판 1쇄 펴냄 2017년 12월 1일
1판 3쇄 펴냄 2019년 2월 25일

지은이 이희재

주간 김현숙 | **편집** 변효현, 김주희
디자인 이현정, 전미혜
영업 백국현, 정강석 | **관리** 오유나

펴낸곳 궁리출판 | **펴낸이** 이갑수

등록 1999년 3월 29일 제300-2004-162호
주소 10881 경기도 파주시 회동길 325-12
전화 031-955-9818 | **팩스** 031-955-9848
홈페이지 www.kungree.com | **전자우편** kungree@kungree.com
페이스북 /kungreepress | **트위터** @kungreepress

ⓒ 이희재, 2017.

ISBN 978-89-5820-493-0   03300

값 25,000원

이 도서는 2017년 경기도 출판콘텐츠 제작지원사업 선정작입니다.